청소년과 사회 참여

Youth, Citizenship and Empowerment

Helena Helve · Claire Wallace 편저

강영배 · 손의숙 · 전명호 · 정재민
유우경 · 김태균 · 김은경 옮김

박학사

Youth, Citizenship and Empowerment
edited by
Helena Helve and Claire Wallace

역자 서문

청소년이라고 하는 존재가 사회에서 인지되기 시작한 근대사회 이후 청소년은 태어나면서부터 일정한 형태로 사회와 관계를 유지하면서 사회로부터 많은 영향을 받으며 성장한다. 물론 청소년들이 사회로부터 일방적으로 영향을 받기만 하는 것은 아니며, 성장함에 따라 청소년도 사회에 대해 일정 수준 영향을 미치며, 때로는 청소년이 사회에서 일정 수준의 역할을 수행하는 경우도 많이 있다. 청소년들의 사회에 대한 자발적(voluntary) 참여는 그들의 성인기로의 이행 및 발달에 있어서도 긍정적인 역할이 기대된다. 최근 한국 사회에서는 청소년들의 적극적인 사회 참여가 요구되고 있으며, 제도적 차원에서도 청소년들의 사회 참여를 위한 다양한 장치가 마련되어 있다.

청소년의 사회 참여에 대하여 Kato 등(1984: 5)은 청소년 자신이 자발적으로 역할을 수행함으로써 그 집단 또는 지역사회를 주체적으로 인식하게 되며, 또한 청소년의 사회 참여는 자주적 선택의 과정이며, 새로운 사회를 창조해 나가는 과정이라고 정의하고 있다. 따라서 청소년의 사회 참여의 형태는 먼저 집단에 대한 귀속의식을 가지며, 집단을 주체적으로 수용하는 단계에서 출발한다. 아울러 집단의 일원으로서 자신의 입장을 인식하며, 집단 내에서 자신의 역할을 수행하는 단계를 거쳐 집단 내에서의 활동에 그치지 않고 집단의 일원으로서 폭넓게 사회와의 관계를 형성하는 단계까지를 포함한다고 할 수 있겠다. 또한 Mastuhara (1987)는 사회적 정체성(social identity)의 확립기에 있는 청소년에게 있어 사회에 대한 주체적 참여는 발달과제라고 하는 관점에서도 매우 중요하다고 주장한다. 나아가 청소년은 다양한 집단과 조직 그리고 지역사회에서 주체적 참여를 통하여 경험을 쌓아가는 과정 속에서 자아를 형성해 나가게 된다. 또한 그는 청소년은 참여를 통하여 집단과 사회의 규범을 내면화하며, 역할을 획득하며 그리고 자아를 실현하는 것이 가능하게 된다고 주장한다. 즉, 청소년의 사회 참여는 청소년과 사회라고 하는 두 객체의 상호작용 또는 상호 이해의 토대 위에서 성립하는 관계라고 할 수 있다.

한편 청소년기의 생활, 사회 경험의 교육적 목적 및 의의는 사회생활에 필요한 기본적 사고와 행동을 경험을 통하여 몸에 익히는 것이다. 청소년을 비롯한 개인의 사회생활은 다양한 장면에서 다른 사람과의 상호 관계를 통하여 성립된다. 여기에서 개인 및 청소년은 다른 사람의 생명, 인격 나아가 가치관 등을 이해, 존중하며, 법을 비롯한 사회적으로 지지되는 규제를 준수하여야 한다. 이러한 사회생활의 기본적 메커니즘을 청소년들이 '현실'로써 실제 경험의 축적을 통하여 습득해 나가는 것에 생활, 사회 체험의 교육적 목적과 의의가 있다고 할 수 있겠다. 이러한 점에서 청소년에게 있어 사회 참여가 가지는 의미는 크다고 할 수 있겠다.

한편, 영국의 대표적인 청소년 연구자인 Coleman은 청소년과 성인과의 관계에 대해 언급하고 있는데, 그는 청소년과 성인의 관계를 수직적 관계에서 수평적 관계로 전환할 필요가 있음을 강조하며, 사회의 다양한 영역에서 존재하는 연령에 따른 구분을 없애야 한다고 주장한다. 여기서 말하는 '연령에 따른 구분의 폐지'는 성인이 교사나 지도자와 같은 권위의 토대 위에서 청소년과 관계를 유지하는 것이 아니라 역할 모델, 상담자의 입장에서 청소년과 관계를 형성함을 의미한다. 또한 그는 진정 우리 사회가 민주사회로 발전하기 위해서는 성인이 성실하며, 솔직해져야 한다고 주장한다. 또한 청소년을 집단의 의사결정 과정에 참여시켜, 그들이 사회의 이익을 위하여 협력할 수 있는 기회를 만들어야 하며, 궁극적으로는 청소년들의 자치와 자율을 길러 주어야 한다고 주장한다.

이 책은 유럽의 대표적인 청소년 연구자인 Helena Helve와 Claire Wallace를 비롯한 다양한 연구자들에 의해 이루어졌으며, 1990년대 이후 다양한 정치적·사회적 변화를 경험하고 있는 유럽 사회를 무대로 하고 있다. 이 책은 총 6부 21

장으로 구성되어 있는데, 제1부에서는 청소년과 시민권과의 관계를 다루고 있으며, 제2부에서는 비교적 관점에서의 청소년, 시민권 그리고 임파워먼트에 관한 논의를 싣고 있다. 제3부에서는 시민권과 권력의 관계를, 제4부에서는 시민권과 주변성과의 관계를, 제5부에서는 시민권과 가치, 태도와의 관계에 대해 다루고 있다. 마지막으로, 제6부에서는 임파워먼트와 네트워크 그리고 새로운 행위자의 관계에 대해 다양한 실증적 사례를 제시하면서 논의를 전개하고 있다.

이 책은 본인을 비롯한 여러 명의 연구자가 분담하여 번역을 담당하였으며, 그 내용으로는 제1장, 제2장, 제3장, 제12장은 강영배, 제18장, 제19장, 제20장은 손의숙, 제11장, 제13장은 전명호, 제9장, 제10장, 제14장, 제15장, 제16장은 정재민, 제4장, 제5장, 제6장, 제7장은 유우경, 제8장, 제17장은 김태균, 제21장은 김은경이 번역을 담당하였다. 이번 작업에 있어 원저자들의 생각을 충분히 전달하고자 노력하였으나, 역자들의 역량 부족으로 인해 내용이 충분히 전달되지 못한 점이 있을 것으로 여겨진다. 이에 대한 부분은 전적으로 역자들의 책임이며, 이에 대해서는 향후 독자들의 지적을 바탕으로 수정, 보완할 계획임을 밝힌다. 마지막으로, 이 책이 청소년과 시민권 그리고 임파워먼트의 관계에 대해 관심을 가지고 있는 대학생, 대학원생, 청소년 지도자 그리고 청소년 연구자들에게 도움이 되었으면 하는 바람이다. 이 책의 내용이 그리 대중적이지 못함에도 불구하고 출판을 허락해 주신 박학사 사장님과 편집부 여러분들에게 감사의 뜻을 표하는 바이다.

2007년 5월
일본 Shokei Gakuin University에서
역자 대표 강영배

집필진 소개

Pat Allatt: University of Teesside 사회학과 교수

John Bynner: University of London 교육연구소 종단연구센터 책임자 및 교수

Lynne Chisholm: Ph.D 청소년 및 교육사회학자 국제사회학회 청소년 사회학 분과 책임자(1998-2002년)

David Everatt: University of Rhodes 강사

Christian Haerpfer: University of Strathclyde(Glasgow) 비교정책사회학과 방문교수

Sue Health: University of Southampton(UK), 사회학과 강사

Helena Helve: Ph.D., University of Helsinki 조교수

Tarja Hilden: Carelian Institute(University of Joensuu, Finland) 연구원

Liisa Horelli: Ph.D, Helsinki University of Technology) 선임연구원

Gill Jones: Keele University 사회관계학과(School of Social Relations) 교수

Sakari Karvonen: University of Helsinki 의료사회학과 조교수

Liz Kenyon: University of Portsmouth(UK) 사회학과 강사

Ladislav Macháček: Institute of Sociology at the Slovak Academy of Sciences 선임연구원

Sari Näre: University of Helsinki 사회학박사, 핀란드 청소년연구네트워크(Finnish Youth Research Network) 연구원

Marianne Nylund: Local Community project(핀란드) 연구원

Kai Paakkunainen: Finnish Youth Research Network 연구원

Ossi Rakkonen: University of Helsinki 사회정책학과 선임강사(Senior Lecturer)

Mojibur Rahman: University of Helsinki 박사과정수료

Reingard Spannring: University of Vienna 사회학 연구소 연구원

Leena Suurpää: University of Helsinki 사회학과 박사과정 재학중

Arseniy Svynarenko: University of Tampere(Finland) 졸업

Timo Virtanen: Abo Academy University 연구원

Claire Wallace: Derby University 교수

감사의 말

먼저 1998년 12월 헬싱키에서 개최된 국제청소년연구 컨퍼런스 '청소년, 시민권 그리고 임파워먼트'에 참여 주신 여러분들께 감사를 드리고, 아울러 이 책의 집필에 있어 다양한 아이디어를 제공해 주신 여러분들께 감사드립니다. 이 컨퍼런스의 주제는 2000년 핀란드 청소년 연구 프로그램에서 차용한 것이며, 이 프로그램은 사회변화로부터 발생하는 청소년의 적응과 문제해결에 중점을 두고 있습니다. 컨퍼런스는 핀란드 교육부(Ministry of Education)의 재정적 지원이 없었다면 제 역할을 수행하지 못했을 것입니다. 이 책은 국제사회학회(International Sociological Association) 청소년 사회학 분과의 도움을 받았습니다. 마지막으로 이 책의 출판과 편집 과정에 있어 도움을 주신 여러분들께 진심으로 감사의 말씀을 드립니다.

차 례

제 5 부 시민권, 가치 그리고 태도

제 6 부 새로운 행위자, 네트워크 그리고 임파워먼트

그림 차례

표 차례

제 1 부

서 론

제 1 장
청소년과 시민권의 현주소 및 전망

제 1 장

청소년과 시민권의 현주소 및 전망

Helena Helve · Claire Wallace

최근 들어 시민권(citizenship)과 임파워먼트(empowerment)의 이념이 강력한 정책적 개념으로 자리 잡고 있지만, 이들 개념의 의미가 불명확한 부분이 있는 것이 사실이다. 이 논문에서는 이들 개념들에 대해 다양한 접근을 시도하고자 한다. 예를 들어 시민권(citizenship)의 정의는 50년 전 T. H. Marshall에 의해 분석된 정책적 · 법적 · 복지적 권리로서의 협의적 의미에서 확장되었다(Marshall, 1950). 솔직히 그가 예측한 근대화의 최종 진전 단계를 의미하는 복지 권리는 여러 분야에서 공격을 받고 있다. 대신에 보다 활동적 요소를 강조한 시민의식의 새로운 개념이 등장했다. 그리고 이 개념은 임파워먼트(empowerment)와 연결되어 있다. 이처럼 권한이 강화된 시민의식의 보다 적극적인 의미는 많은 요소들을 포함할 수 있다. 어떤 경우 권한이 강화된 시민의식은 '시민 사회(civic society)'에서의 소속과 활동을 의미하기도 한다. 다시 말해서 청소년들 사이에서 증가하고 있는 자발적이며 영리를 목적으로 하지 않는(non-profit) 연합(associational) 활동을 의미한다. Robert Putnam은 이러한 종류의 활동이 경제 발전과 근대화의 중요한 요소 가운데 하나인 '사회 자본(social capital)'에 기여한다고 주장한다(Putnam, 1986). 동유럽 국가 사람들과 개발도상국의 사람들에게 있어 합창단이나 스포츠클럽에 가입하는 것은 참여 이상의 의미를 지닌다. 또한 이는 자신들의 이익을 방어하기 위한 시민들의 적극적인 결집(mobilization)을 의미하며, 아울러 원하지 않는 체제의 붕괴를 의미한다. 이러한 활동에 청소년들은 매우 능동적인 태도를 취해 왔다(Wallace & Kovatcheva, 1999). Ladislav Macháček(이 책의 내용 중에서)의 표현을 빌리면 이는 민주주의뿐만 아니라 시민(citizenry)으로서의 청소년의 결집을 의미한다. 그렇지만 이러한 시민은 변화하는 환경 속에서 와해될 수 있다. 예를 들어 David Everatt은 독재적인 인종차별주의 체제에 대한 남아프리카 공화국 청소년들의 오랜 기간에 걸친 결집과 소비자로서의 역할을 선호하게 된, 변화된 청소년들에 대해 다루고 있다. 또한 그는 청소년의 새로운 정치 참여를 이끌어낼 수 있었던 엄청난 잠재력을 가진 혁명적 에너지의 소멸에 대해 다루고 있다.

시민의식의 다른 의미는 권리의 차원에서 접근할 수 있겠는데, 주로 탈국가적인(transnational) 영역에 위치한 인권(human rights)과 관련되어 있으며, 이는 국제적 차원에서 시민 사회를 대표하는 국제기구에 의해 소개 및 제시되었다(Soysal, 1996). 이러한 시민의식의 개념에 대해 이 책에서 Mojibur Rahman이 논의하고 있다. 이러한 권리는 청소년과 아동의 욕구를 충족시키기 위한 각 지역 기구들과 협력 관계(partnership)를 구축하는 비정부기구(NGO; Non Governmental Organization)와 국제기구의 네트워킹을 통해 여러 국가들을 함께 협력함으로써(bypassing), 또는 그들이 반드시 고려하지 않으면 안 되는 상태에 있는 어린이와 청소년에 대한 공식적인 인정(recognition)을 소개함에 있어 매우 중요할 수 있다.

시민권에 대한 또 다른 의미는 국민 국가(nation state)의 구성원을 나타낸다. 이는 국제적 움직임의 증가와 아울러 보다 강력한 의미를 가지게 되었는데, 경제적으로 여유로운 국가(유럽연합 포함)는 국민들이 빈곤 상태로 전락하지 않도록 하며, 또한 이주 노동자와 난민자들(refugees)에게 부분적으로나마 몇 가지 종류의 시민적 권리로서의 지위를 부여하려고 노력하고 있다. 하지만 이러한 노력이 불법 이민의 증가를 예방하지는 못한다. 이 책의 여러 논문들은 청소년들의 심리적 태도와 문화에 있어 자국 시민(native citizens)과 신규 이민자들(newer arrivals) 간의 상호작용에 대해 설명하고 있다. 위에 관련된 내용은 Leena Suurpää, Tarja Hilden, Timo Virtanen의 논문에서 자세하게 다루고 있다.

시민권과 임파워먼트에 관한 논쟁은 날로 증가하고 있는 개인주의와 성찰 능력(reflexivity)을 포함하는 후기 근대 사회(포스트모던 사회)에서 더욱 포괄적인 사회적 가치의 이동의 맥락에서 이루어지고 있다. 이는 청소년들의 열망(aspirations)과 가치뿐만 아니라 문제들이 다루어지는 정책적 환경을 형성하지 않는다. Kari Paakkunainen은 보다 추상적인 차원에서 정책 환경과 가치 변화의 관계에 대해 다루고 있으나, Helena Helve와 Marianne Nylund는 보다 세부적인 경험적 연구의 차원에서 이러한 논쟁의 증거들에 대해 검토하고 있다.

청소년들은 가치와 권리에 대해 수동적인 성향이 강하다. 이 책에서 다루고 있는 여러 편의 논문들은 청소년들의 주체적 환경 설정을 위한 프로그램(Liisa Horelli)과 사회적으로 주변부로 전락한 청소년과 거리를 배회하고 있는 어린이들을 지원하는 프로그램들(Mojibur Rahman)을 소개하고 있다. 유럽의회(Council of Europe) 유럽위원회 청소년 문화 교육 이사회(Directorate for Youth, Culture and Education in the European Commission)에서는 최근 청소년의 시민교육을 강조하고 있다. 바꾸어 말하면, 청소년들을 의사결정 구조 안으로 들어오게 하는 방법과 주변부로 전락하지 않고 사회의 적극적인 시민으로 성장할 수 있도록 하기 위한 교육을 강조하고 있다.

Sue Health와 Kiz Kenyon의 글을 통해서 알 수 있듯이, 청소년들은 새로운 삶의 방식을 발전시키는 데 있어 국제기구의 도움 없이도 스스로 자신들의 역량을 강화한다. 그러나 반면에 그들은 부정적 측면에서 자신들의 역량을 강화하기도 한다. 핀란드에서는 근대화의 과정에서 주변부로 전락한 청소년들과 세계화의 변화로부터 위협을 받는 청소년들이 스킨헤드족을 결성하였다. 그들은 남성성(masculinity)을 강조한 폭력 문화의 발전과 그들이 외부자(정치적 망명자, 이민자 등)로 여기는 이들을 공격함으로써 자신들의 힘을 과시한다. 이에 관해서는 Tarja Hilden과 Timo Virtanen이 다루고 있다.

시민권은 권리의 다양한 측면을 내포하고 있으며, 이러한 권리들은 각 시대에 있어서 여러 종류의 운동(mobilization)과 밀접한 관련성을 지니고 있다. 예를 들어 여성 운동은 시민권적 사상이 여성들에게 적용됨에 있어 여러 가지 부족한 점들을 지적하였으며, 아울러 여성들의 권리에 관한 의제(agenda)에 대해 매우 활발한 활동을 전개해 왔다(Summers, 1991; Lister, 1990). 그렇지만 이러한 것들의 한 가지 측면은 성적 학대(sexual abuse)에 관한 인식이며, 여성들 자신의 성성(sexuality)을 규정하기 위한 권리의 소통(corresponding)이었다. 이 주제에 관해서는 Sari Näre의 논문에서 자세하게 다루어지고 있다.

초국가적 시민권에 관한 논쟁에도 불구하고 시민권적 권리들은 주로 국가적 공동체 내부에서 논의되고 있다(Bauböck, 1995; Jopke & Lukes, 1999). 그런데 공동체(community)의 정의 자체가 논란의 소지가 있다. 세계적으로 새롭게 형성된 많은 국가들에서 청소년들은 국가적 정체성(national identity)을 찾아야만 한다. 이 문제는 슬로바키아(Slovakia)의 청소년들에 관한 Ladislav Macháček의 논문과 우크라이나(Ukrainian)의 청소년들에 관한 Arseniy Svynarenko의 논문에 자세히 언급되어 있다. 유럽 사회에서 청소년들의 시민권에 대한 적응에 관해서는 Claire Wallace가 자세하게 다루게 될 것이다.

이 책은 유럽의 여러 국가들의 청소년들에 관한 논문을 모은 것이며, 안타깝게도 청소년에 관한 다양한 국가들의 논문을 충분히 싣지 못하고 있다. 이러한 문제들에 관해서는 이후의 작업을 통해 보완하고자 한다. 이 책의 대부분의 논문은 북유럽 국가들의 청소년에 관한 연구들을 소개하고 있다. 이들 국가들에서는 청소년의 시민권에 관한 의식이 상당히 발전한 상태이며, 또한 Helena Helve가 리더로 활동하는 북유럽 청소년 연구 네트워크(Nordic Youth Research Network)가 이러한 분야에 대해 활발한 연구 활동을 추진하고 있다. 또한 이 책에서는 동쪽으로는 러시아와 남쪽으로는 불가리아, 루마니아의 사례들에 관해서도 폭넓게 다루고 있다. 이 책에 소개된 대부분의 논문은 RC24, 즉 국제사회학회 청소년 연구회의(Research Committee on Youth of the International Sociological Asso- ciation)에서 여러 학자들과의 토론을 통한 공동 작업의 결과물이라고 할 수 있겠다.

이 책은 다양한 분야의 주제를 다루고 있으며, 청소년 분야의 연구자들의 연구물들의 요약이며, 열띤 토론의 결과물이라고 할 수 있다. 제2부에서는 Claire Wallace가 여러 가지 개념들에 대해 소개를 하며, Reingrad Spanniring, Claire Wallace, Christian Haerpfer가 동서 유럽 국가들에서의 시민권리의 참여 형태들에 대해 여러 가지 경험들을 소개하고 있다.

제3부에서는 John Bynner가 시민권과 권력(power)에 대해 살펴본다. 환경 계획(environmental planning)(Liisa Horelli)에 있어 청소년들의 참여에 관해 살펴보며, 종래의 개념들에 대한 이론적 비판(Kari Paakkunainen), 북유럽 국가들에서의 청소년들의 삶의 방식과 자원봉사활동들에(Marianne Nylund, Sue Heath, Liz Kenyon) 대해 소개한다.

제4부에서는 Lynne Chisholm이 시민권과 주변성(marginality)에 대해 소개한다. 북유럽 국가들에서 새롭게 등장하고 있는 스킨헤드족(skinhead gang)에 대한 소개(Tarja Hilden, Timo Virtanen), 성적 시민권(sexual citizenship)(Sari Näre)에 관한 내용, 외국인들의 견해들(Leena Suurpää)에 대해 소개한다.

제5부에서는 Gill Jones가 주로 비판적 시각에서 가치관의 이동에 관한 상세한 분석을 소개하고 있다. 제5부는 Helena Helve, Sakari Karvonen, Ossi Rahkonen에 의해 작업이 이루어졌으며, 이들은 가치관 변화에 관한 보충 논의와 이러한 변화의 분석을 위한 방법론을 제공해 주고 있다.

제6부에서는 보다 국제적인 차원에서 새로운 행위자(New Actors), 네트워크, 임파워먼트라는 주제에 대해 다루고 있다. 이 장은 Pat Allatt가 집필을 담당했다. 또한 슬로바키아의 사례에 대해서는 Ladislav Macháček이, 개발도상국가들(주로 인도를 포함한 아시아 국가들)의 사례에 대해서는 Mojibur Rahman, 그리고 David Everatt이 남아프리카의 사례에 대해 소개하고 있다.

청소년들의 임파워먼트에 관한 문제는 매우 정치적이다. 이 책에서는 사회문화적 · 정치적 상황이 다른 국가들에서의 다양한 사회 현상들에 초점을 맞추고 있다. 이 책에서는 청소년들에 대한 연령 범위를 포괄적으로 설정하고 있는데, 예를 들어 개발도상국가들에서 흔히 볼 수 있는 길거리의 어린이들, 어린이 노동자들(child workers)과 공식적으로 청소년의 연령이 35세까지로 규정된 남아프리카까지 매우 포괄적으로 설정하고 있다. 오늘날과 같이 세계화가 진전된 사회에서 청소년들의 정치 참여는 매우 모호한 측면이 있다. 청소년들이 정치 활동에 대해 적극적으로 참여하지 않는 것이 그 사회의 환경적 요인과 시대적 변화로부터 많은 영향을 받는다고 볼 수 있겠다. 예를 들어, 공산주의(communism)의 몰락은 슬로바키아에서 청소년들을 정치 활동 무대의 뒤편으로 물러나게 했다(이에 관한 내용은 Macháček 참조). 이러한 변화는 그들을 이전의 체제 내에서 정치적 행위자(political actors)로서의 제도적 역할(institutional roles)을 상실케 했다. 그들은 불안정한 고용과 실업의 희생자로 전락했다. 반면, 새로운 움직임—환경 단체와 같은 비정부기구—은 상당수의 청소년들이 정치적으로 자각되어 있음을 보여 주고 있다. 하지만, 청소년들의 정치적 활동성은 스킨헤드족(skinhead groups)과 과격한 행동(fringe activities)의 사례를 통해 알 수 있듯이 주변화(marginalization)로 이어지는 경우도 있다. 세계화된 사회에서 새로운 커뮤니케이션 기술의 발달과 이전에는 굳게 닫혀 있는 사회들의 등장은 비정부기구들의 정치적 역할을 강화할 기회를 제공하고 있다. 아마도 그들은 머지않은 장래에 권력의 새로운 형식과 새로운 청소년 집단의 등장을 이끌어낼 것이다.

❁ 참고문헌

Bauböck, R. (1995), *Transnational Citizenship: Membership and Rights in International Migration*, Edward Elgar, UK.

Joppke, C. and Lukes, S. (eds.) (1999), *Multicultural Questions*, Oxford University Press, Oxford.

Lister, R. (1990), 'Women, Economic Dependency and Citizenship', *Journal of Social Policy, 19(4)*, pp. 445-67.

Marshall, T. H. (1950), *Citizenship and Social Class and Other Essays*, Cambridge University Press, Cambridge.

Putnam, R. D. (1986), 'The Prosperous Community: Social Capital and Public Life', *The American Prospect, 13*, pp. 35-42.

Soysal, Y. N. (1996), 'Changing Citizenship in Europe: Remarks on Postnational

Membership and the National State', in D. Cesarani and M. Fulbrook (eds.), *Citizenship, Nationality and Migration in Europe*, Routledge, London.

Summers, Y. (1991), 'Women and Citizenship: The Insane, the Insolvent and the Inanimate?', in P. Abbott and C. Wallace (eds.), *Gender, Power and Sexuality*, Macmillan, London.

Wallace, C. and Kovatcheva, S. (1998), *Youth in Society. The Construction and Deconstruction of Youth in East and West Europe*, Macmillan, London.

제 2 부

비교적 관점에서의 청소년, 시민권, 임파워먼트

제 2 장

청소년, 시민권, 임파워먼트

Claire Wallace

❁ 서론

임파워먼트와 시민권은 청소년 정책과 복지 국가에서의 증대되는 변화로 인해 사람들의 관심을 끄는 개념이 되었다. 이것은 그것들이 사회 그룹들의 분열, 집단주의로부터 개인주의로의 신념의 변화, 복지 국가의 후퇴, 그리고 그 모두가 사회의 일반적인 포스트모던화의 부분이라 할 수 있는 사회적 문제들에 대한 거대 담론적(grand narrative) 해결에 대한 회의를 조정해낼 수 있기 때문이다 (Inglehart, 1997; Wallace & Kovatcheva, 1998). 그것들은 사회적 배제와 청소년의 소외와 같은 문제들에 참여적이고 민주적인 반응을 약속한다. 하지만 이러한 용어들은 다른 논쟁에 삽입되어 있는 일련의 의미를 반영하기도 한다. 이 장에서 나는 첫 째로 시민권의 몇 가지 의미와 임파워먼트의 의미에 대해 비판적으로 검토할 것이며, 그리고 그것들이 청소년들과 상응하게 되는 방식을 고찰할 것이다.

❁ 청소년과 시민권

시민권은 모두에게 근본적인 중요성을 가지는데, 그것은 바로 시민권이 사람들이 생활을 영위하고 있는 사회와 개인과의 법적 · 정치적 · 사회적 관계를 정의하기 때문이다. 하지만 그것은 또한 근본적으로 논쟁의 여지가 있는 개념이기도 하다.

최근 들어 여러 가지 이유로 인해 시민권의 개념에 대한 흥미가 다시금 증대되고 있다. 첫째, 경제 기구의 집중화와 유럽연합(EU)과 유럽의회와 같은 초국가적 정치 기구의 확장으로 인한 체제 통합에 대한 압력이 의문을 제기하게끔 한다. 이를테면 시민으로서의 유럽인은 정치적으로 어떠한 실재성을 가지는가 하는 점들이다. 둘째, 여성, 소수 민족, 게이, 레즈비언과 기타 소외층들이 벌이는 정치적으로 인정받기 위한 투쟁은 "시민권"이 다양한 사회에서 사회적 통합의 가능성을 부여하는 것처럼 보인다는 것을 의미할 수 있다. 마지막으로, 복지국가와 복지의 영역에 대한 비판은(예를 들어 영국과 미국에서처럼) 어떠한 '권리(rights)'를 시민들이 그들의 국가로부터 기대할 수 있는가에 대한 질문을 다시금 고려해 보게 만들었다. 하지만, 동유럽과 중부 유럽에서의 발전은 이 논쟁에 새로운 면을 부여해 주었으며, 동부 유럽의 개방과 1990년대에 경험한 이주의 물결 이후로 시민권에 있어서 중요해진 또 하나의 측면은 개인의 어느 나라에 속하는가 하는 국가적 정체성(national identity)이다. 이 모든 논쟁들이 비록 각각의 방향으로 발전되었지만 내가 제시하는 바와 같이 그것들은 많은 면에서 필연적으로 연관되어 있다. 그래서 이 장의 다음 부분은 네 개의 카테고리로 나누어지게 되는데, 그것은 유럽의 시민권(European citizenship), 시민권과 주변성(citizenship and marginality), 시민권과 복지 국가(citizenship and welfare state), 시민과 비시민(citizens and non-citizens)이다.

청소년들은 새로운 시민으로서 시민권이라는 의미에 특별한 연관을 가지게 된다. 하지만 많은 청소년들은 완전한 시민이 되는 것으로부터 다양한 방식을 통해 제외되기도 한다. 다음 절에서는 시민권의 의미와 그것이 가지는 청소년과의 상관성에 대해 고찰하고자 한다.

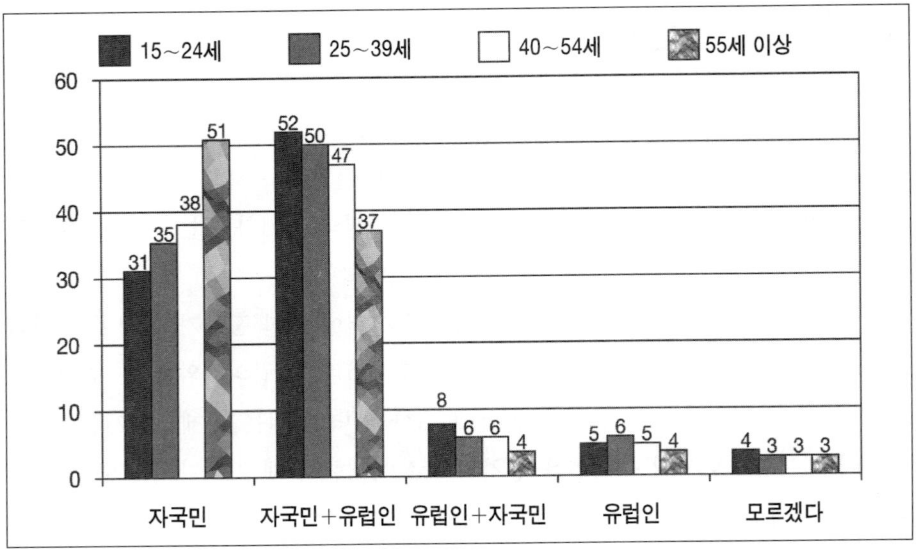

그림 2.1 유럽인과 자국민으로서의 정체성. 유럽 척도(Eurobarometer, 1996)

1. 청소년과 유럽의 시민권

동유럽과 서유럽의 청소년들은 그들 자신들을 유럽 시민으로 보다 더 동일시하는 것처럼 보인다. 하지만 그들은 다른, 이를테면 지역과 국가적인 정체성을 동시에 고수하기도 한다.

그림 2.1은 1996년 유럽조사에 포함된 유럽연합 국가들에서 보다 나이가 많은 사람들은 청소년층에 비해 그들의 국적을 유일한 정체성의 원천으로 여기는 반면, 청소년들은 유럽인으로의 정체성을 보다 더 많이 선택하고 있음을 보여 준다. 하지만 청소년들은 그들의 국가 정체성을 동시에 지니고 있기도 하다. 공산주의 체제 붕괴 후의 동부 유럽과 중부 유럽에서 신(新)민주주의 조사(New Democracies Barometer)에 의해 측정된 바와 같이, 1998년에도 마찬가지로 청소년들이 보다 친(親)유럽인적 경향을 명백히 띠었다. 그리고 보다 동부로, 보다 남부로 갈수록 이러한 경향이 나타났다(그림 2.2 참조). 게다가 세계가치조사(World Values Survey)에 대한 우리의 분석은 청소년들이 시간이 갈수록 보다 그들 자신을

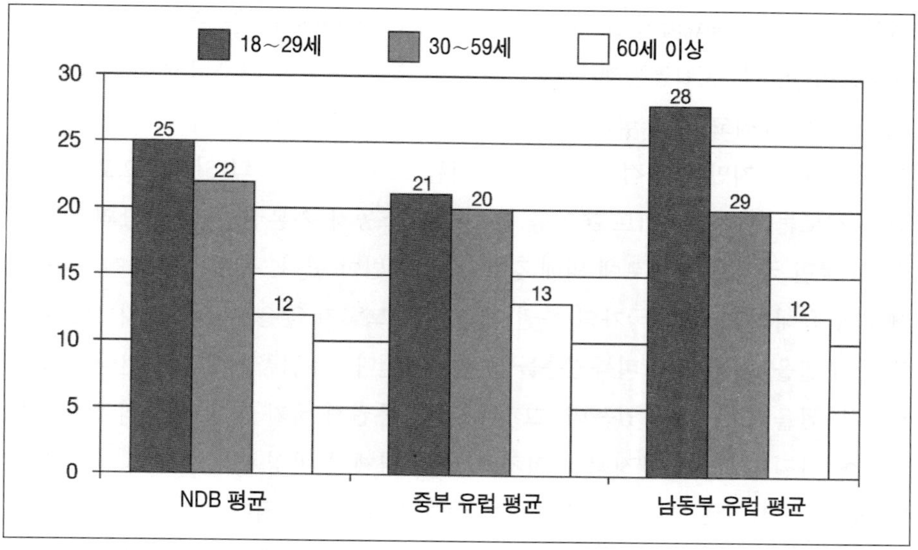

그림 2.2 유럽인의 정체성(1순위 선택)

유럽인으로 동일시하고 있으며, 특히 이러한 경향은 구(舊)공산주의 국가들에서 두드러진다는 것을 보여 준다(Wallace, Spannring & Haerpfer, 2000).

그럼에도 불구하고 유럽 시민이라는 생각은 여전히 다소 모호하고 추상적이다. 유럽은 제대로 확립된 정체성이 없는 초국가적 상태로 남아있다. 심지어는 유럽의 경계에 대해서도 계속해서 논의가 이루어지고 있다: 드골 장군(General de Gaulle)이 주장하는 바와 같이 유럽은 우랄 산맥에서 대서양까지 확장되는가? 얼마나 남쪽까지 확장되는가? 유럽을 둘로 나눈 냉전에 의한 유럽의 분열은 사라졌으며, 이제 일련의 새로운 국가들이 "유럽인(European)"임을 주장한다. 이것은 감정적일 뿐 아니라 실제적인 문제인데, 그것은 유럽연합이 "부자들의 모임(Rich mans club)"이고 이들은 보다 가난한 이웃들을 배제하고 가난한 이웃들과 비교됨으로써 정의되는 존재들이기 때문이다.

이제 더 이상 국민 국가 혼자서 시민권의 모든 면을 통제하는 것은 불가능하다. 전 세계에 걸친 환경적 · 경제적 연관은 국민 국가 혼자만에 의한 규제를 비현실적이고 시대착오적인 것으로 만들고 있다. 하지만 시민권의 세계화는 역설적이게도 증대되는 국가 쇼비니즘(national chauvinism)[1]을 동반한다. 따라서 유럽 인권 법원, 유럽공동체, 유럽의회 등과 같은 초국적 기구의 창설은 국민 국가의 위에, 그리고 국민 국가를 초월하는 보편 인권을 위한 장을 만드는 데 도움을 주었다. 하지만 사회적 시민권을 이러한 초국적 기구들의 일부분으로 소개하려는 시도는(마스트리히트 조약을 통해서나 노동자 기본권 공동 헌장의 수용과 같이) 국민 국가들 스스로에 의해 강한 저항을 받아 왔다. 유럽공동체 그 자체 안에서의 유대의 심화는 국가의 특권 계층들과 그렇지 않은 사람들과의 보호주의적인 분열을 조장하며, 비특권층들을 배제시킨다. 유럽공동체의 시민들은 그러한 시민권을 향유할 수 있는데, 그것은 위의 특권적 국가 성원들 중의 하나라는 덕택에 가질 수 있는 안정적인 정치 체계와 경제적 번영에 의해 보장되는 것이다. 실제로, 시민권의 대부분의 형태는 국민 국가와 연결되어 있다.

하지만 청소년들이 다른 종류의 변동—즉, 예를 들면 가정의 안팎과 같은—에서뿐만 아니라 유럽의 지역 차이에 의해서도 매우 다른 권리와 책임을 가진다는 것은 명백하다. 북유럽 청소년들이 가지고 있는 보다 개인주의적인 생각은 보다 가정 중심적인 남유럽 청소년들의 개념 속에서는 발견되지 않는다(Pais, 1995; Wallace & Kovatcheva, 1998). 따라서 1990년의 유럽 청소년조사(Young Europeans Survey)(Chishlm & Bergeret, 1992)에 의하면 북유럽의 청소년들은 집을 떠나 독자적인 가정을 꾸리기를 원했는데, 이것은 그들의 부모로부터 분리되어 사는 것이 그들의 이상이었다는 것을 말한다. 하지만, 남부 유럽에서는 청소년들이 결혼에 이를 때까지는 집을 떠나는 경향이 없었으며, 아주 적은 수만이 집에서 벗어나 사는 것을 목표로 했다. 남부 유럽과 동부 유럽에서 아이들과 부모 사이에 강한 상호 의존이 존재하는 반면 북유럽에서는 그렇지 않다. 이는 성역할에도 영향을 미친다. 유럽의 여러 부분들에서 복지 조항(welfare provision)과 청소년이라는 것이 무엇인가에 대한 문화적 기대는 매우 다양하다. 이것은 우리가 청

---

1) 역주: 맹목적 국가주의 또는 배타적 국가주의를 뜻하며, 자신의 국가가 다른 나라에 비해 중요하며, 도덕적으로도 성숙하다는 강하며, 비합리적인 신념을 내포하고 있다.

소년에 대한 한 가지의 모델이 있는 것인지 또는 여러 개의 모델이 있는 것인지에 대한 의문을 가지게 만든다.

2. 청소년, 시민권, 주변성(marginality)

일련의 소외된 그룹에게 시민권은 자유주의적이고 개인주의적인 전통에 있어서 그들의 권리가 보편적 인정을 얻을 수 있는 방법을 제공해 준다. 그래서 게이 부부는 이성(異性)의 부부들과 같은 방식으로 결혼을 하고 입양을 할 권리를 가진다고 주장한다. 대부분의 나라들에서 동등한 권리를 보장하는 입법이 이러한 종류의 개인적 시민권을 지지하기 위하여 필요하다는 호소력을 가진다. 이러한 소외 그룹들의 정치적 투쟁에서 시민권은 매우 관심을 끄는데, 그것이 바로 보편적인 이상을 제공해 주기 때문에 그러하다.

하지만 시민권에 대한 자유주의적이고 개인주의적인 생각은 상이한 시민들이 차별화된 시민권의 획득 방법을 가지고 있고 이것은 개인으로서가 아니라 가정에서의 위치에 달려 있다는 사실을 숨기기도 한다. 따라서 이러한 모델의 시민권은 페미니스트 작가들에 의해 도전받아 왔는데, 그들은 시민권이 그 안에 내재해 있는 의존의 법칙에 의해 손상된다고 주장한다(Lister, 1990; Summers, 1991). 이러한 비판은 여성들이 의존적이기 때문에 남성들과 같은 방식의 시민이 아니라는, 즉 그들은 단지 가족들을 위하여 이익을 주장하고 세금을 내는 남편들을 통하여 시민이 된다는 사실에 초점을 맞춘다. Lister(1990)는 완전한 사회적 시민권이 보편화되기 위해서는 가정 내에서 가족을 돌보는 사람으로서의 위치를 인정해야 한다고 주장한다. 그들의 사회적 복지로의 접근은 몇몇 경우 그들의 남성과의 관계에 달려있다. 자유주의적이고 개인주의적인 시민권의 개념은 방임적, 개인주의적 경쟁자를 가정하는데, 이러한 모델은 부양자를 가지고 있는 여성들은 충족할 수 없는 모델인 것이다.

시민권에 대한 이러한 자유주의적 관념에 대한 비판은 청소년의 상황에도 적용된다. 사회적 시민권의 많은 측면과 다른 권리들도 역시 가족을 통하여 정의된다. 그들은 우리가 '대리 시민권(proxy)'이라 부르는 것을 가진다(Jones &

Wallace, 1992). 그들의 상황은 또한 다른 그룹들에게도 적용되는데, 그 그룹들은 고용시장 내부에서 잠재적으로 차별적인 권리를 가지게 되고, 법적 · 정치적 · 사회적 보장 체계 내에서도 차별되며, 혹은 지체 장애인, 정신 장애인, 은퇴자들처럼 노동시장에서 제외된다. 완전 고용을 수반하는 시민권의 접근법들은 완전히 고용되지 않는 사람들을 시민권의 제한적 형태로 무시하는 경향이 있으며, 여기에서는 무엇인가에 권리를 가지는 것과 그것에 대한 접근법을 가지는 것은 중요할 수 있다. 이러한 몇몇 그룹들에게 국가의 보호는 수동적인 자유를 보장해 주는 것을 통해서건 사회적 지지를 통해서건 그들의 권리와 적극적인 자유가 보장된다면 특히 중요하다(Fraser & Gordon, 1994). 그러므로 페미니스트들은 이러한 차이를 인정하는 시민권을 요구한다(Jones, 1990).

차이는 또한 빈곤을 통하여 발생한다. 그래서 사람들이 비록 동등한 권리를 가지더라도 그들이 반드시 그러한 권리들에 대한 동등한 접근법을 가지게 되는 것은 아니다(Jones & Wallace, 1992). 따라서 사람들은 여행할 권리, 집을 살 권리, 직업을 바꿀 권리를 가지고 있지만, 항상 그렇게 할 여유가 있는 것은 아니다. 그러므로 시민권은 T.H. Marshall이 인정하였듯이 시장에 의해 제한된다(Marshall, 1950).

소수 인종들은 법 아래에서의 동등한 처우를 위하여 투쟁하여 왔다. 대부분 이러한 권리들이 유럽에서 인정은 되지만 종종 다양한 인종들의 삶의 형식으로부터 그러한 권리들이 배척당하게 되는 경우도 있다. 그래서 로마(Roma)[2]는 그들이 살고 있는 국가의 성원으로 등록하지 않음으로써 구별될 수 있다. 그리고 이러한 예는 체코 공화국의 경우와 유사한데 그 곳에서 로마는 본래는 슬로바키아

---

2) 역주: 집시들이 스스로를 일컫는 말로, 이는 집시어로 '인간', '사람'을 의미한다. 국제집시연맹(IRU)은 그들 자신의 명칭을 통일시켰는데, 그것은 rrom, rromani로 통일해서 공식적인 서류나 회의석상에서 사용하고 있다. 이것은 그들의 명칭이 이탈리아의 로마의 명칭이나, 루마니아라는 나라와 혼동이 될 여지가 있기 때문에 이렇게 r을 두 개 겹쳐 쓰게 된 것이다. 1995년에는 유럽의회가 공식 서류 상에서 로마(rroma)의 사용을 승인했다.

출신이고 이내 그들이 국가가 없다는 것을 알게 된다. 로마는 보통 로마의 유랑민적 속성이 문제가 된다고 여겨온 정부들과 투쟁적인 관계에 놓여 왔는데, 그것은 로마가 '훌륭한 시민(good citizen)'에 대한 정부들의 모델에 순응하지 않고 그것들을 억누르거나 합병하려고 노력해 왔기 때문이다(Crowe, 1996). 유럽의 다른 소수 인종들은 동화, 차별, 추방 그리고 절멸의 지배를 받아 왔는데, 이것으로 인해 다수 주민과 공유하는 평등한 시민권의 인정이 중요한 인권의 획득이 된다고 할 수 있겠다. 그럼에도 불구하고 그것이 일련의 비공식적인 형태의 차별을 반드시 막아주는 것은 아니다. 게다가 그것은 사람들이 누가 법적 지위로부터 독립적인 사회의 성원이 되어야 하는가에 대한 주관적인 판단을 막아주지 못한다(Suurpää, Hilden, Virtanen의 글을 참조).

소수 인종출신의 사람들은 사실상 그들이 소유하고 있는 시민권으로의 접근법을 막을 수도 있는 제도화된 인종주의의 결과로 인종차별을 겪을 수도 있다. 여기에서 우리는 다른 사회에서 시민권을 정의하는 모델들을 살펴볼 필요가 있다. 첫 번째 예로 프랑스는 뛰어난 시민 사회의 모델이라 할 수 있는데, 이 나라에서 태어난 모든 사람들은 국가의 성원이 되는 반면 강한 동화에 대한 경향성은 존재하지 않는다. 두 번째 예는 뛰어난 인종적 모델을 제공해 주는 독일로, 거주지보다는 세습에 의해 시민권이 부여된다. 이 모델의 배타적 특성에도 불구하고 그것은 개별적 무리들과 소수 인종들을 위한 조항을 인정하는데 도움을 주는데, 그것은 소수 인종들이 시민이 아니고 결국에는 고향으로 돌아갈 것이라는 추측 때문이다. 아이러니컬하게도 이러한 체제는 차이(difference)를 인정하는데 있어서 더욱 뛰어나다. 셋째로 영국, 네덜란드, 구(舊) 소련과 같은 나라들에서 볼 수 있는 제국주의적 모델이다. 이 나라들에서는 다양한 인종의 사람들을 그 나라의 시민이라 주장하는데 국가 안에서 사는 사람들과 그 외의 지역에서 사는 사람들을 모두 포함한다. 일련의 다른 민족들과 문화들이 시민으로 보이기도 하지만, 그럼에도 불구하고 모국(mother country)에 의한 주도적인 지배가 존재하기도 한다. 몇몇 연구자들에 의하면 중부와 남부 유럽에서는 조각누비(patch-work) 모델이 지배적인데, 이것에 의하여 인종 그룹들은 국경의 여러 구역에서 살면서 언어, 교육, 그리고 그들 자신의 문화에 따른 여러 다른 것들에 대한 권리를 주장한다

(Brubaker, 1994; Brubaker, 1996).

인종 그룹의 성원들은 지난 수 년 동안 개인으로 보다는 집단으로서 자신들의 권리를 얻기 위하여 투쟁해 왔다. 예를 들어 그들은 그들 자신의 언어에 의한 교육, 그들의 언어로 쓰인 문서 등을 요구한다. 이러한 예들은 영국의 웨일즈인(Welsh in Britain), 이탈리아의 소수 오스트리아인, 스페인의 바스크족, 루마니아의 헝가리인에서 볼 수 있다. 하지만 개인적으로 보다는 집단적인 권리의 제도화는 시민권의 자유주의적 모델에 문제점을 제기하기도 하는데, 여기에서는 원칙상 모든 사람들이 같은 권리를 가져야만 하는 것이다. 만약 이탈리아의 오스트리아인이 그들 자신의 언어에 의한 교육을 인정받게 된다면 북아프리카인이나 알바니아인들은 어떻게 하겠는가?

이러한 의미에서 소외 그룹에 대한 시민권의 인정은 모호할 수도 있다. 그것은 그러한 그룹을 인정하는 데에는 도움이 될 수도 있으나 그들을 집단적 시민권을 가진 이들로 떨어뜨릴 수도 있고, 이것은 개인적 권리를 인정해 주지 않는 것이다.

3. 시민권과 복지 국가: 사회적 시민권

사회적 시민권에 대한 T.H. Marshall(Marshall, 1950)의 개념에서 그는 근대화(modernization)의 과정으로서의 시민권의 혁명적인 확장을 예견하였는데, 이는 바로 시민권을 통하여 국가의 모든 성원들은 다양한 종류의 사회적 이익에 대한 권리를 획득한다는 것이다. 이것은 (남성의) 완전 고용에 대한 케인즈적 정책에 의하여 수립된 복지 국가의 전후 모델에 기초하고 있다. 그것은 또한 전형적으로(normal) 표준화된 가족의 이행이라는 사고에 기초하여 예상되기도 하였는데, 그것은 아동에서 성인, 독신에서 결혼과 부모, 학생/훈련생에서 노동자로의 이행 등이다. 하지만 1970년대 이후 사회적 시민권의 수혜 중 많은 것이 증가되기보다는 오히려 후퇴했는데, 그것은 복지 국가들이 권리 부여의 수를 삭감했을 뿐만 아니라 이익을 받는 사람들의 수를 줄였기 때문이다. 이것은 청소년들에게 중요한 암시적 의미가 있는데, 그들은 몇몇 국가들에서 이전 수십 년 전에 얻었던 권리로부터 배제되었기 때문이다. 그 예가 영국이 될 수 있을 듯한데, 그 나라에서 청소년들은 학교를 떠난 후 교부금을 요구할 권리를 상실하였다. 또한 많은 경우 주거에 관한 혜택도 잃었으며, 프랑스에서는 청소년들을 보험체계에서 배제하려는 연속적인 시도가 있어 왔다.

사회적 시민권은 국가에 의하여 제공되거나 보장될 수 있다. 그래서 권리의 각 유형은 일련의 기관에 의하여 보장된다. 한편으로는 수동적 자유(negative freedoms)라는 것이 있는데, 이것은 국가에 의한 임의적인 간섭으로부터의 자유이며, 자기 자신의 소망과 희망을 따르는 자유이다. 그리고 다른 한편으로는 적극적 자유(positive freedom)가 있는데 이것은 즉, 다른 사람들과 마찬가지의 방식으로 시민으로서 참여할 충분한 지지를 얻는 권리이다.

시민권에 대한 권리는 제2차 세계대전 전후의 사회에서 사회적 통합의 원인을 제공해 주는 듯 보이는데, 그것이 원칙적으로 모두에게 보편적이기도 하며 동등하기도 하기 때문이다. 하지만 이러한 권리의 제도화에도 불구하고 시민권에 대한 접근법은 그것이 법적인 권리뿐 아니라 재원을 동원하는 개인들의 능력에 의해서도 결정되기 때문에 보편적이지는 않다(Barbalet, 1988). 사람들이 원칙상 가지게 되는 권리와 사람들이 실제로 가지는 권리 사이에는 중요한 차이가 있는 것이다.

많은 복지 국가에서 사회 복지 체계는 Crompton(1998)이 '생계 모델(Breadwinner model)'(예를 들어 영국)이라 부르는 것에도 기초하게 되는데, 이 모델에서 가족에 대한 교부금 수혜 자격은 사회 보험금을 지불하는 생계 책임자(남성)를 통하여 조직된다. 이러한 모델은 최근 몇 년간 그것이 많은 새로운 유형의 가족 형태와 증가하는 실업에 의해서 훼손된다는 사실에도 불구하고 재강화되어 오고 있다. 복지에 관한 가족 모델(family model)을 가지고 있는 사회에서(예를 들어 프랑스처럼) 이것은 그렇게 중요한 문제가 아니다. 하지만 후자의 사회에서 조차 복지의 자격에 접근하는 것은 노동시장으로의 접근을 통하여 제한된다 (Pateman, 1989). 많은 이득들은 보험금을 통하여 지불되며, 보험금은 고용으로부터의 공제액을 통하여 지불된다. 보다 보편적인(universal) 복지 모델을 가지고 있는 스칸디나비안식 모델과 같은 사회에서 조차도 교부금은 노동을 위한 보상이다(Esping-Anderson, 1990). 이것은 특히 청소년들에게는 문제가 되는데 그들은 점점 더 적게 일을 하고 있는 듯 하며, 일을 하고 있다하더라도 임시직이나 비정규직 일을 하는 듯 보인다. 이러한 일자리는 완전한 교부금에 대한 접근을 반드시 제공해 주지만은 않기 때문이다. 그들은 노동시장 밖에서 긴 시간을 보내게 될지도 모른다.

고용에 기초한 시민권의 형태로 부터의 이러한 배제는 여러 가지 요인의 산물이다. 첫째로는 점점 더 긴 기간 동안 충분한 교육과 훈련을 계속하려는 청소년들의 경향이 증가된다는 것이며, 둘째는 높은 실업 때문에 노동시장에 들어가지 못하는 청소년의 수가 증가한다는 것인데, 이것은 특히 청소년들에게 영향을 미친다. 셋째로는, 청소년들이 결국 가지게 되는 일이 임시직이거나 공식 경제활동에 포함되지 않는 일이라는 것이다. 이것은 도시지역에서 제도적 시스템(formal system)(Coles, 1995)에서 사라지고 있는 청소년들과 실업률이 매우 높은 남부 유럽에서 특히 그러하다.

이러한 요소들은 점점 더 증가하는 청소년의 변동을 낳았으며, 그로 인해 가족과 인생의 과정에서의 변동이 전임 노동자로 노동시장에 편입되기 이전에 연기되거나 시작되는 듯이 보이기도 한다. 이것은 '젊다'라는 것에 의해 의미되는 것을 재정의 하는데 도움을 주었으며, 또한 전후 복지 국가가 세워지는데 의존하였던 표준화된 전이로부터 이동하도록 만들었다. 이것은 30 : 30 : 30 모델을 이끌어냈는데 사람의 일생에서 처음 30년 동안에는 노동시장 밖에서의 학습과 훈련 구직의 시간이며, 두 번째 30년 동안에는 노동시장 안에서의 시간이며, 마지막 30년은 다시 노동시장 밖으로 나가게 된다는 것이다. 그리고 중간의 30세층이 다른 연령대를 부양해야 한다는 것이다.

이것은 복지 국가와 청소년들의 부양에 있어서 일종의 위기를 불러 일으켰는데, 그것은 이 긴 과도기 동안 누가 그들을 부양할 것인가 하는 데 있다. 상당 부분 이러한 부양의 책임은 출생한 가족의 몫이다. 그것은 역설적인 상황을 내포하기도 하는데 아이들은 어린 나이부터 점점 더 독자적이고 자립적으로 변화하고 있는 반면, 경제적으로는 점점 더 오랜 기간 의존한다는 것이다(Büchner, 1990; Postman, 1983). 이것은 아이들에 대해 다른 기대를 가지고 있었던 가족들에게서는 많은 긴장을 일으킬 수도 있다. 그들은 Ulrich Beck의 말대로 개인화 과정의 지배를 받는다(Beck, 1986).

게다가 시민권은 삶의 주기에 걸쳐서 다양한 형태로 존재한다. 청소년의 상황은 시민권에 대하여 항상 모호성을 띠어 왔는데, 어느 나이에서는 사람들이 이러한 권리들을 획득하느냐가 불분명하며, 또한 그들은 다른 나이에 다른 권리를 획득하는 경향도 있기 때문이다(Jones & Wallace, 1992). 결정을 내리는 사람으로서의 아동의 권리에 대한 증가하는 인정은 청소년 그룹으로부터의 복지권을 제거하는 것과 함께 나타나기도 하는데, 그들은 결혼한 여성처럼 가족을 통하여 권리를 가지는 것으로 간주된다.

그래서 시민권, 복지 국가에 의해 정의될 때 사회적 시민권은 많은 나라에서 침식, 훼손되고 있으며, 청소년들이 바로 가장 예민한 부분에 자리하고 있는 것이다.

4. 시민(Citizens)과 비시민(Non-Citizens)

위에서 언급한 모든 논의들은 주로 국민국가에 대한 것들이었다. 사람이 얻게 되는 권리는 국민국가에 의하여 주어지는 권리이며, 시민으로서 가지게 되는 책임이자 의무는 (군 복무나 납세처럼) 국민국가에게 바쳐지는 것이다. 여기에서 우리는 시민권이라는 의미를 제대로 구분할 수 있게 되는데, 그것은 형식상의 시민권(formal citizenship), 즉 특정한 국민국가의 성원이라는 것과 실질적 시민권(substantive citizenship), 즉 사람이 시민으로서 취하게 되는 권리와 의무이다.

유럽에서의 전후 시대 노동과 인력의 이민 유형은 시민권에 대한 새로운 문제를 낳게 했는데, 여기에서 이러한 생각은 주로 일부 사람들을 배제시키는 장치로 사용된다. 남부에서 북부로, 구(舊) 식민지와 구(舊) 영연방 나라들에서 유럽의 식민지 종주국으로의, 그리고 오늘날 동에서 서로의 이주의 물결은 시민권의 결여가 사람들이 현재 살고 있는 나라의 시민권을 완전히 누리고 싶어 하는 성원들을 배제할 수 있음을 의미한다. 시민권에 대한 권리는 지난 기간 동안 사회 보험과 조세를 통하여 발달되어 왔는데, 시민들이 자신들의 케이크를 이방인(outsiders)이라 여겨질 수 있는 사람들과 나눔으로써 더 작게 만드는 것을 꺼려하게끔 한다. 이것은 '복지 이주(welfare migration)'에 대한 계산에 의해서 증대되기도 하는데, 사실 그것은 드문 일이다. 영국에서 시민권은 전후 입법화의 문제가 되기도 했는데, 그것은 피선거권을 제한함으로써 이전 영국 연방 성원들의 권리를 한정하기 위해서였다. 독일과 오스트리아에서는 늘어나고 있는 시민권 후보자, 이주민, 그리고 수용시설 신청자들의 권리를 제한하기 위하여 새로운 법률제정을 발의했다. 국민국가 내부에서조차도 시민권은 소수 인종, 소수 이민자들을 배제하기 위한 수단으로 사용되어져 왔는데, 그 예는 체코 공화국의 집시족의 경우에서 보인다. 유럽 국가들에서의 이주 노동자의 위치는 이러한 정황에 지배된다. 어떤 상황 아래에서 시민권은 보편적이라기보다는 제도화된 인종차별을 위한 정책적 장치가 되었다.

전후 기간의 외국인들의 유입은 완전한 시민으로 여겨지지 않는 각 국가의 주민이 있다는 것을 의미한다. 우선 유럽연합 내부에서의 이주민이 있으며, 유럽연합 외부의 외국인 노동자들이 있다. 서유럽 국가에서 성장한 청소년들 중 많은 이들에게 있어서 그들은 명목상으로만 시민인 나라에서 자신의 정체성을 찾기보다 그들 자신을 본래 속해 있던 사회의 성원으로 생각한다. 예를 들어 이것은 독일, 오스트리아, 그리고 스위스에서의 외국인 노동자의 경우가 그러하다. 그것은 또한 수용시설 신청자와 난민이 모호한 부분적인 시민권의 형태를 가지는 경우에도 그러한데, 전자는 지원자의 경우이며, 후자는 입증이 되어야 하는 특별한 예외이다.

나아가 시민(citizens)으로 여겨지는 경우라 하더라도 자신들이 인종, 종교 혹은 국적의 이유로 배척된다고 생각하는 경우도 있는데, 예를 들어 프랑스의 북아프리카 청소년들이 그러하다. 이들 청소년들에게 갱신된 민족적 전투성은, 예를 들어 학교에서 머리에 스카프를 두르는 것으로 표현되는 것처럼, 지배적인 통합주의적 경향에 반대하여 신봉된다. 종종 이주민에 대한 생각은 많은 유럽인들의 마음속에 (심지어 그들 자신이 멀지 않은 과거에 이주민들인 경우에도) 복지 절도꾼(welfare scroungers)[3]과 같은 방식으로 우려와 혐오를 불러일으킨다. 그들에 대한 엄격한(draconian) 평가는 편입하려는 이주민들의 어느 때보다 절박한 시도와 함께 정당화된다. 이러한 실태는 극우 정치인들에 의해 더욱 격심해지며, 그들은 이주민들을 두려워하게 하는데 일조하고 그들에 반하는 시민권의 재강화를 주류의 정책으로 만들게끔 한다.

최근 몇 년 간의 증가한 유동성은 Rainer Bauböck(1994) 같은 이들이 그 상황에 더 잘 들어맞는 초국가적인 시민권(transnational citizenship)이라는 개념을 공식화하도록 이끌었다. 그 대신 시민권의 정반대 개념이 강조되고 있는 중이며, 그것은 보다 한정적이며 여느 때 보다 국민 국가에 기반을 두고 있다. 이주와 관련된 문제 역시도, 사람들이 공식적으로 국민 국가의 성원이 될 수 있고(예를 들어 그들이 이주한 곳으로) 또 한편, 그들이 이전 국적을 포기하기를 원하지 않으므로 인해서 국적과 시민권에 대한 문제를 새로이 조명하게끔 한다. 이러한 예는 영국의 아시아인들에게서 볼 수 있다. 공식적인 시민권 내에서의 이러한 민족적 주장은 다양한 본래의 국적에 대한 주장에서도 반영된다. 예를 들어 플랜더스(Flemish) 국적을 가지고 있으면서 벨기에 시민권을 가지고 있는 사람들, 혹은 스코틀랜드 국적을 가지고 있으면서 영국 시민권을 가지도 있는 사람들이 그러하다.

유럽에서 더 많은 비시민 그룹은 불법 이주민들이다. 변칙적인 이주는 전 세계적인 수준에서 증가하고 있다(Gosh, 1998). 시민권에 대한 규정이 지난 세기 동안 보다 엄격해지고 복지에 대한 자격이 점점 더 논쟁적인 문제가 되었기 때문에 이것은 정치적, 시민적, 그리고 사회적인 시민권으로 부터 모두 배제되는 사람들을 낳게 하는 경향이 있다. 다양한 종류의 억압으로부터 도망치는 사람들은 그들이 공식적으로 인정받을 가능성이 거의 없다고 여기고 지하로 숨는 것을 더 좋아하므로, 즉 공식적으로 수용시설을 찾는 시기 동안 사라질(disappear) 수도 있기 때문에 수용시설 규정의 강화 역시도 같은 영향을 미치게 된다. 다른 이들은 보다 나은 삶을 찾고 있으나 강력한 이민법 때문에 법적인 이주로부터 배제되는 경제적인 이주민들이다. 대다수의 이러한 비시민들은 청소년들이며 유럽에서 수백만에 이를 것으로 생각된다. 그들은 공식적으로 교육, 의료, 혹은 어떠한 종류의

3) 역주: 권리를 남용하거나 교부금에 대한 권리가 없는 사람들을 의미한다.

사회 보험도 획득할 권리가 없다. 그들은 대개 '눈에 띄지 않는다(invisible).' 그들은 임시직에 종사하거나 고도로 착취 받는 노동력을 제공한다.

증가하는 유럽의 통합에서 발달되고 있는 유럽인으로서의 시민권이 현저하게 백인, 기독교적인 경향을 띠고 있으며, 유색인, 이교도들을 통계 외적으로 여기기 때문에 이러한 배타적 경향이 증가되는 듯이 보인다. 이러한 배타적 경향은 마스트리히트 조약의 통화 수축의 결과와 유럽 통화의 도입 때문에 악화될 수도 있는데 이는 복지 국가들이 보다 많은 복지를 감소하고 시민권을 제한하며 예산을 삭감할 것이기 때문이다. 그리고 이는 이미 불이익을 받는 그룹들이 보다 고통을 겪게 될 것이라는 것을 의미한다(Baimbridge, Burkitt & Macey, 1994). 이것은 최근 슈트라스부르크에 있는 유럽의회로의 중부, 동부 유럽인들의 방문에서 보인다. 유럽의회에서 그 방문객들 중 한 명이 몇몇 흑인 대표들을 가리키며 소리쳤다. "도대체 당신들은 여기서 무엇을 하고 있습니까?" 그에게 있어, 다른 많은 사람들처럼 유럽의 모습은 흑인들을 포함하지 않았다. 힘들게 얻어낸 인종차별과 유색인종에 대한 인정은 유럽적인 차원에서 다시금 투쟁해서 얻어내야 할 것이 되었다.

보다 능동적인 시민권 모델

지금까지 개괄한 시민권에 대한 생각 중 많은 것들은 시민권에 대한 보다 수동적인 개념을 수반한다. 시민권은 국민 국가에 의해 주어지는 것이며, 권리는 수여된다 등등의 것들이 그것이다. 시민권에 대한 많은 토의들에서 이러한 권리들은 역사의 과정과 자선적인 복지국가에 의해 어느 정도 자동적으로 증여된다고 가정하는데, 사실상 이러한 권리들은 다양한 사회 그룹들의 투쟁에 의해 얻어진 결과이며, 오랜 기간 동안 수여되었다기보다는 획득된 것이다. 그러한 투쟁은 여러 이익 단체들을 대표하는 조직체들에 의해 일어났으며, 그 안에서 노동조합이 중요한 역할을 담당했다. 보다 최근에 여성 그룹들과 빈민이나 정치적 주변부인들, 인종 단체들은 '시민 사회(civil society)'(Keane, 1988)라 불리는 것에 대해 관심을 일으키게 하는 중요한 일을 해 왔다. 시위 그룹들이 조직됨에 따라 새로운 권리들이 정치적 안건에 포함되고 있으며, 그 결과 우리는 이제 환경 압력 단체들의 대중적 동원력으로 인해 깨끗한 환경에 대한 권리가 틀림없이 시민들의 보편적 권리 목록에 추가되어져야 한다고 주장할 수 있다.

게다가 시민권은 다양한 정치적 압력단체들에 의해서 다양한 방식으로 해석된다. 신자유주의적 정치 집단들과 신우파 정당들은 시민권의 수동적인 자유를 강조하는 경향이 있으며, 이것은 곧 재산을 소유할 자유, 법적으로 거래를 성립시킬 자유, 국가의 임의적인 권위로부터의 자유를 의미한다. 반면에 공산주의, 사회주의를 신봉하는 정당들은 보다 능동적인 자유를 강조하는 경향이 있는바, 그 자유는 노동권, 교육권, 주거와 사회권 등에 의해서 보장되는 것이다.

이러한 논쟁들로부터 떠오르는 하나의 요소는 자애로운 국가에 의해서 수동적인 주민들에게 주어지는 것으로서의 시민권에 대한 비판이다. 논쟁점은 단순히 사회가 개인에게 주는 것이 아니라 개인이 사회에게 주는 것이라는 것이다. 그래서 '능동적인 시민권(active citizenship)'을 고양하려는 노력이 있어 왔다. '능동적인 시민권'에 대한 그 이상의 모델은 국가에 의존하기보다 자신과 자신의 가족의 복지에 대해 책임을 지는 개인에 대한 생각이다(Green, 1987; Murray, 1988). 그리고 이것은 사회적 시민권에 대한 생각과는 상당히 대조적인 것으로, 권리와 위치보다는 시민으로서의 책임을 강조한다. 정치적 스펙트럼의 왼쪽에서는 공산주의자들과 사회주의자들이 공공 분야에서의 한결 적극적인 통합을 강조해 왔으며, 또한 이 분야에서의 국가의 관여와 지원을 중요하게 여겼다(Keane, 1988). 최근 들어 사회 자본에 대한 논의에서는 사회와 경제의 발달을 도와줄 수 있는 것으로서의 능동적인 시민권의 모델을 높이 여기는 경향이 있어 왔다(3장 참조).

따라서 시민권에 대한 생각은 그것이 모든 정치적 스펙트럼에 걸쳐 각각 신봉되어져 왔으므로 각이한 정치적 색채에 의해 조명되어져 왔으며, 그럼에도 불구하고 마땅히 있어야 할 필요한 합의에는 이르지 못하였다. 시민권에 대한 개념은 그것이 본질적으로 규범적인 개념이기 때문에 정치적으로 논쟁의 여지가 다분하다 할 수 있다. 즉, 그것은 많은 경우 수사적으로 무엇인가에 대하여 설명하지 않으며 무엇이어야 하는가에 대하여 설명한다. 하지만 시민권의 규범적인 목표는 시민들이 국가로부터 무엇을 바라는가에 대한 예상을 불러일으키고 있으며, 이것은 정부가 공공 지출과 조세를 증가시키도록 하고 있으며, 이에 의해서 경제가 악화될 수도 있다. 이런 식으로 시민권에 대한 규범적인 동경은 완수되지 못한 기대로 인하여 내재적인 위기를 불러일으킬 수도 있다(Turner, 1990). 시민권에 대한 보편적인 전망은 사실상 언제나 다양한 불평등에 의해 훼손된다.

시민권에 대한 이러한 보다 능동적인 모델은 우리로 하여금 임파워먼트에 대한 문제를 생각하게끔 한다.

✿ 청소년과 임파워먼트

이제 임파워먼트에 대한 생각을 좀 더 자세히 살펴보자. 임파워먼트에 대한 생각은 외부의 위계적 통제의 결과로써라기보다는 내부의 동기에 의해서, 고용인들이 복무하는 문화적으로 조작된 작업장의 맥락 안에서 발달해 왔다. 이러한 임파워먼트에 대한 생각은 또한 급진적인 사회적 작업과 공동체 작업 속에서 피보호자 그룹(예를 들어 장애인)의 자립을 고취시키며, 의존적인 역할에서 벗어나는 것을 돕기 위하여 발달되어 왔다. 그것은 또한 개인들뿐 아니라 공동체 그룹들과 주위 사람들의 동원에도 적용되었다.

여기에서 우리는 보통 미국을 배경으로 사용되는 임파워먼트에 대한 사고와 유럽에서 보통 사용되는 사고를 구별할 수 있다. 미국에서는 임파워먼트가 보다 개인주의적인 개념이며, 보다 심리학적인 가정에 기초하고 있다. 사람들은 개인적으로 그리고 사회적으로 유동적이며, 그들이 처한 상황을 개선하여 지금 속해 있는 불리한 환경에서 벗어난다는 것이다(Yowell & Gordon, 1997 참조). 유럽에서 임파워먼트는 흔히 사회적 그룹과 빈곤, 민족성, 인종 등과 같은 구조적인 문제들을 일컫는다. 유럽적 토의에서는 사람들이 그들의 사회적 처지를 그저 내버려 두기보다는 개선하기 위해서 권한을 부여받아야 한다는 것이다(Wise, 1995 참조). 이러한 유럽의 시각에서 누군가에게 권한을 준다는 것은 그들이 자신의 문제를 발표하는데 도움을 주게 되는 것이며, 페미니스트들에 의하면 이것은 사람들의 생활 내부의 통제를 철회하게끔 하기 위하여 보다 집단적인 억압의 일부분을 보여줌으로써 가장 잘 수행된다고 한다(Wise, 1995, 108).

임파워먼트는 보통 보다 소외된 그룹의 맥락에서 그들이 자신의 문제를 말하고 하나의 목소리를 찾을 수 있게끔 하기 위하여 사용된다. 청소년의 경우에는 그것이 청소년을 보다 성숙해지도록 돕는다는 주장도 있다. 하지만 소외된 청소년들이 임파워먼트를 받게 되면 이것이 성인이나 지배적 가치에 도전하게끔 하는 경우도 있다(Nessel, 1988).

하지만 임파워먼트에 대한 논문을 재검토하면서 나는 다른 맥락에서 다른 종류의 임파워먼트를 보여 주는 사례들을 (대부분 북미에서) 찾아냈다. Yowell과 Gordon(1997)의 연구에서 발견한 것은 도시 청소년들이 그들이 가지는 문화적 가치와 그들이 직면하게 되는 공식적인 교육 · 문화의 불일치를 표출하는 방법이었다. Yowell과 Gordon은 청소년들이 가족과 이웃의 자원을 이용하는 한편 어떻게 교육적 환경에 적응하는가에 관심을 가졌다. 그들은 어떤 종류의 '적응에 대한 거부(adaptive defiance)'가 가능하다는 결론에 이르렀다. 또 다른 연구에서 청소년들은 그들이 참여하는 프로그램을 평가하기 위하여 이용되었는데, 연구보조로서가 아니라 말 그대로 이용되고 있었다(Penwell & Freeman, 1996). 또 다른 연구에서 게이와 레즈비언 청소년들은 그들 자신의 이야기를 하도록 치료를 위한 워크숍(Mallon, 1997)에 초대되었다. DG XX11 '유럽을 위한 청소년'(Youth for Europe)과 같은 유럽연합 프로그램에서 청소년 참여자들은 필수로 여겨졌다. 영국경제사회연구위원회의 청소년, 시민권, 사회 변화 프로그램(Youth, Citizenship and Social Change)에서도 마찬가지였다. 내가 이것이 정확히 무엇을 의미하는지 조사하였을 때 나는 몇몇 연구 프로젝트에서 청소년들은 자료를 수집하고 평가하는데 관여하였으며, 다른 프로젝트에서는 연구가 발전함에 따라 그 연구의 감시 그룹으로 모집되기도 하였다. 임파워먼트와 청소년의 참여는 또한 영국 카네기재단(Carnegie Foundation)의 최근 발의에서처럼 필수적으로 여겨진다.

하지만 청소년에게 권한을 부여한다는 이러한 도취감 속에서 우리는 몇몇 한계에 주의해야 한다. 첫째로 임파워먼트에 대한 생각은 사회적 문제를 개인의 것으로 돌리고 공공분야의 서비스를 줄일 수도 있다는 것이다. 이것은 신우파(Abbott & Wallace, 1992)에 의해 사용되는 임파워먼트의 의미를 반영한다. 따라서 사람들은 그들 자신의 문제를 해결하고 자신의 사회적 이동성을 이루어내기 위해서나 심지어 전체 사회 집단의 문제를 해결하기 위하여 임파워먼트를 획득해야 한다. 이것은 책임을 법적 대리인으로부터 의뢰인에게 넘기는 것이다. 둘째로 모든 청소년들이 권한을 부여받기를 바라는 것은 아니라는 사실이다. 임파워먼트는 올바른 환경에서 올바른 종류의 훈련과 지원을 받을 때에만 효과적이다. 어떤 청소년들은 보다 많은 리더십의 영향과 임파워먼트보다는 통제를 구하고 있을 지도 모른다. 이것은 모든 종류의 청소년들과 모든 종류의 민족문화에 부합되는 것은 아니다(Nessel, 1988). 셋째로 우리는 스스로에게 임파워먼트가 어느 곳으로 청소년들을 이끌어 나갈지를 물어보아야 할 필요가 있다. 임파워먼트를 획득한 청소년들이 더 좋은 직업을 얻을 것인가? 그들이 공동체의 지도자가 될 것인가? 문제는 개인이나 사회 그룹의 임파워먼트가 정말로 장기적인 변화를 이끌어낼 수 있느냐 하는 것이다. 이 책에서, Hilden과 Virtanen에 의해 묘사된 스킨헤드족들은 임파워먼트를 그들의 손에 넣었는데 이것은 외국인들로 넘치는 거리를 '청소하고(clean)' 그들이 정당한 가치, 정당한 도덕으로 여기는 것을 회복하기 위해서이다. 마지막으로, 임파워먼트는 사회적 통제의 한 유형이다. 이것은 통제의 장소를 외부 대리인으로부터 개인이 지닌 내부의 도덕적 수행인으로 이동하게끔 한다. 이것은 따라서 푸코적(Foucauldian) 의미(Foucault, 1975)에서 훈련의 한 형태로 여겨질 수 있다. 이렇게 인위적으로 만들어진 문화에 대한 비평에서 이러한 종류의 임파워먼트는 자기의 식민화와 자기 착취로 이어질 수 있다는 것이 명백하다(Hochschild, 1997).

시민권과 임파워먼트

이제 시민권에 대한 네 가지 개념과 그것들이 임파워먼트와 관련하여 가지는 내포적 의미에 대하여 다시 고찰해 보자.

1. 유럽 시민권과 임파워먼트

유럽 시민권의 차원에서 청소년은 중요한 문제로 여겨져 왔다. 영국과 같은 몇몇 정부들이 청소년을 사회적 그룹으로 여기기를 거부하는 반면에 (그래서 이 그룹을 위한 어떠한 복지에 대한 논의도 회피한다) 유럽적인 차원에서는 많은 문제 제기가 있어 왔다. 그리고 청소년 문제에 책임을 지는 이사회(Directorate General)까지 있어 왔으며, 교육과 교류 프로그램은 청소년을 중요한 목표로 삼고 있다. 교육의 차원에서 청소년은 인정을 받아오고 있지만 청소년을 위한 대부분의 조항은 그럼에도 불구하고 국가적인 차원에서 이루어지며 그래서 매우 다양하다. 따라서 몇몇 나라들이 이를테면 청소년부(Youth ministry)를 설치해 놓고 있는 반면 다른 나라들은 그렇지 않다. 하지만 그것은 유럽의 프로그램에 참여하는 청소년들이 3억 5,000만 명의 공동체에 영향을 미치는 정도로 문제의 여지가 있다. 제도적인 차원에서 청소년을 위한 대표는 거의 존재하지 않으며, 동유럽에서는 형식상 유지했던 명목상의 대표마저도 사라졌다. 1989년에 청소년들이 이전의 공산주의 정권을 무너뜨리는데 중요한 역할을 했으며, 여전히 정부를 무너뜨리는데 힘을 발휘할 수 있지만 사실상 청소년 운동은 그들의 목표를 쟁취한 후에는 소멸하는 경향이 있다. 청소년들은 어떤 권위에 대항하여 힘을 발휘하는 듯이 보이며 그들에게 직접적인 영향을 미치는 것, 이를테면 학생 보조금의 삭감과 교육에서 수업료의 도입과 같은 것들에는 덜 힘을 발휘하는 것처럼 보인다(Wallace & Kovatcheva, 1998). 그래서 동유럽에서의 공식적인 청소년의 임파워먼트는 감소되고 있으며, Spannring, Wallace, Haerpfer의 글에서 보듯이 그들의 사회로의 참여와 통합도 역시 감소되고 있다.

2. 시민권, 소외, 임파워먼트

여기에서 청소년 임파워먼트는 보다 많은 의미를 가지고 있다. 인정받기 위한 다양한 그룹들의 투쟁은 실제로 임파워먼트의 한 형태이기는 하나, 그것은 청소년들에게 그들이 그러한 그룹의 성원이라면, 오직 간접적으로만 영향을 미친다. 하지만 청소년들은 종종 이러한 소외된 그룹의 성원이기도 하다.

3. 사회적 시민권과 임파워먼트

청소년을 대표하는 그룹을 포함하여, 복지 수혜를 회복하고 개선하기 위한 압력단체들의 운동이 있지만, 이러한 운동은 복지의 수혜가 일반적으로 감소하고 있는 분위기에서 제한적으로만 성공적이다. 보다 중대한 것은 아마도 복지의 다양한 분야 내에서의, 예를 들어 어린이의 가정이나 호스텔, 청소년 클럽 등등에서의 청소년의 임파워먼트일 것이다. 이와 관련하여 중요한 논문이 있다(「Journal of Youth and Policy」, 「Deutsche Jugendberichten」 등 참조)

4. 비시민, 반시민 그리고 임파워먼트

시민이 아닌 청소년들은 자동적으로 정치적 목소리를 내는 데 있어 배제된다. 그들은 물론 투표를 할 수 없으며 그들 스스로에게 관심을 끌게 함으로써 퇴출의 위험에 처하게 된다. 그들은 많은 종류의 물질적, 성적 착취를 받기 쉬우며, 이것에 대항하여 항의할 기회를 거의 가지지 못한다. 보통 이러한 상황에 처한 청소년들을 돕는 기구는, 예를 들어 노조처럼 그들에게 닫혀 있다. 서유럽에서 강제로 성매매를 하고 있는 여자 청소년들을 돕는 것은 다양한 NGO들이지만 이것은 특정한 조건에서만 가능한 일이다. 청소년 비시민들이 겪는 곤경은 인종단체와 종교단체들이 조정하는 것과는 다른 무엇인가이다. 이주민 스스로의 인종, 종교단체들은 그들의 상황을 알고 자신에게 권한을 부여할 최선의 위치에 있는 듯이 보인다. 반시민의 경우 그들의 자기 임파워먼트는 핀란드의 소말리아 난민들의 경우에서 볼 수 있듯이 지방 주민들 사이의 분개를 자아낸다(Suurpää, Hilden & Virtanen 참조).

지금까지 청소년들이 마치 유럽의 정치에서 정적인 실재인 것처럼 여겨 왔다. 사실상 청소년기는 과도기이다(비록 그것을 통과하는데 점점 더 많은 시간이 걸리기는 하지만) 그리고 이러한 일시적인 지위는 청소년이 시민의 권리를 구하는 청소년으로서 행동하는데 어려움을 수반한다는 것을 의미한다. 그럼에도 불구하고 시민 사회, 특히 도시에서의 참여에서 그들의 연관 관계의 증가는 서유럽의 여러 지역에서 청소년들이 점점 더 행동적이고 권한을 부여받는다는 증거이다(Spannring, Wallace & Haerpfer 참조).

게다가 우리는 '훌륭한 시민(good citizen)'이라는 생각이 동유럽에서 공산주의 시대를 살아온 이들이 의식하고 있는 것처럼 억압의 한 형태라는 것을 알아야 한다. 모든 청소년들이 훌륭한 시민에 대한 모델에 순응하려고 하는 것은 아니며 이는 인종 집단들도 마찬가지이다. 청소년 하위문화의 역사는 훌륭한 시민에 대한 모델을 포함하여 청소년들이 순응하리라고 예상되는 각 세대에서의 문화적 순응에 대한 생각에 대하여 도전하는 청소년들이 많았음을 보여 준다. 예를 들어 어떤 청소년들에게 집이 없다는 것은 일종의 자유이고 그들은 복지를 대가로 하여 그들을 '훌륭한 시민'으로 변화시키려는 조항을 거부할 것이다(Carlen, 1996). 우리는 이것을 사람들이 현재 순응하지 않고 있다고 하여, 그들이 마땅히 순응하게끔 해야 한다는 생각을 취하지 않기 위한 경고로 명심해야 한다. 시민권은 일련의 한정을 허용할 수 있을 정도로 유동적이어야 한다.

❁ 결론

이 장에서 네 가지 종류의 시민권과 그것들이 가지는 청소년과 임파워먼트의 관련에 대하여 언급했다. 그것들은 유럽의 시민권, 다양한 정체성의 인정, 사회적 시민권과 복지 국가, 공식적인 시민권의 자격 등이다. 최근 들어 시민권과 임파워먼트에 있어 한 개인이 단순히 지녀야 하는 정적인 일련의 권리와 의무로서가 아니라 능동적인 무엇인가로서의 시민권에 대한 생각을 강조하는 경향 속에서 시민권을 재정립하는 것으로 의견이 모아지고 있으며, 이것은 마땅히 파악되고 변형되어야 한다(Ladislav Macháček & David Everatt 참조). 오히려 강조되는 것은 시민권이 성장 과정에서 다양한 방식으로, 상이한 사회 그룹에 의하여 긴급한 과정으로서 정의되는 방식이다. 하지만 우리가 청소년에게 권한을 부여하는 것이 그들을 '훌륭한 시민'이란 생각에 도전하게끔 할 수 있다는 것을 고려할 때 위와 같은 개념에는 또한 상이성이 존재한다.

마지막으로 우리는 많은 다른 차원으로 임파워먼트를 바라보듯이 시민권을 바라보아야 한다. 유럽공동체의 거시적 차원에서 비록 약하게나마 청소년들의 권리를 인정하고 그들에게 권한을 부여하려는 시도가 존재한다. 임파워먼트가 이러한 차원에서 단순히 약화되기도 하는 반면 시민권은 유럽연합의 도움으로 국경을 넘어서 정식화될 수 있다. 국가의 중간적 단계에서 시민권과 청소년의 임파워먼트에 대한 의미와 양자가 바람직하게 여기지는 정도에는 커다란 변화가 존재한다. 지역 공동체와 훈련 계획, 청소년 클럽 등의 미시적 차원에서 시민권은 비록 국가 정책에 의존하지만, 권한 부여에 대한 생각은 가장 효과적일 수도 있다.

❁ 참고문헌

Abbott, P. A. and Wallace, C. (1992), *The New Right and the Family in Britain and America*, Pluto Press, London.

Baimbridge, M., Burkitt, B. and Macey, M. (1994), 'The Maastricht Treaty: Exacerbating Racism in Europe?', *Ethnic and Racial Studies, 17(2)*, pp. 420-441.

Barbalet, J. M. (1988), *Citizenship*, Open University Press, Milton Keynes.

Bauböck, R. (1994), *From Aliens to Citizens: Redefining the Status of Immigrants in Europe*, Avebury, Aldershot, Brookfield USA, Hong Kong, Sydney.

Beck, U. (1986), *Risikogesellschaft: Auf dem Weg in eine andere Moderne*, Suhrkamp, Frankfurt.

Brubaker, R. (1994), *Citizenship and Nationhood in France and Germany*, Harvard University Press, USA.

Brubaker, R. (1996), *Nationalism Refrained: Nationhood and the National Question in the New Europe*, Cambridge University Press, Cambridge.

Büchner, P. (1990), 'Growing up in the Eighties: Changes in the Social Biography of Childhood in the FRG', in L. Chisholm, P. Büchner, H-H. Kruger and P. Brown (eds.), *Childhood, Youth and Social Change: A Comparative Perspective*, Falmer

Press, Taylor and Francis, Hants.

Carlen, P. (1996), *A Political Criminology of Youth Homelessness*, Open University Press, Buckingham.

Chisholm, L. and Bergeret, J. M. (1992), *Young People in the European Community: Towards an Agenda for Research and Policy*, European Community, Youth Task Force, Brussels.

Coles, B. (1995), *Youth and Social Policy: Youth, Citizenship and Young Careers*, UCL Press, London.

Crompton, R. (1998), *Address to the Conference 'Work, Employment and Society'*, University of Cambridge, September 1998.

Crowe, D. (1996), *The History of the Gypsies of Eastern Europe and Russia*, St. Martin's Griffin, New York.

Esping-Andersen, G. (1990), *The Three Worlds of Welfare Capitalism*, Polity Press, Cambridge.

Foucault, M. (1975), *Discipline and Punish: The Birth of the Prison*, Penguin, Harmondsworth.

Fraser, N. and Gordon, L. (1994), 'Civil Citizenship against Social Citizenship: On the Idea of Contract vs. Charity', in B. Steenbergen (ed.), *The Condition of Citizenship*, Sage Publications, London.

Gosh, B. (1998), *Huddled Masses and Uncertain Shores: Insights into Irregular Migration*, Nijhoff, The Hague, Netherlands.

Green, D. (1987), *The New Right. The Counter-Revolution in Political, Economic and Social Thought*, Wheatsheaf, Sussex.

Hochschild, A. R. (1997), *The Time Bind: When Work Becomes Home and Home Becomes Work*, Henry Holt and Company, New York.

Inglehart, R. (1997), *Modernization and Postmodernization: Cultural, Political and Economic Change in 43 Societies*, Princeton University Press, Princeton.

Jones, G and Wallace, C. (1992), *Youth, Family and Citizenship*, Open University Press, Milton Keynes, UK.

Jones, K. B. (1990), 'Citizenship in a Woman-Friendly Polity', *Signs*, *15(4)*, pp. 781-812.

Keane, J. (1988), *Democracy and Civil Society: On the Predicaments of European Socialism, the Prospects for Democracy and the Problem of Controlling Social and Political Power*, Verso, London, New York.

Lister, R. (1990), 'Women, Economic Dependency and Citizenship', *Journal of Social Policy*, *19(4)*, pp. 445-67.

Mallon, G. P. (1997), 'Entering into a Collaborative Search for Meaning with Gay and Lesbian Youth in out-of-home Care: An Empowerment-Based Model for Training Child Welfare Professionals', *Child and Adolescent Social Work, 14(6)*, pp. 427-444.

Marshall, T. H. (1950), *Citizenship and Social Class and other Essays*, Cambridge University Press, Cambridge.

Murray, C. (1988), *In Pursuit of Happiness and Good Government*, Simon and Schuster, New York.

Nessel, L. (1988), 'A Coalition Approach to Enhancing Youth Empowerment', *Social Policy, 19(1)*, pp. 25-27.

Pais, J. M. (1995), 'Growing up on the EU Periphery: Portugal', in L. Chisholm, P. Büchner and M. du Bois-Reymond (eds.), *Growing up in Europe: Contemporary Horizons in Childhood and Youth Studies*, Walter de Gruyter, Berlin and New York.

Pateman, C. (1989), *The Disorder of Women*, Polity Press, Cambridge.

Penwell, W. R. and Freeman, T. (1996), 'Participatory Action Research in Youth Programming: A Theory in Use', *Child and Youth Care Forum, 26(3)*, pp. 175-185.

Porter, E. (1999), *Feminist Perspectives on Ethics*, Longman Addison Wesley, London.

Postman, N. (1983), *The Disappearance of Childhood*, Allen and Unwin, London.

Summers, Y. (1991), 'Women and Citizenship: The Insane, the Insolvent and the Inanimate?', in P. Abbott and C. Wallace (eds.), *Gender, Power and Sexuality*, Macmillan, London.

Turner, B. S. (1990), 'Outline of a Theory of Citizenship', *Sociology, 24(2)*, pp. 189-217.

Wallace, C. and Kovatcheva, S. (1998), *Youth in Society: The Construction and Deconstruction of Youth in East and West Europe*, Macmillan, London.

Wallace, C., Spannring, R. and Haerpfer, C. (2000), *Youth and Civic Integration in East and West Europe*, Institute for Advanced Studies, Vienna.

Wise, S. (1995), 'Feminist Ethics in Practice', in R. Hugman and D. Smith (eds.), *Ethical Issues in Social Work*, Routledge, London.

Yowell, C. M. and Gordon, E. W. (1997), 'Youth Empowerment and Human Service Institutions', *Journal of Negro Education, 65(1)*, pp. 19-29.

제 3 장

유럽 청소년의 사회 참여

Reingard Spannring · Claire Wallace · Christian Haerpfer[1)]

❁ 서론

시민권과 임파워먼트에 대한 논의는 단체의 구성원으로서 또는 자발적인 활동가로서 시민생활의 다양한 측면에서 나타나는 청소년들의 기여에 달려 있다. 청소년들이 시민(citizens)으로서 행동할 수 있는 방법은 사라지지 않고 있다. 그것은 중요한 요소이며, 이 책의 다른 장에서 양적, 질적 방법을 통한 분석이 이루어질 것이다(Nylund 참조). 그러나 이 책의 다른 장에서는 어떤 사람들이 활동적인지 그리고 어떠한 이유로 인해 그렇게 활동적인지에 대해 집중적으로 다루고 있지만, 이 장에서는 유럽의 국가들과 국가들 간의 청소년들의 활동성의 차이에 대해 검토하고자 한다. 게다가 미국 사회에서 청소년들의 "사회 자본(Social Capital

---

1) 이 프로젝트는 오스트리아 국립은행의 청소년기금으로부터 지원을 받았으며 지원에 감사를 표하는 바이다.

)"[2])의 감소, 특히 시민 참여적 관점에서의 사회 자본의 감소에 대한 불안이 증가하였으며, 사회 자본 감소의 결과 교육의 부족, 아노미, 경제적 손실이 발생한다는 주장이 제기되었다(Coleman, 1988; Coleman, 1988-1989; Putnam, 1995a; Putnam, 1995b; Putnam, 1996). 우리는 이러한 현상이 유럽에서도 발생하고 있는지에 대해 검토할 것이다. 특히, 청소년에 대해 집중적으로 검토하고자 한다.

정부와 시장 사이에 존재하는 제3의 영역의 발전의 맥락(Offe & Heinze, 1992; Beck, 1997)과 대중과 정부 사이의 연합의(associational) 공간으로써 "시민 사회(civil society)"의 재탄생의 맥락(Keane, 1988) 여부와 상관없이 시민 참여(civic participation)는 언제나 "좋은 것(good thing)"으로 여겨져 왔다. 최근 이러한 논의는 "사회 자본"을 중심으로 다뤄지고 있으며, 대중적인 참여의 크기를 의미하기도 한다. 그리고 도덕적 풍토(moral climate)에 의해 창조된 사고이며, 시민들의 자기통제감(self-regulation)을 부여한다. 이것은 경제적 발전과 근대화(moderni- zation)를 지원하는 것으로 여겨지는 경향이 있다. Robert Putnam의 글은 이러한 견해를 제공해 주는 고전적인 글이다. Putnam은 시민 사회에서의 참여(participation)는, 특히 이탈리아에서 시민들이 축구클럽에 참여하거나 합창대회에 참여함으로써 나오는 행동을 통해서도 시민 참여의 수준을 발전시킬 수 있는 또 다른 근거가 마련될 수 있다고 주장했다(Putnam, 1994).

유럽에서 우리들은 사회 자본과 시민 참여와 관련된 사고의 폭을 매우 일반적인 차원으로 넓힐 수 있었다. 예를 들면, 독일, 스위스와 같이 강한 전통적인 생활을 유지해 왔던 나라가 있는 반면에 남유럽에는 그렇지 않은 나라도 있다. 시민 참여는 사회생활의 매우 오래된 전통적인 한부분이며 역사적인 결정론이 내포되

---

2) 역주: 사회 자본은 크게 두 가지 의미로 사용되는데, 사회학에서는 사회적 네트워크에서의 인간관계를 의미한다. 피에르 부르디외(Pierre Bourdieu)는 문화자본, 경제자본에 대치되는 자본으로 사회 자본을 규정하고 있으며, 이들 3자의 상호 호환성을 지적하였다. 네트워크 분석에서 개인이 가진 네트워크를 사회 자본으로 부르는 경우도 있다. 경제학에서는 사회 자본을 기업과 개인의 경제활동이 원활하게 이루어지기 위해 구축된 기반을 의미한다. 구체적으로는 도로, 항만, 주택, 공원, 녹지, 병원 등이 포함된다.

어 있는 행동일까? 유럽연합(The European Union)과 유럽의회(the Council of Europe)는 시민권 교육(Education for Citizenship) 프로그램을 통해 청소년의 사회 참여를 장려하기 위한 프로그램을 개발해 왔다. 그러나 초국가 조직(supra-national organizations)의 소속 여부가 청소년들의 사회 참여의 차이를 결정하는가? 다른 한편으로는의 시민의 사회 참여는 공동체를 위해 어떤 행동을 하는 것인가에 대한 생각을 위해 좀 더 많은 돈을 가지고 있다거나 시간을 가지고 있다거나 등 간단하게 부의 수준을 반영할 수 있다.

특히 이러한 문제들은 중부 유럽과 동부 유럽에서 중요하다. 공산주의 붕괴는 하나의 범주로서의 청소년(youth)을 나타내는 형식적인 조직의 쇠퇴를 의미한다. 또한 청소년들에게 공산주의자(communist) 사회화 프로그램과 같은 자발적인(voluntary) 활동의 참여로 인해 더 이상 자신들의 자유시간을 포기하도록 강요할 수 없다(Wallace & Kovatcheva, 1998). 이 과정에서 그들은 레크리에이션과 여행, 스포츠 프로그램에 접근하는 특권을 잃게 된다. 그러한 생활의 상태는 더욱 황폐화되며, 청소년들의 실직이나 그들에게 비형식적 경제활동을 통한 별도의 수입(extra income)을 획득하도록 강요하게 된다(Wallace & Haepfer, 2000). 그러나 우리의 경험적 연구 결과를 살펴볼 때 그들의 이행(transition) 경로에 따라 중부 유럽 국가들과 동유럽 국가들 사이에는 큰 차이점이 존재함을 발견했다(Wallace & Haerpfer, 1998; Agh, 1998). 중부 유럽 국가들, 특히 유럽연합에 1차적으로 가입한 국가들은 대체적으로 이행을 잘 극복했지만, 다른 국가들, 남부유럽과 특히 동부지역 국가들, 전(前) 소비에트 연방 국가들은 경제적, 사회적 퇴보를 경험하였다. 발트해의 국가들 특히 덴마크, 스웨덴, 노르웨이 등과 같은 스칸디나비아(Scandinavia) 반도의 국가들은 다른 국가들과는 다른 이행의 궤도를 걷고 있다. 청소년들에게 이런 변화는 무슨 의미일까? 그들의 사회 참여와 사회 자본의 발달에 어떠한 영향을 미치는 것인가?

❁ 연구 방법

이러한 질문들에 대한 대답을 얻기 위해 우리는 World Values Survey[3](이하, WVS)에 눈을 돌리게 되었다. WVS는 대부분 서유럽 국가에서 세 차례에 걸쳐 (1980, 1990~1993, 1997~1998) 이루어졌다. 여기서 우리는 대부분 중부 유럽 국가 사람들은 제1의 시기에 포함되지 않기 때문에 제2와 제3의 시기에 집중하였다. WVS에서의 질문은 능동적(active) 멤버십과 수동적(passive) 멤버십으로 구분했다. 이 질문들은 시민 통합(civic integration)의 지표로 활용된다(Wallace, Spannring & Haerpfer, 2000). 그래서 우리는 1990년대에 걸쳐 발생한 변화를 발견할 수 있었다. 특히, 중부 유럽과 동부 유럽 국가들의 개방과 유럽연합의 조직적 확대와 심화를 확인할 수 있었다. 1990년에 실시된 WVS는 다음의 국가들을 대상으로 이루어졌다: 프랑스, 영국, 서독, 이탈리아, 네덜란드, 덴마크, 벨기에, 스페인, 아일랜드, 헝가리, 노르웨이, 스웨덴, 아이슬란드, 핀란드, 폴란드, 스위스, 벨로루시, 체코 공화국, 동독, 슬로베니아, 불가리아, 루마니아, 포르투갈, 오스트리아, 리투아니아, 라트비아, 에스토니아, 러시아, 슬로바키아. 1997~1998년에 실시된 WVS는 영국, 서독, 스페인, 헝가리, 노르웨이, 스웨덴, 핀란드, 폴란드, 스위스, 벨로루시, 체코 공화국, 동독, 슬로베니아, 불가리아, 루마니아, 리투아니아, 라트비아, 에스토니아, 우크라이나, 러시아, 몰도바, 알바니아, 세르비아, 몬테네그로, 크로아티아, 슬로바키아, 보스니아, 헤르제고비나를 대상으로 실시되었다. 모든 국가들이 이 두 시기(waves)의 조사에 참여한 것은 아니다. 게다가, 두 차례의 조사(1 wave, 2 wave)에 참여한 국가들에게 세 번째 조사(3 wave)에

---

3) 역주: 세계가치관조사는 미국 미시건 대학(the University of Michigan)의 Ronald Inglehart 교수가 중심이 되어 세계 각 지역의 국가들의 연구기관들과 협력하여 실시하는 국제 프로젝트이다. 대략 5년 단위로 18세 이상 남녀 1,000명을 대상으로 의식조사를 실시하며, 국제적 비교 및 시계열 비교 분석을 통하여 세계 각국 사람들의 의식의 경향성을 파악함을 그 목적으로 하고 있다. 조사는 지금까지 1981년, 1990년, 1995년, 2000년, 2005년 다섯 차례에 걸쳐 실시되었다.

서 똑 같은 질문을 반복해서 실시한 것은 아니다. 즉, 각 조사 시기에 따라 참여한 국가들도 상이하며, 질문내용도 상이하다는 것이다. 결과적으로 우리는 서독, 스위스, 스페인, 노르웨이, 스웨덴, 핀란드, 동독, 슬로베니아, 불가리아, 루마니아, 리투아니아, 라트비아, 에스토니아, 러시아 청소년들의 단체 및 조직 참여 활동에 관한 내용을 분석할 수 있었다.

여기에서 우리가 검토하고자 하는 것은 다양한 조직(교회, 종교집단, 스포츠와 레크리에이션집단, 마술·음악·교육집단, 환경 단체, 전문가집단, 자선단체, 봉사단체, 정치부분과 노동조합)의 소속 여부에 대해서 분석하고 고려해 볼 것이다.

두 번째 시기(2 wave)와 세 번째 시기(3 wave)를 비교했을 때 우연히 한 가지 문제가 발견되었다. 조사 내용에 포함된 질문들의 변화에 관한 부분이다. 1990년 조사에서는 위에서 제시한 단체 및 조직에 소속되어(belonged to) 있는지의 여부와 그 단체 또는 조직에서의 활동이 무보수 인지 여부에 대한 질문이 포함되어 있었다. 세 번째 시기의 조사에서는 단체 및 조직에서 적극적으로 활동하는지 여부와 활동 자체의 여부, 즉 적극적으로 활동하느냐(active member), 아니면 소극적으로 활동하느냐(inactive member) 그리고 활동하지 않느냐에 관한 질문이 포함되어 있었다. 이러한 질문의 변화는 1990년 또는 그 이전의 시기와 1995~1998년 사이의 사회 상황의 변화를 간접적으로 보여 주고 있는 것이다. 그래서 우리는 시민 참여(civic participation)의 증가 현상에 대해 다루어야만 한다. 아울러 이 문제를 다룸에 있어 우리는 객관적인 현실에 대해 다룰 수 있도록 주의를 기울여야 할 것이다. 그럼에도 불구하고 몇몇 국가들에서는 몇 가지 변수들의 감소 현상이 보이며, 지역들 간의 증가 현상에 있어 급격한 차이가 존재한다는 점이다. 이런 점들을 고려했을 때 앞에서 제기한 '질문의 변화'가 변화하는 시대 상황을 사실적으로 보여 주고 있다는 점을 확인할 수 있었다.

제3의 시기에 너무 많은 국가들이 조사에 참여하고 있기 때문에 우리는 지역적 특성을 고려하여 몇몇 지역으로 국가들을 묶었다. 우리는 먼저 조사결과를 통해 지역적 특성의 차이를 살펴보았다. 그 결과, 전반적으로 지역에 따라 차이가 존재함을 알 수 있었다. 아울러, 조사에 참여한 청소년의 수가 매우 적기 때문에(그 조사는 인구 분포를 고려한 면접 인터뷰가 기본이었으며, 각 국가별로 약 1,000명을 조사대상으로 하였다),[4] 이 조사에서 통계학적 분석의 신뢰도를 높이기 위하여 응답자의 수를 더 올릴 수 있다(Wallace, Spannring & Haerpfer, 2000 참조).

그러므로 이 목적을 위해 중서부 유럽 지역에서는 서독과 스위스, 남서부 유럽 지역에서는 스페인, 북서부 유럽 지역에서는 핀란드, 노르웨이, 스웨덴, 중동부 유럽 지역에서는 동독, 슬로베니아, 헝가리, 중남부 유럽 지역에서는 루마니아, 불가리아, 발트해 지역에서는 리투아니아와 라트비아, 동북부 유럽 지역에서는 에스토니아, 동부 유럽 지역에서는 러시아가 포함되었다. 우리는 제2차 시기와 제3차 시기에 모두 참여한 국가들을 분석의 대상으로 삼았기 때문에, 몇몇 지역들과 국가들은 분석의 대상에서 제외되었다.

❁ 분석 결과: 시민권의 성장

분석 결과는 그림 3.1에서 그림 3.9에 제시되어 있다. 여기서 우리는 거의 모든 질문에서 1990~1997년 사이에 대부분의 나라에서 시민 사회 단체의 가입률과 참여율이 증가했음을 알 수 있다. 먼저 그림 3.1의 결과를 살펴보도록 하자. 우리는 1990년과 1997년 사이에 종교 단체 가입률이 급격하게 증가했음을 알 수 있다. 게다가 적극적 활동의 비율이 소극적 활동의 비율에 비해 증가하였다. 중서

4) 1990: 서독 (n = 308), 스위스 (n = 187), 스페인 (n = 761), 노르웨이 (n = 173), 스웨덴 (n = 153), 핀란드 (n = 52), 동독 (n = 156), 슬로베니아 (n = 151), 헝가리 (n = 107), 불가리아 (n 122), 루마니아 (n = 158), 리투아니아 (n = 171), 라트비아 (n = 146), 에스토니아 (n = 144), 러시아 (n = 256).

1997: 서독 (n = 108), 스위스 (n = 133), 스페인 (n = 196), 노르웨이 (n = 142), 스웨덴 (n = 145), 핀란드 (n = 167), 동독 (n = 85), 슬로베니아 (n = 153), 헝가리 (n = 103), 불가리아 (n = 133), 루마니아 (n = 189), 리투아니아 (n = 146), 라트비아 (n = 195), 에스토니아 (n = 125), 러시아 (n = 185).

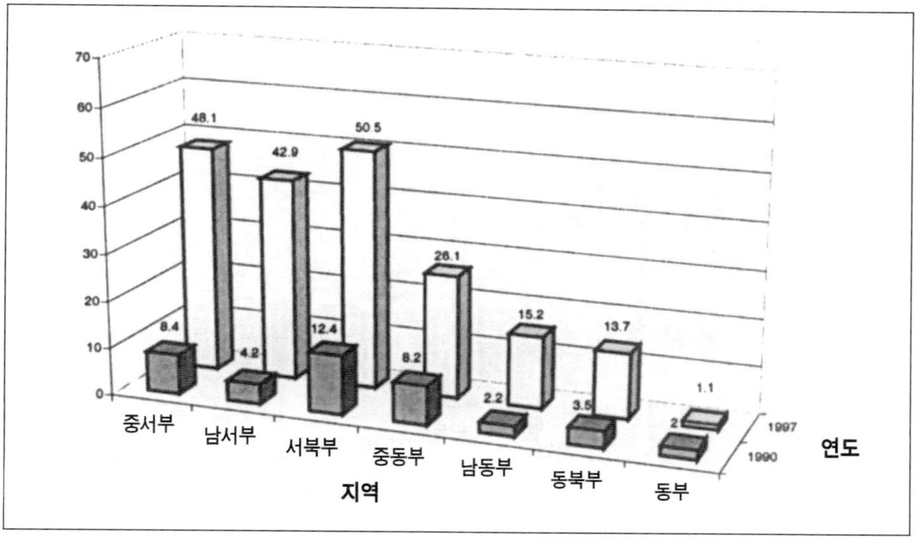

그림 3.1 교화 및 기타 종교단체 참여율

부 유럽과 북서부 유럽에서 교회 가입률은 5배 증가하였다. 남서부 유럽에서는 10배나 증가하였으며, 후기 공산주의 국가(공산주의 체제가 붕괴한 국가들)에서는 급격한 증가 추세를 보이지 않았다. 중동부 유럽의 교회 가입률은 3배 증가하였으며, 북동부와 남서부 유럽 국가들에서는 별 다른 변화가 없었다. 동부 유럽에서는 약간 감소하였다. 특히, 서부 유럽 국가들에서 급격한 변화를 확인할 수 있었으며, 이러한 변화들에서 몇 가지 점들은 매우 중요한 의미를 지닌다. 서부 유럽 국가들에서 급격하게 종교 활동이 것인가? 모든 종파에 있어 증가 추세는 거의 동일하게 나타나고 있으며, 그래서 이러한 질문은 컬트(cult)에 대한 갑작스런 홍미의 증가란 이유로 설명될 수는 없다. 그러나 종교 활동 참여의 증가는 시민 사회의 여러 분야에서의 참여율의 증가를 반영한다.

다음으로 스포츠와 레크리에이션 참여에 대해 살펴보자(그림 3.2 참조). 우리는 여기에서 적극적인 활동 비율은 감소했음에도 불구하고, 비록 종교단체 활동률만큼 급격한 증가율을 보이고 있진 않지만, 전반적으로 스포츠 및 레크리에이션 단체에서의 활동비율이 증가했음을 확인할 수 있다. 중서부 유럽에서는 약

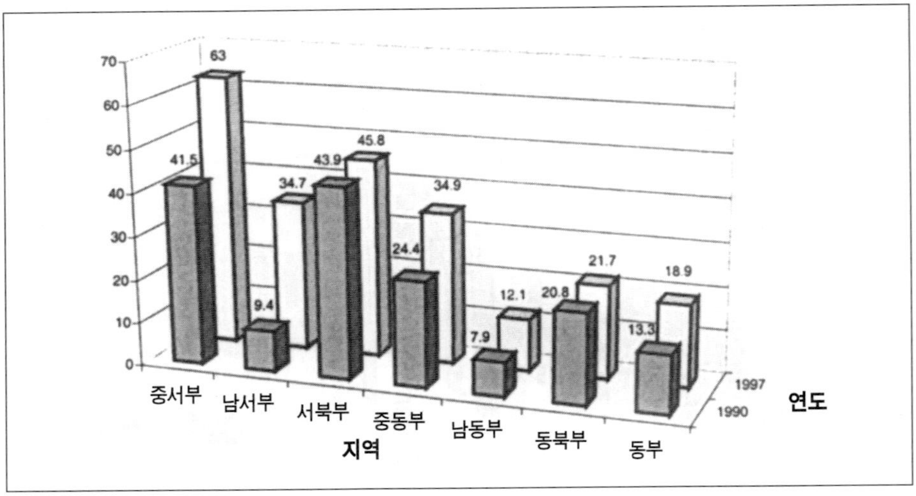

그림 3.2 스포츠 및 오락단체 참여율

1/3 정도 증가하였으며, 북서부 유럽 국가들에서는 별다른 변화가 보이지 않았다. 하지만, 북서부 유럽 국가들에서는 여전히 높은 비율을 보이고 있다. 북동부 지역의 국가들에서는 청소년의 1/5 정도가 스포츠클럽에 가입하여 활동하고 있었다. 중동부 유럽에서는 24%에서 35%로 증가하였으며, 다른 공산주의 국가들 역시 증가추세를 보였다. 시민참여에 대부분 놀라운 성장률을 보인 지역은 스페인으로 대표되는 남서부 지역이었는데, 이 지역에서는 시민 참여율이 9%에서 35%로 증가하였다.

미술, 음악, 교육 단체 가입률 또한 서부 유럽에서 증가하였다(그림 3.3 참조). 중서부 유럽은 약 8%에서 23%로 3배 증가, 남서부 유럽은 6%에서 27%로 좀 더 많은 4배, 북서부 유럽은 14%에서 27%로 증가했다. 공산주의 국가에서도 역시 서부 유럽만큼의 급격한 증가는 아니지만 증가하였다.

전문 단체의 가입률 역시 같은 증가율은 아니지만 증가했다. 중서부 유럽에서는 7%에서 10%로 증가하였으며, 남서부 유럽은 1%에서 12%로, 북서부 유럽에서는 7% 그대로였다(그림 3.4 참조).

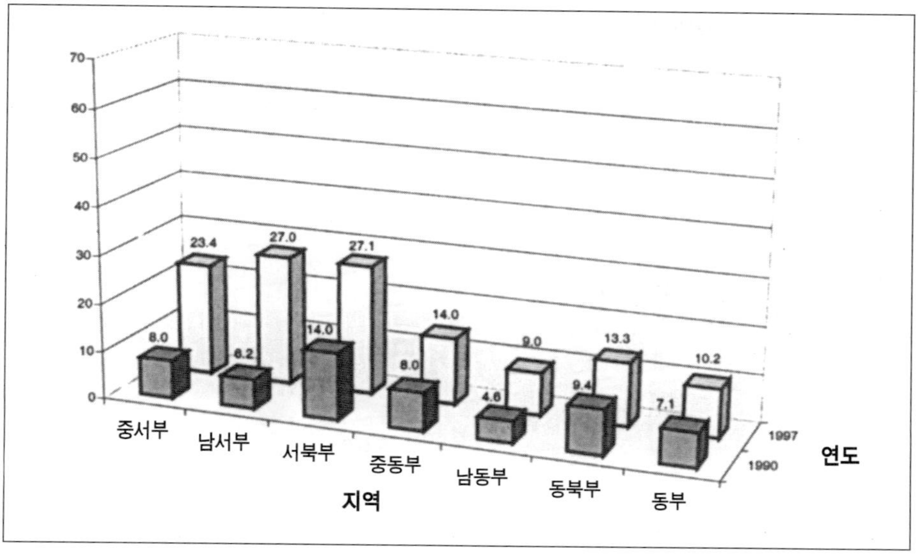

그림 3.3 예술, 음악 교육단체 참여율

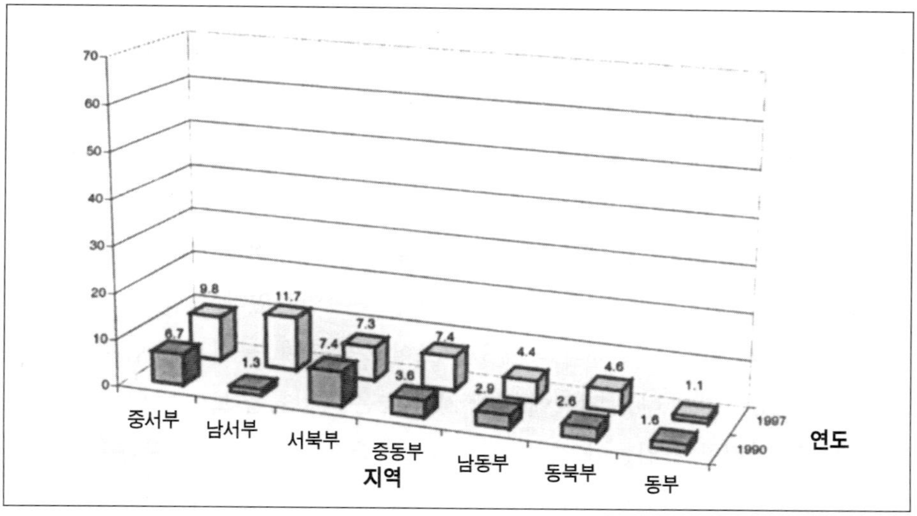

그림 3.4 전문단체 참여율

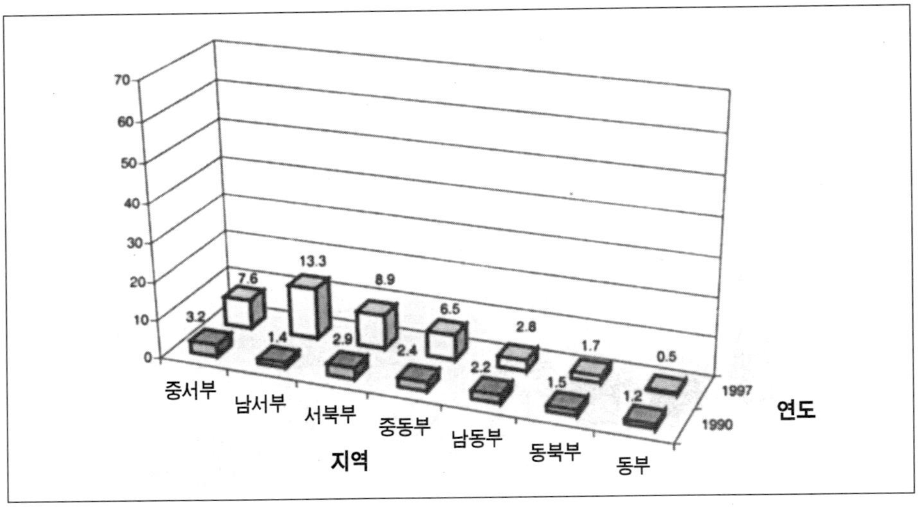

그림 3.5 자선단체 참여율

자선단체 가입률은 크게 증가했다(그림 3.5 참조). 특히 남서부지역이 1%에서 13%까지 크게 증가하였다. 이러한 증가 비율은 다른 지역에 비해 가장 큰 증가율에 해당된다. 비록 이런 단체에 가입한 인원은 그렇게 많지 않지만 중동부 유럽뿐 아니라 서유럽 국가들에서도 자선단체 가입률에서 꾸준한 증가를 보여 왔다. 게다가 이러한 단체에서 적극적인 활동 참여는 수동적인 활동참여보다 더 증가하였다. 불가리아와 루마니아와 함께 발트해 지역의 공산주의 국가들조차 증가했다. 러시아만이 낮은 수준으로 감소하였다. 우리는 그 결과를 통해 제3영역의 활동의 형태가 유럽의 전지역에서 지속적으로 증가하고 있다고 말 할 수 있다.

봉사단체의 가입률에 있어서 우리는 중서부 유럽 국가에서 1990년에 걸쳐 대략 12% 정도의 안정적인 가입률을 보이고 있음을 확인하였다(그림 3.6 참조). 남서부 유럽은 약 3%에서 13%의 증가율을 보이고 있으며, 북서부 유럽은 약 12%에서 17%로 증가하여 다른 지역에 비해 가장 높은 가입률을 보이고 있다. 중동부 유럽에서도 이러한 가입률이 약 4%에서 9%로 증가했다. 그러나 공산주의 국가에서는 1990년을 넘어서면서 봉사단체 가입률은 무시해도 될 만큼의 아주 낮은 수준을 보이고 있음을 알 수 있었다.

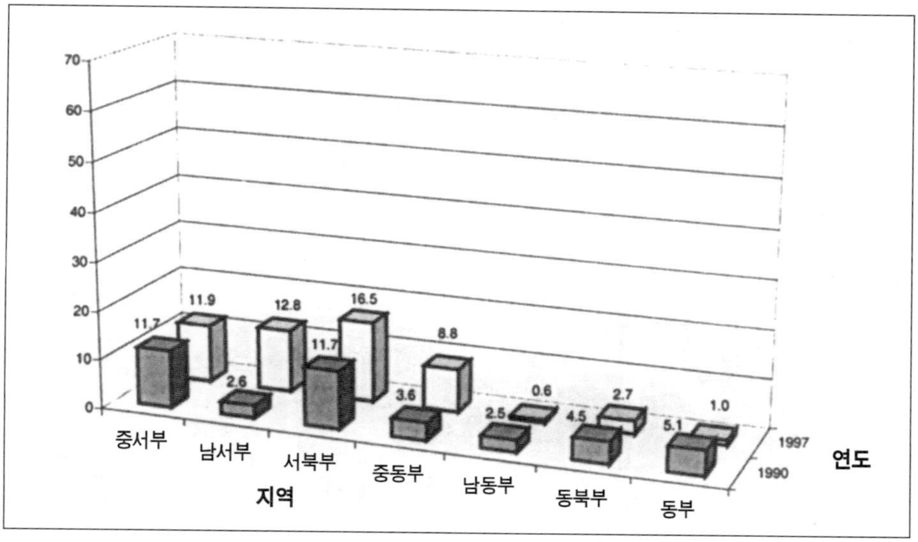

그림 3.6 자원봉사단체 참여율

환경 단체 가입비율은 서부 유럽에서 증가되었다. 특히 남서부 유럽에서는 8배나 증가하였다. 중동부 유럽 역시 증가하였으며, 후기 공산주의 국가들에서는 감소하였다(그림 3.7 참조). 아마도 이러한 현상은 1980년대의 페레스트로이카(perestroika)[5] 시기의 반대의 정치학(politics of opposition)의 한 부분으로 환경운동(environmental activism)이 중요한 의미를 지니고 있었다는 사실을 반영한다. 이들 지역에 있어서 지금 다른 정치운동 분야와 마찬가지로 청소년들의 환경 단체 활동비율은 감소 추세를 보이고 있다(Wallace & Kovatcheva, 1998).

노동조합 가입률은 대부분의 나라에서 크게 성장하지 않거나 전반적으로 감소 추세에 있다. 중서부와 북서부에서만큼은 참여율이 비교적 안정적이었으며(그림 3.8 참조), 남서부에서는 크게 증가하였다. 그러나 모든 후기 공산주의 국가에서는 노동조합 가입률이 급격하게 감소하였다. 아마도 이러한 현상은 노동조합이 공산주의 정부의 하나의 행정 기관으로 만들어진 조직이며, 더 이상 그 역할이

5) 역주: 1986년 이후 소련의 고르바초프 정권이 추진하였던 정책의 기본 노선. 국내적으로는 민주화 · 자유화를, 외교적으로는 긴장 완화를 기조로 한다.

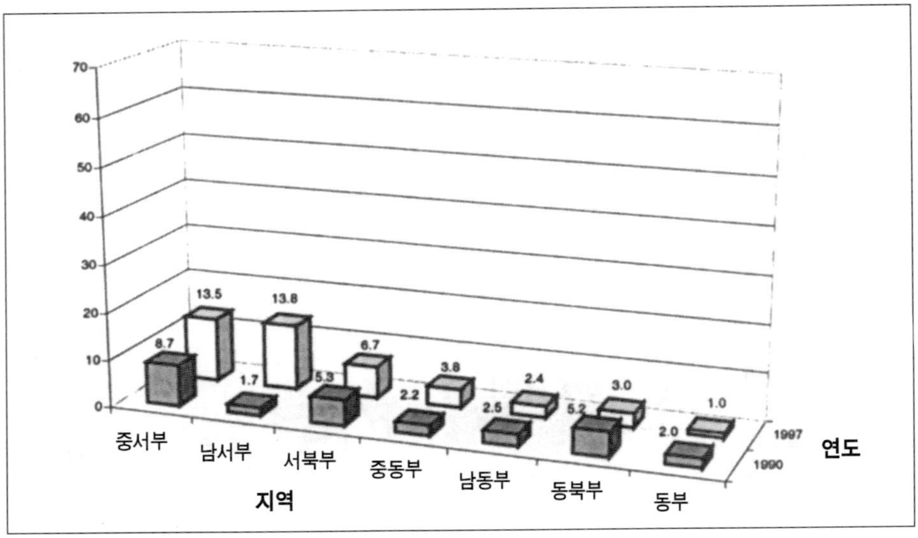

그림 3.7 환경단체 참여율

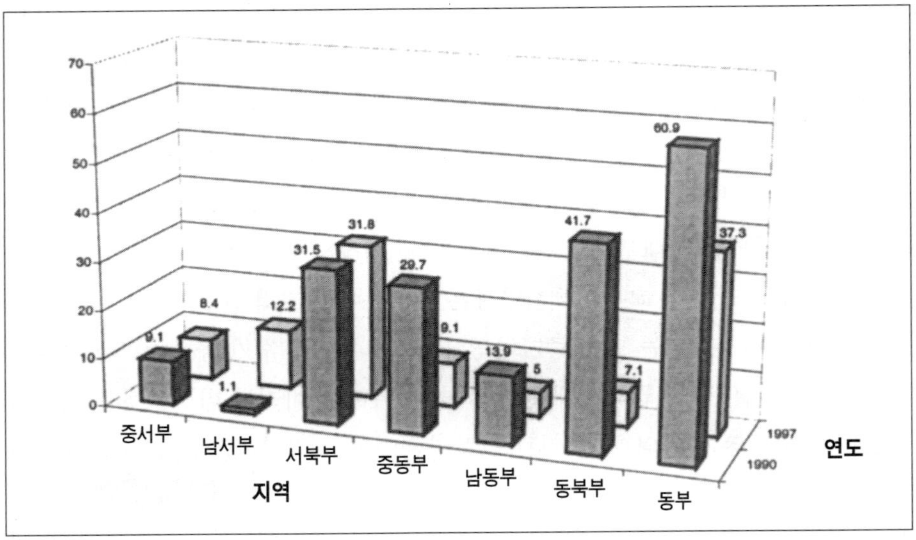

그림 3.8 노동조합 참여율

지속되고 있지 못함을 의미한다. 그러므로 과거에는 노동조합 가입은 의무였으나 지금은 그렇지 않다.

후기 공산주의 국가들에서 정당(political parties) 가입률은 감소하였거나 또는 매우 낮은 수준을 보였다. 아마도 이러한 현상은 앞에서 설명한 노동조합 가입과도 같은 이유로 설명될 수 있을 것이다. 특히, 이러한 현상은 북동부 나라들에서 나타나고 있다. 그러나 서부유럽에서는 정당 가입률은 전반적으로 증가했다. 중서부 유럽은 약 4%에서 6%, 스페인에서는 약 1%에서 12%로 증가하였다. 북서부에서는 큰 변화가 없었다(그림 3.9 참조).

그래서 1990년대에 걸쳐 전반적으로 청소년들의 사회 참여와 통합은 증가하였다. 하지만 모든 지역에서 증가한 것은 아니며, 일부 지역에서는 감소 경향을 보이고 있다. 전반적으로 종교와 스포츠단체에서 가장 높은 가입률을 보이고 있으며, 적어도 서부 유럽 국가들에서는 자선단체, 봉사, 미술, 음악, 교육과 전문 단체 가입률도 증가 추세를 나타내고 있다. 정당과 직종별 노동조합(trade union)[6] 가입률은 약간 다른 양상을 보이고 있다. 즉, 후기 공산주의 세계에서 이전 제도의 붕괴의 일환으로 이러한 단체들에 대한 가입률도 급격하게 감소한 것으로 볼 수 있다. 그러나 서부 유럽 국가들에서도 노동조합 가입률은 크게 증가하지 않았다. 이러한 현상은 개인주의적 생활 패턴에 편승하여 전통적인 계층 배열의 붕괴를 보여 주고 있다(Beck, 1986; Heinz, 1991; Furlong & Cartmel, 1997).

❁ 지역 간 격차

지역 간 격차는 매우 흥미롭다. 우리는 북유럽 국가들에서 모든 단체 및 조직의

---

6) 역주: 동일 직종에 종사하는 노동자가 결성하는 직업별 노동조합 craft union 일정한 산업에 종사하는 노동자 전체를 구성원으로 하는 산업별 노동조합 industrial union 직업 또는 기업을 불문 하고 동일지역에 있는 중소기업을 중심으로 하여 조직되는 일반노동조합 general trade union으로 나누어 볼 수 있다.

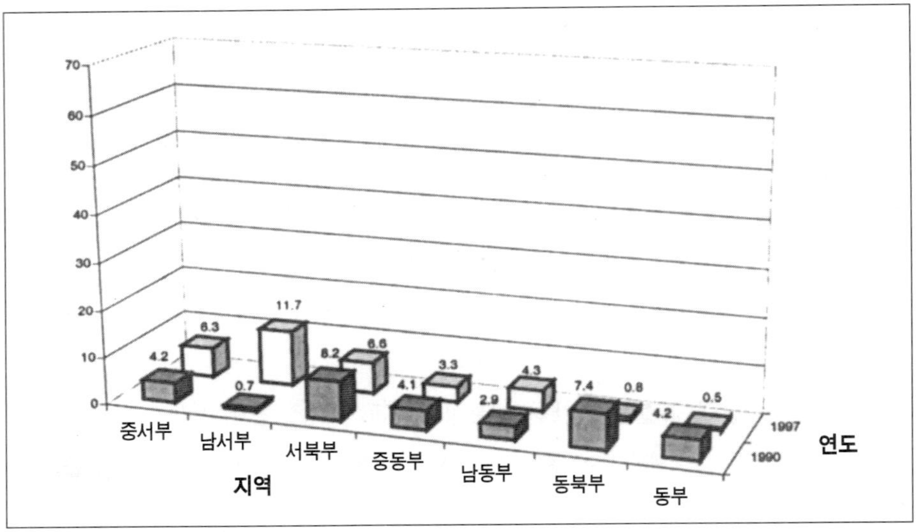

그림 3.9 정당 참여율

일관된 높은 가입률을 확인하였다. 아울러 이러한 가입률은 안정적이거나 증가 추세에 있음도 확인하였다. 북유럽 청소년과 다른 지역의 청소년을 비교했을 때 그들은 사회활동에 적극적으로 참여하며, 통합성이 높다. 하지만 현재는 서부 유럽의 국가들이 북유럽 국가 청소년들처럼 높은 사회 참여율과 통합성을 보이고 있다. 참여와 통합은 중서부 유럽에서 전통적으로 높았으며, 증가하는 경향을 보여 왔다. 하지만 가장 급격한 변화는 남서부 유럽 국가들에서 일어났다. 이들 국가들에서는 전영역에 걸쳐 참여 비율이 크게 증가하였으며, 독일과 스위스, 북유럽 국가들처럼 전통적으로 통합성이 높은 국가들을 앞지르는 추세를 보이기도 한다. 여기서 우리는 몇 년 전 유럽연합으로의 통합의 결과로 남서부 유럽 국가들의 사회 참여 비율의 증가와 아울러 서부 유럽 국가들에서 사회 참여 비율이 집중(convergence)적으로 증가하는 경향을 확인할 수 있다. 이러한 현상은 예전부터 다른 국가들에 비해 사회 참여 비율이 높았던 북유럽 국가들을 추월하는 양상으로 나타나고 있다.

동부 유럽 지역에서는 9개의 시민 참여 지표에서 7개 분야에서 감소 경향을 보였다. 남서부 유럽과 동북부 유럽의 후기 공산주의 국가들에서 사회 참여 비율은 매우 낮았지만 대부분의 지표에서 감소하지는 않았으며, 약간의 증가 추세를 보이는 부분도 있었다. 특히 예술과 교육 단체, 전문가 단체, 종교 단체에서 약간의 증가 양상을 보이고 있으며, 이러한 현상을 통해 이들 국가들에서 낮은 수준이기는 하지만 시민 통합의 징후를 엿볼 수 있다. 중동부 유럽에서는 시민통합이 전반적으로 증가하였다. 그리고 이 지역의 청소년은 노동조합과 정당 가입률을 제외하면 통합의 정도가 증가하고 있다고 말할 수 있다.

중동부 지역에서도 서부 유럽 국가들과 마찬가지로 노동조합 가입률을 제외하면 전반적으로 시민 참여가 증가하고 있음을 알 수 있다. 그러나 후기 공산주의 국가들에서는 참여와 통합이 감소하고 있거나 낮은 수준을 보이고 있음을 알 수 있다. 이러한 현상은 이들 국가들에서 자유로우며 자발적인 시민 사회의 구축의 결여와 다양한 단체 및 조직에 대한 청소년들의 의무 가입 비율이 줄어들고 있음을 반영하는 것이다. 이들 지역에서 종교 단체의 참여율이 가장 높다. 이 점은 단체와 협회 등으로부터 아무런 보호를 받고 있지 못하며, 공동의 생활(a public life)로 통합되지 못하는 이들 국가들의 청소년들이 놓인 상황에 대한 중요한 암시를 제공한다.

❁ 시민권과 청소년

이 자료의 추가적인 분석을 통해서 시민 사회에서 청소년은 성인들에 비해 더욱 활동적이란 점이 드러났다. 그러나 이러한 청소년들의 활동성도 중년 집단에는 미치지 못했다. 시민 참여와 통합은 50세 이후에 감소한다(Wallace et al., 2000). 그래서 청소년들의 사회 참여가 증가한다면 우리들은 이러한 그들의 사회 참여가 이후의 인생 발달 단계에서도 지속될 것으로 기대해 볼 수 있다. 이번 조사에서는 나타나지 않았지만 전반적으로 청소년들의 적극적인 사회 참여가 소극적인 사회 참여에 비해 증가한 사례를 자주 접할 수 있다. 서부 유럽 국가들에서 시민 참여와 통합에 있어 긍정적인 현상들이 발견되고 있으며, 특히 남서부 유럽 국가들에서 두드러진 현상을 보이고 있다. 우리는 이러한 증거들을 통하여 시민 사회에서 구성원들 간의 결속이 강화되었다고 말할 수 있다. 중동부 유럽 국가들은 동일한 통합의 경로를 걷고 있는 것처럼 보인다. 만약 그들이 스페인의 경우를 따른다고 하면 그들도 매우 빠른 속도로 통합의 길을 걷게 될 것이다. 이들 국가들과 전(前)소비에트 연방 국가들과 남동부의 발칸 반도 국가들에서 청소년들의 분화(divergence) 현상이 증가하고 있다.

이러한 자료들을 해석함에 있어 우리들은 역사적 결정론의 사고를 거부하고자 한다. 비록 전통적으로 높은 수준의 사회 참여 수준이 감소하지 않았지만(북서유럽 국가들에서 보이듯이) 스페인과 같은 나라들은 북유럽 국가들처럼 전통적으로 사회 통합성이 높은 국가들을 추월할 수 있다는 증거들을 보여 주고 있다. 이러한 경향성은 서부 유럽 국가들이 경제적으로 여유를 가지고 있음을 보여 주기도 한다. 시민 사회에서의 급격히 증가한 사회 참여율을 보이고 있는 남서부 유럽 국가들의 개인당 소득(the per capita income)은 여기서 소개하고 있는 서부 유럽의 국가들과 이번 조사의 대상인 EU 가입 국가들의 평균 수준보다 여전히 낮은 편이다. 우리는 EU 통합 전략의 중요성과 적극적 시민의 중요 대상으로 청소년들을 설정한 것에 대해 지적할 수 있다. 아울러 이러한 전략은 적극적 시민권의 구현에 있어서도 효과적으로 그 역할을 수행할 것으로 생각한다. 만일 이러한 사례가 현실 가능하다면 우리는 EU국가의 "운 좋은 울타리(lucky circle)" 속으로 통합된 국가들과 그렇지 못한 국가들 그리고 근대화가 전혀 다른 방향으로 진행되고 있는 국가들에서 사회적 다양성이 증가할 것으로 기대할 수 있을 것이다.

미국에서 발생하고 있는 것처럼 서부 유럽 국가들에서 사회 자본의 감소 현상이 일어나고 있지는 않으며, 오히려 청소년들 사이에서 사회 자본이 증가하고 있는 것으로 보인다. 아마도 이러한 현상은 사회 통합 정책에 있어 청소년들을 주된 정책 목표로 설정하고 높은 수준의 사회 보호 정책을 실시하고 있는 유럽의 특징을 반영한다고 볼 수 있겠다.

❁ 참고문헌

Agh, A. (1998), *The Politics of Central Europe*, Sage Publications, London, Thousand Oaks, New Delhi.

Beck, U. (1986), *Risikogesellschaft: Auf dem Weg in eine andere Moderne*, Suhrkamp, Frankfurt.

Beck, U. (1997), *The Reinvention of Politics: Rethinking Modernity and the Global Social Order*, Polity Press, Oxford.

Coleman, J. (1988), 'Social Capital, Human Capital and Schools', *Independent School, Fall 88, 48, No. 1*, p. 9.

Coleman, J. (1988–1989), 'Social Capital and the Creation of Human Capital', *American Journal of Sociology, 94* (Supplement), pp. 94–120.

Furlong, A. and Cartmel, F. (1997), *Young People and Social Change: Individualization and Risk in Late Modernity*, Open University Press, Buckingham.

Heinz, W. (1991), *The Life-Course and Social Change: Comparative Perspectives*, Deutsche Studien Verlag, Weinheim.

Keane, J. (1988), *Democracy and Civil Society: On the Predicaments of European Socialism, the Prospects for Democracy and the Problem of Controlling Social and Political Power*, Verso, London, New York.

Offe, C. and Heinze, R. G. (1992), *Beyond Employment: Time, Work and the Informal Economy (Labour and Social Change)*, Temple University Press, USA.

Putnam, R. D. (1994), *Making Democracy Work: Civic Traditions in Modern Italy*, University of Princeton Press, Princeton, USA.

Putnam, R. D. (1995a), 'Bowling Alone: America's Declining Social Capital', *Journal of Democracy, 6*, pp. 65–78.

Putnam, R. D. (l995b), 'Tuning, Tuning out: The Strange Disappearance of Social Capital in America', *PS: Political Science and Politics, 28*, pp. 638–664.

Putnam, R. D. (1996), 'The Strange Disappearance of Civic America', *American Prospect, Winter*, pp. 34–48.

Wallace, C. and Haerpfer, C. (1998), *Three Paths of Transition in Post-Communist Societies*, Institute for Advanced Studies, Vienna.

Wallace, C. and Haerpfer, C. (2000), *The Informal Economy in East-Central Europe, 1991–1998*, Institute for Advanced Studies, Vienna.

Wallace, C. and Kovatcheva, S. (1998), *Youth in Society. The Construction and Deconstruction of Youth in East and West Europe*, Macmillan, London.

Wallace, C., Spannring, R. and Haerpfer, C. (2000), *Youth and Civic Integration in East and West Europe*, Working Paper, forthcoming, Institute for Advanced Studies, Vienna.

제 3 부

시민권과 권력

제 4 장

권한 부여 혹은 권한 배제?

John Bynner

청소년에게 적용될 때, 시민권 개념에 있어 최근의 두드러진 현상은 시민권이 중심적인 역할을 수행한다는 점에서 정치적 · 사회적 · 경제적 흐름을 반영한다는 것이다. 동유럽과 서유럽 국가에 있어서 공산주의의 붕괴 및 자유시장 자본주의에 의한 대체는 정부에 대한 개인의 관계를 재정립하게 하였다(Byn- ner & Silbereisen, 2000). 스트라스부르크(Strasbourg)[1]에 근거지를 둔 유럽연합의 설립과 함께 최근의 공공 시장 확대, 탈마스트리히트(post-Maastricht)[2], 사회정책, 유럽 시민권 규정에 대한 논의들이 점차적으로 일어나고 있다. 전(前)공산주의 국가로부터 이민자들의 유입은 유럽 중심의 회원 자격과 경계에 대한 논쟁들을 불러일으켰다. Fraser와 Emler(1997)가 주장한 것처럼, 모든 이러한 발달들에 있

1) 역주: 프랑스의 도시로 알퐁스 도데의 마지막 수업으로 유명한 곳이다.

2) 역주: 마스트리히트 조약은 유럽의 정치 통합과 경제 통합을 위한 유럽 통합 조약으로 1991년 12월 10일에 네덜란드의 마스트리히트에서 체결된 것이다.

어서의 공통된 특징은 시민이 기대할 수 있고, 시민권 자격이 없는 이들이 시민권에 접근하려고 함에 있어 제한을 두는 권리라는 것이다.

Marshall의 시민권 발전에 대한 고전적 설명(1996년의 Bulmer와 Rees의 자료 참조)은 역사적인 순서의 것이라고 하였다. 초기에는 시민의 권리(사적 소유권, 의사표현의 자유)이고, 다음으로 정치적 권리(누가 통치할 것인지를 선택할 권리) 그리고 마지막으로 사회적 그리고 경제적 권리(최저 생활의 권리, 기회균등의 권리)라고 정의하였다. 넓은 관점에서 더 최근의 초점은 시민권에서, 시민권이 기술하는 권리의 종류에 있어 허용하는 것에서 권한 배제 방향으로 이동하였다. 확대된 의존 때문에 인생의 젊은 단계를 대표하는 청소년들에 관하여, 시민권의 의미는 점점 더 명확하지 않게 된다. 비록 18세와 21세 사이의 일정한 나이에 투표를 할 수 있다 하더라도(그들이 살고 있는 나라에 의거하여), 다른 권리들의 실습은 종종 그들의 부모들을 통해 일어난다. 즉, Jones와 Wallace(1992)가 설명한 것처럼, "대리로서의 시민권(citizenship by proxy)"이다. 이러한 권리들이 그들의 행동으로 추구된다 할지라도, 그들의 행동이 가족생활의 "사적 영역(private sphere)"의 한 부분이며 감시에 노출되어 있고 정부 기관의 법규에 의해 규정된 것처럼 단지 매우 제한된 범위일 뿐이다. 아마도 이러한 "유사한 시민권(quasi citizenship)"의 진술에 가장 도전적인 답변을 한 Coles(1995)는 사회적 · 경제적 권리, 보호받을 권리, 표현의 권리의 전체 범위에 대해 마스트리히트 조약으로 시도되었듯이 제한된 청소년들의 권리의 수를 확대하고자 하였다. 그의 말에 따르면, 이는 마치 법의 힘으로 청소년이 소유로서 요구하는 물질, 교육 그리고 감정적 자원의 부족으로 나타나는 것처럼 이러한 권리들로부터 많은 청소년으로 하여금 권한 배제를 하게끔 항상 해 왔었다는 것이다.

비록 이 부분에 대해 책의 어떤 장에서도 직접적으로 권한 배제 논의에 대해 언급하고 있지 않지만, 어떻게 해서든 부차적으로 설명하고 있다. 언급된 그 주제는 시민권이 획득되는 과정 속에 참여의 예를 통해 청소년들 사이에 임파워먼트(empowerment)의 형태를 띤다. 보고된 조사의 경우들의 예들은 자유롭게 하면서 동시에 전형적으로 청소년들의 임파워먼트에 대한 기성세대의 접근은 (성인) 사회적 방식으로 연습한다는 것을 확신하는 의미로서 완전히 이해한다는 식의 통제적인 구조를 설명한다. 이러한 관점에서 많은 서유럽 시민권 교육은 공산주의 아래의 동유럽에서 널리 보급된 어느 정도 극단적인 형태와 전적으로 다르지 않다(Wallace & Kovatcheva, 1998). 청소년의 목소리는 소비에트 체제와 같은 가장 높은 단계에서 들렸다. 그러나 오직 기존의 정당 의장에 의해 결정된 공산주의 정부 이데올로기와 정책에 순응할 때 받아들여진다. 대신 청소년들은 전 유럽에 걸쳐 청소년들을 확고하게 연결시키는 청소년 문화의 시위를 통해 일어나는 항의하는 형태를 통해 실습하였다. 변화하는 청소년의 가치를 통제하는데 있어 공산주의 정부 체제의 궁극적 무능은 몰락으로 이끈다는 것이 강력하게 제기되어 왔다. 많은 국가에서 구 정치 제도의 붕괴를 위한 자극제는 청소년들에 의해 최전선에 섰던 시위운동이었다(Wallace & Kovatcheva, 1998).

Lisa Horelli에 의해 쓰여진 1장은 핀란드, 프랑스, 스위스에서 환경 교육 프로젝트의 비교 연구의 경우처럼, 기존 정당에서 통제하는 경향의 몇 가지 예들을 증명한다. 이들의 목표는 그들에게 영향을 줄 첫 환경 갱신에 대해 결정을 계획하는데 청소년들을 포함시키는데 있다. 일반적으로 대상은 매우 어렸다. 예를 들면, 스위스와 프랑스의 경우, 중학교에 재학 중인 청소년은 거의 없었다. 핀란드 경우의 예를 보면, 심지어 15세와 16세 이상으로 확대하려고 할 때, 다른 국가들의 예가 제기되었다. (정책) 결정자들은 일정한 범위에 있어 청소년의 참여를 환영하였다. 그러나 그들의 관심에 대한, 그리고 청소년의 참여를 보기 원한다는 어떤 지속적인 서약이나 영속적 기초에 대한 어떠한 증거도 없었다. 이러한 의미에서 청소년이 지역 환경 계획을 결정함에 있어 점차적으로 참여할 수 있다는 "참여의 사다리(ladder of participation)"의 매력적인 생각은 실제화시키는 데는 전적으로 실패했다. 본질적으로 기성세대는 권한을 부여하는 것이 아닌 교육을 하는 것으로 받아들였다. 교육이라고 하는 것은 과정 그 자체를 계획함에 있어 완전한 조정을 향해 가지 않고 청소년의 환경적 역량 감각을 증진시키는 것을 의미한다.

Horelli는 페미니스트들이 정치 그리고 경제 세계 속에서 여성의 해방을 위해 투쟁하는 것(Arnot, David & Weiner, 1999)과 청소년이 투쟁하는 식으로 재미있게 설명한다. 그러나 이는 우리에게 유년기, 청소년기 그리고 성인기 사이에 놓여 있는 간격을 정하는 또 다른 경계 단계에 직면할 것을 강요한다. 페미니즘에 있어, Jean Jacques Rousseau의 견해에 따르면, 여자들은 사실상 시민권으로 정의되는 독립에 대한 많은 사회적 권리로부터 그들을 박탈하는 육아 기간 동안 남편에 대한 경제적 의존이라는 의미에서 "자유롭게 태어났지만 어디든지 구속되어 있는" 것처럼 보인다고 한다(1990년의 Lister를 참조). 특히 여전히 학교에 재학 중인 아이들의 경우에 그리고 어느 정도 청소년들에 있어서 그 역할은 여전히 교사라기보다는 학습자이며 완전한 동료보다는 협력자이다. 우리는 청소년의 목소리를 듣는 것에 실패함으로서 계획 과정을 "저하된(impoverished)"것으로 보아야 한다. 그러나 여전히 학교에 재학 중인 청소년들의 경제적 의존은 의존의 한 부분일 뿐이다. 그들은 여전히 결정에 대한 그들의 능력은 연습될 것이라는 걸 통해 획득되는 인식 자원이다. 따라서 얼마나 그들을 위한 결정 입안에 있어 같은 권리인 페미니스트 사상을 필요로 한다는 것을 이해해야 하나?

Kari Paakkunainen의 장은 기대되는 성인 정치 과정 속에 주된 참여자로 있는 기성세대 집단을 주목한다. 이들은 적어도 교육 체제를 떠났거나 영국 학기에서 이미 성인 삶의 입구를 통과한 청소년들이다. 그가 제기한 질문은 "위험 사회(risk society)"속에서 그리고 Bauman(1992), Giddens(1991), Beck(1992)에 의해 설명되었듯이 "포스트모던(postmodern)" 세계 속에서 더 넓게 보급되고 있는 상황 속에서 그들의 참여 형태의 변화하는 성질에 대한 것이다(Bynner, Chisholm & Furlong, 1997; Furlong & Cartmel, 1997). Paakkunainen은 이 세계는 삶의 과정 속에서 주된 변화를 함축적으로 이야기 한다는 것을 지적한다. 즉, 대부분 현저하게 오래된 구조적 분화의 극복은 계급과 성 그리고 직종별 조합과 정치적 당에 의해 사라져 가는 정치적 표현의 제도적 형태에 대해 관심을 가진다는 것이다. 이러한 것들에 있어 중추적인 것은 청소년이 포함된 네트워크이다. 이는 전통적 성질의 사회적 관계의 확대된 형태와 더 최근에는 인터넷을 통해 가상현실 속에서 생긴 것들로 이루어진다. 정치는 이데올로기에서 논의로 바뀐다. (젊은) 시민은 사회 권력 구조에 저항하기 위해 싸운다. 현재 지위자들을 그들의 흥미를 대표할 새 지위자들로 대체시키는 것이 아니라 논의에 대한 이해 관계 너머에 있는 제도를 타파하는 것이다. 동성애자 인권, 동물 인권, 이의 제기는 새로운 정치적 표현의 형태로 예시되듯이, 원자력 본부에서 새로운 공항과 고속도로로 대상이 설정되었다(Helve, 1997).

정기적으로 두 개의 세계는 1998년에 있었던 런던의 무정부주의자의 예술 파괴 그리고 1999년에 있었던 시애틀의 세계무역기구(WTO) 회의를 거의 망친 생태학적 저항에 직면한다. 그러한 격변은 정부의 현실적 견해나 유럽에서 정립된 강력한 중앙 집권 국가에 도전한다. Paakkunainen에 따르면, 얼마간 통치는 지역 조직과 청소년 사이의 대화와 협력을 통해 더 지역화 된다. 그러나 지역은 반드시 이러한 대화와 행동이 일어나는 곳에 대한 어떤 지리적 제한을 내포하지 않는다. (포스트모던) 위험 사회 속에서, 경계는 약해지고, 유동은 증가한다. 따라서 행동 초점은 논의가 되는 것에 따라 움직인다. 젊은 노동자의 직업은 촉진되고 새로운 형태의 정치 참여를 실습하고 공식적 응답인 저항의 소외에 맞서서 끊임없이 싸워야 할 필요가 있는 청소년들의 능력을 발달시킨다.

또 다른 모든 유럽 국가에서의 시민권 교육(예를 들면, 1997년의 Fogelman)의 주요한 특징은 "자원봉사활동(volunteering)"에 힘을 실어 주는 것이다. 이는 청소년에게 시민권을 증진시키는 "안전한 방식(safe way)"으로 보인다(Williamson). 즉, 권리와 함께 하는 의무를 건네는 것이다. 고용과 풍요에 대한 접근은 시민 의무를 동반한다. 즉, 답례로서 동기의 가치가 있는 것에 대한 서비스의 기부는 자유롭게 한다. Marianne Nyland는 청소년 자원봉사자의 동기를 실험하기 위해 모든 북유럽 국가에 대한 비교 설문 조사의 자료를 분석한다.

Nyland가 인정한 것처럼, 그 자료로부터 비교 결과를 설명하는 데에는 어려움이 있다. 왜냐하면, 그 설문지는 다른 국가들에 있는 청소년의 대표 표본에 기초한 것이 아니라 단지 자원봉사기관을 통해 자원봉사에 참여하는 이들을 대상으로 하였다. 더구나 일부의 경우에, 표본 크기는 매우 작았다. 예를 들면, 핀란드의 경우에 겨우 36이었다. 그러므로 다른 것과 비교하는 한에서는 한 국가에 대한 어떤 일반화는 실제로 지지될 수 없다. 그러나 자료를 분석함에 있어 어느 정도의 유용한 통찰력을 통해 청소년 자원봉사자의 동기에 대한 부분을 얻을 수 있다. 즉, 그들은 어떤 사람들인지 그리고 시민권 실습을 함에 있어 실제로 어떻게 자원봉사를 하는지.

자원봉사 동기에 기초를 두는 두 가지 종류의 가치는 다음과 같이 확인할 수 있다. 즉, 이타주의적(altruistic)과 이기주의적(egoistic)이다. 이타주의적 가치는 기본적으로 다른 사람을 돕는 자원봉사활동으로 다루어야 한다. 이기주의적 가치는 주로 자신에 대한 가치에 해당하는 경험과 기술을 얻는 것으로 다루어야 한다. 필연적으로 많은 청소년에게 두 개는 중복된다. 즉, 자원봉사활동 상황 그 자체 속에는 모호함과 명백한 모순이 있다. 명백하게, 대다수의 자원봉사자들은 동일한 의료 시설, 즉 적십자를 통해 자원봉사를 했다. 대부분 학생이거나 고용된 사람 중의 하나였다. 거의 비고용된 사람들은 없었다. 이론에 있어 자원봉사활동에서 권한 배제에 대한 많은 지적은 그것을 보증할 가장 좋은 위치에 있을 것이다. 자원봉사활동은 청소년으로 하여금 경력을 쌓는데 유용한 경험을 획득하게 하는데 있어 준비하게 하는 것으로 보인다. 종종 착수할 것을 청소년에게 설득하는 성인의 의해 힘을 제공 받는다. 그것은 가치가 있는 어떤 것을 하는 걸 포함한다. 사실, 청소년의 수가 증가하는 것은 고용에 대한 허용된 경로를 제공하는 것이기 때문이다. 더욱 더 고용주는 청소년이 특히 만약 그들이 교육을 받지 않았거나 고용이 안됐다면 고용에 대한 예비 행위와 같은 종류의 이러한 경험을 획득할 것을 희망한다. 그들에게는 자원봉사활동은 가치가 있는 일과 관련된 경험으로 보인다. 그리고 또한 청소년에게 그들의 이력서에 부수적 항목을 추가할 수 있음과 동시에 유용한 뭔가를 준다.

이러한 점에 있어서 일에 일부분 참여함으로서 "참여의 사다리((ladder of participation)"가 인간과 사회 자본을 증진시켜준다는 이유로 어느 정도 개인적 권한 부여는 있다. 그러나 자원봉사에 참여할 기회가 없는 이들에게 발생할 것은 무엇인가 하는 의문이 남는다. 자원봉사활동과 교육 등급 사이의 높은 상관관계는 자질 없는 사람들은 점점 더 기대하는 경험을 얻을 확률이 낮아진다.

이는 미디어가 과거에는 미디어를 진지하게 여기지 않았던 청소년에게 매력을 줄 뿐만 아니라 그들 스스로를 위한 삶의 이상적 형태로서 그것을 활동적으로 추구하게 만드는 삶의 형상을 증진시켰다. 공유의 두드러짐은 물론 편의의 높은 비용에 대한 응답의 한 부분이며 고용에 대한 확장 이동이다. 그것은 도제, 남자 친구, 여자 친구, 유사한 의존처럼 그러한 과도기 상태를 통해 움직였던 과거보다는 더 오래 걸린 것이다. 그리고 확립된 고용, 배우자, 부모의 (성인) 결과 형태는 계속적으로 미루어졌다. 공유된 삶은 휴식 공간, 부모 판단에 대해 주목하는 것으로부터 자유로운 공동체 생활을 경험할 수 있는 시간을 준다. 그러나 아직 동거나 결혼과 같은 책임은 포함되지 않는다.

그러나 다시, 공평한 몫의 요소, 공유자는 전형적으로 잘 교육받고, 대부분 좋은 자격이 있는 학생 신분의 청소년이라는 것이 드러난다. 그래서 이 연구에 의해 야기된 핵심 질문은 다시 제자리이다. "다른 사람들에 대해 무엇이라고 하는가?" 최저 나이에 학교를 떠난 사람들, 훈련과 적절한 직업을 얻는데 실패한 사람들은, 만약 그들이 남자라면 제한된 돈을 가지고 있고 능력이 없다면 그들은 집에서만 살기 쉽다.

그것은 우연적 성질의 것이 아니다. 즉, 임파워먼트의 부정적 측면이며, 이러한 예들은 나타나고 있다. 그것은 서구 사회에 있어 진정한 시민권을 위협하는 주된 것이다. 그것은 많은 부분에 있어 의존 상태의 확장이 아니라, 대부분 시민권의 이상을 도전하는데 관계되어 있는 자원을 제외한 것들의 배제이다. Jones와 Wallace(1992), Coles(1995) 같은 연구자들은 사람들이 소외되고, 임시노동자에서 멀어지고, 비고용에 처한다고 말한다. 즉, 종종 마약과 연루되어 있는 유사한 범죄적 삶의 양식이 뒤따라온다. 만약 적어도 그것이 일어난다면 그러한 청소년의 이동은 보통 정치적 운동에 날개를 달아주는 최후 권리의 방향으로 일어난다. 환경적 저항으로 표현되는 민주주의적 자유 이상을 추구하는 것이 아니다.

증가하는 분배에 대해 영국에서의 관심은 청소년에게 끊임없는 기회와 자원 그리고 그들의 이익을 취하도록 하는데 필요하도록 지도하는 것을 허락하는 것에 주요한 정책 발전을 이끌어 왔다(사회소외연합, 1999a, 199b, 2000). 재정적 지원은 또한 패키지(package)의 일부분이다. 그러한 정책은 모든 청소년이 필요로 하는 즉, 인생 관리를 위한 필수적인 것으로서 스칸디나비아의 상황에서 묘사되듯이(Helve & Bynner, 1996) 자원을 완전히 이용 하는 것을 필요로 한다는 믿음 위에 전제한다. 그럴 때만이 그들은 정치적 과정과 지역 결정 과정에 완전히 참여할 수 있다는 기대를 가질 수 있다. 이러한 의미에서, 시민권에 대한 관심은 사회적 결합과 상응하는 사회적 배제에 대해 관심을 가지도록 길을 제공한다

(Atkinson & Hills, 1998). 연대에 이르는 통로는 기회이다. 노동시장에 참여하는 것뿐만 아니라 가족 책임과 시민권을 수반하는 민주 권리의 완전한 범위를 연습하는 것이다.

❁ 참고문헌

Arnot, M., David, M. and Weiner, G. (1999), *Closing the Gender Gap: Post War Education and Social Change*, Polity Press, Cambridge.

Atkinson, A. B. and Hills, J. (1998), *Exclusion, Employment and Opportunity*, London School of Economics, CASE paper 4.

Bauman, Z. (1992), *Intimations of Postmodernity*, Routledge, London.

Beck, U. (1992), *Risk Society*, Sage Publications, London.

Bulmer, M. and Rees, A. M. (eds.) (1996), *Citizenship Today. The Contemporary Relevance of T H. Marshall*, UCL Press, London.

Bynner, J., Chisholm, L. and Furlong, A. (eds.) (1997), *Youth, Citizenship and Social Change in a European Context*, Ashgate Publishing Ltd., Aldershot.

Bynner, J. and Silbereisen, R. K. (eds.) (1999), *Adversity and Challenge in Life in the New Germany and England*, Macmillan, Basingstoke.

Coles, R. (1995), *Youth and Social Policy*, UCL Press, London.

Crocket, L. J. and Silbereisen, R. K. (eds.) (2000), *Negotiating Adolescence in Times of Social Change*, Cambridge University Press, Cambridge.

Fogelman, K. (1997), 'Citizenship Education', in J. Bynner, L. Chisholm and A. Furlong (eds.), *Youth, Citizenship and Social Change in a European Context*, Ashgate Publishing Ltd., Aldershot, pp. 214-227.

Fraser, L. and Emler, N. (1997), 'Participation and Citizenship: A New Agenda for Youth Research', in J. Bynner, L. Chisholm and A. Furlong (eds.), *Youth, Citizenship and Social Change in a European Context*, Ashgate Publishing Ltd, Aldershot, pp. 171-195.

Furlong, A. and Cartmel, F. (1997), *Young People and Social Change: Individualisation and Risk in Late Modernity*, Open University Press, Buckingham.

Giddens, A. (1991), *Modernity and Self-Identity: Self and Society in the Late Modern Age*, Polity Press, Cambridge.

Helve, H. (1997), 'Perspectives on Social Exclusion, Citizenship and Youth', in J.

Bynner, L. Chisholm and A. Furlong (eds.), *Youth, Citizenship and Social Change in a European Context*, Ashgate Publishing Ltd, Aldershot, pp. 228–233.

Helve, H. and Bynner, J. (1996), *Youth and Life Management: Research Perspectives*, Helsinki University Press, Helsinki.

Jones, G. and Wallace, C. (1992), *Family, Youth and Citizenship*, Open University Press, Buckingham.

Lister, R. (1990), 'Women, Economic Dependency and Citizenship', *Journal of Social Policy*, *19*, pp. 445–467.

UK Government Social Exclusion Unit (1999a), *Teenage Pregnancy (Cm 4342)*, The Stationery Office, London.

UK Government Social Exclusion Unit (1999b), *Bridging the Gap: New Opportunities for 16–18 Year-Olds not in Education, Employment or Training (Cm 4405)*, The Stationery Office, London.

UK Government Social Exclusion Unit (2000), 'National Strategy for Neighbourhood Renewal', *Report of Policy Action Team 12: Young People*, The Stationery Office, London.

Wallace, C. and Kovatcheva, S. (1998), *Youth in Society: The Construction and Reconstruction of Youth in East and West Europe*, Macmillan, London.

Williamson, H. (1997), 'Youth Work and Citizenship', in J. Bynner, L. Chisholm and A. Furlong (eds.), *Youth, Citizenship and Social Change in a European Context*, Ashgate Publishing Ltd, Aldershot, pp. 196–213.

제 5 장

지역 개발에서의 청소년 참여: 형식적 서비스인가? 진지한 사업인가?

Liisa Horelli

핀란드, 스위스 그리고 프랑스에서 지역 개선에 700여 명의 아이들과 청소년들의 참여를 이끌어낸 10년간의 시도는 청소년이 그들의 환경에 대한 평가와 계획을 위한 창조적인 아이디어의 생산자로서 끌어올려졌다는 것을 나타낸다. 그러나 지역 개발－지자체－의 정보 관리자들은 청소년과 같은 새로운 집단들을 포함하여 도시 계획의 형태에 있어 전문가적인 기초를 두는 방식의 상의하달 방식을 확대하는 것에 대하여 꺼려한다. 이 장은 지역 개발에 있어 주류 세대에 포섭과 전략을 위한 구조에 대해 논의하고자 한다.

시장의 국제화와 정보의 보급으로 함축되는 도전과 통신 기술로 인해 발생한 맹렬한 사회적 변화는 연구자로 하여금 청소년의 상황과 정보 사회에 있어 청소년의 역할에 대해 재분석하는데 용기를 주고 있다. 이러한 국제적 사건들은 현재 사회적 그리고 과학적 분야에서 발생하고 있는 것들에 있어서 패러다임의 움직임에 공헌하였다. 예를 들면, 제도적 구조는 네트워킹 조직에 의해 만들어지고 있다. 전통적 교육은 평생 교육과 새로운 개인적 형태와 집단 교육 시스템에 의해 잠식되었다. 지식의 개념은 더 이상 단지 "잘 논의된 믿음(a well argued belief)"으로서가 아니라 사회적 그리고 실제적 문제를 해결하는 것으로 받아들여지고 있다(Stehr, 1994; Gibbons et al., 1994). 계급제도적이고, 억압적인 계획 입안은 다양한 목소리의 전달 대화로 대체되고 있다. 이러한 현상 너머의 공유된 패러다임의 움직임은 전달(communication)에 있어 한 가지 방식에서 두 가지의 방식으로 그리고 더 많은 방식으로의 이동을 이야기한다. 이러한 의식적 그리고 조직적인 이동은 정보사회에서 네트워크에 기반을 둔 지식 사회로의 이동을 의미할 것이다(Castels, 1996). 후자는 정보 기술과 커뮤니케이션 네트워크에 대한 시민의 접근과 규정을 요구할 뿐만 아니라 사람들을 위해 이러한 지식 사회의 창조와 유지에 참여할 수 있도록 요구한다.

참여는 적어도 인정된 세 개의 "P"가 있다. 이는 유엔아동권리협약(UN Convention on the Rights of the Child)에서 밝히고 있는 것으로 즉, 공급(provision), 보호(protection) 그리고 참여(participation)이다. 본래 다소 소극적인 것으로서 첫 두 권리는 일반적으로 수용이 되었다. 시민의식의 가장 중요한 요소 중의 하나인 참여는 대부분의 국가에서 주로 무시되어 왔다(Sgritta, 1997). 사실상, 참여에 대한 장애와 심지어 아이들과 청소년의 소외는 전 세계적으로 증가하고 있다는 증거를 가지고 있다(Chawla, 1997).

지역 계획과 개발에 있어 청소년의 참여에 대한 연구에서 참여의 현상은 서양의 산업화된 국가에서 드물게 발생한다(Hart, 1992; Horelli, 1998). 청소년 배제에 대한 메커니즘(mechanisms)은 더 자주 분석되고 문서화되어 왔다. 예를 들어, 사회적 배제에 저항하고자 하는 유럽연합 프로그램이 있다. 이와 같이, 예를 들어, 청소년이나 성인의 지역 활동가들을 소외시키는 메커니즘은 많은 부분에 있어서 복잡하다. 이는 청소년 소외에 대한 담론과 영향력 결핍과 같이 다른 복지 영역(아동보호, 사회사업 등) 사이에서 협동에 대한 장애뿐만 아니라 아이들과 어른들의 세계에서의 육체적 그리고 문화적 분열처럼 상호관련 있는 요소들을 제외한 다른 부분에서 명백하다. 예를 들면, 이동 시스템의 프로그램화에 있어서 실용적 그리고 설명적 지식의 적용 쪽으로의 저항과 함께 계획 과정에서 기술적인 언어와 교섭의 형태는 청소년을 어렵게 만든다. 그리고 일반적으로 수용되는 방식으로 논의를 제한한다. 따라서 소외 과정과 배제는 감정적 · 인지적 · 능동적 · 구조적 요소들을 포함한다(Horelli & Vepsä, 1995).

그러나 우리는 청소년을 포함하는 메커니즘과 전략을 어떻게 창조할 수 있을 것인가? 바람직한 참여의 모형은 무엇인가? 이 장의 목적은 지난 10년간의 핀란드, 스위스, 프랑스에서 지역 개발에 있어 아이들과 청소년의 참여에 대한 연속적인 사례 연구의 간략한 메타 분석으로 인도하는 것이다. 그런 다음 우리는 지역 개발에 있어서 세대 간의 동질성에 대한 전략적 토의에 대해 기술할 것이다.

❁ 사례 연구의 조사 설계

계획과 개발에 있어 청소년의 참여는 변화를 이루는데 목적을 두고 있기 때문에, 그것은 개방적이고 철저한 조사로 통합된 변화 과정의 행동에 근원을 둔 형태를 요구한다. 그 형태와 이러한 종류의 환경 개발의 이행과 연구는 비평적 구성주의적 조사, 계획, 이행 시도, 이론적 평가의 결합으로 구성된다(Guba & Lincoln, 1989; Chen, 1990; Chisholm & Elden, 1993; Horelli, 1997).

환경 심리학, 환경 교육학 그리고 협력적 계획과 통치에서의 이론과 개념을 포괄하는 통합적 접근은 이행과 사례 연구의 분석을 함에 있어서 느슨한 뼈대로서 적용되었다.

사회적으로 성취된 경험과 사람들의 상호작용과 육체적 환경을 다루는 환경 심리학은 실제 상황에서 청소년을 연구함에 있어 유용한 몇 개의 중요 개념을 제공한다. 그것들은 다음과 같다.

- 역동적, 다차원적 그리고 정신 작용의 수단으로서 취급되는 다평면적 자아 규제 시스템으로서 자아의 구성은 자연적 그리고 조립식의 환경으로 거래뿐만 아니라 물리적(신체적) 그리고 사회적 행동이다(Vuorinen, 1997; Horelli, 1993; Aura et al., 1997). 공원, 자신의 방, 컴퓨터, 동료들과 아름다운 건물들과 같이 정서적으로 중요한 환경의 요소는 자아의 건설과 생활 수단을

위한 구조(지원)를 지원하는 것으로 제공한다. 비록 이 구성이 외부 상황에 매우 의지한다고 하더라도, 그것은 전적으로 주체가 되어가는 정신적 과정으로서 인지된다. 자아의 구성은 연령 특유의 과정과 특징이라는 면에서 진화이다. 예를 들면, 아이들은 십대까지 그들의 인근 환경과 물리적 상보성(affordance)[1)]의 상습적 이용자이다.

- 환경 보호 능력은 환경 보호의 목적과 공동체의 목적에 따라 환경을 위한 책임을 수행하는데 있어 지식과 기술을 사용하는데 용기를 주는 것뿐만 아니라 지식과 기술을 의미한다(Hart, 1979; Horelli et al., 1998b). 아이들과 청소년에게 환경 보호 능력을 가르칠 수 있는 상황은 아이들과 청소년들을 위해 활동하고 환경을 조작하고 공동체에서 의미 있는 역할을 하는데 기회와 같은 것들을 포함하는 물리적·사회적 행동 공간을 전제로 한다(Kyttä, 1997; Uzzel의 행동 능력 참조). 환경 보호 능력을 획득하기 위한 기회는 어떻게 다른 참여 단계가 심리적 그리고 학습 경험을 위한 공간을 제공하는가로 설명할 수 있는 "참여의 사다리(ladder of participation)"에 의해 측정될 수 있다(Shier, 1997). Arnstein(1969)의 지위에 대한 정의는 아이들에게 귀를 기울임으로서 아이들을 적응시키는 것에서부터 과정을 계획하는 데까지(이는 진정한 참여가 아니다), 아이들이 성인의 계획에 참여하는 것, 아이들과 성인 사이에의 협력, 지원자로서 성인들과 함께 아이들의 진정한 참여를 통한 범위로 나누어져 있다(Horelli, 1998; Hart, 1992). 다른 단계의 지위는 성인에 의해 청소년에게 다양한 적응을 요구한다. 예를 들면, 묘사된 외부 상황에 의지하는 아이들의 대리에 대한 개념(그들의 삶의 대리자로서 아이들)은 "자아의 구성(the construction of the self)"이라는 심리학적 개념보다는 사회학적 사고에 더 가깝다.

확장된 형태에서 환경 교육은 다음과 같은 구조로서 받아들여져 왔다. 확장된

---

1) 역주: 발달심리학의 생태학적 접근의 한 부분으로서 유기체와 환경의 상화 관계성을 의미한다.

형태는 자연 과학과 생태 환경을 보호할 뿐만 아니라 환경 교육은 환경을 짓는 데까지 확장시켜야 하며, 또한 사회문화, 경제 그리고 환경에 영향을 미치는 정치적 과정을 이해하는 데까지 확장시켜야 한다(Uzzel, 1998 참조). 왜냐하면, 환경 교육 또한 "행동 무기력(action paralysis)과 학습된 무력함(learned helplessness)"에 맞서는 투쟁을 포함한다. 그것의 대등한 주제 중의 하나는 유능하고 책임감 있는 시민이 되도록 아이들과 청소년의 임파워먼트이다. 이러한 학습의 모델은 행동, 경험과 비평적 초자아 속에서 배우는 그리고 주제 이해에 있어 질적인 변화를 이끄는 경험에 바탕을 둔 것으로 Kolb(1984)에 의해 한정되어 왔다. 환경 개선의 경우에 있어서 이러한 범위는 소녀들과 소년들로 하여금 환경적 인지가 다른 국가로 여행을 하도록 하는 권한을 부여하는 방법과 도구의 다양성에 의해 도움을 받아야만 한다. 학교의 역할은 다음과 같이 매우 중요하다. 이상적으로, 학교는 학부모와 가족, 일, 산업 그리고 노동, 공동체에 기반을 둔 기관과 다른 학교와의 동반자관계를 통해 일하는 활동적인 사회 발전 대리인이 되어야 한다. 따라서 학교는 최근의 실제 생활 상황과 의미 있는 것으로서 학습을 만들어야 한다(Copa & Paese, 1992).

공동 계획과 관리(Healey, 1997)는 다른 동료들－즉 정치인들, 공무원들, 기업가들, 연구자들 그리고 지역 집단들, 즉 청소년이 중요한 행위자로 있는－의 참여를 통해 지역 공동체 안에서 타당한 사회문화와 인적 인프라를 생산하는데 그 목적을 둔다. 이 공동의 노력은 제도적 수용력(공동의 노하우)을 초래한다. 공동의 노력은 세계화의 효과와 지역 반응 사이에서의 긴장인 "지역 세계화(glocali- sation)"의 도전을 이겨낼 수 있게 한다. 공동 계획의 범위는 생태적 관리, 예방적 사회사업, 경제 발달 그리고 지역 관리를 함께 포함하기 때문에 전통적 계획보다 크다. 공동 계획의 핵심은 문제들이 이해 관계자인 청소년과 노인과 함께 일치와 공동 전략을 달성하기 위해 함께 협의된다. 용이하게 하는 기술의 사용은 더 지지되고 적절한 환경을 창조하는 과정 속에 아이들과 청소년의 포함을 허용한다.

❁ 사례 연구의 메타 분석 결과

핀란드, 스위스 그리고 프랑스에서 1989년과 1999년 사이에 있었던 지역 개선에 있어 아이들과 청소년의 참여를 통한 실험에 있어서 나타난 행동에 대한 연구는 저소득층 지역 혹은 교외, 공공 주택(social housing)의 거주지에서 이루어졌다. 실험의 장소는 아래와 같다.

- Malminkartano(Helsinki, 핀란드), 1980년대에 지어진 곳으로 1만 명이 거주함.
- Kilta(Kerava, 핀란드), 1970년대에 지어진 곳으로 2,500명이 거주함.
- Kekkola(Jyvaskyla, 핀란드), 1997~1998년에 마스터 플랜된 1,000명이 거주함.
- Kitee(핀란드) 혹은 Kitee의 중심적 주변인 Rantala, 1970년대에 지어진 곳으로 3,000명이 거주함.
- Locarno(스위스) 혹은 주변인 Saleggi, 7,000명이 거주함.
- Darnétal(프랑스) 혹은 Darnétal의 남부 지역, 2,000명이 거주함.
- Ristinummi(Vaasa, 핀란드), 1970년대에 지어진 곳으로 9,000명이 거주함.

핀란드의 실험은 2년과 3년 사이에 지속되었다. 반면, 스위스와 프랑스의 실험은 반년만 지속되었다. 두 실험의 "단편(snapshots)"은 아래와 같이 간략하게 설명된다.

- 첫 번째 단편은 핀란드의 "Ecoagents of Vaasa"로부터 일어난다. Vaasa는 9천 명의 Ristinummi 거주민들로 구성된 핀란드 교외 중 중간 크기의 마을이다. Ecoagents of Vaasa는 교외의 생태 갱생을 위한 민족건축대회의 작품이었다. 핀란드 학회는 두 개의 실험 프로젝트에 자금을 제공하였다. 즉, 그들 환경에 대해 환경 지킴이(ecoagent)로서의 아이들과 1995년과 1997년 사이에 학교와 인근을 계획함에 있어 참여했던 7~14세의 아이들에게 생태적 교

재인 "운동장(The School Yard)"이다. 프로젝트의 초기에, 방법론적 프로그램(package)은 계획 과정과 환경 교육 둘 다 용이하게 하는 연구자들과 학교 교사들에 의해 준비되었다. 그 프로그램은 진단적 · 표현적 · 개념적 · 조직적 · 정치적 요소의 다른 형태들로 구성되었다. 그것은 다른 계획 단계에 따른 교수 방법으로 구성하였다. 분석과 계획의 단계는 잘 되었다. 아이들은 그들의 상황을 분석했다. 그리고 자연을 다루는 생각들을 창출했다. 즉, 지어진 환경의 미학적 질, 동료들, 서비스와 도시 공동체. 아이들의 접근은 자연에 의한 생태 사회적이었다. 그럼에도 불구하고 방법론적 방법에 있어서 아이들의 충격은 적었다. 주로, 청소년이 결정권자에게 영향을 줌으로서 적절한 채널을 가지는 것으로 보이지 않았기 때문이다.

아이들에게 이 프로젝트의 충격과 환경 교육은 지역에 관여하는 지각 있는 구별의 증진과 이웃 그리고 환경 역할에 있어 더 적극적이고 보다 활동적인 것과 같은 지각 있고 반영적인 기술들이 증가하는 것으로 관찰될 수 있다. 그러나 학교 캠퍼스는 변하지 않았다. 프로젝트는 지방자치 실천을 변화시키지는 않았다. 그러나 프로젝트는 청소년에 의해 환경적 기업 정신을 증진시키는 쪽으로 그리고 지역 계획에 있어 "아젠다(Agenda) 21"로 아이들의 이상을 포함하는, 학교 지도에 영향을 주었다. 방법론적 프로그램은 계획과 도구의 다른 단계 동안에 아이들에게 권한을 부여하는데 그리고 환경 교육의 목표를 강화하는데 도움을 주었다. 그 결과 전통적 계획 이론을 보다 개방할 수 있도록 도전한다. 또한, 그들은 그들의 초점을 자연 과학에서 자연의 정신사회학 전유와 지어진 환경의 가르침까지 환경 교육을 확대시킬 것을 도전하고 있다. 실험은 아이들이 시민으로서 그들의 참여를 생각한다는 연구를 확증하였다.

- 두 번째 단편은 프랑스의 "Darnétal의 어린이 설계자(Child-Architects of Darnétal)"로부터 나온다. Darnétal(1만 명 거주)은 Normandy의 중심지인 Rouen의 지역 마을이다. Darnétal에 위치한 L'Ecole에서는 1년에 걸쳐 세미나와 예술 전시회 그리고 프랑스와 노르딕 문화를 연결하는 건축물 전시회가 열린다. 1995년 봄에 전시회 감독을 맡은 교수는 2,000명 거주민들이 살

고 있는 지역의 초등학생들을 전시회에 참여시키기 위해 초대했다. Ecole Mardel Pagnol은 Darnétal의 공공 주택의 거대한 블록을 형성하는 저소득층이 있는 남쪽 지역에 위치해 있다. 그 학교는 7~11세의 13명으로 구성되어 있다. 10살 연령의 학급은 핀란드 연구자들에 의해 준비된 방법론적 프로그램을 프랑스 상황에 적용하는 그들의 교사와 두 명의 건축과 학생들에 의해 도움을 받았다. 아이들은 역사적 관점에서 그들의 지역을 실험했다. 아이들은 건축을 공부했고, "만약 내가 건축가라면"이라는 에세이를 썼다. 그들은 또한 좋고 나쁜 상황 둘 다의 그림을 그렸다. 마침내, 그들은 건축과 학생들과 함께 모델을 지었다. 그들의 건축물은 그 후 "아이들과 건축(The Child and Architecture)"이라는 전시회에서 핀란드 학생들의 "계획(plans)"과 함께 전시되었다. 전시회 디자인과 설계는 사례 연구의 전시를 위한 책임 교수에 의해 만들어졌다. 그러나 아이들은 전시회 건설에 열심히 참여했다.

전시회 개장에 지역 당국자들은 지역 혁신에 있어서 아이들의 통찰력을 고양시키기 위해 Darnétal에 있는 청소년 지역 회의를 만들기로 약속했다. Mardel Pagnol의 학생들은 프로젝트 중에서 좋아했던 것과 좋아하지 않았던 것들과 그들이 그것에서 배웠던 것들에 대해 그들의 경험을 평가했다. 대부분의 아이들은 계획 연습과 특히-더 안전한 교통 문제 해결뿐만 아니라 새로운 스포츠 공간과 놀이 장비-그들의 바램들의 몇 가지가 이행되었다는 사실을 좋아했다. 청소년 회의가 창설되었고 1년 동안 기능을 다했다. 그러나 지역선거 후에 청소년회의는 해체되었다. 아이들과의 협의는 끝이 났다.

사례 연구 분석에서, 그 과정을 통한 연구자의 정보뿐만 아니라 아이들과 청소년의 결과물(그림, 사진, 모델 그리고 계획)도 끊임없는 비교 방법(Strauss & Corbin, 1990; Patton, 1990; Miles & Huberman, 1994)의 한정된 버전을 통해 분석된 것을 만족시켰다. 사례 연구의 주된 결과(Horelli, 1994, 1997, 1998; Horelli & Vepsä, 1995; Horelli et al., 1998b)는 청소년이 그들의 상황에 대해 비평하는데 날카로우며 일반적으로 계획을 위한 이상의 창조적 생산자라는 것을 설명한다. 개인적, 성적 그리고 문화적 차이를 개의치 않고, 청소년은 지역 자원적 구조를 다차원적으로 규정하는 경향이 있다. 이는 적어도 핀란드에서는 강한 생태적 범위(녹수, 맑은 공기, 야생 생물)를 포함한다. 지리적인 구조의 물리적 관점은 거칠고, 보존되지 않은 땅과 버려진 지역뿐만 아니라 아름다운 건물, 거대함, 안전한 길, 활동의 장도 포함한다. 기능적 차원은 참여를 위한 다른 종류의 활동, 취미, 일 그리고 기회의 중요성을 강조한다. 정신사회적 그리고 조직적 관점은 동료, 호의적인 성인과 다른 연령 집단과 제도 사이의 협력을 포함한다. 아이들과 청소년은 또한 안전과 공동체와 같은 추상적 특징에 초점을 둔다. 대다수 참여자들은 미를 사랑했다. 그러나 아이들의 미에 대한 감각은 성인들의 미에 대한 감각과 다르다. 이러한 종류의 환경 창조는 다른 집단의 참여를 위한 기회를 통해 더 생태계적 그리고 사회적으로 지지적 상황으로 이동하는 것을 뜻한다.

이제 실험의 구조적 특징에 초점을 둔 다른 국가에서의 700여 명의 아이들과 청소년들이 동원된 일곱 가지 실험의 메타 분석 쪽으로 관심을 돌리자. 이는 표 5.1에 요약되어 있고, 창시자, 동반자관계, 연령, 인원 그리고 청소년의 참여 단계, 실험의 목표, 조직, 도구 논리적 수단의 이용 그리고 유형의 결과를 포함한다.

모든 사례 연구는 거주민 지역의 전체적 개선 혹은 생활환경에 있어 다양한 깊이를 다루는데 초점을 두고 있다. 참여한 아이들과 청소년의 연령은 4~17세이다. 실험의 창시자는 지역 거주민에서부터 지역 그리고 국가 당국자에게까지 다양하다. 사례의 그 어떤 것도 청소년 자신들에 의해 시작되지 않았다. 그러나 활동가는 다른 연령대의 거주민, 공동체에 기반을 둔 조직, 교사, 지역 당국자, 연구자 그리고 정치인을 포함한다. 그 조직은 보통 두 개의 정식 프로젝트 조직을 제외하고는 비공식적이며 청소년으로부터 대표성이 결여된 것이다. 사례 연구의 그 어떤 것도 참여자의 자원 활동을 넘어선 특별 재정적 자원을 가지고 있지 않았다. 그 실험의 목표는 아이들과 함께 환경을 탐구하는 것에서부터 생산적 대안의 목표 혹은 지역을 위한 새로운 계획에까지 확대하는 것이다. 청소년의 참여 단계는 1단계(아이들에게 경청하는 것)에서 2단계(아이들이 성인의 계획에서 일부분을 맡는 것)까지 그리고 3단계(아이들과 성인들 사이에 서로 협력하는 것)까지 범위가 있다.

사례 연구에서 적용된 방법은 적은 창조적 기술에서부터 모델을 짓고 컴퓨터

표 5.1 메타 분석의 연구 결과 요약

실험 장소	연구자	인원과 청소년 참여자의 연령	참여 단계 (1~3)	목표	연구 방법	결과물
Malminkar-tano (Helsinki, 핀란드)	연구생들	125 (4~15세)	1	상황 조사	진단적 그리고 자기 표출적 기법	전시회와 패널
Kilta (Kerava, 핀란드)	지역 공무원	38 (7~12세)	1	상황 조사	칼라 분석, 도화	사회과정
Kekkola (Jyvässkylä, 핀란드)	환경부	14 (4~12세)	1	아동친화적 마스터플랜	모델 빌딩	마스터플랜
Rantala (Kitee, 핀란드)	지역의회	146 (7~12세)	3	계획에 있어 어린이의 참여	많은 창조적 도구들	교통안전계획, 전시회
Ristinummi (Vaasa, 핀란드)	교사와 연구자	348 (7~17세)	2	계획에 있어 어린이의 참여	방법론적인 패키지, 프로젝트 기구	지역 혁신을 위한 대안적 계획
Locarno (스위스)	교사와 연구자	40 (10세)	1	계획에 있어 어린이의 참여	3차원 모델	전시회, 일부의 개선
Darnétal (프랑스)	교사와 연구자	21 (10세)	1	계획에 있어서 어린이의 참여	3차원 모델	전시회, 일부의 개선

지원을 받은 디자인을 포함하는 다양한 계획 도구들의 전체 방법론적 패키지에 이르기까지 확대된다. 그러나 모니터링과 평가 시스템은 사례 연구의 모든 부분에서 만족스럽지 못한 것이었다. 유형의 결과는 거주 지역(Ristinummi의 사례에서)을 위한 대안의 계획, 교통안전계획(이행된 Kitee의 사례에서) 그리고 (Kekkola에서) 아동친화적 마스터플랜에 (협의에 의한) 기여와 같은 지역 개선을 위한 3차원적 모델로 전시된 것을 포함한다. 게다가, 무형의 결과는 발달에 생태 사

회적 접근을 채택하고자 하는 그들의 돋보이는 능력뿐만 아니라 아이들의 증가된 인지적 기술과 환경적 능력도 포함한다. 성공적 유형 결과의 생산을 위한 환경은 충분한 노력의 범위에 비해 실험의 구조적 배열에 있어 마치 정책 결정자(decision maker)와 고위층 당국자의 참여와 같이(Kitee & Kekkola) 그리고 정식 프로젝트 조직(Ristinummi)으로 발달 과정의 조직과 같이 외부에 의존하는 것처럼 보인다.

종합 연구의 결과는 사소한 것이 아니다. 비록 주된 발견이 정식 절차의 부분처럼 지역 발전에 있어서 청소년을 포함하는 것이 아닌 실행을 변화시키는데 있어서 성공적이었다고 할 수 없을지라도 말이다. 도시와 농촌 계획에 있어서의 정보 관리자는 지방자치단체들(지역 당국자와 지역 공무원들)이다. 그들은 또한 청소년을 포함하는 협동 계획과 관리에 용이하게 하는 전문가에 기반을 두는 형태의 상의하달식을 확장하는 것을 꺼린다. 청소년의 인식 능력과 환경적 능력이 개발에 있어 적절한 동반자로서 전통적으로 충분치 못하다는 것은 명백하다. 그러나 적어도 핀란드 사회에서는 지역세계화의 도전과 정보화 사회에 접근하는 것이 이러한 시민 집단의 기여를 요구한다는 징후가 있다. 결과적으로, 미래 실험의 연구 디자인은 이러한 상황적 수요를 취할 것을 고려할 필요가 있다.

연구 문제는 도시 발달 과정과 결과를 선택하는 것에 있어 아이들의 견해 혹은 상황 아래 그리고 청소년이 “도시 계획(urban planning)”에 참여할 수 있는 방법들과 함께 하는 것을 바라는 것이라는 것이 이제까지 탐구적인 것이 되어 왔다. 이제 참여에 있어 그들의 의지를 인지하는데 청소년의 능력과 지방자치단체의 꺼림 사이의 차이를 탐구할 때이다. 다음의 문제는 다음과 같을 것이다. 즉, 어떻게 이 차이를 연결시킬 수 있는가? 어떻게 청소년을 포함시키기 위해 상황을 우리가 변화시킬 수 있는가?

❀ 지역과 지방 발전으로의 세대 간의 평등 주류화 운동(mainstreaming)

다음, 우리는 도시 계획의 상황 속에서 출현하는 정보사회 속에 청소년을 어떻게 포함시킬 것인가의 논의를 설명할 것이다. 이제까지, 포함을 위해 싸우는 가장 강력한 힘은 여성 운동이다. 여성 해방의 오래된 역사는 여성과 남성 사이의 평등을 획득하기 위해 많은 개념, 접근 그리고 전략을 내놓았다. 그것은 또한 청소년의 포함을 위해 유용할 것이다. 성평등 주류화 운동은 정책의 모든 범위와 결정권의 단계에 여성의 완성을 목표로 하는 특별한 전략이다. 그것은 그들의 일상생활 속에서 여성과 남성의 다양한 활동에 의해 생산된 많은 상관된 요소의 구성인 성 제도에 초점을 둔다(Horelli et al., 1998a). 이러한 것들은 상징적 그리고 구조적 단계에서뿐만 아니라 개인 사이의 상호작용에서처럼 개인적인 상황에서 발생한다(Acker, 1990).

이성적 계획에 의해 우리의 비선형적이고 복잡한 세계를 변화시키는 것은 다소 망상처럼 보인다. 그럼에도 불구하고, 관찰하는 것 그리고 다평면적 과정을 양성하는 것 그리고 관계는 필요하다. 만약 청소년의 상황에서 우호적인 변화가 이루어진다면 말이다. 그러므로 Pihlajisto와 북 Karelia(핀란드 동부에 있는 지역) 지역과 지역 발전에 있어 8세와 18세 사이의 소녀들과 소년들의 참여에 대한 다음의 5년간의 실험은 주류화 운동의 전략으로 적용될 것이다. 따라서 성공적 주류화 운동의 구조는 다른 단계에 있어 방법론적 조정을 전제로 한다. 네 명으로 구성된 팀의 연구 노력의 성과는 다음과 같은 요소에 초점을 둘 것이다(그림 5.1 참조). 즉, 개인적(정체성의 구성과 환경적 능력을 위한 공간), 대인관계적(청소년을 포함한 지역과 지역 동반자관계와 네트워크를 구성하기 위한 기회), 상징적(컴퓨터에 박식한 전문가로서 청소년의 이미지를 양성하는 것) 그리고 구조적 단계(지역 당국자와 협상하는 것, 청소년의회에 영향력을 끼치는 것, 국가 청소년정책을 주류화하는 것; Horelli, 1999 참조)이다.

실제로, 공동의 계획과 프로젝트의 발전은 웹을 통해 구체적으로 그리고 직접적으로 발생할 것이다. 특별한 컴퓨터 그리고 인터넷에 기반을 둔 장치인 "The

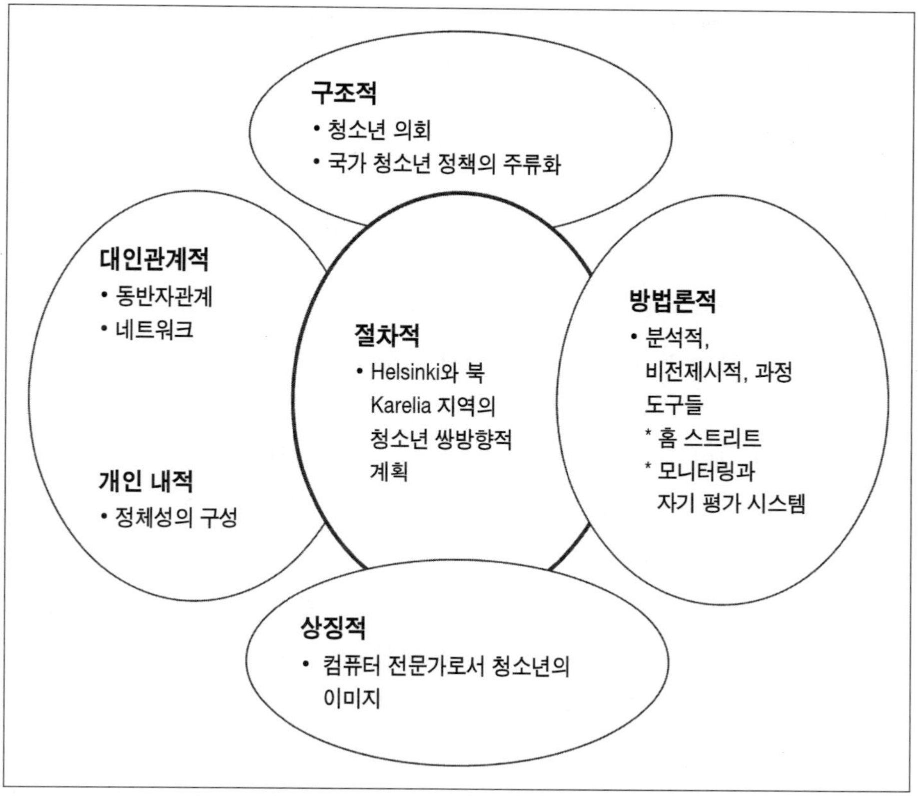

그림 5.1 핀란드의 Pihlajisto와 North Karelia의 실험에서 지역과 지방 발전으로의 청소년을 주류화시키는 구조

Home Street"는 헬싱키 기술대학의 건축학과에서 발전되었다(Staffans et al., 1998). 이 도구는 청소년과 다른 공동체 구성원들로 하여금 그들의 환경뿐만 아니라 지역 당국자와 정책 결정자들과 함께 이야기를 나누는 것에 대해 허용한다. 그러므로 방법론적 패키지는 분석적이고 마음속에 그리는 도구들 외에 실험적 계획 사이트로서 "The Home Street" 구성을 위한 디지털화된 과정 기술을 포함할 것이다. 이러한 다평면적 그리고 다차원적 학제적인 연구 디자인의 종류는 이른바, 모니터링과 자기 평가 시스템에 임파워먼트를 하는 다른 방법론적 혁신을 요구한다. 이는 프로젝트의 진행에 대해 가치 있는 정보를 연구자에게 제공할 뿐

만 아니라 무엇보다 청소년의 참여 인식과 그들이 살고 있는 복잡한 구조의 이해를 증진시킨다.

❀ 결론

이제 우리는 제목에 대한 질문으로 되돌아갈 수 있다. 도시 계획에 있어 청소년의 참여가 단지 형식적 서비스인가 아니면 진지한 사업인가? 문화와 사회 속에서 아이들의 지위가 끊임없는 협상의 결과이거나 심지어 투쟁의 결과라는 점에서 그것은 진지한 사업이다. 공간의 조작은 사회에서 어떻게 청소년이 "문화를 조직하는가(organise culture)"에 대한 척도뿐만 아니라 어떻게 성인이 청소년을 평가하는지를 밝히는 것이다(Lonnqvist, 1992). 아이들이 그들 자신의 영역을 참여를 통해 확장하듯이, 그것은 어른들이 "놀이와 여가(play and leisure)"를 내쫓는 경향이 있는 그들의 문화적 상태를 바꿀 것을 위협한다.

만약 청소년의 참여가 진실로 진지하게 받아들여진다면, 그것은 개인 내에서 상징적 의미와 구조로 사회의 저소득층에게 영향을 미친다. 하나의 연구가 물론 청소년의 상황을 변화시키지 않을 것이다. 그러나 그것은 세대 간의 평등 주류화 운동의 다차원적 전략을 볼 수 있도록 관심을 갖게 할 것이며 정보기술의 적용은 청소년들로 하여금 지역 상황 속에서 더 명확하게 만드는데 도움을 줄 것이다. 그러나 그것은 만약 공동체가 청소년의 기대와 참여에 대한 기회의 기초 위에 세워지지 않는다면, 도시의 문제 해결 그리고 농촌의 문제는 미래에 더 어려워질 것이라는 것은 명백하다.

❀ 참고문헌

Acker, J. (1990), 'Hierarchies, Jobs, Bodies: A Theory of Gendered Organizations', *Gender and Society*, *2(4)*, pp. 139-158.

Alanen, L. (1997), 'Children's Childhoods and Kinder und Kindheit', *Childhood, 4(2)*, pp. 251-256.

Arnstein, S. (1969), 'The Ladder of Participation', *Journal of the Institute of American Planners, 35(4)*, pp. 216-24.

Aura, S., Horelli, L. and Korpela, P. (1997), *Ympäristöpsykologian perusteet* (Basics of Environmental Psychology), WSOY, Helsinki.

Castels, M. (1996), *The Information Age: Economy, Society and Culture, Vol. 1: The Rise of Network Society*, Blackwell Publishers, Oxford.

Chawla, L. (1997), *Growing up in Cities*, Project report presented at the 'Urban Childhood Conference', Trondheim, Norway, 9-12 June.

Chen, H-T. (1990), *Theory Driven Evaluation*, Sage Publications, London.

Chisholm, R. F. and Elden, M. (1993), 'Features of Emerging Action Research', *Human Relations, 46(2)*, pp. 275-97.

Copa, G. H. and Paese, V. H. (1992), *New Designs for the Comprehensive High School*, Executive Summary Report, NCRVE, University of Minnesota Site, College Education, St. Paul.

Gibbons, M., Limoges, C., Nowotny, H., Schwartzman, S., Scott, P. and Throw, M. (1994), *The New Production of Knowledge*, Sage Publications, London.

Guba, E. G. and Lincoln, Y. S. (1989), *Fourth Generation Evaluation*, Sage Publications, London.

Hart, R. (1979), *Children's Experience of Place*, Irvington, New York.

Hart, R. (1992), *Children's Participation: From Tokenism to Citizenship: Innocenti Essays*, Unicef, Florence.

Healey, P. (1997), *Collaborative Planning: Shaping Places in Fragmented Societies*, Macmillan, London.

Horelli, L. (1993), *Asunto psykologisena ympäristönä* (The Dwelling as a Psychological Environment), Helsinki University of Technology, Department of Architecture, Espoo.

Horelli, L. (1994), *Lasten näköinen ympäristö* (Childfriendly Environment), Ministry of the Environment, Helsinki.

Horelli, L. (1997), 'A Methodological Approach to Children's Participation in Urban Planning', *Scandinavian Housing and Planning Research, 14*, pp. 105-15.

Horelli, L. (1998), 'Creating Childfriendly Environments: Case Studies on Children's Participation in three European Countries', *Childhood, 5(2)*, pp. 225-239.

Horelli, L. (1999), *Success Criteria for Mainstreaming Equality*, Unpublished manuscript.

Horelli, L., Booth, C. and Gilroy, R. (1998a), *The EuroFEM Toolkit for Mobilizing*

Women into Local and Regional Development, EuroFEM, Helsinki.

Horelli, L., Kyttä, M. and Kaaja, M. (1998b), *Lapsetympäristön ekoagentteina* (Children as Ecoagents of the Environment), Helsinki University of Technology, Department of Architecture, Espoo.

Horelli, L. and Vepsä, K. (1995), *Ympäristön lapsipuolet* (Environmental Stepchildren), ITLA, Helsinki.

Kolb, D. A. (1984), *Experiential Learning: Experience as a Source of Learning and Development*, Prentice Hall, Englewood Cliffs, NJ.

Kyttä, M. (1997), 'Children's Independent Mobility in Urban, Small Town and Rural Environments', in R. Camstra (ed.), *Growing up in a Changing Urban Landscape*, Van Gorcum, Assen, pp. 41–52.

Lönnqvist, B. (1992), *Ting, rum och barn* (Things, Space and Children), Kansatieteellinen arkisto 38 (Finnish Literature Society, Archives of Folk Tradition), Helsinki.

Miles, M. B. and Huberman, A. M. (1994), *Qualitative Data Analysis, an Expanded Source Book*, 2nd Edition, Sage Publications, London.

Patton, M. Q. (1990), *Qualitative Evaluation and Research Methods*, 2nd Edition, Sage Publications, London.

Sgritta, G. B. (1997), 'Provision: Limits and Possibilities', in P. L. Helistö, E. Lauronen and M. Bardy (eds.), *Politics of Childhood and Children at Risk: Provision, Protection and Participation*, International expert meeting, Finland, European Centre for Social Welfare Policy and Research, Vienna, pp. 35–47.

Shier, H. (1997), *A New Model for Enabling Children to Participate in Decision-Making*, Unpublished manuscript, Scotland.

Staffans, A., Rantanen, H. and Zielinski, J. (1998), *Asukkaat verkossa—vaan ei satimessa: Raportti Kotikatu-projektista* (Residents in the Net but not in the Trap—A Report from the Homestreet-Project), Helsinki University of Technology, Department of Architecture, Espoo.

Stehr, N. (1994), *Knowledge Societies*, Sage Publications, London.

Strauss, A. and Corbin, J. (1990), *Basics of Qualitative Research: Grounded Theory Procedures and Techniques*, Sage Publications, London.

UzzelI, D. (1998), *Education for Environmental Action in the Community: New Roles and Relationships for Youth*, A paper presented at the International Seminar 'Youth, Citizenship and Empowerment', Helsinki, December 7–8, 1998.

Vuorinen, R. (1997), *Minän synty ja kehitys* (Birth of Self and Its Evolution), WSOY, Porvoo.

제 6 장

위기 사회에서 작용하는 제도의 우연성과 청소년 포르투나[1)]

Kari Paakkunainen

젊은 교우와 Ulrich Beck[2)]에게

Ruhr와 Riihimäki[3)]의 증기기관차는 필름 속에 살아 있으며, 여전히 경제적
기적을 저지하며, Heimaat와 Pentinkulma[4)]로부터 알파벳의 완성으로 삶의
도전에 대하여 우리에게 양도하고 가르쳐주고 있다네
그리고 우리는 Viipuri[5)]와 Checkpoint Charlie[6)]의 새로운 정책에 있어서 위기를

---

1) 역주: 로마 종교에서의 운명의 여신으로 그리스의 티케와 동일시되었다.

2) 역주: 독일의 사회학자.

3) 역주: 핀란드의 도시 이름.

4) 역주: 핀란드의 도시 이름.

5) 역주: 핀란드의 도시 이름.

6) 역주: 동서독 분단시 동서독 경계에 있던 검문소.

미워하고 사랑하기도 한다네
여전히 미세한 먼지가 있으며 우리 자신의 머리에서 breznevian의 새로운
가르침, 동시에 존재하는 계산자 그리고 세계 분배의 나머지는 이미 우리들을
위협하기 시작했다네
또한, 다른 이들을 찾는 것, 점잔 빼는 청소년과 그들의 특성들 사이에 이러한
유럽의 청소년 소외를 보호하며 진정시키는 것을 배워야 한다네
삶의 조각들에 의해 겸손, 깜짝 놀랄 만한, 흐느껴 우는 교훈과 힘이 준비되어
있으며 알파벳 도서의 계몽적인 페이지들은 다시 증정되었다네
위기와 도전이라는 것은 이미 도약하고 있으며, 혼합되고 있고, 시작되고 있으며,
종결을 보고 있다네

(Kari Paakkunainen, 1998년 3월 23일)

❁ "내적 진취형(Internal Enterprising)"—20세기 후반의 표어

많은 신들과 참여의 전통은 죽어가고 있다. 명백한 원칙과 엄격한 권위 구조는 청소년의 삶에서 사라졌다. 개인으로서 인간은 살기 위한 다양한 방법들을 시작하거나 선택하는데 이끌리게 된다. 자신의 삶을 위한 가능성으로부터 원칙 형태에까지 생활 정치에 대해 이야기한다는 것은 단지 사회학자들 사이의 유행하는 논의는 아니다. 소비와 선택을 위한 시장에 많은 근거를 두는 가능성은 편리한 생산적인 문화뿐만 아니라 우리 삶의 방식과 부분이며 심지어 공공부문의 경쟁원칙과 생산성을 위한 책임과 함께 우리의 정치 구조이다. 실용주의 원리는 정치, 통치의 세계로 그들의 길을 밀어 움직이고 있으며 사회 또한 다른 길로 움직이고 있다(Paakkunainen, 1998d). 전문가와 미디어에 기반을 둔 자조 컨설턴트는 논의하거나 상담하는데 유용하며 삶을 인도하고 인생 서비스를 제공할 맞춤을 주고 있다.

동시에 편리함에 기반을 둔 서비스와 전문가의 행위는 옛 참여 조직을 대체한다. 그리고 집단주의적 삶의 선택, 일반적 전통주의 활동 그리고 선거 과정은 파괴됐다. 많은 방식에 있어서 컨설턴트, (유로) 평가와 지표는 민주주의와 자기 통치로 대체되었다. 어떤 의미에서 우리 사회는 단지 개인의 집합체로서 기능을 한다. 유럽연합의 단계에서 민주주의의 결핍과 집단주의의 부족 그리고 대표성의 이동에 대해 말하는 것은 일반적인 것이다. 심지어 청소년과 십대들은 의사 결정과 그들 삶의 결정을 위해 그리고 많은 도덕적 그리고 실제적 논의와 위협－취할 수 있는 고용의 손실과 환경적 위협에 대한 표준적인 경력 선택의 결핍의 범위－을 다루기 위해 확고한 기반을 찾는 것을 포함하여 그들 자신을 위해 요구되는 모든 고려를 통제해야 한다.

또한 학교는 급진적인 분열과 청소년 사이에 경쟁적인 압력을 야기한다. 학교와 사회 정치에서 많은 가치를 지닌 평화주의적 교육과 전세계 유토피아는 오랜 기간 "내적 진취형"사상으로 대체되어 왔다. 게다가 이 새로운 부정적인 측면은 세계는 더 개방적인 장소임에도 불구하고 선택에 대한 필요성과 가능성 둘 다를 위협한다. 청소년 집단 사이의 차이들이 자람과 동시에 삶의 양식은 더 개인화되고 있다. 비록 차이들이 자란다 하더라도(Karisto, 1998) 우리는 여전히 함께 살 것이다. 선택을 위한 관용은 확장되고 있다. 합의, 일반적 문화 그리고 일치는 더 이상 우리를 결속시키지 못한다. 그리고 그것들은 그들의 의미를 잃어버렸고 양면 가치적인 것이 되었다.

❁ 활동의 우연성은 무엇을 의미하는가?

우리는 불확실성의 상황으로 내던져졌다. 혹은 다른 말로 하자면, 우연이다. 상업화의 도전과 진취적인 것은 우연과 위기를 느끼는 것 그리고 선택 상황의 단지 일 부분일 뿐이다. 또한, 개인들은 정치적 그리고 윤리적 시민으로서 책임이 있다. 역설적으로, 삶이 통제로부터 벗어날 때("신", 제국의 원리, 정치 원로, 교사, 사회 조사관 혹은 전문 평가자와 같은 옛 구조의 관점에서) 긴장, 통제되지 않은,

불명확한 그리고 불확실한 미래에 대한 상황 속에서 선택을 위한 여유를 갖게 된다. 정치를 예로 들면, 정치는 개방을 위한, 활동에 대한 책임에 몰두하기 위한 공간을 늘 요구했었다. 이제 특히, 인생은 자신의 통제 아래 있지 않은 것을 의미하는 개방이라는 의미에서 게임이다. 마지막 결과는 개방되어 있다. 그들의 붕괴되어가는 것에서 운명론과 예지론은 정치적 자유를 위해 개방된 문이다.

위험 사회의 "위기(crisis)"이라는 단어는 중국의 특징에서 보여지는 것처럼 두 개의 기회를 가지고 있다. 당신은 응시하거나 배우고 이길 수 있다. 혹은 당신은 게임을 포기할 수 있다. 당신은 위험에서 생존할 수 있거나 심지어는 잃을 수도 있다. 전통적으로 포르투나라고 알려진 직면하는 행운의 여신은 이 경기에서 확실한 것은 결코 아니다. 가장 순수한 형태에서 개별화의 정치는 불확실성, 우연의 경기와 같은 것일지도 모른다. 위험 속에서 포르투나를 발견하는 것이다. 그러나 이는 현대 경쟁에 대한 하나의 질문이다. 이 경기는 생활 정치 그리고 삶의 논의에 대한 정치 그리고 운명, 경력 범위, 의미와 일정에서 거장의 기술이다(Paakkunainen, 1998a; Palonen, 1993).

긍정적 성장과 구 산업 사회의 문명 사상, 기술－이성 세계 통제의 사상 그리고 1차원적 진보의 패러다임－은 죽었다. 청소년의 관점에서, 일치를 세워나가는 프로젝트, 공유된 사회 복지 제도는 이해할 수 없고 모호한 것－중립적인 청소년의 비평과 다양한 경험의 기반 위에서의 냉소 그리고 모두에 의해 공유되지 않은 상황－이 되었다. 단지 산업 사회 성장의 희망 없는 옹호자－정치적 좌익과 우익 그리고 거대 군주 정당과 공동 권력 주도 사이의 역사적 타협－는 이것을 부인하기에 매우 눈이 멀었다(Beck, 1993; 1995).

절망의 한 가운데에 그리고 살아야 할 기준의 상실에서, 이상적인 전형 또는 통제되지 않는 인생 상황과 자원의 담론이 있다. 여기에서의 목적은 이동의 부분과 산업의 통치 목적 그리고 현대 구조가 아니라는 모든 것에 대해 지적하는 것이다. 그리고 "Vaino Linna 부흥 운동(독일에서 경제기적의 세대나 Hansson-Erlander-Palme를 통한 스웨덴에서의 "folkrorelse"의 사회민주세대와 같이)"이다. 우리는 일상적으로 직면하는 명백한 위험과 자유, 개인 그리고 변화하는 집단 역동을 반영하는 것에 대한 전통적인 질문에 직면한다. 각 자의 전제를 재고

하고, 열망을 보여 주며 협상할 수 있는 능력과 자신의 인생 계획을 세우는 것은 일상생활의 부분이다.

❁ 개인 선택을 위한 새로운 공간: Empiria7)

민족주의적, 집단주의적 부족과 전통적으로 공유된 문화 코드 역시 "경험주의적(empirical)" 연구에서 반영된다. 게다가 소비, 교육 그리고 고용, 윤리적 그리고 정치적 선택 위에 기반을 둔 인생 결정은 개인 내에 그리고 개인 사이에 결정되어야 할 문제이다. 청소년에 관한 정치적 저서들은 비제도적 그리고 개인적 활동 그리고 수사적, 전통적 정치 구조로부터 반어적 거리를 취하는 것에서 일어난다는 것을 지적한다. 핀란드의 "30대(thirty-something)"의 절반보다 적은 수가 지난 민족 선거에 투표했으며 그들의 절반 이상이 정당 이데올로기보다는 개인적 후보자에게 기반을 두고 투표를 하였다. 그들의 1~2%는 정당의 수이지만 그들의 대부분은 적어도 하나의 조직-보통 체육과 관련된-에 소속되어 있다. 열 명의 아홉 명은 비고용 상태의 핀란드 청소년은 여전히 개인적인 것이 자신의 운명을 결정한다는 것을 믿고 있다(반면 80년대의 경제 성장 기간 동안에 열 명 중 여덟 명이 이러한 견해를 지지하고 있었다).

개인적인 것에 의해 세워진 삶의 영역과 정체성 작업은 많은 해석을 강조한다. 열 명 중 일곱 명의 청소년은 노동조합 회원 자격을 불필요한 것으로 생각하고 있으며, 열 명 중 네 명은 노동조합을 "발달을 위한 동력 보다는 제동 장치가 되어야" 할 것을 생각하고 있다. 그러나 부수적인 사고(思考)와 위험은 절망적인 상황으로 이끌지는 않는다. 네 명의 세 명 이상의 청소년은 이러한 진술에 동의한다. "비록 (최근의 경제) 침체가 인간 고통을 상당수 야기한다 하더라도 많은 보고서에서 나타난 것처럼 이는 또한 핀란드 사회와 정신 건강에 기여한다."(Pesonen, Sankiaho & Borg, 1993; Nuorisobarometrit, 1995, 1996, 1997; NUORA, 1998;

---

7) 역주: 경험.

Eva, 1995a, 1995b)

❁ 정부와 관료 역시 협상해야 한다: 위험 사회에서 작용하는 불확실한 제도

십년 전에, 많은 연구자들은 경제 기능에도 불구하고 여전히 정부 주도하의 정치에 그리고 공무원 주도하의 정치에 대해 말하는 염세주의자였다(Hirsch, 1980). 오늘날 통치의 엄격한 베버 원리는 더 이상 지탱되지 않는다는 것은 더 명백하다. 그리고 이 역시 불확실해지고 있고, 어지러운 바람, 종이호랑이가 되어 가고 있다(Beck, 1993). 기록의 비밀뿐만 아니라, 관료주의, 합법, 노동의 엄격한 분할 그리고 권력 계급제와 책임, 공무의 객관성에 대한 순수한 개념 그리고 무조건적 윤리-정치 신념의 지배력을 유지하기 위한 공무적 훈련-이 모든 것들은 그 순간에는 다소 불확실한 것으로 나타난다(Palonen, 1994).

기관 내에서의 노동의 분할(이 장의 상황에서, 특히 청소년 정책 기관)은 프로젝트와 통신 예산에 대한 고려뿐만 아니라 용어와 관리자를 위한 생산성 요구, 약식 그리고 많은 새로운 공무원과 동료의 반사적인 정의, 영역 분할의 혼란, 유연성과 활력, "화해 프로젝트(reconciliation projects)"에 대한 복지 사업의 확장, 비공식 "네트워크"와 협의 자원, 적어도 임시의 새로운 관리직, 제3영역의 협력 모델, 이 모든 것은 의심스러운 위치와 관료주의 구조의 정보적 충돌에 대해 지적한다. 관리 지위는 역시 불확실하며 의심스럽다. 그들의 정보 기반은 또한 상황적이며 주관적이고, 상황과 문제에 집중되어 있다. 다른 문제와 이탈에 관하여 새로우며 불법적인 것임에 틀림없다. 통치의 불확실성은 정치적 충돌과 고려의 영역에 개방되어 있다. 자리가 흔들리고 위험을 느낄 때 정치와 변화를 위한 시간이다(Paakkunainen, 1998a, 1998d).

정부는 또한 다른 유례없는 상황에서 그들의 행동을 정당화해야 한다("다중문화", 지역 협력 모델과 지역 저항자들을 다루는 학술회의, 환경적 대안, 과격한 운동과 스킨헤드, 동물보호집단과 동성애 정치 운동으로부터). 그들의 행동이 허용될 수 있게 하기 위하여 정부는 그들의 특징을 버려야 하는 새로운 형태의 협상과 매력 있는 캠페인에 순응해야 한다. Urho Kekkonen의 통치 시대로부터 중앙 집권화된 복지와 중립적 국제 협력은 없다. 또한 확장하고 있는 민주주의의 메타-이데올로기와 복지, 혹은 정부의 엄격한 "전원적(rural)" 준법주의, 책임으로의 이동 후 그리고 생산성과 네트워킹을 위한 캠페인, 동반자관계와 뒤따르는 제3영역과의 연합은 없다(Finland, 1993).

국가 정부의 단계 위에, 이러한 캠페인들은 "국가적(사업) 관심"과 "국가 공동체의 행위(valtioyhteiso)"로 언급되어 왔다. 정체성 위기와 심지어 자신의 존재 목적에 대한 의구심으로부터 고통을 받고 있는 소외된 청소년 사업은 이러한 일들을 진지하게 수행해야 하며, 개혁을 통해 정당화해야 한다. 다른 방면에서, 후기 현대 관료주의자는 책임 속으로 내 모는 역할을 하는 정치가의 유형(베버의 전통적 정치 특성)을 본받고, 선택 및 전념하게 하는 그를 에워싸는 불확실성을 조종하고 구체화해야 한다. 열려 있는 미래에 대하여 거친 사고를 가진다는 의미에서. 그 행동과 결과는 중심 안에 있다.

❁ 다원론적 진실, 상황과 활동가

국영 정보가 문제가 있다는 한계, 해석에 대한 주제, 통찰력과 정치적으로 의도된 질문들 역시 기능 방법론에서 새로운 정부 이미지 형태와 경쟁을 이끈다. 이는 역행과 혁신, 복잡한 활동 관계, 정부에 있어서 언제나 발생하는 불확실과 위험이다. 진보 정치, 주어진 그리고 수여된 특권, 의문을 나타내는 그리고 정치화하는 상황은 효과적으로 그들의 한계에 세계주의와 복지국가를 가져다준다. 정치 영역 성장의 눈덩이 효과와 이어서 잘린 치즈 슬라이서는 그 사실이 정치적으로 이성적 혁신이 아니었으며 겉으로는 반대 방향으로 가는 것이다(핀란드의 사회학자인 Anthony Giddens와 영국 Blair의 총리의 적어도 일시적으로 막다른 골목에 있는 것 같은 "제3의 길(Third way)"에 대한 토론의 연구와 미디어 발전과 비교하라). 진보 정치의 패러다임은 선거와 의회주의를 통한 정부 정치에 있어서 변화를 위한 명백한 책임에 대해 지적한다. 이러한 면에 있어서 노르웨이에 이어 서비스와 재분배라는 용어로 복지 국가가 수용되는 데에 있어서 "설립된(established)" 연금을 유지하는 데에 있어 정부 예산의 90%가 자동적으로 할당된다는 면에 있어서 기념비적인 책임감은 제한된다.

위기는 언제나 학습되는 것은 아니다. 게임의 형태는 변한다. 이의 가장 견고한 예는 정부 공유를 줄이기 위해 청소년 정치에 있어 참여를 위한 전통적 구조가 변화된 핀란드의 개혁 공유 정부이다(도시 구조계획을 참고하라). 이미 정체성 위기를 경험함으로서, (청소년) 정부는 국제적 모델과 지지 형태에 호소해야 했다. 이는 그들에게 있어 중요성을 보여 주기 위해 그리고 심각하게 새로운 소외를 다루고, 그들의 필요에 대해 얼마간 자치 프로그램을 제안하기 위해서이다. 이러한 행동의 본질에 있어서, 구 민주주의, 의회 감독과 판단은 더 이상 일반적으로 수용되는 원칙이 아니다. 그들의 견해에 대한 주장을 가지는 새로운 "참여자(participants)"는 상황 속으로 나아왔다.

국가는 더 이상 이의를 흡수하지 않는다. 중립적인 "보편 평등의 원칙(doctrines of genernal equality)"은 더 이상 새로운 위기와 참여, 가능성과 충돌—이의 본질은 항상 주어진 문제 혹은 인식된 상황과 연결되었다—을 인정하지 않는다. 개인의 생활 정치와 문제 해결에 대한 논리에 대하여 불평하는 새로운 충돌은 가능하다. 예를 들면, 배타주의와 보편주의, 다양성과 가치 평등 사이에 대한 반목이 생겨남으로써 그리고 발생하고 있는 "타(other)"집단들을 정복함으로써 (Thompson-Hoggett, 1996) 새로운 참여와 충돌은 탄생한다(Bauman, 1992).

❁ 새로운 정치적 대안을 찾는 새로운 선언

이 외에, 다수의 평가자들과 경제적 효율 기술, 컨설턴트, 지표와 조사 기술들이 나타난다. 새로운 교사, 철학자 그리고 쌍방향의 참여 생산자, 그리고 정신 분석 기술과 자극적인 교육학 출판가들, 연구자들, 미디어, 그리고 (포스트) 모던 프로젝트와 조직적 사기꾼들은 그 단계에 내딛은 정열적인 창시자들과 같이. 그것은 단지 소자본가의 삶의 통제와 자조 기술의 문제만이 아니라 사회의 한계와 관련한 교육과 활동 그리고 학문 행위의 독립과 자치의 문제이다. 이러한 것들은 대중과 특수한 청중에게 직접적으로 드러날 수 있다. 그리고 정부기구를 움직이기 위한 그들의 정보와 토론 기술을 이용함으로서, 그것의 가치와 주제 구성, 그리고 연합과 적대로서 범위 내와 사이에서 작용하는 심지어 정치적 견해와 의회 이해보다는, 예를 들면, 동반자 모델의 생산자 또는 "행위로서의 학습(learning by doing)" 작업장 교사들이 그 연령대의 정신과 혁식적으로 내용을 선택하는 것을 위해 계획을 고안할 수 있다. 사회복지국가의 적용할 수 있는 원리는 이처럼 정신과 창의성 안에서 순수한 조직의 지식인들을 헌신화시킨다(Gramsci, 1967).

정부, 의회 의원들과 청소년 정책 조정자들은 다양한 지역 상황과 어떠한 네트워킹의 어떤 형태로 정착시키기 위해 제3지대로부터 대화와 의존적 조직 문화의 계약으로 비공식적 효력의 단계로 끌어내리는 데에 약간의 압력을 가한다(Paakkunainen, 1995). 새로운, 종종 카리스마가 있는, 청소년 훈련 계획, 적응 프로젝트와 같은 전문가들 그리고 평가 전략의 연구자들이 검사와 경향을 수집하는 것으로부터 전통적인 정치 문화를 구해낼 수 있을 것이다. 그들은 청소년 문화와 미디어를 통해 소개된 논의들 사이에서 새로운 대안을 마련하기 위해 강인함과 움직일 수 있는 지위를 가진다.

그것은 "일반적 개요(general overview)"의 측면인 정부의 정보, 프로젝트 그리고 행정의 기본에 관계된 지식의 문제이다. 옛 원리의 중요성은 변한다. Maffesoli에 따르면, "포스트모던 특수화"는 구체적으로 말하면, "함께 마주보고, 그들에게 상승효과를 일으키고, 연령 차이를 강력하게 만드는 것을 이어준다."(Maffesoli, 1665, 166). 역사에 대한 직접적, 연속적 개념은 실패한다. "자기를 과시하는 역사는 다원론과 다양한 이데올로기에 의해 대체된다." 예를 들면, 공무원들이 핀란드 교육부의 문화와 청소년 업무는 다양한 영역의 이데올로기적 역사와 전위자들에 의해 영감을 받은 네트워크와 연구자 그리고 "새로운 전문인들(new professions)"로 대체되었다는 점에서 핵심이다. 솔직히 말해서 그들이 과거를 그리고 유행에 대해 어느 정도는 함께 운영할 수 있음에도 불구하고, 그리고 정신적으로 그들의 열린 정부는 다른 시대와 최근 우리 국가의 정부 연합

역사로부터 야기된 성공으로부터 다양한 원리에 의해 채워지고 있다. 마치 많은 선수들과 함께 하는 경기처럼 말이다. 공공정의의 정신에서 사회복지 이데올로기의 유연한 발전적 작업은 급격한 속도로 "복지-혼합(welfare-mix)"과 제3지대, 화려하고 창조적인 마케팅과 컴퓨터 활동, 개인적 경쟁과 평등권으로의 운동 사이에 불명확한 연합 형태로 개방되고 있다.

신 우익 공동체와 춤추는 원형 탁자: 게임과 포르투나의 청소년 설정

청소년은 그들의 개인적 사상과 확신을 통해 윤리적 결정, 책임, 경험 그리고 예측의 세계로 진입해야 한다. 여기서 그들은 발견할 수 있고, 그들 자신을 새로운 숙련공, 협력자 그리고 위험 사회에서 정부의 열렬한 중심인물로 그들 자신을 정의할 수 있다. 비록 정치-윤리 공동체들이 어느 의미에서는 더 이상 캠프, 집단구성과 "파티 홈(party homes)"이 아니더라도(Gramsci, 1976), 사람들이 추가적인 것들을 가지지 않을 때 그리고 강한 관리자들이 경제적 가능성과 문화적 우위를 가질 때, 그들은 의지하여 산다. 새로운 공동체와 활기 띠게 하는 네트워크는 더 빛나고, 더 투명하고, 더 유연하다. 극히 최근의 모임에서 "남은(the other)" 한 청소년이 다른 사람에게 해를 끼칠 수 있거나 자신의 인생 정치관을 실현하는데에 있어서 다른 사람들의 자유를 제한할 것인지에 대하여 독특한 결정을 내려야만 했다.

"새 정치(New politics)"는 아래로부터, 자발적으로, 비공식적으로 그리고 제도적인 형태 없이 출현할 수 있다. 그것은 청소년 정체성 성과, 훈련 프로그램 선발과 전문직, 시민 주도, 감정 표현과 "특정한 미디어-민주주의(spectacular media-democracy)" 속에서 새로운 참여의 형태 그리고 도덕적 선택 사이의 드라마의 위험-사회 감각 속에서 윤리-정치적 견해와 결합되어 있다(Paakkunainen, 1998a, 122-126). 우리는 사회 형상을 말할 수 있다. 책임감이라는 새로운 원형 탁자와 모든 다른 실재하는 문제들의 종류에 직면함에 있어서 역동적인 참여자들은 창조될 수 있다. 그 집단들은 "먼지 속에 누워있는 것이 아니라", 오히려 "나는 내 자신의 삶에 관하여 정치에 발을 옮기겠다. 그렇지 않으면 그것은 나에게 올 것이고 나는 정치 논쟁과 대결의 게임볼이 될 것이기 때문이다(Beck, 1995, 68-69)"에 의해 위험 사회의 도전에 직면하기를 원한다. 이러한 개인적 (야심찬) 설계는 정치적 공허에서 일어나지 않는다. 청소년은 다른 사람들과 새로이 그리고 전통적 정치 작용에 의해 열린 방식에서 반영된 사회적 부정과 만나야 한다. 우리가 보아왔던 것처럼, 청소년 정책에서 공공 작용의 지위는 오늘날에는 흔들리기 쉽고, 경험적이고, 평등한 동료 관계 활동에 의지하는 것이다.

반사적인, 대화의 그리고 전달의 청소년 정치와 원형 탁자 형태의 참여는 청소년 정치 참여 과정이 충돌, (이야기) 게임 그리고 힘 사이에 (상호) 관계로서 윤곽이 그려질 때 그리고 각각의 활동가가 그 또는 그녀 자신의 동의/동의에 근거한 자율에 관계를 맺을 때에만이 가능한 것이다. 다음 문제는 결정을 내리고, 결론을 찾고 동의를 세우는 데에 관계함에 있어 "사회 문제에 관심이 있는 정당(concerned parties)"을 정의하는 데에 있다. "집요한(obstinacy)" 청소년 참여자들과 전문 연출자, 지역 청소년 구성, 조직과 "자조(self-help)" 집단들 사이의 충돌은 "괘씸한 과격 정치 참여(confounded-head-banging-participation)"에 반대함에 있어 공식적 의사 결정과 정치 작용에 의해 끊임없이 인용되었다.

청소년 정치 또한 열린 파워 게임과 댄스와 같다. 개인과 집단은 그들 자신의 반사적인 자리를 차지해야 한다. "여하튼 어떤 파트너와 함께 완수할 수 있어야 한다. 열린 놀이에 뛰어드는 것은 공동 운명에 이르게 할 수 있다." 청소년 정부는 경제 세계의 공리주의로부터 자율성 그리고 평화를 보호해야 한다. 기계적인 중앙 집권화된 권력과 노동의 기능적 분화는 떨어져라! Habermas[8]는 "정치의 공공 영역 ... 이전에 경제로부터 유지되기를 시도했던 정치 조직은 (자율) 진보에 의해 정복될 것이다"는 동일한 정신적 강조를 하고 있다(Habermas, 1985, 52-53; Paakkunainen, 1998a, 172-197).

논제에 있어서, 지역적 혹은 전문가적 견해 근거, 새로운 동반자 관계 모델은

---

8) 역주: 독일의 철학자 · 사회학자.

비전을 세울 때만이 가능하다(예를 들면, Beck의 원형 탁자 모델). 동요하기 시작하는 영역에서, 특별히 능숙한 권력의 독점에서 비공식적 실행과 사회적 그리고 환경적 관련성이 응시적인 정의의 영역이 된다. 존재하는 "조화(reconciliation)" 프로젝트에서 반사적인 정의의 원리는 사회 전체로 퍼져나갈 것이다. 결정은 "이미 만들어진(already made)", "단지 팔렸던 것(only to be sold)" 또는 "이행되는 것(to be implemented)"을 구해낼 수 없을 것이며, 경쟁 구조는 훨씬 더 개방되어야 한다. 통제되지 않고 대화 공간을 위한 하나의 조건은 닫힌 공간의 침묵 그림자의 파괴이다. 투명성의 목표이다. 과정의 기준은 자치, 입법 작업에 있어 동반자 관계 그리고 개인의 책임에 근거해야 한다(Beck, 1993). 능력과 전문적 인생에서 문화적 능력, 관료주의와 심지어 상업적 작용은 여기서 중요한 의미를 가진다. 그리고 어느 누구도(개인이나 공동체 또는 윤리적 중요성의 집단) 위험 사회에 대한 책임을 피할 수 없다(예를 들면, 고용 상실, 환경적 도전 혹은 세계의 전통적 기준 파괴).

❁ 새로운 네트워크의 예들

반면에, Maffesoli는 새로운 종족의 시작인 가상의 공동체를 찾아낸다. "이론적, 개념적 그리고 지난 민주주의의 사상에서 공동체주의 사상의 이미지와 형태 쪽으로의 전환은 일반적으로 일상의 기본이 되었다." Maffesoli(1995, 176)는 또한 새 공동체주의와 일반적 상황 그리고 의미를 위한 일반적 문체와 미학을 추구하는데에 있어 자기 중심주의의 범위를 넘는다고 하였다. 이와 같이 비평적 연구자들은 일시적, 가상적 그리고 협의할 수 있는 공동체적인 "원형 탁자(round table)" 경험과 같은 다른 영역의 종류를 추구한다. 이러한 것들은 새로운 공동체주의 뿐만 아니라 새로운 정치적 동반자 관계, 환경적 정치 제도의 삶을 회복시키는 자원으로서 기능을 할 수 있다.

또한, 청소년은 새로운 정치적 유형에 있어서 그들이 소극성과 다른 이들의 자치를 저지하는 것 사이의 어중간한 지경에 살고 있을 때 정부와 직면한다. 우리는 야누스(Janus)와 같이 얼굴이 둘 있는 긴장과 연대 의식의 기능을 발견한다. 정부와 비즈니스는 그들의 막강한 권력에 있어서 윤리적으로 구별되지 않는다—이러한 정체불명을 파괴하는 모든 전문인들 사이에서 그들의 분리, 불확실성 그리고 위험 사회 확대의 결정을 위한 책임감. 동시에 위험 사회의 극적인 간행물들은 모두에게 로빈 훗의 역할과 그의 힘찬 무리의 역할을 제공한다. 모든 것이 작동중일 때, 친밀은 기능적으로 누군가 삶의 의미에 다가갈 수 있는 기능의 문을 발견하도록 하는 중요한 가능성을 만들어낸다. 공간은 운명에 있어 친구들과 함께 임시 숙소에 사는 사회의 가장 자리에 있는 일부 청소년에게는 더 중요한 것이 된다.

반사적이고 비공식적인 새로운 공동체주의를 추구하는 이러한 논제는 또한 청소년에 대한 관심과 조작적인 주도가 바탕이 된 보편성을 띤 신선한 연구에 의해 지원받는다. 이는 오스트리아, 스웨덴, 독일, 이탈리아 그리고 핀란드에서 우리들의 청소년 정치 비교 연구의 예를 통해 볼 수 있다(Paakkunainen, 1998a, 1998b). 그리고 청소년의 행동 과정, 학술 보고(Paakkunainen, 1995)와 청소년 아카데미의 “Mahis” 캠페인의 평가에서도 볼 수 있다(Paakkunainen, 1998c). 핀란드에서 청소년의 변화하는 조직들과 근로 집단들 사이에서 새로운 많은 활동들을 통한 복지 국가와 역사적 타협은 활기 넘치는 방식으로 진행되고 있다. 많은 비공식적 그리고 “복지 혼합(welfare-mix)”부문 활동이 실상이 되고 있다. 그리고 여기 그러한 방식은 “원형 탁자(round table)” 회의를 위해 개방되었다. 그리고 영향력 있는 뜻밖의 제도와 청소년의 포르투나는 위험 사회 속에서 만나게 될 것이다. 경쟁 사회에서 유능한 개인들은 더 많은 소외된 청소년들, 사회와 문화 공간 속에서 힘든 경쟁 경기에서 실패한 이들과 함께 하는 이러한 프로젝트에 연결되고 있다.

❁ 흑백의 가치가 없는 야누스(Janus)와 같이 두 얼굴을 한 정치

전통적 집단주의와 제도주의는 역사 속으로 사라지고 있다. 청소년 주도는 위기로부터 학습된다. 청소년은 더 취득하려고 하고, 융통적이며, 개인들이 일을 처리하게 하기 위해 전보다 더 많은 공간의 네트워크 문화를 제공한다. 또한 포스트모던과 반사적인 원리에 따라 그들 행동의 성공을 평가한다. 청소년은 두 개의 얼굴, 이중적 가치 그리고 근본적으로 전후 관계적인 정치 개념(배경, 주제 그리고 상황에 따라 변화하는)을 가진다. 한 손에는 정치라는 것을 "자동식의 더러운 구 인간의 경기(the self-regulated game of dirty old men)"라고 생각하면서 다른 한 손에는 개성화, 심지어 일상생활 정치의 급진적인 행동, 약간의 넓은 견해의 범위가 있다고 생각한다.

이러한 구성주의는 양식, 형태 그리고 모든 경우를 위해 재구성하는 기능적 전략을 가지고 있다. 청소년 주도의 영역에서, 심지어 불확실성과 갈등—우발적 사고를 일으키는—이 생활 정치를 위한 패러다임으로서 제공하는 것으로부터 학습하는데에 중요한 집단 프로젝트가 있다. 우리는 급진적인 콘텍스트 이론(상황 이론)에 대해 말할 수 있으며, 대담하게 환경으로부터 세계를 조사하고 건설하는데 각 집단 자신의 범위에 돌입할 수 있다. 이 외에도 행동을 위한 개방과 영향을 위한 가능성들은 산업 사회의 유동 구성에서 여전히 보여지고 있다. 이는 많은 청소년과 청소년 기관들이 그들 자신의 설득력과 의견 표명 기술의 레퍼토리가 발전돼왔기 때문이다.

이러한 정치적 개념에서 야누스(Janus)와 같이 두 얼굴을 가지는 것은 청소년이 정치적 활동 영역과 주권에 열린 문일 것이다. 그 세계는 더 이상 흑과 백이 아니라 오히려 그것은 모호하고 종종 반어적으로 개방된다. 정치적 세계와 활동 영역은 결국 청소년 앞에 불완전함과 모호함으로서 개방된다. Bogart의 이론에 따르면, 선한 인간과 선한 세계는 단지 반감되고 위축된 성장을 가지고 그에 상응하여 분배된다. 마찬가지로 독립 활동 영역에서 "자아(ego)"는 수치 없이 나타날 수 있다. Seel에 따르면, "전적으로 선한 인간(entirely-good-person)"은 여전히 그렇게 선하지 않으며 "그다지 선하지 않은 사람(not-so-good-person)"으로서 관심을 끌고 있다(Seel, 1996, 779-80; Erasaari, 1998, 103-104). 90년대의 집단 주도에서, 모든 정치적 활동 영역이 정치는 "더러운 활동가들(those dirty players)"로 남겨진 것에 의해 절대적 도덕 폐기의 순수한 차별을 잃어버린 채로 있었던 것은 아니다. 이러한 자라나는 새로운 동반자들 속에서 우리는 더욱 더 위험 사회의 제도적 반영들을 볼 수 있다. 이렇게 정부, 비공식적 청소년 문화 그리고 서로에게 배우는 주도는 그들에게 더욱 친밀하게 하고 상황을 조정하고 심지어 협력하기 위해 더 도움이 되게 하는 상황을 창조하게 한다. 여기 정치 영역의 애매한 조작주의와 참 정치 그리고 유연한 근대(사회) 정치는 정치적 게임의 정신과 위험 사회에서 청소년의 포르투나에 직면하고 있다.

❁ 행동의 두 문화

청소년 네트워크와 주도는 사회 가장자리의 (초기) 청소년에 대한 지지에 대하여 그들 자신의 독특한 자원 및 도구들과 같은 것을 가진다. 핀란드에서의 최근 경제 침체는 이러한 문화들에게 더 분발 하도록 하였다. 이들 집단들은 소외 청소년을 위해 환경을 제공하였고, 심지어 급진적이고 전통적 기능 창고의 새로운 공동체를 세웠다. 그리고 질적이면서 정서적으로 "만족감(feel-good)" 형태 활동을 평가하기 위한 원리들을 발전시켰다. 위험 사회의 불확실성 속에서, 실용 문화의 "성공(success)" 혹은 "완성(maturity)"을 위한 어떠한 표준 측정은 더 이상 없다. 흔히 이러한 주도적 일원들이 강력한 임시 공동체를 안전성과 전통적 공동체의 이미지 또는 아마도 프랑스 혁명의 정신으로 복귀하기를 원하기 때문이다. 위험 사회의 포르투나에 직면하기 위한 이러한 소외 프로젝트를 위한 가능성은 흔히 대부분 공공 영역의 강력한 권력에 의해 지지 받는 것에 의지한다(Paakkunainen, 1998a, 1998b).

개인적인 게임에서 성공적인 청소년의 기능적 문화는 더 비공식적이고 유연하다. 일원들의 각본은 재능과 비공식적 기술 그리고 기교의 영역에서 나타난다.

사회 혹은 환경 운동에서 두드러지고자 하는 열망은 안전한 공동체 환경을 원하지 않는다. 이러한 종류의 기능적 동기들은 그들의 기능을 위한 일반적 혹은 공동체적 평가를 원하지는 않는다. 그리고 그들의 정치적 개념들은 기본적으로 더 개별화되고, 학교에서 학습했던 것의 이상주의적 형태이다. 그들은 그들 자신의 반사성으로 위기 사회의 포르투나에 직면하였다. 학교 외에도 많은 종류의 (비)공식적 자문 장치들, 다방면에 걸친 기술들, 컨설턴트들 그리고 더 섬세한 조직적 문화들은 그들에게 기능할 수 있는 공간을 주어 왔다. 이러한 범주 속에서 다른 것들 중에 우리들에게는 특히 특정 연령층인 초기 청소년의 필요를 채우는, 특별히 민감한 단계에서 정체성과 사회성의 측면에서 교회, 가족 그리고 학교 사이에서 타협 하는데 있어 기초를 쌓고 있는 핀란드의 스카우트 연맹이 있다. 이는 사회적 분리, 개성 그리고 독특한, 적당히 통제된 위기 취득이다. 많은 기관 문화 속에서 교육학적 책임은 그들에게 공공의 일과 경쟁과 의사 결정의 능력이 있는 균형 있는 청소년을 양산하는 관점에서 피선거 요건 지원을 충족하는 적절한 것을 초래한다.

❁ 일부 국가의 특징들

유럽 대륙과 비교하여 핀란드의 특별한 국가적 경향은 공식적인 공무원 집단의 급속한 약화를 들 수 있다. 청소년 또는 풀뿌리 단계에서 청소년과 기성세대의 협력으로부터 오고 있는 네트워크 형태, 활동과 주도에 대한 고무는 더 일상적이 되었다. 이는 우리의 옛 제국적 훈육과 주도 획득의 국가적 공포를 위한 지배자에게 강풍이다. 이러한 주도에서 수취인들과 공무원들은 흔히 하나 그리고 동일한 집단이다. 또한 즉결을 요하는 활동의 본질과 특히 유쾌한 원리는 강조된다. 국제적 경향으로서, 지역적 주도는 주류를 이루고 있으나 핀란드에서는 여전히 모든 십대의 주도는 규모에 있어 세계적이다(유럽연합 일원인 이탈리아처럼). 집단 운영은 여전히 역시 다른 국가들보다 공공 지원에 의지하고 있다. 하지만, 반면에 결핍은 새로운 활동 문화의 헌신적인 본질인 “끝까지 노력하라는(hanging on)" 혹은 대화의 힘에서 새로운 동반자의 존재의 메시지를 전달한다.

그러나 정치적 목적과 범위의 관점에서, 여전히 명백한 집중된 특징의 정부가 있다. 의사 결정 구조의 토의, 협상과 공개는 더 직접적이라기보다 중앙화되어 있다. 옛 국가 사회주의(etatism)는 여전히 현대 핀란드의 중앙 집권적 기관 의존에 명백하게 의존하고 있다. 대부분의 국가들에서 보다 더 전문적으로 참여하고 있는 유연한 주도에 있어서 복잡한 의사 결정자들의 많은 형태들이 있다. 비교 국가들보다 리더와 중앙 집권화의 기관 리더십에 의지한다. 변화의 경향은 직접적 정당 민주주의에서 필연적인 것이 아니라 직면하는 국제적 협력의 문제와 극복하는 예정과 재정적 부족은 가장 직접적인 "실제적(practical)" 문제이다. 긴장시키는 분위기와 전문주의에 기여할 수 있다는 희망이 없는 것은 많은 프로젝트의 리더십을 통제한다.

우리의 공공 행정과 새롭게 가능하게 된 전문직들은 문제가 되지 않으며, 그들이 유럽 중앙에서 가지는 것처럼 국제적 주도를 위한 양도의 원인이 되지 않는다. 핀란드에서 우리는 국가 사회에서 자발적 활동과 자발성을 위한 문제로서 조직화된 전문주의를 볼 수 없다. 도리어 제3의 영역에서 "전문주의(professionalism)"를 통해 그것의 역할은 합법화된다. 동일한 정신에서 작용의 의미는 매우 전격적이고 동시에 적어도 수사적으로 급진적이고, 심지어 인터넷이 신화가 제의한 만큼 핀란드 사람들을 행동하도록 동원할 수 없다고 하더라도 말이다. 인터넷은 유감스럽게도 기술과 상업적 정교한 부품을 여전히 가지고 있다(Paakkunainen, 1997). 그리고 민주주의적 인식, 대비 그리고 참여를 세우는데 있어서 인터넷의 이용은 소수의 개인적 과격성의 예외와 더불어 발달 초기 단계에 있다. 핀란드의 "노키아 형태의 창의성과 용기(Nokia style ingenuity and courage)" 또한 우리에게 협력적인 네트워크를 연상시킨다. 교육적 협력, 전문주의 그리고 소매상인의 희생은 (상대적으로) 높다. 그리고 옛 집산주의자와 종교 세계상은 부서지고 개인주의와 모호함, 대부분 참여 문화를 위해 일반(집중성이 있는) 패러다임의 형태로 만들어지는 것에 의해 대체되고 있다.

❁ 전통적 운영의 작용하는 우연의 실례와 위험 사회의 새 활동 논리

그림 6.1은 활동 영역과 청소년 네트워크의 대인 관계 그리고 비공식적 정치의 실례를 보여 준다. 직접적 변화는 위험 사회와 개인적 기초 위에서 도전에 직면하는 옛 집산주의의 동원과 경제적 성장의 이데올로기로부터 수평선이 이동의 측면(희망 없이 성장하는 것, 정치의 좌 · 우 사이에 있어 화해 회복을 시도하는 것과 관계없이)을 보여 주는 것에 의해 실례를 제시해 주고 있다. 하나는 소외에 있어서 개인적 책임의 실패이고, 또 다른 하나는 적극적인 우연성에 있어 생활 정치의 포르투나이다. 수직선은 청소년 정치와 그들의 방법론적 그리고 양극 사이의 유연한 활동을 가지고 옛 정부와 한편으로는 계획 구조 그리고 근대 하위 정치에 관하여 운영 레퍼토리들에 있어서 활동가들의 위치를 보여 주려는 시도를 나타낸다.

유럽 국가 제도(왼쪽 아래의 1/4)와 그들의 보편적 정책 도구는 합법성 위기와 다른 영역에서(나머지 3/4) 명확히 드러난 요구에 직면하여서 존재한다. 그리고 협회 활동, 네트워크와 국제적 로비 활동(왼쪽 위의 1/4)은 비공식적, 개방과 "살아 있는(live)" 책임과 다른 생활 정치(하위 정치) 경험과의 대화에 의해 그들의 활동을 재건하는 것을 가진다.

공식적 협회로 명확하게 된 신분은 오늘날에는 역동적이고 다양한 면을 지니고 있다. 제도와 협회의 학습 과정(왼쪽에 있는 단계들)은 근대 또한 제도적 변화를 가지는 근대의 반영(Bauman, Giddens와 Beck의 정신에서)을 의미한다. 필요한 상태의 의사 결정 구조를 해체하거나 버리는 것은 현대 복지 사회에서 추상적으로 불가능하다는 것은 명백하다. 그리고 그들은 오히려 그들의 활기 있는 부분에서 재개가 될 것이고 급진적으로 나머지 세 분야에서 다른 작용과 활동하는 동료들과 함께 참여했다.

우연과 위기로 국제적 그리고 변두리 활동의 영역(오른쪽 위의 1/4)은 하위 정치 영역이며 문제에 집중하고 흔히 지역적이거나 para-국가적 프로젝트와 원형 탁자이다. 우리는 여기에서 급진적 콘텍스트 이론(상황 이론)에 대하여 이야기할

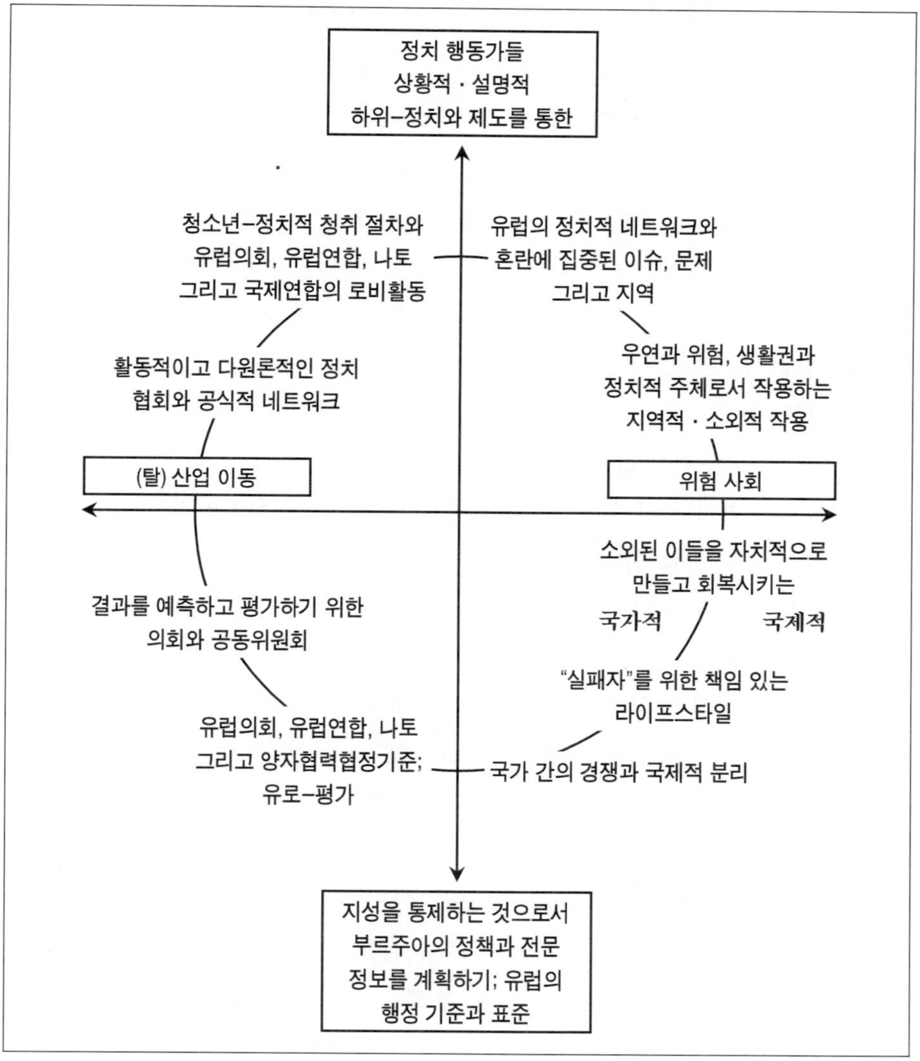

그림 6.1 위험 사회의 위기 속에서 청소년 정치의 역할 영역

수 있다. 이러한 영역의 활동은 다른 영역에서 일어나고 있는 제도적 유연성을 위한 명확한 주변화와 독특한 기초로서 이해될 수 있다. 그 계획은 일상생활의 위기 앞에서의 새로운 선택처럼 보이고 우연과의 활동은 삶의 동기와 억제된 삶의 형태인 "낙오자(오른쪽 아래의 1/4)"를 재건함에 있어 종종 새로운 접촉과 생

각들을 가진다. 위에 제시된 핀란드의 예들, "즐거움(pleasure)"과 "새로운 공동체(new community)"의 정신에서 소외된 청소년과의 비공식적 네트워킹은 이러한 생활-정치 연합의 프로젝트이고, 우연과의 독특한 활동이다.

이러한 "적극적인 주변화(positive marginality)"와 생활-정치 프로젝트는 구체적인 삶의 상황과 주변화의 상황에 의해 밀접하게 살아 있다. 괴롭게 하는 개인의 경쟁은 생활의 비성공적 영역에서 그들의 주변화와 자아 책임감에 대해 자율적인 면에 있어 개인적 실패자를 양산하고 있다. 쉽게 유럽연합과 유럽 국가의 보편적 캠페인은 주변화를 구체화시키고 있다. 여기 "주변화(marginality)"는 억압된 사람들, 즉 그 자신들의 용어가 아니다. "거기 어딘가(somewhere there)"에 적응시키고 사회를 기다리거나 통합을 세련되게 만드는 문제에 대한 기능을 다하는 정책의 보편적 용어이다(실직한 민족 집단, 유럽 동부를 발전시키는데 있어서 Haider 또는 ghetto—유대인 강제 거주 지역—에 대해 단순한 생각을 갖고 지지하는 사람들의 경우에서처럼).

이러한 실례와 분석은 네 부분으로 설명하고 있다. 전반적으로 네트워크된 청소년 사업과 개인적 영역에서 "국가적(national)" 그리고 "세계적(international)" 관점의 두 부분으로 설명하고 있다. 그리고 제도적 반영과 학습과정은 위치를 차지하고 있다. 이러한 영역안에서의 활동가의 모든 형태는 변화에 순응하고 서로서로 도움을 제공한다. 그러나 그들은 문제를 해석하는 자료와 방법에 있어서 (하위) 정치 활동가 또는 전문가에게 독립적이지 않다. 다른 주제들은 다른 이들의 사업과 충돌하고, 다른 사람들과 자유의 길을 배우고 반영하는 것이어야 한다. 이러한 구성에 따라, 가장 급진적인 변화는 유럽 중앙과 스칸디나비아 반도 체계에 있어서 동시대의 청소년 정치를 필요로 하였고 하위-정치 참여의 주권과 마찬가지로 국제적 단계(국가 정부의 경계를 무너뜨리는 "새로운 지역화")에 있어서 활동가들을 이해하는 것이다. 정치적으로 변화를 위한 이러한 전략의 핵심인 활동적이고 자율적인 "원형 탁자" 포럼 형태로 발걸음을 구체화하여라.

현대 개별화된 위험 사회는 더 이상 하나의 국가나 유럽 중앙으로부터 통치되지는 않는다. 시민 주도는 사회 일치에 도달하는데 있어 점점 더 참여, 지역, 이슈 그리고 상황에 의해 정의된다. 이러한 상황적 현대 반영의 학습 실제는 공식적 활동가들(예를 들면, 전문인들 그리고 지역 주민들)은 새로운 대화 관계와 수평적 역동성을 발견한다는 것에서 제도화에 진입할 수 있다. 정치적으로 국가적 단계에 있어 새로운 활동 원형 탁자 포럼은 우연성의 위치에 있으며 위험과 함께 활동을 하고 있다. 그리고 구체적으로 유로 네트워크의 영역에서 그리고 혼란에서이다.

그 영역을 정의하는 작용과 참여의 의미는 그림 6.1에서처럼 주어지고 있다.

❁ 참고문헌

Allardt, E. (1998), 'Hyvinvointitutkimusja Elämänpolitiikka' (Research of Welfare and the Life Politics), in J. P. Roos and T. Hoikkala (eds.), *Elämänpolitiikka* (Life Politics), Gaudeamus, Tampere.

Bauman, Z. (1992), *Intimations of Postmodernity*, Routledge, London and New York.

Bauman, Z. (1993), *Postmodern Ethics*, Blackwell, Bodmin.

Bauman, Z. (1995), *Life in Fragments*, Blackwell, London.

Bauman, Z. (1997), *Postmodernity and its Discontents*, Polity Press, Cambridge.

Beck, U. (1993), *Die Erfindung des Politischen: Zu einer Theorie reflexiver Modernisierung*, Suhrkamp, Frankfurt.

Beck, U. (1995), *Eigenes Leben, Ausfluge in die unbekannte Gesellschafi, in der wir leben*, C. H. Beck, Munchen.

Borg, S. (1996), *Nuoret, politiikkajayhteiskunnallinen syrjäytyminen* (Young People, Politics and Social Marginalisation), NUORA, Ministry of Education, Helsinki.

Bourdieu, P. (1984), *Distinction: A Social Critique of the Judgement of Taste*, Harvard University Press, Cambridge, Massachusetts.

Eräsaari, R. (1998), 'Mikä ihmeen Elämänpolitiikka?' (A Wonderful Life Politics—What's the Reality), in J. P. Roos and T. Hoikkala (eds.), *Elämänpolitiikka* (Life Politics), Gaudeamus, Tampere.

EVA (1995a and b), The Centre for Finnish Business and Policy Studies, Reports.

Gramsci, A. (1967), *En Kollektiv Intellektuell* (Original title: Avviamento allo studio della filosofia e del materialismo storico), Cavefors, Uddevalla.

Habermas, J. (1985), *Die Neue Unübersichtlichkeit: Kleine Politische Schrflen V*, Suhrkamp, Frankfurt am Main.

Hirsch, J. (1980), *Der Sicherheitstaat: Das "Modell Deutschland", Seine Krise und die neuen sozialen Bewegungen*, Europaische Verlag, Frankfurt am Main.

Hoffmann-Lange, U. (1995), *Jugend und Demokratie in Deutschland*, Leske + Budrich, Opladen.

Karisto, A. (1998), 'Pirstoutuvan elämän politiikka' (The Politics in the Fragmentation of the Life), in J. P. Roos and T. Hoikkala (eds.), *Elämänpolitiikka* (Life Politics), Gaudeamus, Tampere.

Maffesoli, M. (1995), *Maailman mieli: Yhteisöllisen tyylin muodoista*, Gaudeamus, Helsinki. (The next reference is the same book in English.)

Maffesoli, M. (1996), *The Contemplation ofthe World: Figures of Community Style*, University of Minnesota Press, Minneapolis-London.

NUORA 1998, Nuorten jarjestokiinnitteisyys: Yhteenvetoraportti 1998 (The Associative Mob ilisation of Youth: Summary Report 1998), Nykypaino, Helsinki.

Nuorisobarometri 1995, 1996, 1997 and 1998 (Youth Barometer Reports in Finland), Ministry of Education, Helsinki.

Paakkunainen, K. (1995), *Nuorisopaja: Tehdashallin hämärästä autonomiseen oppiin* (Youth Training Scheme: From the Dark Labour in to the Autonomous Learning Practices), Nuorisotutkimus 2000, 2/95 (Finnish Youth Research 2000 Programme), Hakapaino, Helsinki.

Paakkunainen, K. (1997), *Commodification and Professionalization of Finnish Youth Policy: Contradictions in the Development of Multimedia as a Democratic Publicity and Dialogue*, 'European Symposium on Democracy and Multimedia Networks': Workshop IV, entitled 'The World and Citizens' Networks' organised in Parthenay, France, September 25-27, 1997.

Paakkunainen, K. (1998a), *Kama-Saksan ihailusta kumppanuuteen: Onko saksalaisesta nuorisopolitiikasta meille malliksi?* (Construction of German Youth Policy—A Modell for Us ?), Hakapaino, Helsinki.

Paakkunainen, K. (1998b), *Käsikirjoitus Itävallan, Ruotsin ja Suomen nuorisojärjestöjen vertailusta* (Manuscript for the Comparison of Austrian, Swedish and Finnish Youth Policy), Autumn 1998.

Paakkunainen, K. (1 998c), *Political Participation of Youth—A Remedy Against Marginalisation?*, Paper presented in 'NYRIS VI'-seminar, Reykjavik, June 11-13, 1998.

Paakkunainen, K. (1998d), 'Commodification and Professionalisation of Youth Policy', in H. Helve (ed.), *Unification and Marginalisation of Young People*, Finnish Youth Research 2000 Programme, The Finnish Youth Research Society, Helsinki, pp.

136–150.

Palonen, K. (1993), 'Introduction: From Policy and Polity to Politicking and Politicization' in K. Palonen and T. Parvikko (eds.), *Reading the Political: Exploring the Margins of Politics*, The Finnish Political Science Association, Tammer-Paino Oy., Tampere.

Palonen, K. (1994), 'Onko Max Weberin byrokratisoitumisen lapitunkevuuden teesi vanhentunutta?' (Is Max Weber's Idea of Bureaucracy Actual and Correct?), in *Tutkimaton uudistus? Julkisen sektorin uudistukset tutkimushaasteena* (Public Sector's Reforms as a Research Challenge), Ministry of Finance, Public Management Department, Helsinki.

Pesonen, P., Sänkiaho, R. and Borg, S. (1993), *Vaalikansan äänivalta* (The Power of People in Elections), WSOY, Juva.

Review of National Youth Policy: Finland (1997), Council of Europe and Ministry of Education in Finland, University Press, Helsinki.

Rose, N. (1996), 'Governing "Advanced" Liberal Democracies', in A. Barry, T. Osborne and N. Rose (eds.), *Foucault and Political Reason*, UCL Press, England.

SeeI, M. (1996), 'Über das BOse in der Moral', *Merkur 570/571.*

Sgritta, G. (1987), 'Normalization and Project', *International Journal of Sociology, Vol. 17, No. 3.*

Thompson, S. and Hoggett, P. (1996), 'Universalism, Selectivism and Particularism: Towards a Postmodern Social Policy', *Critical Social Policy 46, Vol. 16.*

제 7 장

북유럽 청소년 자원봉사자들의 혼합된 동기

Marianne Nylund

서론: 자원봉사활동과 동기

초기의 연구들은 자원봉사동기를 이타적인 것과 이기적인 것으로 이분화하였다. 동시에 자원봉사동기들 중 일부는 자원봉사자에게 있어 동기라는 것이 종종 이타주의와 이기주의 둘의 혼합이라는 것을 인정한다(Clary, Snyder & Stukas, 1996; Davis Smith, 1996, 22; Van Til, 1988, 19-33). 윤리 철학에 있어서, 이타주의자는 다른 사람을 돕는 이타적인 사람이며, 이기주의자는 단지 자신의 권리를 돌보는 사람이라고 정의하였다(Airaksinen, 1993, 118-119). 일부 청소년들은 자원봉사활동이 종종 이타적인 동기로 한 중류층과 상류층의 아내들인 연배의 사람들에 의해 수행된 자애사업이라고 생각한다(Gasken, 1998, 12). 따라서 이타주의는 여전히 철학적 "부담(burden)"을 가진다. 즉, 부자는 가난한 자들을 돕는다는 것이다. 최근의 연구에 따르면, 이러한 형태의 자원봉사활동은 서부 유럽 국가에서는 드물다(Gaskin & Davis Smith, 1995). 오늘날, 자원봉사활동은 초물질적인 필요와 가치를 포함하는 활동으로 보여질 수 있다(Davis Smith, 1993, 14; 1990년의 Inglehart를 참고하라). 예를 들면, 그러한 가치들은 사회적 필요, 자아 충족, 자아 발전을 위해 일하는 것, 소유하는 것과 교육적으로 자신을 발전시키는 것을 포함한다(Helve, 1993, 101-102). 누구나 자원봉사활동 안에 자신의 목적을 가진다(Helve, 1998, 7). 자원봉사활동은 단기간이기 때문에 그것이 그들에게 알맞은 한 사람들은 자원한다(Gillespie & King, 1985, 802-803; Lähteenmaa, 1997). 이는 청소년들에게만 적용되는 것이 아니라 성인들에게도 적용된다(Gaskin & Davis Smith, 1995; Omoto & Snyder, 1993, 173).

청소년은 이기적으로, 단지 자신들에 대해서만 생각한다는 근거 없는 가정이 있다(Lähteenmaa, 1997, 47). 예를 들면, 초기의 연구들은 청소년이 성인 자원봉사자들보다 더 이기적이라는 것을 보여줬다(Andersen, 1996; Frisch & Gerrard, 1981; Gillespie & King, 1985). 예를 들면, 이러한 이기적인 동기들은 새로운 것을 배우는 것, 중요하고 필요한 것을 느끼는 것, 경력 옵션을 탐색하는 것 그리고 새로운 사람들을 만나는 것을 포함한다. 비록 청소년 자원봉사자들이 그들의 필요를 충족하기 위해 개인의 만족을 찾는다 하더라도, 그들은 또한 공동체에서 유익한 무언가를 하길 원한다(Gaskin, 1998; Lähteenmaa, 1996). 따라서 자원봉사활동은 또한 “가치에 근거한(value based)” 활동이라고 불릴 수 있다(Davis Smith, 1993, 10).

영국의 연구에서, 청소년(자원봉사자와 비자원봉사자 모두)은 자원봉사를 하는 이유에 대해 어떻게 생각하는지를 조사하였다. 그들은 한 개인이 동기와의 결합, 희망없는 사람들, 일 경험을 통해 얻고자 하는 것, 경력 옵션을 탐구하는 것 그리고 인생에서 그들의 경험을 넓히는 것이 자원봉사에 참여하는 가장 결정적인 요인이라고 답변하였다. 반면에, 청소년이 자원봉사에 참여하지 않는 이유는 시간이 충분하지가 않기 때문이며, 유급없이 일하려고 하지 않고 자원봉사가 “신선한(cool)” 것이라고 생각하지 않기 때문이라고 하였다. 이러한 생각은 특히 20세 미만의 청소년에게는 중요하다. 그럼에도 불구하고, 자원봉사기관에 접근하지 않고 자원봉사에 기꺼이 참여하려는 청소년이 있다(Gaskin & Davis Smith, 1995, 109).

1990년대의 경기 불황중에, 핀란드 정치가들과 다른 행정가들은 지역사회에 청소년이 어떻게 하면 참여할 수 있는지에 대해 알고자 하는 데에 관심을 갖기 시작했다. 그 논의는 다음과 같다. 어떻게 청소년이 유급의 직업을 찾지 못할 때 일상생활에서 필요한 기술을 얻을 수 있는가 하는 것이다. 1994년에, 핀란드 청소년의 15~24세까지의 실업률이 34%였으며, 1996년에는 27%로 감소하였다(Labour Force Statistic, 1997). 동기가 청소년 자신을 위한 경력에 얼마나 중요한가? 북유럽 국가들에서 자원봉사자의 동기는 단지 1990년대에 연구되었다(Andersen, 1996; Juliusdottir & Sigurdardottir, 1997). 그리고 청소년의 동기는 연구자에게 덜 관심을 받았다(Lähteenmaa, 1996). 1994년에, 적어도 1년에 한 번(25세 미만) 자원봉사에 참여하는 청소년의 비율이 핀란드에서만이 12%였을 뿐, 덴마크는 26%, 스웨덴은 32%였다(Gaskin & Davis Smith, 1995, 29). 아이슬란드와 노르웨이의 수치는 유효하지 않았다.

이 장에서, 본 연구자는 무급의 활동을 자원봉사활동이라고 정의한다. 다른 말로 하자면, 자발적 사회복지기관 혹은 공공 사회 그리고 보건 제도에 의해 수행되는 조직화된 자원봉사활동이다.[1] 나는 자원봉사활동을 친구, 친척 혹은 이웃을 돕는 것을 결부시키지 않는다. 나의 목표는 핀란드 자원봉사자에게 나타난 현상을 가지고 어떤 동기가 핀란드, 덴마크, 아이슬란드, 노르웨이 그리고 스웨덴의 청소년에게 자원봉사활동에 대한 적극성을 주는지 발견하는 것이다. 청소년에게 이타적인 동기가 부족한 것인지 또는 이타적인 이유 때문에 자원봉사에 참여하는지? 그들은 이기적인 동기에 더 관심을 가지는지 예를 들면, 그들의 시간을 다른 사람들에게 도우려고 제공하는 것보다 기술과 새로운 친구들 얻기 위한 것인지? 이러한 질문에 기초하여, 나는 "극단(extremes)"이 있는지를 조사하였다. 즉, 노르웨이 청소년 자원봉사자 중에 순수한 이타주의와 순전한 이기주의를 연구하였다.

---

1) 유럽 비교 연구는 또한 사회복지협의회에 초점을 두었다(Gaskin and Davis Smith 1995, 121).

❁ 방법과 자료

자원봉사자 기능 연구

이 연구에서 사용된 자료는 일부 국가 결과가 이미 출간된 것에서부터 자원봉사 동기에 관한 노르웨이의 비교 연구 프로젝트(노르웨이 연구에서 인용된)의 부분이다(Andersen, 1996; Juliusdottir & Sigurdardottir, 1997; Lorentzen & Rogstad, 1994). 이 노르웨이의 연구에서, Clay, Snyder와 Ridge(1992, 335-338)에 의해 발전되고 테스트된 미국 자원봉사자 기능 연구는 서른 개의 문항들을 통해 자원봉사자의 동기를 탐구하는 데 사용되었다. 요인분석 결과, 처음 연구는 5개의 문항들로 각각 구성된 6개의 동기 요인을 제시하였다.

Clay, Snyder와 Ridge(1992, 335-338)에 따르면, 이타주의로 언급된 동기의 가치는 다른 사람을 돕거나 집단 혹은 원인을 위한 옹호자로서 제공하는 중요성을 포함한다. 예를 들면, 동기를 이해하는 것은 "배우는 것"을 위해 "학습"에 대한 열망을 만족시키는 것과 또는 "제공될 사람들을 이해하는 것, 자원봉사자 혹은 개인을 위한 기관을 이해하는 것"에 연관되어 있다(Clart et al., 1992, 337). 자원봉사활동은 다른 사람을 돕는 것뿐만 아니라 새로운 무언가를 배우는 것이다. 자원봉사활동은 자존감을 높이게 하는 하나의 방법이 될 수 있다. 자존감은 자신의 자아정체성을 높이고 공동체에 속하려고 하는 감정을 증가시키는 것으로 정의된다(Lorentzen & Rogstad, 1994, 44; Susag, 1999). 평가 동기는 "자신에 대하여 더 낫게 느낀다", 필요하다고 느끼고 중요하다고 느낀다라는 것으로 문항을 만든다(Clary et al., 1992, 338). 경력 동기는 "사람들이 특정한 기술을 배우기 위해 자원봉사할 때 만족했다"이다. 예를 들면, 경력 옵션을 탐색하기 위해 혹은 "자원봉사활동을 잠재적 경력 관계에 도입하는 것"이다(Clary et al., 1992, 338). 마지막으로, 어떤 사람들은 사회적 기능을 충족시키기 위해 자원봉사를 한다. 즉, "자원봉사활동은 친구, 가족 또는 그들이 평가로 수용될 사회 집단의 규범적 영향의 반영 때문이다(Clary et al., 1992, 338)." 이 장에서 본 연구자는 가치 동기를 이타주의적 동기라고 부른다. 그리고 학습, 평가, 경력 그리고 사회적 동기를 이기주의적 동기라고 부른다(Lorentzen & Rogstad, 1994, 70).

요인분석 결과는 Clary 등(1992)에서 발견된 이론적 기능이 또한 노르웨이의 자원봉사자에게 적용되는지 시험하기 위해 사용되었다. 문항은 노르웨이의 선행 연구에서 요인을 만들지 않았던 보호적인 것이 될 것이라고 간주했다(Lorentzen & Rogstad, 1994).[2] 따라서 이러한 문항들은 마지막 분석을 위해 남아있는 25개의 문항들인 비교 부분에서 제외됐다. 자원봉사자는 "전혀 중요하지 않다"(1, 2)와 "어느 정도 중요하다"(3, 4, 5)에서 "매우 중요하다"(6, 7)까지 7점 척도로 문항이 점수화된다. 자료는 요인분석(회귀분석)으로 분석되었고, Clary 등(1992)의 연구와 유사한 5개 요인 모델로 결론지어졌다. 즉, 가치, 학습,[3] 평가, 사회적 그리고 경력[4]이다. 그 결과 가장 높은 6점에서 7점을 사용하는 것으로 진술된다. 덧붙여 문항들은 이미 언급되었다. 핀란드의 질문지는 자원봉사활동을 위한 가장 중요한 세 가지 이유에 대해 질문하는 개방형 질문을 포함하였다.

---

2) Clary, Snyder, Ridge의 연구(1992, 338)에 따르면 보호 동기는 "외롭거나 죄가 있는 사람이며 이러한 유쾌하지 않은 자신의 감정을 경감시키고자 하는 자원봉사자"로 특징지을 수 있다.

3) Clary 등의 연구(1992, 336-337)에서 학습 동기를 "이해"라고 하였다. 나는 이 여군에서 노르웨이의 연구(Andersen 1996; Lorentzen & Rogstad 1994)에서 또한 사용하였던 "학습"이라는 용어를 사용하였다. 왜냐하면 이는 5문항을 더 잘 설명하기 때문이다.

4) 요인부하량 .40이 넘는 23문항이 있었다. Clary 등(1992)에 따르면 이러한 "자원봉사자는 새로운 친구를 만드는 것이다."라는 문항은 평가 동기의 일부였다. 나의 연구에서 이 문항은 평가 요인에서 요인부하량이 .35였으며 학습요인은 .37이었다. 다른 문항, 즉 "나는 내가 도움을 주고자 하는 특정한 집단에 대해 진실로 관심이 있었다."라는 문항은 가치 동기에 해당한다고 나타났다. 그러나 나는 이러한 두 문항을 초기 노르웨이 연구 (Andersen 1996, 71-73; Lorentzen & Rogstad 1994)에서 고안되었던 해법에 유사한 원 요인에 포함시켰다.

노르웨이의 청소년 자원봉사자

노르웨이의 연구에서, 우리는 사회적 상호작용과 개인적 도움을 제공하는 자원봉사활동을 연구하길 원했다. 우리는 이미 자생적 사회복지기관에서 자원봉사자로 있는 사람들에게 초점을 맞췄다. 따라서 이 연구는 어떤 연령 집단 중 대표성 있는 집단에게 보내서 질문지를 작성하는 설문조사가 아니었다. 질문지는 메일 또는 개인적으로 얼마나 많은 자원봉사자가 있는지 또는 어느 연령대인지 모르는 상태로 자원봉사기관에 보냈다. 비교할 수 있는 자료를 받기 위해, 5개 국가 모두에서 유사성의 이유로 적십자가 선택되었다. 적십자에서 청소년의 활동은 종종 대부분 응급 치료 훈련, 사고 시 도움을 주는 것, 집단을 이끄는 것 그리고 방문 서비스와 관련된 것이었다. 더 다양한 자원봉사자를 찾기 위해, 다음과 같은 기관들이 또한 포함되었다. 즉, 은퇴한 사람들을 위한 기관, 아동복지와 실업자를 위한 협회.[5] 게다가, 자원봉사센터는 핀란드, 덴마크 그리고 노르웨이에서 선택되었다. 이러한 새로운 형태의 센터는 지방자치단체에 의해 혹은 지역 자원봉사기관 그리고 다양한 사회적 그리고 보건적 협회 또는 재가에서 일하기 위해 자원봉사자를 모집하는 기관(예를 들면, 병원, 노인들을 위한 재가복지시설)이다 (Brekke, 1994; Suutarla & Hakkarainen, 1997). 선택된 자원봉사기관과 센터들은 5개 국가 모두에서 농촌과 도시 지역 둘 다를 포함하는 넓은 지리적 영역을 대표한다.

자료는 1994년과 1995년에 모아졌으며 모든 연령 집단들로 구성되었다. 이 연구에서, 본 연구자는 단지 15~25세 사이의 청소년에게 집중하고자 한다. 모든 청소년의 비율(n = 664)은 다음과 같다. 핀란드 6%, 덴마크 12%, 아이슬란드 10%, 노르웨이 59%, 스웨덴 13%이다(표 7.1 참조). 자료는 절반 정도가 노르웨이 출신으로 국가적으로 편향된다. 대다수의 자원봉사자는 20세 이상의 여성이다.

---

5) 핀란드는유사한 협회가 다른 노르웨이의 국가에서 존재하지 않았기 때문에 실업자를 위한 협회들을 포함할 것에 고무되었다. 그리고 핀란드에서의 실업자 전체 비율은 연구 당시에 높게 나타났다(18%).

표 7.1 청소년 자원봉사자의 인구학적 특성

특성(인원=664)	백분율*
국가	
아이슬란드	10
덴마크	12
핀란드	6
노르웨이	39
스웨덴	13
성	
여	63
남	37
연령	
15～19세	36
20～25세	64
직업 상태(결측값 n=46; 6%)	
고용상태	30
비고용상태	7
학생	43
생활보호	2
기타(초등학생, 주부)	12
교육(의무교육 이후; 결측값 n=104; 15%)	
0년	11
1～3년	36
4～6년	30
7년 또는 그 이상	8

* 모든 범주는 결측값 때문에 전체 100%가 되지 않는다.

자원봉사자의 3분의 1은 기초(의무) 교육 후 1년에서 3년 사이의 사람들이었으며, 또 다른 3분의 1은 4년에서 6년 사이였으며 그리고 7년 이상이 8%였다. 11%는 의무 교육 이후에 어떠한 교육도 받은 적이 없었다(그들 중 일부는 여전히 기초 교육에 재학중이었다). 그리고 15%는 무응답이었다. 모든 청소년 자원봉사자

표 7.2 자원봉사기관과 청소년자원봉사자의 활동

자원봉사기관	백분율*
적십자	82
자원봉사센터	17
아동복지협회	0.4
성인협회	0.1
실업자를 위한 협회	0.5
자원봉사 경험 유무	
유	54
무	46
타 자원봉사기관 활동 유무	
유	29
무	71
전(前)달의 자원봉사 시간	
0시간	18
1~10 시간	30
11시간 또는 이상	37

* 모든 범주는 결측값 때문에 전체 100%가 되지 않는다.

의 3분의 1은 고용상태였다. 그리고 그들 중 30%는 시간제 직업에 종사하고 있었다. 대다수의 자원봉사자는 학생이었으며(43%), 7%만이 실업상태였다. 그리고 2%는 생활보호상태였다.[6] 나머지 12%는 초등학교에 재학중이거나 주부였다(표 7.1 참조).[7] 각 국가별로 청소년자원봉사자 사이에 차이가 있었다. 예를 들면, 덴마크 자원봉사자의 거의 절반은 대다수가 학생이거나 초등학생이었던 핀란드, 아이슬란드, 노르웨이 그리고 스웨덴에 비해 유급직업 상태에 있었다.

---

6) 응답은 생활보호에 대한 이유를 설명하지 않았다. 그러나 나는 이러한 것들이 물리적 또는 정신적 불능 때문에 생활보호 상태(n = 8)에 있는 사람들이라고 추측한다.

7) 초등학교는 학생들이 15 혹은 16세일 때 보통 9학년 또는 10학년의 의무적인 기본 학교교육을 지원한다.

대다수의 청소년들은 적십자에서 자원봉사활동을 했다. 그리고 자원봉사센터에서 자원봉사활동을 하는 것은 5분의 1도 되지 않는다(표 7.2 참조). 단지 소수만이 은퇴한 사람들을 위한 기관, 아동복지 그리고 실업자를 위한 협회에서 자원봉사를 하였다. 자원봉사자의 절반은 초기에 자원봉사 경험을 했었고 3분의 1은 동시에 다른 자원봉사기관에서 자원봉사를 했었다. 3분의 1은 전(前)달에 1시간에서 10시간 자원봉사를 했었고, 다른 3분의 1은 1달에 10시간 이상 그리고 어떤 이들은 350시간을 자원봉사 하였다(하루에 11시간 이상). 자원봉사활동에 대한 정보에 있어 이 연구에 응답한 자원봉사자들을 활동적인 자원봉사자였으며, 그들 중 많은 이들이 전에 자원봉사 경험을 가지고 있고 정기적으로 자원봉사를 했던 것을 알려준다.

❁ 결과: 청소년의 자원봉사동기

청소년은 25개 문항들 중에서 가치 동기를 그들의 가장 중요한 동기로 간주했다(68%). 학습 동기는 거의 가치 동기만큼 높은 점수로 나타났다(66%). 그리고 세 번째 중요한 동기는 평가 동기였다(46%). 경력 동기(22%)와 사회적 동기(13%)는 높은 응답을 받지 못했다(표 7.3 참조). 자원봉사자의 절반은 가치와 학습 동기 둘 다에 대해 응답했다(55%). 또한 매우 중요한 것으로 가치와 평가 동기 둘 다 응답했다(40%).

"나는 다른 사람들을 돕는 것이 중요하다고 느낀다"라는 문항이 모든 5개 가치 문항들 중에서 가장 높은 응답(79%)을 보였다(표 7.4 참조). 비록 가치 동기가 모든 동기들 중에서 가장 높은 응답을 받았지만, 각각의 문항들과 국가들 사이에는 몇 가지 차이가 있다. 예를 들면, "나는 자신보다 다소 적은 행운을 가진 사람들에 대해 관심을 가진다"라는 문항은 아이슬란드인 사이에서는 매우 높았고(77%), 그리고 핀란드인 사이에서는 가장 낮았다(35%). 또한, 덴마크인, 스웨덴인 그리고 노르웨이인의 응답은 핀란드보다 의미 있게 더 높았다. 반면에, "나는 나에게 중요하다는 이유 때문에 무언가를 할 수 있다"는 문항은 노르웨이인보다

표 7.3 국가별 동기(%)[a]

	가치	학습	평가	경력	사회적	인원
핀란드	75	85	75	36	7	40
덴마크	71	72	51	22	1	79
아이슬란드	82	87	61	18	9	69
노르웨이	63	60	36	20	18	391
스웨덴	85	74	61	32	7	85
평균[b]	**68**	**66**	**46**	**22**	**13**	전체 = 664
평균값[c]	2.7	2.6	2.3	1.8	1.6	

[a] 가장 높은 점수만 제시함(매우 중요).
[b] 결측 사례 10∼21.
[c] 1 = 전혀 중요하지 않음, 2 = 어느 정도 중요함, 3 = 매우 중요함.

핀란드인이 더 높았다.[8)] 이러한 결과들은 핀란드인이 다른 스칸디나비아인보다 더 이기적이라는 걸 말해 주는가? Helve(1998)은 가난한 사람들과 외국인들에 대한 핀란드 청소년의 태도는 불경기 동안에 날카롭게 되었다는 것을 알아냈다. 또한, 1995년의 국제 연구는 핀란드 청소년의 절반만이 "다소 적은 행운을 가진(less fortunate)" 사람들에 대하여 연대를 생각한다고 설명한다(Ahonen, 1997). 따라서 사회복지에 있어서 자원봉사자들이 다른 사람들에 대해 너무 관심을 가지지 않는다는 것에 대해 크게 놀랄 일이 아니다. 이 결과는 불경기와 연관을 지으려는 것일 것이고 1990년대 초기에 실업률이 높았던 것이다.

다른 사람들과 문제들을 어떻게 다루는지를 학습하는 것은 개인의 세계관을 넓히는데 "실제적 삶과 관련된(with real life)" 도움을 줄 실제적 경험을 제공한다. 이러한 학습 동기는 특히 핀란드인과 아이슬란드인에게 중요한 것으로 보인다(표 7.3 참조). 사회에서 중요하고 필요로 한다는 느낌은 또한 핀란드 자원봉사자들에게 의미가 있었다(75%). "소속되고자 하는 열망(desire to belong)"과 "사회의 변두리에 남지 않으려는(not to be left outside of society)" 것에 그 원인이

8) 이 문항은 이타적이기보다는 이기적인 특성을 더 가지는 것처럼 보인다.

표 7.4 자원봉사자에게 있어 가장 중요한 이타주의적 · 이기주의적 동기

이타주의	이기주의 / 개인적 필요			
가치[a]	**학습**[a]	**평가**[a]	**경력**[c]	**사회적**[c]
• 다른 사람들을 돕는 것이 중요함 • 다소 적은 행운을 가진 사람들에 대해 관심을 가짐 • 다른 이들을 위한 동정임 • 나에게 중요하기 때문임	• 다양한 사람들을 다루는 법을 배움 • 원인에 대하여 더 배움 • "실전적인" 경험을 통해 배움 • 일을 통해 새로운 시각을 얻음	• 자신을 필요한 존재로 만듦 • 새 친구를 얻는 방법임[b]	• 유급 직업을 구할 때 도움이 됨	• 나의 친구 자원봉사자

[a] 가장 중요한 것에서부터 가장 중요하지 않은 것까지의 범위에서 모든 응답의 50% 이상의 진술문들.
[b] 이 진술문은 평가 요인을 위한 요인 분석 결과 .35에서만 따른 것이다.
[c] 이 범주에서 가장 높은 점수를 얻은 진술문.

있다고 할 수 있다.9) 평가 동기는 또한 아이슬란드인(61%) 그리고 스웨덴인(61%)과 덴마크인(51%)에게 다소 높이 나타났고, 반대로 노르웨인은 다소 낮은 응답(36%)를 나타냈다. 노르웨이 청소년뿐만 아니라 성인 자원봉사자들도 이 동기를 그렇게 중요한 것으로 여기지 않는다(Andersen, 1996, 49-53). 경력 동기에서 가장 중요한 문항은 "자원봉사 경험이 내가 유급 직업을 구할 때 도움이 된다"였다(40%). 다른 점에서는 비록 경력 동기가 중요한 동기가 될 것이라고 영국 청소년 자원봉사자에 의해 당연한 것으로 생각되었다 하더라도 청소년자원봉사자들은 경력 동기가 매우 높지 않았다(Gaskin, 1998). 사회적 동기는 경력 동기보다 더 낮게 나타났다. 가장 높은 문항은 "나의 친구 자원봉사자"였다(31%). 그러나 노르웨이인(18%)에게는 이 동기는 다른 국가(1%~9%)와 비교해 보았을 때 어느 정도 더 중요한 것이었다. 아마도 이는 사회적 환경 그리고 친구와 친척이 자원봉사자의 자원봉사 수고를 받아들이고 지원하는지 혹은 그렇지 않은지를 가

---

9) 개방형 질문들(핀란드).

지고 처리해야 할 것이다. 이기주의적 동기는 부정적인 것으로서 이해될 필요가 없다. 즉, 이기주의적 동기는 "건강한 이기주의(healthy egoism)" 혹은 개인주의적 동기라고 불릴 수 있다.

배경 특성과 동기

왜 청소년이 다른 동기를 가지는가에 대해 설명하는 데에는 몇 가지 인구 통계학적 그리고 배경 특성이 있다(표 7.5 참조). 여기, 본 연구자는 동기 요인으로 교차분석된 배경 변수에 따라 다섯 가지 다른 동기들을 분석하고자 한다(5% 범위에서 유의한 정도, $p<0.05$ 또는 그 이하[10]). 이 다섯 가지 변수는 5% 범위에서 유의한($p<0.05$) 것으로 성, 실업, 근무시간, 자원봉사시간 그리고 자원봉사경험이다. 교육과 국가만이 1% 범위에서 유의했다($p<0.01$). 노르웨이인은 사회적 동기를 제외한 모든 부문에서 가장 낮은 수치를 나타냈다. 여자는 남자보다 가치와 학습 동기 둘 다 높게 나타났다. 이는 여자들이 다른 사람들을 위해 측은히 여기는 마음으로 학습을 결합시킬 수 있다는 것을 나타내주는 것이다. 소녀들은 종종 그들의 친구 사이에서 커뮤니케이션과 자아성찰 기술을 배운다. 게다가 그들은 감정 이입이 특징적이고, 책임감 있고, 다른 사람들과의 관계에서 이타주의적이다(Näre & Lähteenmaa, 1992, 329-330). 남자 자원봉사자들도 또한 이러한 특징들을 가지는가? 몇몇의 핀란드인 남성 자원봉사자들은 자아발전 그리고 인간관계를 학습하는 것은 자원봉사에 있어 중요한 동기라고 말했다.[11] 어떤 이들은 자원봉사를 다른 사람을 만나고 상호교류하는 만족스런 활동으로 생각했다. 다

---

10) 이는 내가 사용했던 "Zigne signifikans" 프로그램 실험 비율은 태도 연구에서 차이가 있었다. 그것은 또한 연속형 범주에 기초하였다(114쪽의 표 7.5 참조). 이 프로그램은 Bernt Aardal과 Frode Berglund, 그리고 1995년에 설립된 노르웨이 오슬로에 있는 사회조사기관에 의하여 발전되었다.

11) 핀란드 자료에는 5명의 남성 자원봉사자만이 있었다. 그러므로 나는 사회복지협의회의 모든 남성 자원봉사자들에게 일반화되었다.

표 7.5 배경 변수에 따른 동기의 요약

	가치	학습	평가	사회적	경험
남성 대 여성	*	*			
전일제노동자 대 시간제 노동자				*	
비고용자 대 학생		*	*		*
무학력자 대 고학력자					**
유경험자 대 무경험자	*				
0시간 대 10시간 이상	*	*	*	*	*

* $p<0.05$
** $p<0.01$

른 사람을 유익하게 하는 것은 자원봉사자로 하여금 필요로 한 것을 느끼도록 한다. 따라서 자원봉사활동은 자기인식과 성찰을 증가시키는 것 외에 자아 이미지와 자아정체성을 바꿀 수 있는 "도구(tool)"로서 사용될 수 있다(Matties, 1994, 57; Jakib, 1993에서 인용).

동기와 관련한 다른 유의한 차이는 비고용 상태의 자원봉사자와 학생들 사이에서 발견되었다. 이기주의적 동기들, 즉, 학습, 평가 그리고 경력 동기는 학생들보다 비고용 상태의 자원봉사자에게 더 중요했다. 또한, 무학력자(no education) 자원봉사자들이 다른 사람들보다 경력 동기를 더 높이 생각했다(Andersen1,996, 58-59를 참조). 시간제 노동자들은 전일제 노동자들보다 사회적 동기를 더 높이 생각했다. 유급 자원봉사자들과 무급 자원봉사자들(즉, 초등학생, 학생, 비고용자) 사이에 통계적으로 유의한 차이는 없었다. 그렇다고 하더라도, Lorentzen과 Rogstad(1994, 60)는 유급에 있는 사람들보다 실직자들에게 "자신의 자아정체성을 강화시키는 것"이 더 중요하다고 설명한다. 직업이 없거나 교육이 없는 사람들은 자원봉사를 통해 그들 자신을 위한 능력을 발견하는데 더 관심을 보이는 것이라는 것은 합리적인 것처럼 보인다.

전에 자원봉사 경험이 있는 자원봉사자들은 이전에 자원봉사 경험이 없는 사람들에 비해 가치 동기에 있어 더 높은 수치를 나타냈다. 이는 전에 자원봉사 경험이 있는 사람들은 이미 그들로 하여금 자원봉사를 하도록 한 것이 무엇인지, 예를 들면 다른 사람에 대한 연민에 대해 알고 있다는 것을 설명한다. 한 달에 열 시간 이상 자원봉사를 하는 자원봉사자들은 모든 동기들이 자원봉사를 적게 하는 사람들보다 더 높은 수치를 나타냈기 때문에 이타주의자들이 아니다. 활동적 자원봉사자들은 10시간 미만의 자원봉사자들보다 그들의 일에 더 전념하는 것처럼 보인다. 요약하자면, 여성 자원봉사자들은 이타주의적 동기를 선호하고 실직한 자원봉사자들은 이기주의적 동기에 더 관심을 보였다.[12)]

❀ 원조, 학습 그리고 누군가로부터 필요하다고 여겨지는 감정의 혼합된 동기

대부분의 응답자들은 이타주의적과 이기주의적 동기 둘 다를 갖고 있었다. 청소년은 다른 연령 집단과 같이 이타주의적 동기를 높이 평가했다. 그러나 연장자보다 학습과 경력 동기에 더 높은 수치를 나타냈다(Andersen, 1996; Frisch & Gerrard, 1981, 572-574; Nylund, 1998). 본 연구자는 "평균 자원봉사(average volunteer)"를 분석하는 것 외에, "극단(extremes)"에 대해 주목했다. 모든 다섯 가지 동기에서 "매우 중요하다"또는 "전혀 중요하지 않다"에 응답한 자원봉사자들에 대해 주목했다. 그러나 본 연구자는 "극단(extremes)"에 대해 응답한 소수의 청소년만을 발견할 수 있었다. 표 7.6은 35명의 청소년 자원봉사자들이 가치 동기와 모든 이기적 동기(학습, 평가, 사회, 경력) 둘 다에서 매우 높은 응답을 보인 것을 나타낸다. 본 연구자는 그들을 "개인적 이타주의자(individualistic altruists)"들이라고 부르는 걸 선호하지만, Avrahami와 Dar(1993, 712)는 이러한 형태의 자원봉사자들을 모든 상황에서 매우 동기화되는 "활기찬 실험자들(vital experiments)"이라고 부른다(Näre & Lähteenmaa, 1992, 330 참조).

---

12) 여성 실업자의 비율(10%)과 남성 실업자의 비율(12%)은 거의 동등하였다.

표 7.6 "극단적" 자원봉사자

		이타주의적 동기: 가치	
		고(High)a	저(Low)b
이기주의적 동기: 학습 평가 경력 사회적	고(High)[a]	개인주의적 이타주의자 n = 35	순수한 이기주의자 n = 0
	저(Low)[b]	순수한 이타주의자 n = 2	"무동기" n = 5

[a] 가장 높은 점수만 해당(매우 중요함)
[b] 가장 낮은 점수만 해당(전혀 중요하지 않음)

가치 동기에는 높게 나타난 반면 이기주의적 동기에서는 낮게 나타난 이들은 "순수한 이타주의자들(pure altruists)"이라고 말할 수 있다. 그러나 이 범주에는 두 명만이 있는 것으로 나타났다(표 7.6 참조). 반면, 거기에는 "순수한 이기주의자들(pure egoists)"은 없었다. 즉, 자원봉사자들은 가치 동기는 낮고 모든 이기주의적 동기에서는 높은 응답을 보인 것으로 나타났다(이른바. Avrahami와 Dar에 의하면, "자기 표현적인 개성주의자들"이라고 불리는). 실제로, 사람들이 사회복지에 있어 자원봉사활동을 하는 것은 순전히 이기적인 것이라는 것을 발견하는 것은 덜 낯선 것일 것이다. 왜냐하면, 이러한 형태의 자원봉사는 종종 다른 사람을 돕거나 공공 이익을 증진시키는 것을 포함한다. 더욱이, 모든 다섯 가지 동기에서 낮은 응답을 보인 다섯 명의 자원봉사자들이 있었다. 이는 오히려 그들이 진정으로 "동기가 없는 것(Avrahami와 Dar에 의하면 "무관심한"이라고 불리는)"이라는 것을 의미하지는 않는다. 중요하다고 여겨지는 주어진 진술보다는 다른 것으로 동기들을 생각할 수 있다. 이러한 "동기 없는(motiveless)" 청소년은 15세와 19세 사이에 있었고, 그들 중 둘은 초기에 자원봉사를 했었다. 반면 그들 중 나머지는 동시에 다른 자원봉사기관에 자원봉사를 하지 않았다. 그들 중 한 사람만이 전월에 10시간 이상 자원봉사활동을 했었다. 그리고 4시간, 0시간 보다 더 많은 자원봉사를 했었다. 이 정보는 그들이 학업 시간에 능동적이지 않았다는 것을 말해 준다. 또한, 이러한 청소년은 누군가에 의해 자원봉사활동을 할 것을 의뢰받았기 때문일 것이다. 더욱이, 동기들은 인생 과정 중에 자아 평가에서 이타주의로 그리고 이타주의에서 학습으로 또한 다양할 것이다(Matthies, 1994, 56-58). 노르웨이의 자료(표 7.5와 7.6 참조)로부터 청소년 자원봉사자들의 명확한 유형을 발견하는 것은 어렵다. 아마도 청소년의 가치 변화는 어떤 주어진 이데올로기에 연결되지 않는다. 그리고 한 개인의 사상은 문제에서 논의되는 것에 따라 개인주의에서 휴머니즘으로 변할 수 있기 때문에 불가능하다(Helve, 1998; Päivärinta, 1997).

어떤 연구자들은 설문지와 질문이 심층 인터뷰처럼(Lähteenmaa, 1998, 49) 그리고 도구의 선택이 적절히 논의되지 않았다는 점에서 그러한 방식에서 자원봉사활동을 하는 데 있어 모든 동기들을 나타낼 수 없다는 것에 대해 논쟁하였다. 비록 이 노르웨이의 연구가 단지 선결된 진술과 함께 질문지로 기초되었다고 하더라도, 그럼에도 불구하고 몇 가지 동기의 조합을 제공한다. 본 연구자는 설문조사가 완전한 전체 그림을 줄 수 없을지도 그리고 자원봉사활동을 위해 사람들의 동기에 있어 함축성을 이해하는데 도움을 줄 수 없을지도 모른다는 것에 동의한다(Lähteenmaa, 1998; Paolicchi, 1995). 그 문항들은 종종 선행연구로부터 이미 알려진 것이나 연구자들이 자원봉사의 동기일 것이라고 추측하는 것을 측정한다. 예를 들면, 응답자의 일부는 "연구자들은 단지 이기적인 요인 때문에 사람들이 자원봉사를 한다고 추측하는 것처럼 보인다."라는 질문에 대해 의견을 말했다. 대다수의 응답자들은 적어도 하나의 이기주의적 동기에 높은 응답을 보였다. 그러나 연구 결과 청소년 자원봉사자들 중에 "완전한 이기주의자들(pure egoists)"은 없다는 것이 입증됐다. 반면, 본 연구자는 어느 누구도 모든 동기에 있어 낮은 응답을 보인 것은 없으며 단지 사실 어느 정도의 "무동기(motiveless)" 청소년이 있었다. 비록 문항들이 모든 동기를 밝히지는 않았어도, 문항들은 여전히 비교 연구에 있어 유용할 것이라는 걸 말해 준다. 만약 우리가 심층 면접 조사와 다른 질적 연구 방법을 가지고 가능한 것 보다 더 많은 응답자에 이르기를 원한다면 말이다. 게다가, 노르웨이 국가에서 이러한 주제로 연구한 것들이 거의 없다. 질문지를 통한 문제 중의 하나는 개념들이 다른 국가에서 다른 의미를 가지고 있기 때문에 정확히 동일한 용어를 사용하는가 하는 문제이다. 이는 심층 혹은 상세한 면접 조사에 있어서도 피할 수 없다. 비록 이들 후기 연구 방법들이 결과가 제시하는 것에 의지하여 자원봉사자의 목소리를 이끌어내는 데 있어 보다 확실히 났다고 하더라도 말이다(Paolicchi, 1995 참조).

이러한 개개의 문항에 있어서 질문들은 모든 다양한 동기를 밝히지는 않는다(Avrahami와 Dar, 1993). 예를 들면, "쾌락과 즐거움(enjoyment and fun)"의 동기를 포함하지는 않는다. 하지만, Lähteenmaa(1996, 144)는 "이타주의적 쾌락주의(altrustic hedonism)"이라고 부른 개념 속에서 이타주의적 그리고 이기주의적 동기를 결합시켰다. 그녀는 청소년 카페에서 청소년 자원봉사자를 면접 조사한 후에 이러한 결론에 다다랐다. 청소년 자원봉사자들은 다른 사람들을 도우면서 무언가를 배우고, 그들 자신이 즐겁고, 재미 있고, "좋게 느낀다"고 응답하였다. 이기주의적 동기는 적어도 청소년 자원봉사자에게 있어 이타주의적 동기만큼 중요하다는 본 연구의 결과(응답된 문항들과 개방형 문항)는 명백하다. 이기주의적 동기들은 종종 자아발전과 다른 사람과의 교류를 통해 자신에 대해 새로운 무언가를 배우는 것과 연결되었다. 개인적 기술을 발전시키는 것은 대다수의 경우에 있어서 다른 사람을 돕고자 하는 의지와 연결되었다. 그러므로 이타주의적 그리고 이기주의적 동기들은 상반된(Qvarsell, 1993, 29) 것으로서 생각할 것이 아니라 서로서로 "나란히(side by side)" 공존하는 동기(Puohiniemi, 1996, 36-39)로서 생각하는 것이 필요하다.

비록 일반적으로 핀란드의 청소년이 그들의 가치를 쾌락주의와 이기주의에서 더 전통적이고 이타주의적 가치로 변화시켰다 하더라도(Puohiniemi, 1996, 48), 그들은 자원봉사활동에 있어서 이러한 다른 가치들을 결합시킨다. 핀란드 청소년 자원봉사자들에게서 개방형 질문은 "이타주의적 쾌락주의(altruistic hedonism)"[13]로 대표되는 것으로 불릴 수 있는 응답을 주었다. "자원봉사는 재미있고 새 친구를 제공한다.", "자원봉사는 좋고 재미있다.", "재미있고, 좋은 친구들, 좋

13) 개방형 응답들은 거의 주어진 문항에 영향을 주지 않았으나 동기의 새로운 면을 밝히는 데 유용하였다.

은 느낌", "재미와 유용함을 결합시키는 것." 그러나 본 연구자의 견해에 있어서 이타주의적 쾌락주의가 모든 이타주의적 그리고 이기주의적 동기들의 결합을 설명하지는 않는다는 것이다. 예를 들면, 이타주의 혹은 다른 사람들을 돕고자 하는 열망은 종종 "나는 특별한 무언가를 했을 때 좋게 느낀다."라는 개방형 응답에서 자기 평가 동기와 결합되었다. 수단으로서 지향적(oriented) 동기들은 예를 들면, 새로운 기술을 배우려 하는 것, 실제적 혹은 심리적인 것이든, 쾌락주의의 개념도 이타주의적 개념과도 "맞지 않는다(fit)". 본 연구자는 수단으로서 지향적 동기(학습) 또는 자기 달성(평가) 동기들은 쾌락주의, 유쾌한 무엇, 자신을 위해 어떤 것을 하는 것으로서 항상 생각될 수 있다고 생각하지 않는다. 결과적으로, 새로운 개념은 이타주의적 쾌락주의를 벗어나는 게 필요하다. 만약 환경이 개선된다면 자원봉사활동 중에 재미, 즐거움, 필요로 여겨지는 감정의 중요성 그리고 한 국가의 일원이 되는 것은 "우애(camaraderie)" 또는 우정에서 발견될 수 있다.[14)]

이타주의적 그리고 이기주의적 동기들의 결합은 자원봉사자들이 "둘 중의 하나(either-or)"인 동기들이 아니라 오히려 "둘 다(both-and)"인 동기들을 가진다는 것을 가리킨다(Lähteenmaa, 1996, 144; Näre & Lähteenmaa, 1992, 329). 이는 자원봉사를 특정한 시간에 개개인의 자원봉사 업무를 위해 중요한 동기들을 선택하는 "포스트모던 활동(postmodern activity)"으로서 묘사하는 것이다. 혼합된 이타주의적 그리고 이기주의적 동기들은 오늘날의 청소년 자원봉사자들을 한 공동체 혹은 친구 사이에 일부로서 존재하고자 하는 열망으로 개인적 필요를 결합시킨다는 결론으로 우리에게 남겨질 수 있다. 그러므로 자원봉사는 우정이 의무와 책임 없이(Hautamaki, 1996, 36-37) 자기 중심주의와 결합된 "개인주의적 연대(individualistic togetherness)"라고 말할 수 있다(Maffesoli, 1995, 176를 참고한 Bauman, 1995, 44-49; Paakkunainen, 1998 참조). 청소년은 그들이 하고 있는 일로부터 만족과 협력자, 다른 자원봉사자 그리고 그들이 돕고 있는 집단으로부터 긍정적 피드백을 얻는 한 자원봉사활동에 참여할 것이다.

---

14) Frisch와 Gerrard(1981, 572-573).

❁ 제언

청소년 자원봉사자들은 사회에서 이방인(outside)으로 남고 싶어하지 않는다. 청소년 자원봉사자들은 필요하다고 느끼고 싶어하고, "같은 의견을 지닌(like-minded)" 다른 사람들과 한 공동체의 일원이 되고자 한다. Lähteenmaa(1997)는 청소년 카페에서 실시한 자원봉사자 연구에서 비슷한 발견을 했다. 그리고 Päivärinta(1997)는 일하는 공동체의 일원이 된다는 느낌 때문에 보조금을 받는 일을 한다는 가능성을 가지고 만족을 느끼는 실직자들에 대한 연구에서도 비슷한 발견을 하였다. 유급 일은 자기 자신이 허용되고 가치있는 시민으로 되는 것으로 느껴지는 영역이 아니다. 자원봉사를 하는 동안 당신은 허용되고, 당신이 가지고 있는 기술이 필요하기를 바라는 거대한 공동체의 한 부분인 것이다. 자원봉사자 기간에 용기를 주는 긍정적 경험외에도, 일부 청소년은 그들이 필요 없거나 가치가 없다고 느껴지는 일부 자원봉사기관을 통한 부정적인 경험을 가진다(Gaskin, 1998; Lahteernmaa, 1997).

MacDonald(1996, 28–29)는 자원봉사활동과 실직자에 관한 그의 논문에서 16세에서 24세의 일부 청소년은 그들 지역 공동체를 위한 자원봉사활동에 참여하는데 용기를 얻었다는 것을 발견했다. 즉, "그 프로젝트는 자원봉사를 통해 지역의 다양성과 개인 기술을 발전시키는 것을 목적으로 하였다. 예를 들면, 프로젝트는 아이들의 위락 시설을 건설했다. 그 목적은 "활동적인 시민들—그들 지역 공동체에 더 큰 공급을 만들어내는—을 발전시키는 것이었다." 이러한 많은 청소년들은 자원봉사가 아닌 "진정한(real)" 유급 일들을 원한다. 본 연구자는 청소년이 자원봉사활동에 있어 "비자발적으로(involuntarily)" 참여하는 동안 마음속에 이러한 것을 지니고 있다는 것을 생각한다. 이러한 경우에, 자원봉사활동보다는 다른 무언가로 불러야 한다. 예를 들면, 기술훈련프로그램이나 직업창출(강요된 자원봉사활동에 대해 참고하라. Gaskin, 1998, 8; Lähteenmaa, 1997, 204)이다. 청소년은 자원봉사활동에서 도전하고 책임감을 갖길 원한다. 하지만, 동시에 유연성이 있어야 하고 그들의 개인적 필요를 만족시켜 주는 게 필요하다(Gaskin, 1998, 47, 67–68). 자원봉사기관과 자원봉사센터는 자원봉사자를 어떻게 모집할 것이며 그들을 어떻게 유지할 것인지에 대해 큰 도전에 직면하고 있다. 만약 그들이 참신한 아이디어와 자원봉사자들 중에서 열렬한 청소년을 원한다면, 기관은 더 유연적이어야 하고 이타주의와 개인적 필요가 만족스럽고 "개인주의적 연대(individualistic togetherness)"와 같은 종류와 연합될 수 있는 일을 찾아야 한다.[15] 이러한 접근은 만약 청소년이 또한 계획과 자원봉사센터의 발전에 참여할 수 있다면 임파워먼트(empowerment)에 근원을 둔 보충과 참여라 불릴 수 있다.

❁ 감사의 글

본 연구자는 이 논문을 위해 유용한 보충 설명과 제안을 해 준 Teppo Kröger와 Aila-Leena Matthies에게 감사의 마음을 전한다.

❁ 참고문헌

Ahonen, S. (1997), 'Demokratia nuorten odotuksissa Suomessa ja muualla Euroopassa' (Aspirations of Democracy among Young People), *Hyvinvointikatsaus, 4/1997*, pp. 12–17.

Airaksinen, T. (1993), *Moraalifilosofia* (Moral Philosophy*), 3rd Edition, WSOY, Juva.

Andersen, R. K. (1996), *Motiverforfrivillig innsats i Norges R ø de Kors* (The Norwegian Red Cross: Motives for Volunteering), Report 96: 2, Institute for Social Research, Oslo.

Avrahami, A. and Dar, Y. (1993), 'Collectivistic and Individualistic Motives Among Kibbutz Youth Volunteering for Community Service', *Journal of Youth and Adolescence, 22(6)*, pp. 697–714.

Bauman, Z. (1995), *Life in Fragments: Essays in Postmodern Morality*, Blackwell, Oxford.

Brekke, J.-P. (1994), *Frivillig og lokalsamfunn: En studie av to frivillighetssentralers om-*

15) Jeppson Grassman과 Svedberg(1996, 424)의 연구를 참고하라: "(자원봉사기관에서의)활동은 주로 '동반자 정신'을 증진시키기 위해 조직되었다."

givelser (Volunteers and Community: Two Volunteer Centres and Their Surroundings), Report 12, Institute for Social Research, Oslo.

Clary, E. G., Snyder, M. and Ridge, R. (1992), 'Volunteers' Motivations: A Functional Strategy for the Recruitment, Placement, and Retention of Volunteers', *Nonprofit Management & Leadership, 2(4)*, pp. 333–350.

Clary, E. G., Snyder, M. and Stukas, A. A. (1996), 'Volunteers' Motivations: Findings From a National Survey', *Nonprofit and Voluntary Sector Quarterly, 25(4)*, pp. 485–505.

Davis Smith, J. (ed.) (1993), *Volunteering in Europe: Opportunities and Challenges for the 90s*, The Volunteer Centre UK, London.

Davis Smith, J. (1996), 'Volunteering in Europe', *Social Work in Europe, 3(1)*, pp. 19–24.

Frisch, M. B. and Gerrard, M. (1981), 'Natural Helping Systems: A Survey of Red Cross Volunteers', *American Journal of Community Psychology, 9*, pp. 567–579.

Gaskin, K. (1998), *What Young People Want from Volunteering*, Institute for Volunteering Research, London.

Gaskin, K. and Davis Smith, J. (1995), *A New Civic Europe? A Study of the Extent and Role of Volunteering*, The Volunteer Centre UK, London.

Gillespie, D. F. and King, A. E. O. (1985), 'Demographic Understanding of Volunteers', *Journal of Sociology and Social Welfare, 12(4)*, pp. 798–816.

Hautamäki, A. (1996), 'Individualismi on humanismia' (Individualism is Humanism*), in A. Hautamäki, K. Lagerspetz, J. Sihvola, J. Siltala and J. Tarkki (eds.), *Yksilö modernin murroksessa* (Individual in Transition of Modernity*), Gaudeamus, Helsinki.

Helve, H. (1993), *Nuoret humanistit, individualistit ja traditionalistit: Helsinkiläisten ja pohjalaisten nuorten arvomaailmat vertailussa (Young* Humanists, Individualists and Traditionalists: The Value Worlds of Young People in Helsinki and Ostrobothnia in Comparison. English summary: A Comparative Study of the Attitudes, Attitude Structures and Values of Young People), Finnish Youth Co-operation—Allianssi and The Finnish Youth Research Society, Helsinki.

Helve, H. (1997), 'Nuorten elämäntilanne' (Summary: The Life Situation of Young People), in H. Helve, J. Lähteenmaa, T. Päivärinta, K. Päällysaho, H. Saarikoski and P. Virtanen (eds.), *Nuorten elämänpolkuja lama Suomessa, Nuorisotutkimus 2000, 3/1997* (Life Tracks of Finnish Young People during Recession, Finnish Youth Research 2000 Programme), The Finnish Youth Research Society, Helsinki, pp. 3–12.

Helve, H. (1998), *Reflexivity and Changes in Attitudes and Value Structures*, Paper presented at the 'Youth, Citizenship and Empowerment' seminar, The Finnish Youth

Research Society, December 7-8, 1998.

Inglehart, R. (1990), *Culture Shift in Advanced Industrial Society*, Princeton University Press, Oxford.

Jakob, G. (1993), *Zwischen Dienst und Selbstbezug: Eine biographieanalytische Untersuchung ehrenamtlichen Engagements*, Diss., Leske + Budrich, Opladen.

Jeppsson Grassman, E. and Svedberg, L. (1996), 'Voluntary Action in a Scandinavian Welfare Context: The Case of Sweden', *Nonprofit and Voluntary Sector Quarterly, 25(4)*, pp. 415-427.

Júliúsdóttir, S. and Sigur ∂ ardóttir, S. (1997), *Hvers vegna sjálfbo ∂ astörf? Um sjálfbo ∂ astarf félagsrnálastefnu og félagsrá ∂ gjöf* (Why Volunteering? An Icelandic Study on Volunteering, Social Policy and Social Work), Háskólaútgáfan, Reykjavik.

Júliúsdóttir, S. and Sigur ∂ ardóttir, S. (1998), *The Jcelandic Part*, Unpublished manuscript for the Comparative Nordic Research Project on Volunteer Motives, May 1998.

Labour Force Statistics (1997), September 3, 1997, Statistics Finland, Helsinki.

Lähteenmaa, J. (1996), 'Youth, Voluntary Work and Postmodern Ethics', in H. Helve and J. Bynner (eds.), *Youth and Life Management: Research Perspectives*, Helsinki University Press, Helsinki, pp. 140-147.

Lähteenmaa, J. (1997), 'Nuoret vapaaehtoistyöntekijät: motiiveja ja moraalipohdintoja, Tapaustutkimus pääkaupunkiseudulta' (Young Volunteers: Motives and Moral Discussions, Case Study from the Helsinki Metropolitan Area*), in H. Helve, J. Lähteenmaa, T. Päivärinta, K. Päällysaho, H. Saarikoski and P. Virtanen (eds.), *Nuorten elämänpolkuja lama Suomessa, Nuorisotutkimus 2000, 3/1997* (Life Tracks of Finnish Young People during Recession, Finnish Youth Research 2000 Programme), The Finnish Youth Research Society, Helsinki, pp. 162-209.

Lähteenmaa, J. (1998), 'Nuoret vapaaehtoistyön tekijät ja hedonistinen altruismi' (Young Volunteers and Altruistic Hedonism*), in K. Ilmonen (ed.), *Moderniteetti ja moraali* (Modernity and Moral*), Gaudeamus, Helsinki, pp. 146-164.

Living Conditions (1994), Data collected by Statistics Finland, Unpublished material.

Lorentzen, H. and Rogstad, J. (1994), *Hvorfor frivillig? Begrunnelser for frivillig sosialt arbeid* (Why Volunteer? Motives for Voluntary Social Work), Report 11, Institute for Social Research, Oslo.

MacDonald, R. (1996), 'Labours of Love: Voluntary Working in a Depressed Local Economy', *Journal of Social Policy, 25(1)*, pp. 19-38.

Maffesoli, M. (1995), *Maailman mieli: Yhteisöllisen tyylin muodoista* (Original: La contemplation du monde—Figures du style communautaire, translated by Mika Määttänen), Gaudeamus, Tampere.

Matthies, A.-L. (1994), *Kansalaistoiminnan resurssit: Saksalaisen tutkimuksen näkökulma (Resources* of Citizen Action: Views from the German Research*), Sosiaali-ja terveysministerion selvityksia 1994: 8, Ministry of Social Affairs and Health, Helsinki.

Näre, S. and Lähteenmaa, J. (1992), 'Moderni suomalainen tyttöys: altruistista individualismia' (Modem Finnish Girls: Individualistic Altruism*), in S. Näre and J. Lähteenmaa (eds.), *Letit Liehumaan: Tyttokulttuuri murroksessa* (Summary: Shake your Hair! Girls' Culture in the Process of Change), Finnish Literature Society, Helsinki, pp. 329-337.

Nylund, M. (1998), *Volunteering in Finland—Volunteers Involved with Caring and Learning*, Unpublished manuscript for the Comparative Nordic Research Project on Volunteer Motives.

Omoto, A. M and Snyder, M. (1993), 'AIDS Volunteers and Their Motivations: Theoretical Issues and Practical Concerns', *Nonprofit Management & Leadership*, *4(2)*, pp. 157-176.

Paakkunainen, K. (1998), *The Operative Contingency and the Young Fortuna in the Risk Society*, Paper presented at the 'Youth, Citizenship and Empowerment' seminar, The Finnish Youth Research Society, December 7-8, 1998.

Päivärinta, T. (1997), 'Minä, työtön nuori' (Summary: I the Young Unemployed), in H. Helve, J. Lähteenmaa, T. Päivärinta, K. Päällysaho, H. Saarikoski and P. Virtanen (eds.), *Nuorten elämänpolkuja lama Suomessa, Nuorisotutkimus 2000, 3/1997* (Life Tracks of Finnish Young People during Recession, Finnish Youth Research 2000 Programme), The Finnish Youth Research Society, Helsinki, pp. 13-55.

Paolicchi, P. (1995), 'Narratives of Volunteering', *Journal of Moral Education*, *24(2)*, pp. 159-173.

Puohiniemi, M. (1996), 'Suomalaisten arvot yhteiskunnallisessa muutostilanteessa' (Finnish Values and Social Change), in K. Ahlqvist and A. Ahola (eds.), *Elämän riskit ja valinnat—Hyvinvointia lama-Suomessa* (Risks and Choices in Life—Welfare during Economical Crisis in Finland*), Edita, Central Statistical Office of Finland, Helsinki, pp. 30-54.

Puuronen, V. (1989), *Nuorisoryhmien toiminta ja toiminnan mieli* (Summary: Action of the Youth Groups and its Meaning), Research Reports of the Faculty of Education, No. 24, University of Joensuu, Joensuu.

Qvarsell, R. (1993), 'Välgorenhet, filantropi och frivilligt socialt arbete—en historisk översikt' (Charity, Philanthropy and Voluntary Social Work—A Historical Overview*), in *Fri villigt socialt arbete: Kartläggning och kunskapsöversikt* (Voluntary Social Work: Mapping and Knowledge Overview*), Statens offentliga utredningar (SOU)

1993: 82, Socialdepartementet, Socialtjänstkommittên, Stockholm, pp. 2 17–241.

Susag, C. (1999), *Finnish American Ethnicity as Measured by Collective Self Esteem*, Publications in Social Sciences, No. 37, University of Joensuu, Joensuu.

Suutarla, A. and Hakkarainen, P. (1997), *Suomen olotilat 1997: Vapaaehtoisten kohtaamispaikat ja työttömien toimintakeskukset* (Meeting Places in Finland in 1997: Meeting Places for Volunteers and Action Centres for Unemployed*), Kirkkohallitus/KDYK and Kansalaisareena ry. (Church Council / Centre for Diaconia and Society and The Citizen Forum), Helsinki.

Van Til, J. (1988), *Mapping the Third Sector. Voluntarism in a Changing Social Economy*, The Foundation Center, U.S.A.

*Marianne Nylund에 의해 번역이 되었다. 별(*) 표시가 없는 부분에 대한 번역은 저자 혹은 연구팀에 의해 번역이 되었으며 "개요"에 대한 참조는 이미 원저나 원문에 번역이 되어 있다.

제 8 장

청소년들과 공동 가구 생활: 동료 관계의 (재)절충을 통한 독립 획득

Sue Heath · Liz Kenyon

❀ 서론

북유럽 대부분에 걸쳐, 청소년들은 오랫동안 그들의 부모에게 의존해서 살고 있으며 20년 전보다도 더 늦게 공동체 생활을 경험하고 있다(Commission of the European Communities, 1989; Jones, 1995; European Commission, 1997). 공동체 생활의 경향은 독립생활 추세의 확대이다. 즉, 홀로 사는 청소년들, 같은 가구에 서로 의존해 사는 청소년들이 그들이다. 이러한 추세는 스칸디나비아와 네덜란드에서 특히 두드러지며(European Commission, 1997; de Jong-Gierveld & Beekink, 1989), 미국에서도 마찬가지로 늘어나고 있다(Goldscheider & Goldscheider, 1993), 많은 수의 영국 청소년들 또한 그런 가정에 살고 있다(Murphy & Berrington, 1993; Bynner et al., 1997). 이것은 지난 십년에 걸친 고등교육의 급속한 확대에 일부 기인하며, 이는 점점 더 많은 10대 후반이나 20대 초반의 청소년들이 공부를 위해 가정으로 부터 떠나기 때문이다. 그러나 학생이 아니거나 졸업생이나 졸업하지 않은 사람 또한 독립을 선택하고 있다. 예를 들어 1991년 20대 초중반의 학생이 아닌 사람들의 약 15%와 20대 후반의 학생이 아닌 사람의 5~8%가 같은 가정에서 생활하고 있었다(Heath, 1999). 이러한 비율은 Penhale의 1981년 비교 데이터 분석에서 확인한 것보다 더 높다. 왜냐하면 이는 학생을 포함한 분석이기 때문에 전체 수치가 부풀려졌기 때문이다(Penhale 1990).

이러한 전반적인 성향과 다른 생활추세와 관련된 사회경제적인 특성은 인구통계학자에 의해 폭넓게 언급 되었을지라도(Jones, 1995; Bynner et al., 1997), 그러한 문제에 대한 독립생활의 중요성은 대부분 숙제로 남아 있다. 다시 말해, 다른 청소년들과 공동 주거에서의 생활 경험이 어떤 의미를 가지는가? 이 논문은 "청소년과 공동 주거 생활(Young Adults and Shared household living)" 프로젝트에서 사용된 2년간의 연구 데이터로부터 도출된 것으로, 공동 주거가 현대 영국의 청소년들이 성인들의 임파워먼트(empowerment)의 한 가지 방안이 될 수 있는지를 알아보기 위한 것이다. 그리고 청소년들이 친구로서 관계를 형성하는데 새로운 방법을 찾을 수 있는가 하는 문제에서 공동 주거가 어떤 역할을 하는지에 초점을 맞추고 있으며, 그리고 이 과정에서 나타나는 "독립" 개념을 재정의하는데 중점을 두고 있다.

❁ 공동 주거의 내용 측면: 새로운 주거 형태의 대두인가?

아직까지 공동 주거 형태는 주로 청소년 계층에서 많이 나타나고 있다. 서부 유럽 국가, 즉, 모든 청소년들이 그들의 고향이나 도시에서 공부하는 스페인과는 다르게(Heath & Miret, 1996), 영국과 웰시 지역의 고등교육을 받은 학생들의 약 87%는 집을 떠나 다른 학생들과 일종의 공동 주거 형태로 살고 있다. 이런 공동 주거(communal living)의 반은 서로 모르는 수백 명의 학생들과 살거나, 또는 친구들과 같이 사는 형태이다. 청소년들의 고등교육 비용이 가계에 주는 부담은 증가하고 있음에도 불구하고(Charter, 1995) 고등교육의 빠른 확장은 공동 주거를 경험하는 청소년의 수가 이전보다 절대적 수치상으로 증가하고 있음을 의미한다.

공동 주거를 경험한 많은 청소년들이 졸업할 때까지 공동 주거를 계속 유지하거나, 만약 새로운 지역으로 옮긴다면, 기숙사에 살기보다는 공동 주거를 더 선호하고 선택할 것이다. 졸업자와 공동 주거에 살고자 하는 경향 사이의 관계는 1970년 "British Cohort Study"를 대체하는 1996년 Bynner의 분석에 잘나와 있다. 이 분석에서 공동 주거를 경험한 청소년들은 동일연령층에서 최상위 집단을 형성하고 있는 것으로 증명되었다. 공동 주거에 살고 있는 50% 이상의 남성과, 60%의 여성은 학위나 동등한 자격을 갖추고 있었으며, 더욱이, 그 대다수는 정규직원(남성의 76%, 여성의 81%)이며, 그 중 3분의 2가 전문직 종사자나 관리직 종사자였다.

졸업생과 재학생 이외에 공동 주거 생활을 하는 제3그룹의 청소년들이 점차적으로 늘어나고 있다. 1996년 10월, 25세 이하 청소년들을 위한 주택수당 지급 표준에 영향을 주는 새로운 법안이 소개 되었다. 이 법을 통해 주거보장대상자가 공동 주택으로 옮기는 것으로 간주하고, 주거보장대상자가 사는 지역의 공동 숙박 시설의 평균 비용과 같은 금액을 지급하는 것으로 제한했다. 이러한 변화는 SRR[1)]로 알려진 이 법안은 원래 정부비용절감을 위해 만들어졌으며, 또한 정부의 사회보장 담당자가 느끼기에 사회보장대상자가 비대상자에 비해 더 좋은 집에 거주한다는 것이 불공평하다고 국무장관이 생각했기 때문이기도 하다(Kemp & Rugg, 1998, 37). 이러한 경우에, 공동 주거는 그다지 매력적이지 않는 것이 되었으며, 이 법안은 주거와 복지권리를 주장하는 운동가들에게 불필요한 처벌정책이라는 비난을 받았다; 이 비판은 청소년들이 이제 더 이상 공동 주거를 선택하지 않을 것이라고 여겨졌기 때문이다.

그러나 이 정책의 효과에 관한 최근 연구에 따르면, SRR이 소개되면서 청소년들은 그들의 선택의 폭이 제한되었다고 느끼기는커녕, 대부분의 25세 이하 청소년들은 혼자 사는 것보다 공동 주거를 여전히 선호하는 것으로 나타났다(Kemp

---

1) 역주: 1인용 방 임대(Single Room Rean)료.

& Rugg, 1988). 청년 응답자들도 청소년들과 같이 공동 주거 생활을 더 선호했다. 이 연구의 대상인 청소년들은 강요된 공동 주거나 그들이 동거인을 결정할 수 있는 공동 주거 형태를 구분해야 한다고 강조 했으며(강요된 공동 주거 대 자발적 공동 주거), 강요된 공동 주거의 형태에 대해서는 대부분 거부감을 표시했다. 연구원들은 "SRR(Single Room rent)은 청소년이 혼자 살게 됨으로써 주거보장의 이익을 얻게 된다"는 잘못된 개념에서 시작되었다고 결론지었다(Kemp & Rugg, 1998, 37). 그리고 그들의 연구가 공동 주거 생활이 중요하고 바람직한 경험으로 점차 인식되고 있다는 의견을 지지 하는 경향을 보이고 있다.

공동 주거 생활이 늘어나는 것은 대중매체 광고의 영향을 받았다고 볼 수 있다. 지난 5년 동안 텔레비전 프로그램은 공동 숙박 시설에서 청소년들이 함께 사는 형태를 자주 방송 하였다. "This Life, Ally McBeal & Men Behaving Badly"이라는 프로그램이 가장 잘 알려진 예이다(Roseneil, 1998). 이러한 이미지들이 청소년에게 독립 주거를 선호하게 만들었으며, 결혼, 부모 등과 연계되는 전통적 가족생활 밖에서 독립적으로 사는 것이 행복하고 안정적이라는 매력적인 인상을 심어주고 있다고 Roseneil(1998)은 주장한다. 그래도, 특히 여자 청소년들의 경우는 친구와 함께 하는 공동 주거 생활이 매력적인 선택으로 여겨져 왔다. 예를 들어, Sheppey 섬에서 성장한 청소년들에 대한 Wallace 의 연구에서, 여자청소년들이 집을 떠나 친구들과 공동 주거 형태로 살기를 간절히 원하고 있는 것으로 드러났다(Wallace, 1987).

청소년들의 주거 형태에 대한 선행 연구는 공동 주거 생활 제도의 중요성을 간과하는 경향이 있었다. 즉, 지금까지 공동 주거는 전통 가족 형태에 대한 향수 때문에 생겨난 주거 형태로만 여겨졌다. 따라서 공동 주거는 결혼과 선형 과정(linear process, 부모에게 의존 → 중개/전통적 주거 → 부부 가정)을 의미하는 부부 관계 형성을 위한 완충 단계(buffer zone)로 여겨졌다. 우리는 공동 주거 생활을 이러한 관점에서 바라보면서 세 가지의 어려움을 발견한다. 첫째로, 공동 주거 생활 그 자체가 올바른 가족의 형태로서 점점 중요하게 되고 있을지도 모르고, 공동 주거는 청소년들의 심사숙고한 결정으로써, 주거와 가족 형성에 관한 태도 변화를 반영하는 것일 수도 있는 가능성을 이 관점에서는 무시하고 있다.

즉, 공동 주거에 사는 청소년들의 선택은 반드시 (부모로부터)강제적이거나 단기적인 의미를 내포하는 것은 아닐 수 있다는 것이다.

둘째, 이혼, 재혼 그리고 입양 가족 등을 고려해 봤을 때, 이러한 영향이 엄연히 존재함에도 불구하고, 가족 형성의 기회가 한 번뿐이라고 가정한 점이다(Allan, 1996; Smart & Neale, 1999). 근대 후반의 개별화 위험에 관한 논쟁의 내용에서 Beck은 "평생 지속되는 표준 가족 형태는 ... 극히 일부에 불과하며, 규칙 또한 가족과 동거형태 등에 따라 계속 변하고 있으며, 가족 형태는 삶의 주요 사건에 의해 구체화된다."라고 주장했다(Beck, 1992, 114-emphasis added). 따라서 청소년들은 인생 전반에 걸쳐서 점차적으로 다양한 삶의 제도로 옮겨가기를 원한다. 그리고 이것은 1차적인 진보 또는 퇴보를 의미하는 특정한 하나의 주거 형태와 반드시 연관되는 것은 아닐 것이다.

셋째, 독립과 의존의 개념이다. 청소년 연구의 주류에서는, 의존은 "혈통가족(family of origin)"과 밀접한 관련이 있으며, 완전독립은 "목표가족(family of destination)"과 관련이 있다(Coles, 1995). 이러한 경향은 "가정환경과 관련하여 사회적 독립"의 달성에 관한 연구에서 좋은 예를 찾을 수 있다(Saunder & Becker, 1994). 이것은 극단적인 예시이기는 하지만, 대부분의 연구자들이 독립은 관련 있는 핵심 사건(후기 청소년의 아기출산 등)의 연속물에 의해 큰 영향을 받는다고 주장하고 있다. 예를 들어, "독립된 성인으로의 이행은 집을 떠나거나, 직업을 구하거나, 결혼, 아이를 가지는 것과 같은 신분 변화와 관련이 있다."고 Jones는 주장한다(Jones, 1995, 89). 하지만, 청소년 연구에서 이와 같은 방법으로 공동 주거를 독립을 위한 핵심 사건으로 간주하여 독립과 연관시키지는 않는다. 대부분 청소년 연구에서 공동 주거는 완전 독립도, 완전 의존도 아닌 과도기적 주거 형태로 간주하고 있다.

우리의 연구에서 주의를 끄는 것은 공동 주거는 독립의 사회문화적 의미를 탐구하는 중요한 주제이며, 그리고 완전 자립과 부부, 가정 형성 사이의 관계된 흥미로운 가정을 세우는데 중요한 주제이다. 특히, 많은 청소년들이 공동 주거를 궁극적인 독립형태라고 여긴다는 증거들이 있으며, 이러한 독립은 부모로부터의 독립뿐만 아니라 이성과의 관계와 가족 형성의 책임 등으로부터의 독립을 의미하고 있다. 이것은 공동 주거 생활을 하는 청소년들이 정말 파트너를 두기 싫어하는 것을 말하는 것이 아니고 공동 주거 생활은 전통적인 파트너십 형성에 내재되어 있는 복잡한 권한 관계에 대한 한 판의 (재)협상과 관련이 있다는 것을 말한다. 즉, 같은 주거 내이든 주변에 살든지 간에 서로 친구 사이인 청소년들이 대응하는 한 판의 (재)협상의 방법들이다. 청소년들 서로가 친구나 파트너 관계를 맺는 새로운 방법을 모색하는 것을 가능케 하는 데 있어서 공동 주거 생활의 역할은 청소년들이 "독립"의 개념을 재정의하는 것을 가능하게 하는 하나의 중요한 임파워먼트(empowerment) 방식이라고 우리는 주장한다. 이 장의 나머지 부분은 이러한 주제를 더 심도 있게 다루고 있으며, 그에 앞서 우리 연구의 목적과 이를 위한 방법론을 밝히고자 한다.

❁ "청소년들과 공동 주거 생활" 프로젝트

이 장은 영국 사회경제연구위원회에서 실시한 "청소년들과 공동 주거 생활[2]" 프로젝트의 2년에 걸친 데이터를 기반으로 하고 있다. 프로젝트의 주요 목표는 영국의 청소년들 사이에서 급속히 확대되고 있는 공동 주거의 중요성을 탐구하는 데 목적이 있다.

이 프로젝트는 세 가지 연구 과제가 있다: 첫째, 누가 공동 주거에서 생활을 하는가? 둘째, 공동 주거가 어떤 작용을 하는가? 셋째, 왜 청소년들은 공동 주택에서 사는가? 첫째 질문은 공동 주거 생활의 사회 인구 통계학적 현상을 개발하는 데 관련이 있다. 두 번째 질문은 노동의 분리, 시간과 공간의 분리, 배경, 사회화, 가족 구성원과 비구성원을 위한 지원, 파트너 관계 형성 조정, 경제적 구성, 사생활과 친밀감 등의 이슈와 관련이 있다. 세 번째 질문은 주거 구성의 과정, 재구성과 붕괴, 그리고 공동 주거 생활로 이끌어내는 요인들: 특히, 어떻게 공동 주거 생활이 선택 혹은 강요의 관한 주장과 관련이 있는가?

---

2) 역주: grant number R000237033.

이 프로젝트는 다양한 접근 방법을 사용하고 있다. 첫 번째 질문은 1991 인구조사에서 나온 익명 보고서 표본의 2차 분석에 기반하고 있다. 두 번째와 세 번째 질문은 이 프로젝트의 주된 목적을 보여 주고 있는데, 여기서는 두 개의 공동 주거 집단과 개인들에 대한 종합적 면담 기법이 사용되었다. 집단 면담은 공동 주거 구성원들이 현재 같이 살면서 경험하고 있는 것들에 초점을 두고 있으며, 면담은 공동 주거에 관하여 잘 알려진 영상물인 ≪Friends≫, ≪This Life≫와 영화 ≪Shallow Grave≫에 의해 구조화되었다. 개인 면담은 각 개인의 주거 변화 기록과 미래의 목표에 초점을 두었다. 또한, 두 개의 공동 주거 집단 모두 공동 주거와 관련된 사진 기록을 만들었다. 긍정적인 목표는 적어도 30개의 공동 주거와 여기에 거주하는 개인들의 면담 기록을 많이 확보하는 데 있었다. 실제로 25개의 공동 주거(예비로 3개)에서 65명의 면담을 확보했다. 공동 주거에 살고 있는 구성원들의 대부분은 20대 중반이었다. 예비 면담을 제외하고, 7개의 공동 주거는 구성원 모두 여성이었으며, 5개는 모두 남성으로 구성되어 있었으며, 총 41명의 여성과 40명의 남성이 살고 있었다. 그 중 8개의 공동 주거 공간은 구성원 중 개인의 소유였으며, 나머지는 임대 형태였다. 대부분의 구성원들은 직장인이었으며, 나머지는 교생(教生), 박사 과정 학생, 학부생 다섯 명과 영어를 배우고 있는 2명의 학생으로 구성되어 있었다. 이 공동 주거들은 모두 영국 남부 지방에 위치하고 있으며, 우리는 지역 신문의 부동산 정보, 부동산 업자와 집주인들의 협조를 얻어 이 공동 주거자들에게 접근할 수 있었다.

❁ 임파워먼트 모임으로서의 공동 주거 생활

요약하면 공동 주거 생활은 청소년들이 우정과 공동체의 영역을 탐구할 수 있는 훌륭한 공개 토론장을 제공한다는 것이 우리의 주장이다. 주거 형태에 관한 조사 보고서의 주된 내용은, 독립이란 변함없이 부모와 가정을 떠나는 것과 관련이 있다고 주장하고 있지만, 이러한 주장의 전체적 의미는 파트너 또는 자녀와 "정착"하는 것과 관련이 있다. 그러나 위에서 언급한 전통적인 1차 영역은 부모에게 의존한 주거, 중간 형태/과도기적인 주거 및 부부가 함께하는 주거 형태이다. 즉 다른 사람에게 의존한 상태로부터의 한 단계 이동으로 표현될 수 있다. 그것은 바로 완전 독립을 제시하는 중간단계 주거 형태(공동 주거, 혼자 생활하는 것)이다.

실제적 의미에서, 공동 주거에 살고 있는 청소년들은 독립적으로 살 때 나타나는 친구 관계와 파트너십 간의 균형을 찾는 법을 배우고 있다. 당연히 우리는 공동 숙박 시설에서 생활 하는 모든 청소년들의 경험을 일반화하려는 것은 아니다. 우리는 위에서 논의되었던 현재의 샘플에 한계가 있다는 것을 잘 알고 있기 때문도 전혀 아니다. 모든 청소년들이 그러한 긍정적인 상황에서 공동 주거 생활을 경험하지는 않을 것이고, 그들의 생활환경이 극도로 불행할 지도 모른다는 사실을 우리는 인지하고 있다. 그러나 현재까지 우리가 수집한 극단적 증거에 의하면, 비교적 부유한 전문직 종사자들인 아주 특별한 청소년 그룹도 있는데, 그들이 선택한 생활양식(lifestyle)의 중요한 한 부분으로 공동 주거 생활을 한다. 현재까지 접촉한 다양한 가구들은 같은 직업을 가진 사람들뿐만 아니라 같은 직장에서 일하는 사람들로 구성되어 있다.

친구 사귀기의 새로운 방법 탐구

우리가 이때까지 접촉한 25개의 공동 주거 중에서, 6개는 우정이 있음에도 주거를 더 가까이 하지 못한 개인들이 포함되었다(그 중 4개의 주택은 거주자중 한 사람이 소유하고 있었고, 임차인들은 융자금 지급에 대한 도움을 구했었고, 그리고 다른 두 주택에서는 비거주 집주인이나 또는 현재의 임차인들 중 합의를 통해 새로운 임차인을 선택했다). 나머지 19개 중에서, 16개의 구성원들은 현재의 주택에 살기 이전부터 모두 서로를 잘 알았다. 남아 있는 주택에서 두 구성원들은 거기 들어오기 이전부터 친구 사이였다. 사전에 우정을 가진 그룹 중 9개는 같이 공부했던 사람들이고, 대부분의 경우 그들은 학생 일 때 최소한 1년 동안은 함께 살았었다. 나머지 친구 관계로 형성된 주거 집단은 학업에 의해 맺어진 관계가 아니다(이 범주에 속하는 구성원들은 대부분 18세 이후에 전혀 학교에 다닌 적이 없다). 그러나 이들은 어린 시절부터 서로를 알았던 사이였다. 학생일 때 우정을 이루었던 그룹 중 3개 그룹은 연구가 이루어진 동네에서 공부한 적이 없었다. 그러나 여러 가지 이유로 같은 지역으로 옮겨오게 되었다. 예를 들어, 잉글랜드 중부 지방에서 공부했던 물리 요법 학생들은 그들이 비록 다양한 방면에 지원을 하였었지만 결국 모두 같은 병원에서 일하게 되었고, 4명의 화학자들은 비슷하게도 남부의 한 대학에서 함께 공부했으며 그 지역에서 모두 직업을 가지게 되었다. 그들 중 3명은 같은 다국적 회사에서 일하고 있다. 그러므로 대부분의 공동 주거는 이전의 친구 관계에서 비롯되었으며, 후기 청소년기에 이들과 같이 살거나 공동으로 이주하기로 하는 결정은 그들의 주거해결 필요성과, 사회적 필요에 대한 이상적인 해결책이 된 것으로 보인다.

친구 관계로 구성되어 있으면서 적어도 한 명의 모르는 사람을 포함하는 공동 주거에서는 친구 집단에 자동적으로 접근할 수 있다는 것이 공동 주거의 핵심적인 장점으로 보인다. 예를 들어, 새로운 직장 때문에 이 지역으로 이사를 온 Heidi는 다음과 같이 말한다:

> 이 곳은 낯선 지역이기 때문에 나는 공동 주거를 원했다. 나는 재택 근무를 하기 때문에, 혼자서 일하고 그러므로 내가 사람들을 만날 수 있는 유일한 방법은 공동 주거 밖에 없었다.... 나는 사회성을 기르고 싶었으며, 혼자 살고 싶지는 않았다.

Heidi의 옆집에서 공동 주거를 하고 있는 Carl 또한 비슷한 의견을 보이고 있다:

> 내가 이 지역에 처음 왔을 때는 아는 사람이 아무도 없었다. 하지만 지금은 몇몇의 관계를 통해 50여 명을 알고 지내고 있다.

같이 살고 있지 않는 집주인이 함께 살도록 입주시킨 구성원이나, 평소에 서로 잘 알고 지낸 적이 없는 사람들을 포함하고 있는 공동 주거의 형태에서도 광범위한 친구 관계의 네트워크가 형성되고 있었다. 우리의 면담이 시작되기 직전에 공동 주거에 거주하기 시작한 구성원이 있었는데, 그녀의 입주를 축하하기 위해 그녀가 입주한 첫 주 저녁 식사에 이미 거주하고 있던 15명의 주거자들과 이전 또는 현재 주거자들의 친구들이 초대되었다. 그리고 그녀는 현재 이런 큰 집단들과 정규적으로 사회적 관계를 형성하고 있다. 이것은 바로 공동 주거에서 살기 위해서는 헌신(commitment)의 요소가 필요하다는 강한 기대감을 부각시켜 준다. 실제적인 측면에서 이것은 가사일(domestic labour)에 신경을 쓰는 것(가장 중요하며) 이외에도, 주거 공간의 안팎에서 시간을 함께 보내는 친구들과 융화되는 것 등을 포함한다. 예를 들어, Rick과 Zac은 잉글랜드 서남부에서 함께 공부를 했으며, 지금은 모두 연구단지에서 일을 하고 있다. 이들은 모두 새로 들어온 공동 주거자(이전에 전혀 모르던 사람)의 행동이 마음에 들지 않는다고 강하게 불만을 토로했다. 모순되게도, 그녀는 이 두 사람이 기대했던 수준의 공동생활 참여를 장담했었기 때문에 다른 후보자들이 있었음에도 불구하고 하우스메이트로 선택된 사람이었다. 이 문제는 우리가 면담을 실시한 한 공동 주거의 기존 주거자들과 Roger(새로운 메이트) 사이에서도 발생했다:

Nicky: 그는 우리가 하고 있는 일들에 대해 참여하는 것을 원치 않았어.

Carl: 맞아, 그는 우리의 구성원이 아니었어.

Nicky: 그는 "아니야, 하지마" 형이었지.

Rob: 바로 그거야. 우리는 아무것도 안하지만, 여기서 서로 사회적으로 비슷한 일을 하고 있어. 그게 바로 우리의 연결고리라고 생각해.

Carl: Roger는 사이다나 보드카를 집으로 가져와서는 자기 방에서 마시고는 방을 어지럽혔지. 그게 옳은 짓이라고는 생각하지 않아.

Rob: 그는 자기 방에 앉아서 어지럽히기만 할 거야.

Carl: 그래, 그런 행동이 그에게는 옳은 것일 수 있지만, 우리 중 누구와도 맞지는 않는다고 생각해.

이러한 공동 주거에서는 "왕따(loners)"를 위한 작은 방이 생겨나며, 반면에 다른 구성원들은 서로 친밀해지고, 사회적 역할을 하기(socialize) 위한 노력을 하도록 기대되며, 이렇게 함으로써 그들의 관계는 더욱 발전하게 된다. Rob과 Carl

의 공동 주거의 경우, 두 집은 서로 이웃하여 있으며, 그들은 정원 사이의 펜스를 제거하고 각각의 공동 주거 내 구성원들이 자유롭게 왕래할 수 있다고 하였으며, 한쪽 집이 너무 시끄러워서 조용한 공간을 찾고 싶을 때나, 다른 TV 채널을 보고 싶을 때나, Rob이 여자 친구들과 다투는 상황을 모면하고 싶을 때 등 여러 이유에서 이웃집을 찾고 있었다.

사회적 측면에서 공동 주거는 분명 아주 중요한 의미를 지니고 있으며, 공동 주거에 관한 미디어 이미지의 인기로 이어지고 있다. 놀랍게도 우리가 면담한 대부분의 사람들이 미디어에 비친 공동 주거의 흥미로운 이미지는 상당한 수준의 실제성이 있다고 말한다. 아래는 공동 주거의 가장 큰 장점이 무엇인가라는 질문에 대한 대답이다:

Rob: 나는 소란스러운 것을 좋아한다. 여기서는 항상 무언가 사건이 일어난다. 여기서는 전혀 외롭지 않고, 항상 무언가 일이 생긴다. 그리고 난 정말 그것을 즐기고 있다. 정말 좋은 사람들만 있는 거 같다. 그래서 좋다.

Jane: 끝없는 사회 관계!

Di: 웃기만 하는 게 가능할 거 같아요? 항상 누군가 말을 걸 사람이 있어요.

Sarah: 이것은 마치... TV 프로그램 "프렌즈"랑 똑같아요. 프렌즈는 정말 대단하고, 난 그걸 아주 좋아하죠. 마치 이웃 같고, 우리들의 이야기 같죠. 정말 좋아요.

공동 주거에서의 친구 관계는 주거 내 구성원과의 관계 범위를 넘어 네트워크를 형성하며, 많은 사람들이 다양한 집단의 사람을 알게 되는 기쁨에 대해 말하고 있다. 많은 사례에서 친구의 친구는 명예 주거자가 되며, 서로 자주 왕래하는 것으로 나타났다. 예를 들어, 그런 친구들에 대해 "우리는 마치 그녀를 여기 같이 사는 사람처럼 대하죠. 그녀는 차를 마실 수도 있고 원하는 건 뭐든 여기서 할 수 있죠. 우리를 위해 주방을 꾸며주기도 했어요. 그런 것들이죠."

그러므로 공동 주거의 사회적 측면에서의 의미는 상당하다고 할 수 있다. 하지만 공동 주거는 감정적 지원 차원에서도 가치를 가지고 있는데, 구성원들은 일이 잘 풀리지 않을 때 구성원들로부터 위안을 얻을 수 있으며, 단순하게 일상의 작은 일을 대처할 때도 큰 힘이 될 수 있다. 감정적 지원은 특히 구성원들이 같은 일에 종사할 때 큰 효과를 발휘하며, 일과 관련된 문제들을 특별한 부연 설명을 하지 않고도 공감대를 형성할 수 있다. 좀 더 일반적인 경우의 구성원 간에서 제공되는 감정적 실제적 지원의 예로 늦게 귀가하는 사람을 위해 기다려준다거나, 서로 요리를 해 주고, 누가 아플 때 처방전을 받아다 준다던지, 관계가 좋지 않을 때 상담을 해 주고, 식료품 쇼핑을 대신해 줄 수도 있으며, 그리고 일반적으로 서로를 위해 "그냥 거기 있어 주는 것(being there)"만으로도 큰 위안이 될 수 있다.

오랜 시간 동안 공동 주거 구성원들 사이에서 발생하는 것들의 결속정도를 논의하자면, 구성원들이 그들 스스로를 강한 결속력을 지닌 사회단위로 여기고 있음이 분명하며, 그저 한 지붕 아래 살고 있는 개인들의 집합으로는 여기지 않고 있다. 많은 공동 주거에서, 그들은 그들의 현재 상황을 "대안 가족(alternative family)"에 비유하고 있으며, 친자매처럼 감정에 대해 이야기하고 있다. 우리는 여기서 레즈비언이나 게이 등의 "선택가족(families of choice)"에 관한 연구(Weston,1991) 결과와 유사한 점을 찾을 수 있다. 아울러, 이러한 강한 집단 결속력은 공동 주거 공간의 외관에도 반영되어 있다. 대부분의 공동 주거 집단의 거실에는 그들의 사진들이 걸려 있으며, 적어도 하나 정도는 구성원 모두가 함께 찍은 사진이 걸려 있다. 사진의 내용은 졸업 사진, 외국 여행, hen night(여자끼리의 모임), 파티 등을 담고 있으며, 모든 사진에서 몇몇 구성원 또는 전체 구성원들이 항상 웃고 있거나 농담을 주고받고 있고, 때로는 친밀한 스킨십을 주고받고 있다. 어떤 공동 주거에서는 다른 주거의 구성원이 붙인 이름을 달고 있는 "Mr. Men" 캐릭터 이미지가 벽에 걸려 있으며, 어떤 집에는 구성원들이 외국 여행에서 찍은 사진의 콜라주를 벽에 걸어놓기도 했다.

이성 관계 형성을 위한 새로운 방안 탐구

공동 주거의 경험은 구성원들에게 친구 관계의 네트워크를 넓힐 수 있는 기회와 함께 사는데 있어 이상적인 방법을 찾을 수 있는 기회 등을 제공하는데 더하여, 이성과의 관계 형성을 위한 새로운 방안을 개발할 수 있는 기회 또한 분명히 제공하고 있다. 여기서 언급하는 공동 주거는 중간 지점의 주거 형태임이 틀림없다; 공동 주거에서는 파트너들이 비교적 쉽게 들어오고 나갈 수 있지만(중요한 것은 부모의 감시로부터 자유롭다는 것이다), 반대로 실제 함께 사는 것과는 한 단계 구분된 공간(기회)을 제공한다. 많은 사람들에게 이것은 "두 가지 세상의 최선"[3]을 의미한다. 그리고 사귀고 있는 이성이 집에서 나온 사람들의 경우에도, 그들은 스스로 두 개의 독립된 주거 형태에서 동시에 효과적으로 살고 있음을 발견한다. Padfield와 Proctor(1995)는 이러한 현상을 "전환 거주(transhabitation)"라고 부르며, Murphy(1996)는 "때로 같이 생활하는 것(living apart together)"이라고 부른다. 이러한 주거 형태가 가지는 중요한 의미는 이 주거 형태가 관계를 맺고 있는 파트너들에게 함께 있을 공간을 제공하는 동시에, 서로 각자 지낼 수 있는 공간 또한 제공한다는 것이다. 이러한 독립은 아주 큰 가치가 있다: 예를 들어, Sean의 여자 친구는 최근 새로 살 집을 찾고 있는데, Sean은 여자 친구에게 자기가 살고 있는 공동 주거에 와서 같이 살자고 말하기가 상당히 꺼려진다. 그가 꺼리는 이유는 그녀와 같이 산다는 것은 여자 친구와의 좋은 관계에도 영향을 미칠 뿐만 아니라 그의 기존 동료들과의 관계에도 영향을 미칠 것이라고 생각하기 때문이다.

이 연구의 표본 집단 2/3에 해당하는 사람들이 현재 따로 살고 있는 이성 친구와 관계를 형성하고 있었으며, 이들 사이에서 파트너와 공동 주거에서 살 경우 파트너의 역할 모델은 뜨거운 논쟁거리가 되는 것으로 나타났다. 5명의 남자로만 구성된 공동 주거 두 곳에서 여자 친구들이 집안 생활에서 어떻게 지내는지 살펴보았으며, 대부분의 경우 "남성적인(laddish)" 생활환경에 적응하지 못하고 있는 것으로 보였다. 한 예로, James의 여자 친구는 인터뷰가 진행되는 동안 실제로

---

3) 역주: 연인 중 한 명이 살고 있는 공동 주거에 이성 친구가 들어옴으로써, 함께 지낼 수도 있고, 또는 각자 방을 쓰기 때문에 각자의 생활을 할 수 있다는 의미에서 두 가지 세상.

집에 머무르고 있었는데, 주방에 따로 앉아 있었고 심지어는 기다리기를 포기하고 인사도 하지 않고 집을 나가버렸다. 반대로, 7명의 여성들만 살고 있는 공동주거에서 남성들의 경우 구성원의 일부로 융화되고 있는 (그는 여자들 중 하나이다.) 경향을 보였으며, 이 부분은 동의를 하든지 또는 반대를 하든지 많은 논의가 있어야 할 주제임이 분명하다. 모든 공동 주거에서 새로 들어온 이성 친구가 공동 주거 구성원들과 함께 보내야만 하는 시간의 정도에 관한 분명한 기준(또는 전제)이 있음이 분명해 보였다. Huw의 공동 주거에서는 이 문제가 상당한 긴장을 초래한 적이 있었다:

Huw: 우리는 그 남자(새로운 하우스메이트)와 함께 사는 것에 기대를 가지고 있었죠, 왜냐하면 우리는 그를 대학 때부터 알고 있었으니까요. 하지만 우리는 그와 절대 같이 살 수 없었어요. 처음부터 이런 식이었죠.... 처음 2주간 우리가 여기 있을 때, 그의 여자 친구는 우리보다 여기서 더 많은 시간을 보냈어요. 그녀는 그가 일을 마치고 귀가하기 훨씬 전부터 그를 위해 요리를 만들고... 이런 식이었죠....

이런 일들 때문에, Huw의 하우스메이트인 James는 여자 친구와의 관계에 대해서 우려를 나타내고 있다:

James: 우리 집에는 공간이 충분해서 내 방에는 더블 침대를 놓았고, 그녀의 방에는 싱글 침대를 놓았죠. 그래서 우리 집에서 오랜 시간을 머무는 것은 상당히 좋은 일이죠. 하지만 다른 구성원들에게는 불편한 일이에요. 그렇다고 여자 친구와 친구들 사이에서 50 : 50의 균형을 지키기란 쉬운 일이 아니에요. 왜냐면, 그녀 집은 너무 작아서 내가 거기 있으면, 그녀 친구들이 신경 쓰이지만 여기 내 집에서는 내 방에서 편하게 있을 수 있거든요.

James의 말은 정반대의 질문에 힌트를 주고 있다: 파트너의 집에서 너무 많은 시간을 보내는 문제. Rick과 Zac의 새로운 하우스메이트가 구성원들과 잘 어울리지 않은 것은 그녀가 새로운 관계를 시작했고, 대부분의 여가 시간을 남자 친구의 집에서 보내고 있기 때문이었다. 비록 그들이 그녀가 집에 잘 들어오지 않는 이유를 이해하고 있다고 해도, 동시에 그들은 그녀가 공동 주거에서 해야 할 역할을 소홀히 하고 있다는 것에 실망할 것이다. 여기서 다시 한 번 공동 주거는 구성원 간의 관계를 위하여 구성원들의 헌신(노력)이 있을 때, 공동 주거가 잘 유지될 수 있다는 것을 강조하고 있다. 이와 비슷하게 공동거주하고 있는 Julie와 Cathy는 이전의 두 명의 거주자들이 데이트를 시작하면서 연애에만 집착(too much of a couple)했다며(그들은 심지어 같은 방으로 이사를 갔다.), 불평을 토로했다. 즉, 대부분의 공동 주거에서 이성 친구가 장기간 같이 사는 것을 전제로 공동 주거에 들어오는 것은 공동 주거 구성원들에게 좋지 않다는 공통된 시각을 보이고 있다.

몇 개의 사례를 살펴보면 이성 친구와 살기 위해 공동 주거를 떠난 이전의 주거자들은 살고 있던 공동 주거의 구성원들과 어느 정도 강한 연결이 유지되는 것으로 나타났다. 우리가 조사한 공동 주거 중 하나에는 6명의 간호사들이 살고 있었으며, 그들은 모두 같이 교육을 받았고 한 병원에서 모두 함께 근무하고 있었다. 면접이 진행되는 동안 그곳에 있던 Chloe가 최근 그녀의 약혼자와 살기 위해 집을 떠났다는 사실이 드러났다. 그러나 그녀는 "전 변함없이 여기에 들르곤 해요"라고 말했다. 그녀에게 남자 친구와 사는 지금이 보다 편하냐고 물었을 때, 약간은 주저하는 듯한 기색을 보였다.

Chloe: 아니요, 사실 항상 당혹스러움을 느끼고 있어요. 어제 저녁만 해도 남자 친구에게 말했죠, "나 친구들 만나러 집에가." 그리고 지금 여기서 다시 남자 친구와 살고 있는 집에 갈 때도 역시 집에 간다고 말할 거예요. 그러니까 나에겐 두 곳 모두 집인 거죠. 잘 모르겠어요, 이상한 일이죠.

Dee: 그리고 누군가 우리에게 몇 명이 같이 살고 있느냐고 물으면 난 여섯 명이 같이 살고 있다고 말해요. 난 아직도 다섯 명만 이곳에 살고 있다는 생각을 할 수 없어요.

Laura: 그리 오래 되지도 않았죠, (Chloe가 떠나고) 단지 8주가 지났을 뿐이에요.

Dee: 몇 년이 지나도 그럴 거야.

Chloe: 내 하우스메이트들이 이러니, 사람들도 물어보죠, "어, 너 남자 친구랑 같이 사는 거 아니야?"라고 말이죠.

여성들로만 구성된 다른 공동 주거에서는 Helen이 남자 친구와 살기 위해 떠나려고 하는 중이었지만, 다른 구성원들은 Helen이 떠나고 남게 되는 빈방을 세를 놓을 뜻을 가지고 있지 않다. 대신, 그녀가 지내던 방은 그녀가 종종 들러주기를 바라는 마음에 그녀를 위해 그대로 남겨두기로 했다.

지금까지의 논의는 이성간의 관계의 절충에 초점을 맞추어 왔다. Zac과 Jim은 그들이 살고 있는 집을 소유하고 있는 동성애자들이며, 모두 공동 주거가 서로에게 지원적인 환경을 제공하는 것이 중요하다고 말한다. 이 둘은 새로 들어올 거주자가 그들의 성정체성을 이해할 수 있다는 전제가 있어야 한다고 말하고 있으며, 조금이라도 동성애 혐오(homophobic)적인 사람과 같이 사는 것은 견딜 수 없다고 말했다. 이 두개의 공동 주거 모두에서, 문제는 장래의 새로운 거주자를 선택하는 과정에서 발생되고 있다. Jim은 부정적인 대답을 하는 메이트 후보자들을 만나본 적은 없지만, 그래도 그들이 알아차리도록 내버려 두는 것보다는 사람들에게 미리 자신이 동성애자임을 알리는 것이 중요하다는 것을 느꼈다고 한다. Zac은 조금은 거북한 문제를 기억해냈다. 언젠가 그의 하우스메이트(여성)의 새 남자 친구가 Zac을 만났을 때, Zac에게 현관에서 키스를 건넸다고 한다. 하우스메이트였던 그녀가 남자 친구에게 Zac이 동성애자라는 사실을 미리 말해 주지 않았다는 것이 분명했다.

이것은 공동 주거에서 사생활과 친밀감의 경계에 대한 문제를 야기한다. "원하지 않은 소음"의 문제에 있어서 분명 좋은 뜻을 가지고 있는 소란과 웃음소리가 많기는 하지만, 대부분의 공동 주거의 구성원들이 서로의 사생활을 존중하고 있다는 것 또한 사실이며, 지나치게 친밀한 행동으로 인해 거부감을 느끼지 않아야 할 권리도 존중하고 있다. 예를 들어, Jill과 Lorraine은 최근 두 명의 다른 여자들과 살던 공동 주거에서 나와 두 개의 방을 가지고 있는 flat식[4]의 공동 주거로 이사를 왔다. Lorraine은 Jill의 새로운 이성 관계에 대해 언급하면서, 아주 분명한 어조로 Jill 방에서 들리는 성행위 소음은 그다지 문제가 되지 않았지만, 그들의 교제가 시작된 초기부터 밤새 이야기를 나누는 소리는 상당한 불쾌감을 주기에 충분했다고 말했다. 다른 공동 주거에서는 용납되는 행동의 경계가 상당히 명확했는데, 앞서 면담했던 간호사들의 공동 주거가 이와 관련하여 가장 명확했다:

Dee: 그들이 거실에 있고, 애정 행각만 하지 않는다면 괜찮아요. 애정 행각을 하고 싶다면 그들 방으로 들어가면 되는 거죠.

Jan: 남자 친구를 껴안는 것까지는 괜찮아요.

Dee: 맞아, 앉아서 껴안는 것까지.

Rachel: 손을 잡는 것까지. 그 이상은 애정 행각이 심해질 수 있어서 안 되죠.

Jan: 상대방의 옷을 벗긴다던가...

Dee: 키스~

Jan: 귀에다 애정 행각을 하는 것.

Dee: 가슴을 드러내놓고 하는 애정 행각

Jan: ER(의학 드라마)를 보고 있는데, 아무것도 아닌 것을 속삭이는 것.

Rachel: 약간 느끼한 건 어때? 안 되지, 안 돼....

❁ 결론

이 장에서 청소년들이 공동 주거에서 다른 사람들과 친구로서 연인으로서 관계를 맺는데 있어 새로운 방법을 탐구하는데 어떻게 영향을 미치는지를 중점적으로 살펴보았다. 두 가지 모두를 고려하여, 공동 주거는 청소년들에게 서로간의

4) 역주: flat식 공동 주거: 각 층에 한 가구만 살도록 한 주택.

다양한 방법으로 관계를 형성할 수 있는 자유를 제공하고 있다. 특히, 공동 주거는 청소년들에게 광범위한 친구들을 사귈 수 있는 공간을 제공하고 있으며, 또한 독립성이나 사생활을 잃지 않으면서 친밀한 성적 관계를 형성할 수 있는 공간도 제공하고 있다.

우리의 관심은 이러한 패턴과 기대들이 Giddens(1991, 1992)이 주장한 "순수한 관계(pure relationship)"의 등장을 지지할 수 있는가 하는 범위까지 확대되었다. Giddens의 주장에 의하면, 순수한 관계는 후기 모더니즘 상황 하에서 "반사적으로 형성되는 인생 계획(reflexively organized life-planning)"의 결과물이다. 순수한 관계는 "외부의 기준이 해소된 상태: 순수한 관계는 관계로 인해 얻어질 수 있는 어떤 보상을 위해서만 존재한다."(Giddens, 1991). 다시 말해, 순수한 관계는 전적으로 "성(性)적으로나 정신적(platonic)으로나 관계를 형성하고 있는 연인을 위해 자신이 무엇을 해 줄 수 있을 것인가"만을 추구한다. 우리가 지금까지 조사한 범위에서 공동 주거의 구성원들은 주고받기(give & take)와 공정한 맞교환 원리에 기초하고 있기 때문에, 공동 주거는 순수한 관계의 발달을 위한 이상적인 기반이 될 수 있는 것으로 보인다. 그리고 순수한 관계는 높은 수준의 독립, 사생활과 친밀감 사이의 적절한 경계가 유지될 때 나타날 수 있으며, 다시 한번 말하지만 이러한 요소들은 공동 주거에서 친구 관계나 이성 관계의 조율에서 나타나는 특징들이다.

결론적으로 우리가 면담을 실시한 대부분의 청소년들은 공동 주거에서의 생활을 즐기고 있었으며, 공동 주거를 그들의 독립된 정체성에서 빠뜨릴 수 없는 요소로 여기고 있었다. 극소수만이 막연하게 공동 주거에 계속 남고자 했지만, 그들은 분명히 공동 주거를 그 자체로써 완전한 주거 형태로 여기고 있었으며, 그들의 경력과, 친구 관계, 이성 관계 등과 관련하여 새로운 방법을 개발하고 탐구할 수 있는 이상적인 주거 형태라고 여기고 있었다.

❁ 참고문헌

Allan, G. (1996), *Kinship and Friendship in Modern Britain*, Oxford University Press, Oxford.

Beck, U. (1992), *Risk Society: Towards a New Modernity*, Sage Publications, London.

Bynner, J., Ferrie, E. and Shepherd, P. (1997), *Twenty-Something in the 1990s: Getting on, Getting by, Getting nowhere*, Ashgate Publishing Ltd., Aldershot. Charter, D. (1995), 'Now home is where the HE is', Times Higher, 28th July, 6.

Coles, B. (1995), *Youth and Social Policy: Youth Citizenship and Young Careers*, UCL Press, London.

Commission of the European Communities (1989), *Young Europeans in 1987*, Luxembourg Office for Official Publications of the European Communities, Luxembourg.

de Jong-Gierveld, J. and Beekink, E. (1989), *Young Adults Leaving Home in Search of Independence and Freedom*, Paper presented at the IUSSP Conference, New Delhi.

European Commission (1997), *Youth in the European Union: From Education to Working Life*, Eurostat.

Giddens, A. (1991), *Modernity and Self-Identity. Self and Society in the Late Modern Age*, Polity Press, Cambridge.

Giddens, A. (1992), *The Transformation of Intimacy: Sexuality, Love and Eroticism in Modern Societies*, Polity Press, Cambridge.

Goldscheider, F. and Goldscheider, C. (1993), *Leaving Home before Marriage: Ethnicity, Familism and Generational Relationships*, University of Wisconsin Press.

Heath, S. (1999), 'Young Adults and Household Formation in the 1990s', *British Journal of Sociology of Education*, *20*, 4, pp. 545-61.

Heath, S. and Miret, P. (1996), 'Living in and out of the Parental Home in Spain and Great Britain: A Comparative Approach', *Cambridge Group for the History of Population and Social Structure. Working Paper Series, No. 2*, The Cambridge Group, Cambridge.

Jones, G. (1995), *Leaving Home*, Open University Press, Buckingham.

Kemp, P. and Rugg, J. (1998), *The Single Room Rent: Its Impact on Young People*, Centre for Housing Policy, York.

Murphy, M. (1996), 'Family and Household Issues', in A. Dale (ed), *Looking Towards the 2001 Census*, OPCS Occasional Paper 46, OPCS, London.

Murphy, M. and Berrington, A. (1993), 'Household Change in the 1980s: A Review',

Population Trends, *73*, pp. 18–26.

Padfield, M. and Proctor, 1. (1995), *Transhabitation: A Variation on the Trend to Cohabitation*, Paper presented to 'Youth 2000 Conference', University of Teesside, July 1995.

Penhale, B. (1990), *Living Arrangements of Young Adults in France and England and Wales*, Longitudinal Study Working Paper 68, SSRU, City University, London.

Roseneil, S. (1998), *Queer Tendencies: Sexual and Gender Transformations ofPostmodernity*, Paper presented at 'Gender, Sexuality and Law Conference', Keele University, June 19–21, 1998.

Saunders, K. and Becker, H. (1994), 'The Transition from Education to Work and Social Independence: A Comparison between the United States, The Netherlands, West Germany and the United Kingdom', *European Sociological Review*, *10*, *2*, pp. 135–54.

Silva, E. and Smart, C. (eds.) (1999), *The New Family?*, Sage Publications, London.

Smart, C. and Neale, B. (1999), *Family Fragments*, Polity Press, Cambridge.

Wallace, C. (1987), *ForRicher, for Poorer: Growing up in and out of Work*, Tavistock, London.

Weeks, J., Donovan, C. and Heaphy, B. (1999), 'Everyday Experiments: Narratives of non Heterosexual Relationships', in E. Silva and C. Smart (eds.), *The New Family?*, Sage Publications, London, pp. 83–99.

Weston, K. (1991), *Families We Choose: Lesbians, Gays, Kinship*, Colombia University Press, New York.

제 4 부

시민권과 주변성

제 9 장

임파워먼트의 이면

Lynne Chisholm[1)]

우리 시대의 역량 강화(empowerment)라는 용어는 정치적으로 긍정적인 의미를 가지고 있다. 지난 20년 동안, 급진적인 교육자들과 사회 개혁자들 그리고 정치적 자유주의자들은 모든 사람들이 자기 자신을 표현하고 주장하기 위해 평등한 권리와 동등한 기회를 가져야 하고 가질 수 있다는 믿음과 희망을 표현하기 위해 역량 강화라는 의미의 필요성을 주장했다.

역량 강화는 인간이 자신의 삶을 스스로 책임지는 데 있어서 개인적인 힘과 인간의 존엄성을 강조하고 그렇게 할 수 있는 지식과 기술을 자기고 있다는 믿음과 차이 그리고 다양성을 중시하는 것에 반대한다. 활발한 시민활동은 자신의 의견과 문화적 주체성을 주장하며, 시민 참여의 능력과 의지를 위한 역량 강화를 전

---

1) 이 기고문은 유럽위원회(European Commission)의 공식적인 정치 입장을 말하는 것도 아니고 그것의 활동이 어떤 현장(field)에서 유럽위원회와 관련시키는 것이 아닌, 저자의 직업적이고 개인적인 견해를 말하는 것이다.

제로 한다.

비판적 교육 실천—이문화 간 청소년 교육의 주류학파이든 아니든—은 어떻게 역량 강화를 실현할 것인가에 대해 많이 고심하고 있다. 특히 주변적 위치에 있는 청소년들에 대해 더욱 많은 관심을 가지고 있다. 주어진 사회적 주변화의 객관적 상황과 이런 과정들에 의해 종종 수반되는 개인적 손상에서 어떻게 이 청소년들을 주변 상태로부터 이끌어낼 수 있을까?

대답은 다양하고 결과는 때때로 고무적이지만 종종 실망스럽다. 이것은 자신의 권리를 주장하는 자신감을 얻는 것에는 도움을 주지만, 개인의 권리가 공식적으로 제한되어 있다면—이민 근로자와 난민 집단의 경우와 같이—역량 강화는 어려워진다.

개인적 또는 사회적 침묵과 철회는 역량결핍을 수반한다. 역량부족인 사람들은 낮은 자존감에 사로잡히게 될 수 있다. 이것은 Sari Näre에 의해 논의된 강간당한 여성들의 경우에서도 동일하게 나타난다. 여성들만의 감정 영역에 사로잡혀 자신에게 일어난 일에 대해 책임을 지고 죄책감을 느낀다.

이와는 달리 Leena Suurpää의 외국인의 사회 구조에 대한 연구에서는, 주류사회에 의한 일부 우호적인 수용은 눈에 보이지 않게 스스로 동화된다. 외국인들이 자신들의 표현과 참여의 제한적 범위에 동의하면, 그들은 지역사회 내의 지역사회로 받아들여지고, 그것은 사회생활의 민간 및 공공 영역 사이에서 엄격한 경계 유지에 의해 정의되고 통제되는 "내부 민족"이 된다.

그러나 주변인들 자신은 다양한 비주류 정체성과 사회적 환경에 거주한다. 역량 강화를 위한 그들의 노력은 그들 자신들뿐만 아니라 자신들의 길을 가지 못하고 있는 사람들에게도 심각하게 잘못된 것일 수 있다.

본 연구는 역기능적이고 비생산적인 역량 강화 사례들을 제공한다. 여기에서는 성(性) 혹은 인종적 유형의 표현에 관한 신체적 및 상징적 폭력을 다룬다. 신체적 폭력 지역에 거주하며 여성과 남성이 상징적 폭력을 휘두르는 청소년이 그 대상이다. 이 연구들은 사회 현실을 왜곡하는 것으로 비난 받을 수는 없으며, 신체적 폭력은 남성에게만 있는 현상은 아닐 것이나 부정할 수도 없다. 가해자의 성이 무엇이든, 신체적 그리고 상징적 폭력을 가하는 것은 적어도 개인적 혹은 사회적 역량 강화의 결핍감과 부적절한 수단으로 그것을 달성하고자 하는 것을 나타낸다고 주장한다.

Tarja Hilden에 의하면 폭력적인 스킨헤드 갱단 청소년들은 본래 자신들의 남자다움을 스스로 입증하기 위해 갱단에 가입한다. 그리고 성 정체성의 형성과정은 학교에서 적절한 신체적 및 행동적 표현을 금지하는 것으로부터 상실되었다. 그러나 역량 강화 결핍의 근원과 표현은 더 추상적이고 상징적인 형태를 가진다. 이것은 거시적인 사회 변화로 사람들이 더욱 불확실한 미래에 대해 경제적으로 그리고 신체적으로 준비되지 않았다고 느끼게 되는 결과이다. Leena Suurpää의 연구는 지난 10년간의 경제적 · 사회적 · 정치적 격동 후에 지속과 변화 사이의 갈림길에 있는 핀란드에 관한 연궁이다.

이 연구들은 핀란드의 현대 근대화 과정에서 나타나는(도전과 압력의 맥락에서) 개인적 · 집단적 · 신체적 · 상징적 폭력의 조사이다. 1989년 이래 핀란드의 객관적 상황들은 변했고 기존의 문화적 및 사회적 존재의 의미는 불안하게 되었다. 동부 유럽 국가들의 정치적 해체와 기존의 경제적 관계의 규제 철폐는 독일을 제외한 다른 어느 서부 유럽 국가들보다 핀란드에서 더 의미 있는 것이었다. 국가 독립을 위한 오랜 투쟁에서부터 전후 핀란드는 동부 및 서부와의 무역관계와 정치적 중립을 결합한 미묘한 형식을 수립하고 유지하면서 소규모의 분산된 인구들의 높은 생활수준을 확보하였다.

또한 이 인구들은 독특한 언어와 격리된 지리적인 위치로 인해 문화적으로 동질적이고 높은 결집력을 유지하였다. 유럽인들에게 핀란드는 호기심을 끄는 그리고 거의 이국적이지만 본래 유순하고 세상 끝에 붙어 있는 눈이 많은 신선경(神仙境)의 이미지를 가지고 있다. Leena Suurpää에 의하면 핀란드인들은 오늘날의 핀란드에서 가장 무기력하고 불쌍한 범주의 외국인으로 묘사되는 "유순한 희생자들"은 분명히 아니다. 그들이 문화적으로 상냥하고 유순한 역할을 했을지도 모르나, 다른 유럽인들의 눈에 핀란드인들은 명백히 문명화되었고 높은 생활수준을 누렸다.

문화적 · 민족적으로 동질적인 사회구조는 그 차이만큼 이론적으로 흥미롭다. 이것이 이 장의 초점은 아니지만 주의를 기울일 만한 가치를 가지고 있다. 핀란드에서의 현대적 근대화에 수반하는 긴장과 모순에 대한 해석의 선택이 동질성에서 다양성으로 그리고 안정에서 예측 불가능성에 따른 것이라면, 후자뿐 아니라 전자의 객관적이고 관념적인 기초는 비판적 평가를 필요로 한다. 확실히, 사람들의 혈통과 언어를 조사하기 위해 핀란드의 내부와 외부를 주의 깊게 살펴보면, 독창성에 기초한 동질성의 구조 그 자체가 중요한 상징적 힘의 이데올로기임을 암시한다. 이것은 또한 핀란드 청소년들이 그 문화의 "진정한" 일원이 되는 것은 사실상 불가능하다고 여기는 이유를 설명하는데 도움이 될 것이다. Leena Suurpää의 집단 토론에서 사용된 다음의 명제들은 이런 맥락에서 특히 주목할 만하다.

"나는 어떤 사람이 핀란드인이 되어야 한다는 것은 가혹한 것이라고 생각한다. 만약 당신이 다른 나라 출신이고 그렇게 해야 한다면..."

"나는 그들이 자신들이 원하는 만큼 일부 핀란드 특성을 받아들일 수 있지만, 그들은 전적으로 변할 수는 없고 그것이 불가능하다는 것은 바람직한 것이라고 생각한다."

아마 이것이 바람직한 것은 차별 없는 평가에서 주장하듯이 이질성이 전적으로 상실되지 않으며 문화적 · 민족적 다양성 유지를 확보하고 그것이 환영받는다는 의미에서만은 아닐 것이다. 이와 동시에 내부자와 외부자의 경계가 확고한 것으로 정의되기 때문에 바람직한 것이다. 바로 이것이 핀란드인 자신들 사이의 문화적 및 민족적 동질성을 유지할 수 있게 한 것이다.

이런 의미로 Leena Suurpää는 구조적 그리고 정치적 영향을 갖기 위한 핀란드인들과 비핀란드인들 사이의 차이를 사회적으로 구성된 위계로 이해한다. 차이의 위계는 문화적 이방인들의 신분과 지위를 묘사하고 통제한다. 주류 문화 및 이에 동등한 것은 비핀란드인들이 통제의 정당성을 유지하는데 결함이 있는 것으로 정의 내리는데 이런 결함이 진정한 것이라기보다는 추측인 경우에도 그렇다. Leena Suurpää의 연구에서 청소년 응답자들은 이런 결함을 우선 언어적 결함으로 정의했다.

1989년 이후 발생한 핀란드에서의 경제적 그리고 지정학적인 상황의 변화는 이민에 의한 문화적 다원화에 의해 수반되었다. 이것은 북부 및 동부 아프리카에서 떠난 난민들—특히 소말리아인—을 받아들임으로써 뚜렷이 입증되었으나 더 일반적으로는 이민 및 이동 입법의 채택과 1995년 가입의 결과로서 EU 관행의 실천에 의한 것이었다. 또한 소련 붕괴 후 핀란드 정부는 핀란드 출신의 특히 Russian Karelia와 St. Petersburg에 인접한 Ingria의 러시아인들을 핀란드에서 재정착할 수 있게 하였다. 이것은 독일에서 대부분 오랜 시간 동안 러시아와 인근 국가에 거주하였던 독일 민족의 귀환이민 후에 발생했던 것과 유사한 통합문제를 야기한다. 주로 시골 농민 집단인 이들은 독특한 문화적 정체성, 산업화, 도시화 및 보편적 대중교육의 확산에 의한 변화가 있을 때까지 독특한 언어를 보유하고 있었다.

독일의 경우에는 지난 반세기에서 독일군과 파시스트 공격으로 인해 배척과 배제를 경험했고, 소련은 가족들이 자신들이 소유했던 것들과 황량한 지역으로의 강제 이민을 포함한 사랑했던 모든 것들을 남겨 놓아야 하면서 격리된 경험을 가지고 있다. Karelia는 이 지역의 일부는 공식적으로 핀란드에 속해 있었으나, 핀란드는 제2차 세계대전 동안 이 땅을 상실했으며 실제로 상실된 땅의 모든 거주민들은 집을 남겨두고 핀란드 쪽 국경으로 이주하였다.

이런 집단들의 역사와 문화에 대해 거의 알려지지 않았고 유럽과 유사하다고 여겨졌다. 그러나 왜 이들이 언어와 문화의 소속감을 느끼는 국가로 귀환하는 제안을 받아들이기는 원했는지를 이해하는 것은 어려운 것이 아니나, 이것은 수십년 그리고 수세기 동안 약화되었다.

귀환의 현실은 더 나은 삶에 대한 그들의 희망과 기대를 꺾었다. 그들은 인접지역에 있었을 때와 마찬가지로 문화적 그리고 언어적으로 차이가 있다는 것을 발견했다. 또한 종종 새로운 역량상실(dis-empowerment)을 경험하는데, 이것은 자신들의 민족적 신분이 수용국가에 의해 공식적으로 인정된 법적인 시민이기 때문에 더 많은 영향을 미친다.

귀환은 대체로 부모님들이나 조부모님들에 의해 결정된다. 그러나 청소년들 자신은 친구들과 그들의 자신감과 자아정체성의 의미를 도출하는 사회적 환경을 떠나는 것에 대해 주저한다. 더 어린 아동들은 새로운 환경에 빨리 적응하는 반면, 10대의 청소년들은 학교에서 직장으로의 전환 협상과 같은 더 많은 객관적인 어려움들과 동료들로부터 수용과정에서 나타나는 정체성 갈등에 직면한다.

언어는 실제로 심각한 장벽일 수 있다. 조부모들은 "신-구" 언어를 잘 구사할 수 있고—만약 오래된 방언이면—부모들은 제2외국어로서만 말할 수 있고 러시아어보다 유창하게 할 수 없는 반면, 이들 10대 청소년들은 이해한다고 해도 부분적으로만 이해할 수 있다. 이런 상황에서, 언어는 집단 간 경계표시로서 높은 상징적 의미를 가진다. 새로 정착한 사람들이 자신의 생각을 말하는 것이 그들 자신의 언어일 때, 이들은 자신들이 언어적으로 결핍되어 있다는 것을 발견한다. 이들이 러시아어 혹은 루마니아어를 할 때 문화적으로 결핍된 것으로 분류될 수 있다. 이런 과정을 저지하고 그 대신 더 많은 힘과 통제를 얻기 위한 한 가지 방법은 새로운 독특한 경계표시로서 러시아어를 사용함으로써 변화시키는 것이다.

Leena Suurpää의 응답자들 중 하나가 묘사한 것은:

> "일부 소수 청소년 집단은 Kamppi[2]에서 배회한다. 내게는 그들이 그 장소를 어느 정도 소유하고 있고, '만약 당신이 나와 대화하고 싶으면 이리 와서 러시아어를 배워야 한다.'라고 하는 것과 같은 태도로 행동하는 것처럼 보인다."

청소년들의 영역으로서 쇼핑센터를 선택한 것은 역시 상징적인 의미를 나타낸다. 왜냐하면 그곳은 청소년들과 그들의 가족들이 일반적으로 배제되어 있는—그들은 대개 현대 핀란드 문화의 이런 차원에 참여할 돈을 충분히 가지고 있지 않다—이런 소비자 시민권리를 주장하기 위한 시도를 나타내기 때문이고, 이것은 아이러니하게도 정확히 그들이 전적인 일원으로 합류한다고 보았던 가장 매력적인 사회의 특성 중 하나였다.

---

2) 역주: Helsinki 중심부에 있는 쇼핑센터.

특수한 대중적 집단 존재에 의해 어느 정도의 재역량 강화를 추구하는 청소년들은 토착 집단과 갱들이 하는 것과 같은 방식으로 청소년 문화의 힘을 보여 주는 전통적 전략을 활용한다. 그러나 다수 집단과 소수 집단 간의 권력 관계에서 발견되는 위계의 차이와 같은 "이질성"의 사회적 구조의 맥락에서, 이런 전략들을 사용하는 것은 집단 간 폭력 확대의 위험을 증가시킬 수 있다. 초기에는 방어적인 재역량 강화 전략으로 소수 청소년 집단들에 의해 사용되는 공적인 통제 제도에 대해 토착 청소년 집단들은 잠재적 위협으로 해석할 수 있는데, 주류사회에서 상대적으로 취약하고 주변화된 것을 경험한 사람들은 특히 그렇다. 내부인/외부인 관계를 규제하는 규범을 위반하면서 외부인으로 정의된 사람들에 대한 통제를 회복하는 것은 궁극적으로 폭력적인 수단에 의해 "그들을 바른 장소에 정착시키는 것"일 것이다. 1990년대 핀란드에서 청소년 갱들의 인종차별에 대한 Timo Virtanen의 설명은 이런 민족 간 폭력의 예를 제공한다. 대개 소수 집단에 대한 갱들의 공격뿐 아니라 소말리족과 알바니아인과 같은 다른 소수 집단자신들 간의 폭력적 갈등의 근원도 포함한다.

따라서 오늘날 핀란드에서의 경제적인 불안정과 문화적 다원화 사이의 국면은 특히 청소년들 사이에서 새로운 위험성으로 존재한다. 신체적 폭력은 이에 따른 긴장의 가장 극단적인 표현으로 나타난다. 이 장에서 다루는 기본적인 문제는 차이에 대해 긍정적으로 반응하는 핀란드 사회와 문화의 능력(혹은 상대적 무능력)이다. 청소년들은 한편으로는 전통적이고 포용적인 정체성과 생활양식을 고수하고 있고 또 다른 한편으로는 풍요로움의 원천으로서 다양성과 차이를 받아들이고 "회색빛 단조로운" 사회보다는 다양성을 받아들이는 것 사이에서 갈등하고 있다.

여기에서 보고된 연구들을 수행한 연구자들은 얼마나 현대 유럽 민주주의의 핀란드가 개방되고 다민족 사회로 전환할 수 있는 능력이 실제로 있는지에 대해 연구하였다. 이들은 어떻게 그리고 왜 소수 집단들이 시민권과 역량 강화의 주변에 있는지에 대해 설명하기 위한 적절한 해석적 틀을 개발하는 데 노력을 기울였다.

이 연구의 과정에서 이들은 주류 핀란드 사회가 기존의 정체성과 문화적 안정성에 잠재적 위협이 된다고 경험되고 이해되는 것들(낯선 문화, 언어적 및 민족적 다양성)의 가시적 존재를 억누르기 위해 사용한 관념적이고 실질적인 전략들을 발견하고 설명하였다.

핀란드 주류와 새로운 소수 집단들 사이의 거리감과 공감의 결여는 확실히 양측이 서로 일상적으로 오해하는 것을 의미한다. 대다수 청소년들 사이의 공공연한 반감은 여기에서 중요한 문제가 아니다. 그러나 핀란드인들과 새로운 소수 집단들 간의 접촉은 본질적으로 단편적이고, 시골지역에서는 전적으로 가상적일 수 있다.

핀란드 헬싱키에 있는 청소년들도 대부분 음악 장면의 인물로서, 다문화 축제에서 혹은 도시 거리의 인공물로서를 제외하고는 소수 집단 청소년들과 관련이 있는 것 같지 않다. 이러한 다양성 안에서의 생활과 일상경험의 결핍은 집단적 불안과 불신을 키우는 좌익의 정치적 이익을 제공해 주고 국경 내부와 외부에서 그리고 공중 활동 영역에서 사람들의 이동을 통제하는 엄격한 보안 대책을 정당화시킨다. 이것에 대해 Sari Näre는 명확한 핀란드 문제로 표현한 "강간" 현상과 같은 바람직하지 않은 결과를 낳을 수 있다고 주장한다.

그녀의 연구에 의하면 이런 유형의 성폭행 가해자의 2/5는 핀란드 출신이 아닌 남성이었는데 그들은 이런 유형의 강간 사례에 과도하게 표현되었다. 문제는 이 남성들이 이성과 친숙해지는데 있어 핀란드인들의 이성교제 가치관과 전통적 행동양식에 익숙하지 않기 때문에 발생하는 것으로 조사되었다. 만남의 의도된 의미를 알지 못하고 핀란드 여성들이 남성들에게 단지 둘 사이의 상호 관계에 대해 알기 시작하는 것이라는 메시지를 명심하지 않는 것이다. 분명히 핀란드 남성들도 그 메시지를 정확히 읽지 못하므로 문화적 지식의 결핍이 유일한 요인은 아니다.

강간은 무엇보다 가해자의 욕구와 욕망을 희생자의 것보다 우선시하는 힘과 통제의 폭력적 주장이다. 이것은 아마 다른 사람의 역량상실에 의해 성취되는 개인적 역량 강화의 가장 잔인한 전략일 것이다. 그것은 또한 다른 사람들의 개인적이고 집단적인 인간적 · 사회적 권리에 대한 억압 및 탄압으로서 본질적으로 역량 강화의 어두운 부분을 나타낸다. 역기능적이고 비생산적인 역량 강화 전략들은 사회적 그리고 문화적으로 취약하고 결핍된 개인 및 집단들에 대한 힘과 통제를 주장하는 시도로서 양성되는 부정적 순환이다.

Tarja Hilden은 폭력적인 청소년 갱들의 사례에서 정확히 이런 유형의 부정적 순환을 설명한다. 이들은 다른 사람들에 대한 통제로 신체적인 폭력을 행사하므로 자신들의 남성다움을 입증하여 위협집단으로부터 보호하고자 하였다. 이런 통제를 주장하는 것은 다른 사람들의 약점에 대해 자신들의 힘을 제공하고, 희생자들이 객관적으로 더 약하고 불리할수록 이들이 개인적으로 그리고 집단적으로 강하다고 느낀다. 이런 유형의 역기능적인 역량 강화 전략은 희생자들에게 억압적일뿐만 아니라 궁극적으로는 비생산적이다. 왜냐하면 사용자에 대해 통제하려는 그 전략 자체에 의해 가해자도 점차 역량상실 될 것이기 때문이다. 폭력적 행동을 통한 남성다움의 증명은 지속적으로 재실행했을 때에만 효과적으로 유지될 수 있다고 Tarja Hilden은 주장한다.

지속가능한 사회적 삶의 타협은 필수적으로 자기 자신의 권리뿐만 아니라 다른 사람의 권리도 인정하고 존중하는 것과 결합되어 있다. 이러한 유형의 경계를 벗어나고, 민주적 삶의 기초로서 타협된 협상의 이해와 실천이 거의 없다면, 폭력의 사용을 포함한 어두운 측면의 역량 강화 쪽으로 문이 열린다. 역량 강화가 정당성을 추구하고 실행되는 전후 상황의 가치와 규범이 사람들의 마음과 생각에 굳게 기초하지 않는다면 역량 강화는 위험성으로 비난받을 것이다. 역량 강화는 자신과 지역사회 사이의 상호 관계가 개인적 그리고 사회적으로 충분히 발달되지 않았다는 비판적 반향의 가능성이 있을 때 너무 쉽게 억압이 될 수 있다.

우리는 구조적 역량 강화를 위해 교육하고 활동적인 시민권을 배우기 위해 더욱 효과적인 방법을 찾을 필요가 있다. 공식적 그리고 비공식적 교육이 만병통치약은 아니지만, 정체성과 표현의 통합적 요소로서 민주적이고 인간적인 원칙과 실천을 유지하는 것이 유일한 전략이다. 우리 자신이 시민권의 존엄성과 혜택을 받을 자격이 있든 아니든 간에, 그것의 모든 현대적 차원은 결국 우리의 자기-역량 강화 능력의 문제가 아니라 우리 자신과 우리 사회에서 역량 강화 된 타인들을 인정하고 이들과 긍정적으로 살 수 있는 정도에 관한 문제이다. 이러한 도전에 대해 핀란드 사회와 그 문화의 능력은 앞으로 언급될 연구들의 근본적인 관심

사이다. 그러나 이것은 유럽 다른 어느 곳보다 핀란드에서 더 관심을 가져야 하는 것이라고 가정할 특별한 이유는 없다.

제 10 장

스킨헤드–남성다움과 폭력적인 행위

Tarja Hilden[1)]

❁ 서론

최근에 핀란드에서 인종 폭력을 저지르는 스킨헤드 갱단이 나타났다. 이 갱단에서 활동하고 있는 청소년들의 매력, 남자다움의 역할, 어린 시절의 경험과 경제적 어려움에 대한 다양한 연구들이 발표되었다. 여기서 나는 이 설명들을 스킨헤드에 관한 연구들과 스킨헤드 갱단이 두드러지는 요엔수(Joensuu)[2)] 지역의 경찰 보고서를 참고한다.

---

1) 이 글은 FAAS(Finnish Academy of Arts and Sciences)의 지원금으로 현재 진행중인 프로젝트에 "요엔수(Joensuu)의 스킨헤드족–조직공동체의 생성"이란 제목으로 저자가 기고한 연구 보고서이다.

2) 역주: 핀란드 남동부 포요이스카랄라 주의 주도.

❁ 연구의 배경

요엔수는 러시아 국경에 가까운 약 51,000명의 주민들이 사는 핀란드 동부의 한 도시이다. 1990년대에 핀란드의 경제적 침체는 이곳에 심각한 영향을 끼쳤고 몇 개의 주요 기업들은 파산했다. 실업률은 급격히 증가했고 생활수준은 하락했다(Puuronen, 1996). 이것은 특히 청소년들에게서 여러 방식의 파산과 사회적 소외를 낳았다.

경제적 위기는 공업 중심지에 가까운 펜틸라(Penttila)에서 제일 절실히 느껴졌다. 이 지역에 실업률이 급속히 증가될 때 백여 명에 가까운 소말리아 난민들이 요엔수 지역에 들어 왔다. 이로 인해 생활수준이 떨어진 것뿐만 아니라 그들의 동종 인구 구조가 무너지게 되었다. 특별히 펜틸라 지역에서는 청소년들이 밴델리즘(Vandalism)[3]과 폭력적인 행위로 반응했고 모조 군인 유니폼을 입고 머리를 삭발한 "스킨헤드"룩에 적응하기 시작했다.

Puuronen(1996)은 피난자들의 생활수준에 대한 경제적 침체의 영향과 청소년이 스킨헤드족이 되는 것 사이에는 인과관계가 있다고 주장하였다. 그러나 나는 이 청소년들에게는 다른 강력한 영향들이 있을 거라 믿는다. 15~20세의 스킨헤드족과 청소년들은 그들의 미래 경제적 전망에 대해 극심하게 염려하지 않는 경향이 있다. 그들은 "멋진" 일을 하고 그들 세력에 대한 개인적인 지각을 강화하기 위해 같은 생각을 가지고 있는 친구들의 지지를 얻으려 하며 "여기, 그리고 지금"을 위해 산다(Bjorgo, 1997). 이 모든 것들이 그들로 하여금 "스킨헤드족"이 되기 쉽게 해 준다. 결론적으로 나는 스킨헤드족의 폭력적이고 인종차별 주의적인 행동은 남자들 간의 깊은 우정과 남자다움에서 조합된 집단 원동력의 배경에서 봐야 한다고 주장한다.

---

3) 역주: 도시의 공공시설이나 문화 예술을 파괴하는 행위.

❁ 연구의 가설

본 연구의 대상은 스킨헤드 집단이 속해 있는 요엔수 지역과 그 주변에서 범죄적인 행동을 저지른 15~20세의 청소년들이며 연구의 가설은 이 청소년들이 저지른 범죄에 관련돼 있다. 본 연구의 목적은 이 청소년들의 범죄에 대한 설명을 연구하고 해석하는 것이다. 이 설명들은 또한 그들 자신의 행동을 이해하고 정당화하려는 청소년 범죄자들의 시도를 나타내려는 것이다(Perelman, 1996).

다양한 다른 종류의 범죄들이 있지만 스킨헤드족이 저지른 범죄들은 대체로 폭력적인 습격과 공공시설 파괴이다. 폭력적인 습격자들은 희생자들을 반복적으로 때리고 발로 차는 방식으로 공격을 하고 공공시설 파괴 등은 재산에 대해 손상을 입히려는 목적을 가진다.

본 연구의 경험적인 자료는 이 범죄들을 저지른 청소년들과의 인터뷰와 경찰보고서를 포함한 예전 조사들에 따른다. 또한 목격자들과 범인 자신들이 경찰들에게 남긴 진술과 범죄 재판의 의사록들을 포함한다. 이것은 결과적으로 그 갱단자신들과 그 범죄에 다른 참여자들에 대한 정보를 포함한다. 이 분석은 10명에서 15명 스킨헤드 갱단의 활동적인 멤버들에 대한 1995~1996년대의 약 350건의 경찰 리포트에 근거한다. 이 분석은 아직 초기 단계이므로 여기서 제공된 관측과 해석들은 불확실하다. 하지만 개인 중심과 사회 중심적인 설명들을 모두 요구하는 스킨헤드 갱단에 속하는 이유에 대한 통찰력을 제공한다.

❁ 핀란드 어느 한 도시에서의 밴델리즘과 폭력적인 행동

정확한 정보를 얻는 것은 다소 어렵지만 요엔수 지역에 대략 150명의 스킨헤드족이 있다(Puuronen, 1996). 경찰의 보고는 15~20세 사이의 청소년이 범죄를 저지르고 범죄 활동에 가장 적극적으로 가담하고 있다고 말한다. 이 청소년들은 10명에서 20명의 멤버들이 집단이나 갱단들로 단결하는 경향이 있다. 이 갱단들은 일반적으로 모두 남성이다. 위에서 언급했듯이 특정하게 스킨헤드족이 저지르는 이 범죄들은 폭력적인 습격과 재산 파괴범죄는 밴델리즘의 한 부분이다. 개인이 저지르는 범죄의 종류는 갱단의 지위에 따라 달라진다. 몇몇 개인들은 대체로 폭력적 범죄와 습격을 저지르고 다른 이들은 재산파괴 범죄와 밴델리즘을 더 저지른다.

이런 범죄들이 자주 발생하는 지역은 보통 시장과 가까운 도시의 중심지이다. 많은 범죄들이 주로 식당에서 발생한다. 금요일, 토요일과 수요일 밤이 이 범죄들이 제일 자주 일어나는 요일이다. 범인들과 피해자 모두 대부분 취해 있으므로 알코올이 이 범죄들을 유발하는데 중요한 역할을 한다. 이는 소모성의 쾌락주의와 연결되어 있다는 것을 의미한다. 예를 들어 범인이 결과에 대해 고려하지 않고 그가 추구하는 순간적인 욕구를 만족시키려 흥분하고 충동적으로 행동하는 상황이다(Kuure, 1996). 이 욕구들은 폭력적인 행동을 통해 자기 자신의 남성다움을 확증하고 입증하려는 것이다.

스킨헤드가 저지른 범죄 중 대략 여덟에 하나는 인종차별 주의이다. 이 뜻은 피해자의 민족적 배경이나 인종은 범죄를 저지르는 문제에 자극적인 요소라는 것이다. 인종의 계통에 따른 피해자의 선택은 스킨헤드의 관념 안에 인종차별적인 사상에 대해 말해 주고 있다. 하지만 이것은 꼭 인종차별적 습격이 미리 계획된 것이라는 의미는 아니다.

스킨헤드 갱단들이 어느 소수 민족 사람들을 발견하면 그 혹은 그녀를 습격할 것이다. 이것은 그 피해자가 그 시간에 그 자리에 있지 않으므로 습격을 피할 수 있었을 것이라는 면에서 "우연한" 것이다. 반면에 밴델리즘 범죄는 대부분 미리 계획된다. 이런 범죄의 주된 자극적인 요소는 복수심이다. 이 복수심의 동기는 외국인들과 피난 자들을 위해 복지 보조금을 모집함으로 사회적 도움이 필요한 핀란드의 가정들을 가난하게 한다는 전제를 포함한다.

✿ 스킨헤드족이 되는 과정에 대한 논의: 개인 중심과 사회 중심적인 관점

스킨헤드 갱단에 참여하는 동기 부여에 대해 여러 범위의 설명들이 소개되었다. 이는 크게 사회 중심적인 관점과 개인 중심적인 관점으로 나뉠 수 있다. 사회 중심적인 설명은 변화하는 사회적 구조에 초점을 맞추고 있다. 스킨헤드족의 스타일과 상징적인 의미는 커져가는 중산층과 줄어가는 노동의 중요성에 대한 답 또는 항의로 해석된다. 예를 들어 1960년 후반에 스킨헤드는 전통적인 노동관을 경멸한다고 알려진 히피 운동에 항의했다. 줄어가는 노동자 계층의 중요성과 정치적인 좌익은 스킨헤드의 하위문화 확장에 대한 다른 요소로 보았다(Clarke, 1976). 하위문화는 도시 개혁과 이민자 무리의 쇄도로 전통적 노동자 계층의 하락을 포함한 사회적 문제로 보았다(Cohen, 1997). 또한 우리는 남성 주도권적 모습이 성별의 전통적 관점의 변화하는 지위에 대한 항의로 표현된다고 할 수 있고, 세계화와 국제화에 대한 증가하는 추세들을 위협으로 본다. 스킨헤드족은 외국인들에 대한 적의와 폭력적인 행동으로 이 현상들에 반응한다(Lähteenmaa, 1991).

노동자 계층에 속한 저학력의 청소년들은 근대화 과정에서 일반적으로 혜택받지 못하고 실직한 채로 방치되어 사회적으로 소외되었다는 점으로 종종 설명된다. 그러므로 사회 중심적 관점들은 세계화, 근대화 그리고 성별 제도 안에 사회구조의 변화가 외국인(이민자)들을 싫어하여 갱단에 참여하는 것으로 설명된다.

개인 중심적 설명들은 어떻게 이 청소년들이 스킨헤드 하위문화에 속하게 되었는지에 대한 정신 분석적 연구에서 찾아볼 수 있다. 이런 설명들은 개인적인 성격의 특징과 개인의 주체성을 강조한다(Smith, 1996; Puuronen, 1997). 예를 들어 어떤 이들은 학교에서의 놀림과 괴롭힘과 같은 어린 시절 경험들이 청소년들로 하여금 자신의 주관적인 결점을 강인한 겉모습과 폭력적인 행동으로 숨길 수 있는 강한 남성 결속 집단 안에서 은신처를 찾게 한다고 주장한다. 하지만 사회 중심적 전통들과 개인 중심적인 전통들은 개인의 주관적인 경험들과 그들의 사회적 상황들이 모두 이 하위문화에 들어가려는 동기부여에 영향을 끼친 다는 면에서 모두 중요하다고 이야기 할 수 있다.

하지만 사회 중심적 설명과 개인 중심적 설명은 스킨헤드 갱단의 참여에 도움을 주는 중요한 요소인 동시에 그것들이 왜 이 갱단이 특정한 정황에 있어서 나타나는지, 왜 어떤 사람들은 관련되고 다른 사람들은 그렇지 않은지 설명해 주지 않고 있다. 많은 청소년들은 경제적으로 불이익을 받거나 놀이터에서 괴롭힘을 당한다. 왜 이것은 오직 그들 중 어떤 사람들만 스킨헤드 갱단에 합류하게 하고 다른 사람들은 그렇지 않을까? 게다가 이런 논쟁들은 사실상 결정론적인 본질주의이기 쉽다. 그들은 특정한 상황에서 사회적 상호 작용을 근거로 사회 건설에 변화의 여지를 마련해 주지 않는다(Back, 1994).

이것을 이해하려면, 우리는 폭력의 자발적인 행동을 통해 특히 어떻게 남자다움의 개념을 통해 이것들이 강화되는지 스킨헤드 갱단의 집단 원동력에 더 시선을 돌려야 한다고 나는 주장한다. 이 범죄들에 관련된 집단 참여와 사회적 보상구조는 인종차별주의 안에 스킨헤드의 관념 원칙과 그들의 집단 원동력을 증명한다. 집단은 구체적인 행동을 강조하고 성공적인 공격적 행동 이후 칭찬과 함께 보상을 해 줌으로 개인을 행동하도록 만든다(Bjorgo, 1997). 행동들은 순간의 흥분으로 정의된다. 하지만, 이런 상황적인 동료 집단 압박의 경우는 보통 스킨헤드 갱단에 합류하는 이유들의 설명으로 인정되지 않는다(Christensen, 1994).

❁ 남자다움으로부터 권력과 폭력으로의 변화

스킨헤드는 남자다움의 생각과 가치를 강조하는 공격적인 갱단 안에서 단결한다. 스킨헤드는 새로운 의미와 중요성을 주는 어떤 물체나 생각 그리고 상징들을 주류 문화에서 가져오고 자기 자신들의 사용을 위해 적용한다. 군인 스타일 재킷, 청바지, 닥터 마틴 부츠, 삭발머리 혹은 극단적으로 짧은 머리와 문신은 남자다운 힘과 세력을 나타내기 위함이다. 갱단은 귀속화의 대상들에게 주어진 새로운 상징적 의미들과 함께 “한 문화 안에 한 문화“로 받아들여 질수 있다(Cohen,

1995).

갱단은 폭력적인 행동들과 “다른 이”를 적으로의 대상화를 통해 결속되어 있다. Juha Siltala는 그의 연구 “폭력, 행동 능력의 보증”에서 스킨헤드 하위문화로의 귀속의 논점을 검토하였다. 그에 의하면 개인은 위협적인 집단에 합류함으로 그 혹은 그녀의 무력한 느낌과 권력의 불안감에서 벗어난다(Siltala, 1995).

Tore Bjorgo는 노르웨이에서 이와 비슷한 점을 확인했다. 그는 나약함과 무력함이 청소년들을 스킨헤드 집단 쪽으로 몰아가는 요소로 설명한다. 청소년들은 이 집단 안에서 남자의 우세와 폭력의 수단을 통해 남자의 권력을 집단 안에서 찾는다(Bjorgo, 1997). 이 논제는 다른 멤버들과 함께함으로서 남성적 주체성을 찾고 확립하는 것이 쉽다고 말하는 Loren Christensen의 연구에서 더욱 강화되었다.

성 결정 과정(gender-building)은 다른 사람들의 의견들에 아주 많은 영향을 받는 상호적인 과정이다(Vesivalo, 1998). Harris에 의하면, 성 주체성은 다른 이들과 소통하면서 자신 스스로의 개념들을 다루는 사회적 건설이라고 정의하였다. 그리고 우리는 이 관점들을 사용하여 스킨헤드 갱단을 분석할 수 있다.

남자다움은 성별로부터 또는 그것의 한계들과의 관계로부터 결정될 수 있다. 남자는 공격적이고 폭력적이게 행동해야 한다. 이 개념들은 강인한 남성 주체성을 위해 노력하도록 유도한다. 스킨헤드는 남자다움을 얻고 유지하는 수단으로 폭력을 정의하였고 그것은 공격과 함께 이루어진다. 남자다움은 행동으로 표현된다. 그들의 관점에서는 “때때로 너의 감정을 표출하고 상황을 조정하기 위해서 싸움이 필요하다.”라고 한다(Siltala, 1995). 이처럼 그들은 그들의 범죄적 행동들을 무난하게 볼 뿐 아니라 집단 안에 꼭 필요하다고까지 생각한다. 그들은 남자다움을 이루기 위해 보디빌딩, 가족의 권위, 그리고 애국심 등의 다른 요소들은 사용하기도 한다.

스킨헤드 문화의 한 부분은 보디빌딩을 통해 남성 주체성을 발달시키는 것이다. 큰 근육은 청소년들에게 남성다운 힘을 보여 주고 이런 트레이닝의 종류는 공격성을 만드는 방법 중 하나이다. 보디빌딩과 폭력적인 행동들은 모두 남자다움의 표시로 여겨져 왔다. 여러 연구들이 여성들도 폭력과 범죄적 행동들을 할 여지가 있고 당연히 그들 또한 보디빌딩 문화에 속해 있을지라도 이 두 가지 요소들은 같은 식으로 여성들에게 결합되지는 않는다. 아직도 "진짜 남자"는 항상 행동할 준비가 되어 있도록 신체적으로 강인하고 또한 폭력적이며 공격적이라고 여겨진다(Bowker, 1998).

스킨헤드족은 지속적으로 그들의 신념의 정당성을 찾는다. 그들은 가정에서 남자의 전통적인 가장의 모범을 동경하기를 주장한다. 조국에 대한 애국심은 그들의 또 다른 가치이다. 이러한 방법을 통해 사회적으로 공인된 의미들을 변화시킨다. 가치는 폭력적인 방법으로 지켜져야 할 원칙들이 된다.

그들은 혼자 행동을 잘 하지 않는다. 대부분 그들의 범죄는 집단이나 2명에서 10명의 갱단이 저지른다(Bjorgo, 1997). 집단 훈련과 결속은 각 멤버가 일정량의 폭력적인 행동을 하도록 만든다. "때리거나 맞거나"의 생각은 힘을 쓰고 수동적임을 피하게 하는 허가를 준다. 하지만 아직 "즐기는 것"이 스킨헤드가 그들의 범죄적인 행동에 두는 정당화 중 하나이다. 저녁에 선정적인 싸움이 성공적이지 못했을 때 이 감정은 알코올과 마약의 사용으로 강화된다(Moore, 1994). 공유된 비밀과 집단 결속은 그들의 친구들을 폭력적인 행동으로 방어하도록 스킨헤드 청소년들을 몰아가고 있으며 또한 필요한 경우, 복수나 보복성의 폭행으로 지지되어 집단 멤버들을 서로 조정함으로 우세한 지반을 잃게 한다. 방어는 폭력을 사용할 때 남성적이고 또한 저지른 범죄를 정당화한다. 그러므로 스킨헤드족의 집단 원동력은 그들의 남성다움, 폭력적인 행동 그리고 갱단의 배경 안에서 그것의 더 나아가는 단계적 확대를 위한 이유로 보인다. 이 원동력은 왜 청소년들이 갱단을 떠나기 힘든지에 대한 또다른 이유이다.

❁ 결론

이 장은 핀란드 작은 도시에서의 스킨헤드 갱단에 대한 실험적인 연구를 통해 청소년 집단의 범죄 참여에 대한 설명들을 고찰하였다. 사회 중심적 관점들과 개인 중심적 관점들은 모두 이런 활동이 적합하지 않은 설명들로 나타났다. 반면, 나는 갱단의 자발적인 흥분으로 인한 폭력적인 행동과 갱단 멤버들 간에 관계들을 결속하도록 도와주는 남자다움의 역할을 주장한다. 다른 나라사람들을 반대하는 행동과 그들의 문화와 경제적인 자원들을 지키려는 청소년들에 대한 스스로의 자격 부여는 청소년들의 권한과 시민권의 부정적 양상이라고 볼 수 있다. 성장하는 청소년 하위문화들의 자율적인 권한과 청소년 집단들은 진보되고 반사회적인 방법들로 흘러갈 수 있다.

참고문헌

Back, L. (1994), *New Ethnicities and Urban Culture: Racisms and Multiculture in Young Lives, Race and Representation 2*, UCL Press, London.

Bjorgo, T. (1997), *Racist and Right-Wing Violence in Scandinavia. Patterns, Perpetrators and Responses*, Doctoral dissertation, University of Leiden.

Bowker, L. H. (ed.) (1998), *Masculinities and Violence*, Sage Publications, London.

Brod, H. and Kaufman, M. (ed.) (1994), *Theorising Masculinities*, Sage Publications, London.

Campbell, A. (1993), *Out of Control: Men, Women and Aggression*, Pandora, London.

Christensen, L. (1994), *Skinhead Street Gangs*, Paladin Press, Colorado.

Clarke, J. (1976), 'The Skinheads and the Magical Recovery of Community', in S. Hall and T. Jefferson (eds.), *Resistance through Rituals*, Hutchinson, London.

Cohen, A. (1955), *Delinquent Boys: The Culture of the Gang*, Macmillan, London.

Cohen, P. (1997), *Rethinking the Youth Question. Education, Labour and Cultural Studies*, Macmillan, London.

Harris, I. M. (ed.) (1995), *Messages Men Hear: Constructing Masculinities*, Taylor & Francis, London.

Heitmeyer, W. (1992), *Rechtextremistische Orientierung bei Jugendlichen: Empirische Ergebnisse und Erklarungsmuster einer Untersuchung zur politischen Sozialisation*, Juventa, Weinheim.

Knight, N. (1982), *Spirit of '69: A Skinhead Bible*, William Clowes Ltd., Beccies and London.

Kuure, T. (1996), *Marginaalin politiikkaa: Marginaalista rnurtautumisen vaihtoehtoiset strategiat* (Marginal Politics—Alternative Strategies of Breaking from the Margins),

Doctoral dissertation, University of Tampere, Department of Political Science.

Lähteenmaa, J. (1991), *Hip-hoppareita, lähiöläisiö ja kultturelleja: Nuorisoryhmistä 1980-luvun lopun Helsingissa* (Hip-hoppers, Local Kids and Culturalists: Youth Groups of the late 1980s in Helsinki), Youth Centre publication No. 1, The City of Helsinki.

Miles, R. (1994), *Rasismi (Racism)*, Vastapaino, Tampere (originally published in 1989 by Routledge, London).

Moore, D. (1994), *The Lads in Action: Social Process in an Urban Youth Sub-Culture*, Addition Studies Unit, School of Psychology, Curin University.

Perelman, C. H. (1996), *The Idea of Justice and the Problem of Argument*, Routledge, London and Henley.

Puuronen, V. (1996), 'Skineys ideologianaja toimintakulttuurina' (The Skinhead Movement as an Ideology and Action Culture), *Nuorisotutkirnus 3/96* (The Finnish Journal of Youth Research), pp. 12-18.

Puuronen, V. (1997), *Johdatus nuorisotutkirnukseen* (Introduction to Youth Research), Finnish Youth Research 2000 Programme, The Finnish Youth Research Society, Vastapaino, Tampere.

Siltala, J. (1995), 'Väkivalta toimintakyvyn takeena' (Violence as Guarantee of the Capability of Action), *Nuorisotutkimus 1/95* (The Finnish Journal of Youth Research), pp. 23-31.

Smith, P. (ed.) (1996), *Boys—Masculinities on Contemporary Culture*, Westview Press.

Suoninen, E. (1997), 'Selonteot ja oman toiminnan ymmarettavaksi tekeminen (Explanations and Making One's Own Actions Understandable), *Sosiologia 1/1997*, pp. 26-3 8.

Vesivalo, O. (1998), 'Mie miehenä: Poikien elämastä Etelä-Karjalassa' (Me as a Man: Boys' Life in Southern Karelia), in H. Helve (ed), *Nuorten arki ja muuttuvat rakenteet, Nuorisotutkimus 2000, 5/98* (Everyday Life of Young People and Changing Structures, Finnish Youth Research 2000 Programme), pp. 116-158.

제 11 장

청소년 갱단의 인종주의: 세력 다툼으로 변화된 폭력

Timo Virtanen

1990년대에 인종과 민족색은 핀란드 청소년들 사이에서 새로운 개념으로 떠올랐다. 이 시기를 특징짓는 새로운 이민동향에 의해 새로운 시민, 비시민, 그리고 부분적 시민이 핀란드 사회에 소개되었는데, 이것은 EU 이주자, 난민, 망명자 등의 형태로 나타났다. 이들 중 일부는 특별한 인종주의 과정의 대상이 되었다. 이기간 동안, 스킨헤드족[1] 같은 원거주 청소년들이 "이민자들(niggers and black heads)"을 멀리한다고 선언하거나, 소수민족 갱이 원거주 청소년들과 거리를 두

---

1) 역주: 머리를 빡빡 깎고 다니며, 극단적 외국인 혐오증을 가진 극우 민족주의자들을 러시아에선 '스킨헤드(Skin Head)족'이라고 부른다. 살이 드러날 정도로 짧게 깎은 머리 모양을 빗댄 말이다. 1990년대 중반 이후 모스크바, 페테르부르크 등 대도시에서 흑인, 아시아인, 러시아 남부 카프카스 출신 등 유색인종에게 폭력을 휘두르면서 문제가 됐다. 한때 잠잠했으나 2000년 집권한 블라디미르 푸틴 정권의 애국주의적인 성향이 이들의 활동을 부추겼다. 폭력 수위도 한층 높아졌다.

는 등, 청소년 갱단의 인종주의 현상이 나타났다. 다양한 기관과 관계자들은 이에 맞서서 일련의 반인종주의 운동을 벌였다. 이 기사의 내용은 인종주의적 폭력 문제인 스킨헤드와 소말리아 청소년들 간의 폭력다짐과 이 상황을 진정시키기 위한 경찰의 대응에 관한 것이다.

인종주의적 폭력은 여러 가지 형태를 취할 수 있고, 피부색, 인종, 국적과 민족적이고 국가적인 배경 같은 인지적인 요소들을 이유로 재산과 사람을 향한 공격으로 이루어진다. 이것은 피해자에 대한 행위가 인종적 배경 위에 벌어졌거나, 혹은 인종차별의 증거가 있다고 믿을 경우 인종차별로 여겨진다(Commission for Racial Equality, 1987). 이에 더하여, 인종차별의 개념은 대중적이고 제도적인 것들을 포함한다고 여겨진다(Back, 1994). 일반적인 인종차별은 일상생활 속에서 인종차별을 경험하는 것을 의미하지만, 어떤 인종차별의 형태는 목표물이 된 집단에 불이익을 가져다 줄 수 있는 인종 분리적인 주제나 문제, 담론을 만들어내면서, 기구나 조직내에서 작용한다. 그러나 이러한 인종차별의 형태가 개인적인 인종차별 행위에서 벗어나 좀 더 복잡한 인종차별의 형태로 확장되는 복합적인 과정으로 기능하면서 서로 맞물릴 수 있다는 증거들이 더욱 많아지고 있다.

핀란드에서 아프리카 흑인과 아랍인은 인종주의적 폭력과 괴롭힘의 대상으로, 스킨헤드는 가해자로 상징되어 왔다(Virtanen, 1996). 그리하여, 피부색에 의해 비 백인으로 정의 된 집단의 경우, 그리고 그들이 사회의 온전한 시민이 아니라고 정의될 경우, 희생 가능성은 더욱 많아진다. 그럼에도 불구하고, 폭력은 이민자와 소수민족을 향해서 뿐만 아니라, 반인종차별 주의자와 이민자들의 국내출생 친구들을 향해서도 행해진다. 특별히 청소년 이민자들은 거리나 공공장소에서 일어나는 인종차별적 폭력의 희생자로 전락하기 쉽다. 또한 그들은 경찰에 이것을 인종차별적 사건이라고 신고하는 것도 꺼려하는 듯하다. Giddens(1994)는 복합적 차별에 대해 언급했는데, 여기서 우리는 청소년들이 민족색, 사회적 계층, 그리고 인종에 의한 3중 차별의 희생자로 전락할 수 있음을 알 수 있었다. 더 최근 들어 완전한 시민권을 가지지 않은 불법 이민자들을 비롯한 망명자와 피난민들의 유입은, 이러한 복잡한 형태를 띤 좀 더 전통적인 형태의 차별과 뒤섞일 수 있는, 또 다른 차원의 차별을 유발시켰다.

핀란드에서는 이민자가 지역 스킨헤드족들에게 구타를 당하는 사건들이 다수 발생되어 왔다(Virtanen, 1998). 전형적으로, 스킨헤드족 폭력은 어떤 특정한 지역 공동체에서 견고해져 왔다. 어떤 경우에는 특정한 청소년 집단 속의 일상생활에 스며든 형태를 취하기도 하지만 향후 사라져버리기도 한다. 핀란드에서 최초의 스킨헤드 세대는 1970년대 초반에 나타났다(Luukka & Muukkonen, 1997). 피부색 개념은 자본, 소비주의, 그리고 친미주의를 신봉하는 사람들의 문화에 대항하면서 눈에 띄게 되었다. 반면에 스킨헤드족들은 가장 유명한 핀란드의 신 나치주의자인 Pekka Siitoin에 의해 구체화된 "조국", 군대, 그리고 강력한 지도자에 대한 관념을 신봉했다. 예를 들면, 폭력과 백색 권력 음악의 하위문화가 Naantali에서 출현하였지만, 1990년대 종반에 이르러 그 매력의 대부분을 잃어버리고 말았다.

1980년대에 스킨헤드족들에 대한 혐오감이 "니그로(Negro)"와 "흑인(black)" 음악과 통하는 것으로 보이는 힙하퍼(hip hoppers)와 래퍼(rappers) 같이 다른 하위 청소년 문화에서 제기되었고, 이것은 갱단들을 들썩이게 만들었다. 1990년대 초반에 핀란드로 온 소말리아 피난민들이 더욱 조직화된 스킨헤드족들에게 폭력의 목표가 되었다. 스킨헤드족들의 폭력은 혼자 있거나 작은 집단 속에 있는 피해자를 위협하는 것에서부터 칼과 다른 무기를 사용한 심각한 폭행에까지 이르렀는데, 종종 잘못된 시간에 잘못된 장소에 있는 불특정한 사람들을 목표로 한 것이었다(Virtanen, 1998). 이런 식으로 스킨헤드족들은 망명자들에게 가장 큰 위협이 된다는 메시지를 신속하게 받아들이게 하였다.

청소년 문제와 인종차별이 증가하는 상황에서 폭력과 괴롭힘의 위험에 어떻게 대응해야 하는지에 대해 지역 공동체들의 대응은 차이점을 보인다. 어떤 공동체들은 이러한 문제들이 분출되는 것을 허용하고, 다른 곳에서는 법적 · 사회적 · 문화적 통로를 통해 이 문제들에 대항하는 행동을 취한다. 예를 들면, Joensuu에서 스킨헤드 문제의 출현은 아마도 몰락하는 경제 상황과 관련이 있고, 이 공동체 내에서는 오래 전에 대응 조치에 착수했다. Mikkeli에서는 이 문제가 처음 나타난 지 2년 여가 지난 후인 1997년에만 공공 의제로 다루어졌다. 인종차별의 온상으로 분류되는 것에 대한 두려움 때문에, 인종차별 문제를 억제하기 위한 대응

조치가 경찰과 시 공무원들에 의해 착수되었다. Turku에서는 스킨헤드족들에 의한 인종차별 폭력이 1990년대 초반에 목격되었다가 1990년대 중반 상당히 감소했는데, 이것은 아마도 도시 내에 이민자들의 수가 늘어났기 때문일 것이다. 그러나 특별히 아프리카 흑인들은 아직도 Turku 시에서 일어나는 인종차별 폭력의 희생자로 전락할 위험을 안고 있다(Forsten-Lindman, 1998).

핀란드 내의 몇몇 공동체에서는 스킨헤드족들과 소말리아인들 간의 지속적인 폭력이 주기적으로 나타나기도 한다. 스킨헤드족들은 조직화된 형태로 희생자를 쫓아 적당한 장소에서 공격한다. 이것은 특정한 사람들 속에 두려움과 공포를 만들어내기 위한 의도를 나타내는 사회적 테러리즘과 일치한다(Gurr, 1989). 헬싱키에서는 더욱 조직화된 스킨헤드 활동이 1997년 초반에 전개되었다. 많이 알려진 사건은, 축구 경기 중에 Konala 출신인 40명의 스킨헤드족들이 야구방망이와 해머를 사용해 25명에서 30명의 소말리아인들을 공격한 것이다. 경찰을 불렀지만, 싸움을 막을 수 없었다. 몇몇 스킨헤드족들은 법정에서 그들이 알코올과 마약중독 상태였다고 말했다. 스킨헤드족들에 의하면, 그 공격은 지난 금요일에 벌어진 일에 대한 앙갚음이었다. 그 공격은 소말리아인들의 복수를 불렀고, 2명의 스킨헤드족이 공격당했는데, 한 사람은 칼에 찔렸다.

Konala 사건이 드문 경우라 할지라도, 그것은 사회적 관계 속에서 인종 분리의 증거로서 해석되어야 할 것이다(Willis, 1978). 청소년들은 "Niggers"와 "Black heads"들이 "안전한" 지역을 만들기 위한 정책을 인계받을 것이다. 그럼에도 불구하고, 스킨헤드족들은 핀란드 내의 자생적 연합체나 다른 노르딕 국가[2]들의 극우파와 연계되어 있는 조직화된 행동양식을 가진 신 파시스트(neo-fascist) 집단으로 분류되어서는 안 된다(Bjorgo, 1997).

헬싱키에서, 1998년 여름, 소말리아 청소년들은 스킨헤드족, 다른 이민 청소년들, 그리고 경찰에 대응하기 위해 갱단의 공격에 의지했다. 사건의 발단은 작은 말다툼이었다. 그 후에, 사복경찰이 칼에 찔려 다쳤고, 알바니아계 청소년들이

---

2) 역주: 노르딕 국가는 북유럽의 노르웨이, 덴마크, 스웨덴, 핀란드, 아이슬란드의 다섯 나라를 말한다.

50여 명의 소말리아인들에게 공격을 당했다. 이런 식으로, 민족적 갱단들이 도시 내의 구성원들을 보호할 수 있을지는 몰라도, 그들 역시 범죄를 저지르기 쉬운 태도와 기술을 배우게 되었을 것이다(Spergel, 1995). 그리하여 이것은 종종 불행하게도 소수민족 청소년들이 범죄성향이 있는 것으로 분류하도록 유도한다. 헬싱키에서 있었던 사건이 폭력의 순환고리와 싸우기 위한 청소년 운동의 가능성과 한계에 대한 토론을 유발시켰다. 그러나 그러한 방법들이 시의 청소년 담당자와 자원봉사 기관들의 연합에 의해 시작되었음에도 불구하고, 소수민족 청소년들을 위한 청소년 클럽은 아직 열리지 않았다.

종종 민족적 갈등은 증폭될 잠재력으로 인해 시민 사회에 위협으로 여겨진다. 전통적으로 폭력은 흔히 큰 무리 보다는 소규모의 친밀한 집단의 부추김으로 발생해 왔다. 일단 폭력이 시작되면, 그것은 국가권력으로부터의 억압을 합법화하고, 대중을 분열시키고 호전적인 집단을 더욱 긴밀하게 결집시킨다(Tarrow 1994). 지금까지 민족적 폭동은 핀란드에서 드물게 나타났다. 그럼에도 불구하고, 통계학적, 민족적 다양성의 부각에 대응하는 방안을 마련하는 것이 과제이다. 예를 들어, 청소년 이민자들과 경찰 간의 관계가 붕괴되는 것을 막을 수 있다는 것은 아주 중요한 것이다. 헬싱키에서는 폭력의 내력이 있는 청소년 이민자들이 폭력에 대응하는 비폭력 단체에 성공적으로 유인되고 있다. 이것은 총이나 다른 무기의 사용가능성을 줄여줌으로서 잠재적인 폭력을 감소시키는데 도움이 된다.

1990년대에 평화적인 시위에서부터 인종차별에 반대하는 락(Rock) 콘서트에 이르기까지, 반인종차별 운동이 핀란드에서 전개되었다(Virtanen, 2000). 많은 다른 유럽 국가들이 그랬던 것처럼, 지금까지 인종차별적 음악 행사가 핀란드 내의 반인종차별 주의자나 경찰과의 소규모 폭동으로 변한 적은 없었다. 불행하게도, 몇몇 사건은 핀란드 경찰이 소수민족이나 반체제문화의 구성원들을 향해 억압적으로 권력을 휘두르는 경향이 있었음을 알려준다. Reiss(1968)가 지적한 것처럼, 대중들이 흔히 생각하는 경찰의 폭력성은, 예를 들면, 폭력적 언어, 불심검문, 그리고 실제적인 폭력의 사용 등을 포함한다. 분명한 것은, 경찰력이 적절히 사용된다면, 아직까지는 핀란드에서 민족적 갈등의 발생과 맞서 싸워야 할 잠재적 기회가 있기 때문에, 경찰의 내부적인 확신이 중요하다는 것이다. 경찰의 조치는 범죄의 다면적 문제와, 특히, 청소년 집단 간의 희생을 밝히기 위한 인종차별 사건을 모니터하고 보고함으로서 시작된다. 이에 더하여, 경찰관의 훈련을 통해 더욱 전문화된 경찰력 집행과 인종차별 폭력에 대응하는 더욱 창의적인 전략의 발전을 위한 새로운 기회들을 제공해야 한다.

❁ 참고문헌

Back, L. (1994), *New Ethnicities and Urban Culture: Racisms and Multiculture in Young Lives, Race and Representation 2*, UCL Press, London.

Bjorgo, T. (1997), *Racist and Right-Wing Violence in Scandinavia: Patterns, Perpetrators, and Responses*, Tano Achsehoug, Oslo.

Brah, A. (1996), *Cartographies of Diaspora: Contesting Identities. Gender, Racism and Ethnicity Series*, Routledge, London and New York.

Commission for Racial Equality (1987), *Living in Terror: A Report on Racial Violence and Harassment in Housing*, London.

Forsten-Lindman, N. (1998), *Psycho-Social Adjustment among Somali Refugees in Finland*, Paper presented at 'Variations on the Theme of Somaliness, International Congress of Somali Studies', Turku, Finland, August 6-9, 1998.

Giddens, A. (1984), *The Constitution of the Society*, Polity Press, Cambridge.

Gurr, T. R. (1989), 'Political Terrorism: Historical Antecedents and Contemporary Trends', in T. R. Gurr (ed.), *Violence in America: Protest, Rebellion, Reform, Vol. 2*, Sage Publications, Newbury Park, CA, pp. 201-230.

Luukka, P. and Muukkonen, M. (1997), 'Erään helsinkilaisen skinijengin synty ja elamantapa' (The Lifestyle of a Skinhead Gang in Helsinki), *Nuorisotutkimus 15, 4* (The Finnish Journal of Youth Research), pp. 31-48.

Reiss, A. J. Jr (1968), 'Police Brutality: Answers to Key Questions', *Society 5, 8*, pp. 10-19. Spergel, I. A. (1995), The Youth Gang Problem: A Community Approach, Oxford University Press, New York.

Tarrow, S. (1994), *Power in Movement: Social Movements, Collective Action and Politics*, Cambridge University Press, Cambridge.

Virtanen, T. (1996), 'Oh They Say It's a Foreigner Who Made Trouble',

Siirtolaisuus-Migration 2, pp. 10–17.

Virtanen, T. (1998), 'Racist Violence from the Part of Skinheads: The Expression of Hate in Finland', in H. Helve (ed.), *Unification and Marginalisation of Young People*, Finnish Youth Research 2000 Programme, The Finnish Youth Research Society, Helsinki, pp. 172–184.

Virtanen, T. (ed.) (2000), *Youth, Racist Violence and Anti-Racist Responses in the Nordic Countries*, The Finnish Youth Research Society, Helsinki,

http: //www.alli.fi/nuorisotutkimus/julkaisut/virtanen/index.html.

Willis, P. (1978), *The Profane Culture*, Routledge and Kegan Paul Ltd., London.

제 12 장

여자청소년에 대한 성폭력과 감정 경제(Economy of Emotions)

Sari Näre

서 론

시민권에 대한 개념은 대중적인 문제와 사회운동의 변화추이에 따라 부단한 도전과 변화의 대상이 되어 왔다. 21세기 초반 이후부터는 성적 특성과 성적 본질을 시민권의 한 양상으로 보아야 한다. 그것은 마치 청소년 또는 아동들이 다른 성적 특성을 추구하고 규정할 수 있는 권리는 물론 성폭력으로부터 보호받을 수 있는 권리를 가지고 있음을 의미한다. 따라서 청소년들과 아동들을 인식하고 보호할 필요가 있게 된다. 특히 이러한 사실은 성폭력의 희생자가 될 가능성이 가장 많은 여자 청소년들에게 적용된다. 이 장에서는 성적 권리를 인식하고 보호하는 것에 대한 문제를 다루게 된다.

1990년대에 핀란드의 성문화에 있어서 상업적 영향이 강화되었다. 부분적으로는 성매매가 확산되었기 때문에 어린 소녀들과 여성들은 성적으로 그리고 언어적으로 어느 때보다도 더 공격을 당하게 된다. 안전을 보장 받을 아동들의 권리는 성에 대한 자유주의론자의 풍토(Näre, 1995, 1998)가 만연된 사회에서는 보장을 받지 못한다. 어떤 연구에 의하면(Kelly, 1988; Stanko, 1990) 여성들에 대한 폭력은 살아가는 데 있어서 평범한 한 부분이며 성폭력을 한 시대의 새로운 요소이자 동시에 문화적으로 특수한 요인으로 설명한다.

이 장에서는 사춘기 그리고 10세에서 20세에 이르는 청소년에 대한 성폭력에 대한 문제를 다루게 된다. 본 연구를 위해서 헬싱키에 소재하고 있는 강간을 당한 여성들에 대한 구조 센터의 전화 보고를 이용하였다. 이 곳의 이름은 "Raiskauskiisikeskus Tukinainen"이며 여기에 소개된 자료는 총 2,791편의 보고에서 선정하였는데 연구의 목적을 위해 본 자료를 컴퓨터로 처리하였다. 소녀와 여자 청소년으로부터의 전화 통화는 299통이었으며 그다지 특수한 경우가 아니거나 전문적 상담을 필요로 하는 전화 통화는 본 연구에서 배제하였는데, 본 연구에서 다루고 있는 전화 통화수는 261 통화이다.

이러한 종류의 전화 통화를 사용하는 것과 관련하여 다소의 문제가 있었다. 수신자와 발화자 간에 전화로 접촉함에 있어서 정신적 치료의 특징 때문에 모든 정보를 체계적으로 수집하지 못했다. 전화를 받는 상담자는 직접적으로 질문을 던질 수 없었고 상대자가 기꺼이 제공하는 정보만을 전화 상담 후에 기록한 내용에 근거하여 기록할 수 있었다. 그러므로 아주 정확한 비율을 열거한다는 것은 큰 의미가 없지만, 그럼에도 불구하고 어린 소녀와 여자 청소년들이 성폭력에 직면했을 때 어떻게 반응하는 가에 대한 일반적인 사항들을 제시할 수 있었다.

✿ 감정의 경제

필자의 박사 논문(Näre, 1995)에서 감정의 경제를 성별 체계의 한 부분으로서 그 개념을 사용하였다. 필자의 논문에 의하면 성별 체계에는 네 가지 단계가 있다. 즉, 생물학적 · 심리학적 · 사회적 · 문화적 단계이다. 감정의 경제는 성별 체계의 심리적 단계와 관련되어 있다. 성별 체계의 심리적 단계는 일종의 중간 매개자로 또는 성별 체계의 사회적 · 문화적 단계를 상호 연결해 주는 역할을 하게 된다. 그것은 정서와 감정의 경제에서 생산, 발전한다. 이러한 종류의 경제에서는 친근하면서도 개인적 관계를 내포하게 된다. 보다 많은 접촉과 의사 교환의 기회를 가지면 가질수록 그만큼 감정의 경제는 강화된다. 정서와 관련된 경제 중에 가장 강한 경제는 일반적으로 가족으로부터 개발되며 가족이란 사랑과 폭력의 장소가 될 수 있다. 감정의 경제에서 가장 중요한 요인은 개인적인 자신감의 정도가 된다.

성적 분리－특히 노동의 분리－에서는 감정의 경제에서 성적 분리와 연결된다. 정서적 구분을 통해서 한편으로는 관심으로 이어질 수도 있지만 동시에 다른 한편으로는 폭력으로도 이어질 수 있다. 보다 전통적인 가족 문화에서 여성은 관심과 보호의 대상으로 표상되며, 남자는 잠재적으로 폭력을 발휘할 수 있다. 이는 진부하면서도 필연적인 이분법의 한 부분이 되는 것이다. 현대사회에 있어서 이런 종류의 구분은 붕괴되기 시작했으며 심지어는 부작용을 유발하고 있다. 근무지에서 그리고 개인적 생활에서 의사 교환과 협상에 대한 가치 비중이 증가되는 사회에서 정서적 기술이 결여된다면 사회적으로 고립될 수 있는 위기에 이를 수도 있다. 그리고 이러한 현상은 여자 청소년에서 보다 남자 청소년에게서 더 자주 빈번하게 나타날 수 있다. 이와는 대조적으로 여자 청소년은 비공식적인 소녀의 부분으로서 아주 효과적으로 정서적 기술을 개발하게 된다(Näre & Lähteenmaa, 1992).

감정의 경제에는 개인 상호간 또는 개인 내부에서도 인간 내부적 관계를 포함하게 된다. 이것이 의미하는 바는 감정의 경제는 동시에 발생하는 상호간의 관계는 물론 개인의 심리적인 경험으로 구성되어 있다. 정서적 문제의 (예를 들어 근무 장소에서) 그 기원에는 심리적인 면이 있다. 마찬가지로 성폭력은 그 원인이 정서적으로 고립됨으로 인해서 일어날 수도 있다. 이 글에서 나는 감정 경제의 개념을 개인의 상호작용을 구성하고 있는 문화적 개념에서라기보다는 오히려 심리적 개념으로서 사용하고 있다.

감정의 경제를 강간을 해석하고 분류함에 있어서 그 시작점으로 삼고 있다. 필자는 강간의 기본적 형태를 6개의 기본적 범주로 분류하고 있는데, 그 분류는 강간이 발생한 경우 감정의 경제의 강도에 근거하여 분류한 것이다. 아래에서는 강간의 형태를 제시하고 감정의 경제의 관점에서 강간의 형태에 따른 특징을 관찰한 내용을 열거하였다. 개인의 사생활을 보호하기 위해 특정사안에 대해서는 구체적으로 언급하지 않았다.

1. 가족 내에서의 성폭력

감정의 경제는 가족 내에서 아주 견고하면서 동시에 강하다. 가족 내에서 대다수의 성적 학대 사례가 발생한다는 것을 알 수 있다. 모두 합해 그 사례의 수가 77건이나 된다. 거의 모든 경우에 30% 정도는 이런 종류의 성폭력에 해당된다. 이 경우에 성폭력 가해자는 아버지, 의붓아버지, 어머니의 남자 친구, 피해자의 사촌이나 남자형제가 된다. 두 가지 경우에 있어서 성폭력 가해자는 아버지의 여자 친구이고 한 가지 사례에서는 여자의 어머니였다.

가족 내에서 일어나는 성폭력은 다른 모든 성적 학대의 피해 중에서 희생자에게 가장 큰 해를 주고 있는 것 같다. 피해자는 감정의 강도로 인해 근친강간을 당하고 난 후에 정신적으로 매우 힘들어 하는 것 같다. 근친강간으로 인한 정신역학에 있어서 강간을 당한 아동은 피해 사실을 가족에게 비밀로 해야 한다. 그 이유는 이러한 피해 사실이 청소년의 성인으로의 성장에 있어 매우 부정적인 영향을 미치기 때문이다(Kajamaa, 1994; Varilo & Linna, 1993 참조).

여자 아이가 성폭력을 당한 후 그리고 가족 내에서 강간을 당한 후 겪는 전형적인 정서적 증상은 각각 다른 종류의 공포, 수치, 죄의식, 악몽, 불면증, 불안장애 그리고 우울을 경험하게 된다. 우울함으로 인해 한편으로는 자기 파괴, 자살 시도로 이어질 수가 있으며, 다른 한편으로는 타인에 대해 공격적이고 분노를 표시할 수 있다. 강간을 당한 후에 정신병원에서 시간을 보내야 했던 소녀들이 있다. 이 경우 심지어는 2년에서 3년간 병원에서 지내야만 했다. 근친상간은 정신장애, 알코올 중독 또는 약물 복용의 요인이 될 수도 있다. 필자가 제시한 자료에서 열 가지 경우만 보고하였다. 그러나 법정에서는 근친강간의 사례는 거의 인지하지 못하였다. 핀란드 아동의 경우 아마도 1%에 해당되는 아동이 그러한 종류의 성폭력을 당하고 있음에도 불구하고 가족 내에서의 성폭력은 우리 사회에서 여전히 가려져 있다고 볼 수 있다(Sariola, 1993 참조).

2. 친한 사이에서 발생하는 성폭력

친한 관계는 다른 관계와 비교해서 볼 때 예외적이다. 그 이유는 가까운 관계에 있어서도 성적 관계가 포함될 수도 있기 때문이다. 서로 가까운 사이에서 발생하는 성폭력은 감정의 경제에서 발생하는 성폭력의 종류에 속한다. 이것은 남자 친구와 남편에 의한 강간이 이루어진다는 것을 의미한다. 자료에서 보면 15개의 사례, 즉 6%가 이런 종류의 강간에 해당되었다. Sue Lees(1989, 32)에 의하면 여성의 의무는 남성의 성적 요구에 대해 책임을 지고 있다는 것이다. 여자 아이와 성인여성들은 성적인 문지기(gatekeeper)(Koss & Cleveland, 1997; Bareman, 1991)로 여겨진다. 이것은 여성들이 친근한 관계에서 벌어지는 성폭력을 숨기려는 경향 때문에 나타나는 것이다. 여성들은 남성의 행동에 대해 죄의식과 수치심을 느끼게 된다. 사실상 여성들에게 있어 감정의 적절한 통제는 개인이 가지는 하나의 명예에 있어 중요한 부분이 된다(Näre, 2000).

아동들도 마찬가지로 부모 간에 벌어지는 성폭력으로 인해 고통을 받는다(Sundholm, 1993 참조). 이러한 고통을 받은 아동들은 나중에 배우자를 선정하는 데 어려움을 가지게 되는 눈에 보이지 않는 희생자들이다. 여자 청소년들은 나이가 든 여성에 비해 친근한 사이에서 나타나는 성폭력을 더 많이 당하는 경향이 있다(Heiskanen & Piispa, 1998). 전형적으로 여성들은 이런 종류의 사례에 질겁하게 되고 처음에는 성폭력을 단지 일시적인 정신 장애로 생각하지만 불행하게도 시간이 경과하면서 더욱 악화된다(Näre, 1994; Husso, 1994; Viano, 1995; Dutton, 1995 참조).

친한 사이에서 벌어지는 성폭력은 여자 청소년 또는 여성이 친구나 남편에게서 떠날 때 발생하기 시작할 수 있다. 일반적으로 여자 청소년이 남자 친구를 떠나게 될 때는 그 남자가 폭력적이기 때문이다. 그래서 많은 경우에 여자 친구를 강간함으로써 복수를 하려고 한다. 이런 사례에 있어서는 실제로 사귀고 있을 때에 비해 경찰에 알리기가 용이하다. 친근한 사이에서 일어나는 성폭력은 일반적으로 알리지 않게 된다. 성폭력을 당한 여자 아이가 그 상대자와 감정의 경제의 틀 안에서 함께 산다면 경찰에 알린다는 것이 어렵다.

3. 권위적 위치를 악용한 성폭력

8% 즉 21건의 성폭력이 다른 종류의 권위적 존재에 의해 저질러졌다. 이러한 권위적 존재는 아동을 돌보는 부모와 유사한 위치에 있는 존재들이다. 이것이 의미하는 것은 강간이 감정의 경제 속에서도 발생한다는 것이다. 성폭력을 당한 여자 아이의 연령이 낮을수록 성폭력에 의한 피해는 그만큼 더 크다.

이러한 종류의 성폭력 가해자는 자신들의 직업적 또는 경제적 지위를 악용하게 된다. 교사일 수도 있고, 청소년 근로자, 의사, 안마사, 간호사, 직장의 고용주, 집주인 등이 이러한 성폭력의 가해자가 될 수도 있다. 성폭력의 강도는 함께 지내는 시간의 정도에 따라 강해진다. 함께 거주하면서 아이를 보살피는 것에서부터 하루 종일 함께 지내면서 돌보는 것, 가끔씩 돌보는 경우에 이르기까지 연속성이 존재한다. 성폭력의 위험도는 가끔 돌보는 경우에서 보다 빈번하다(Ward, 1989 참조). 또한 강간은 언어적 폭력으로 시작되어 나중에는 연속적인 성폭력으로 이어진다(Kelly, 1988).

성폭력 가해자는 우정이나 자신들의 목적을 추구하고 있을 때 믿음에 대한 정서를 악용한다. 비밀을 지키는 관계에서의 성폭력 가해자는 성폭력 피해자의 정서적 믿음의 경계선을 피해자가 거의 의식하지 못하는 방법으로 무너뜨리는 경향이 있다. 어린시절과 사춘기에 성폭력이나 근친강간의 관계에서 지낸 삶으로 인해 여자 청소년이 되었을 때 여자 아이들을 비형식적 문화(Sundholm, 1989, 66)를 공유하는 순진무구한 환상으로부터 배제시켜 버리게 된다(Saarikoski, 1999). 몇몇 젊은 여성들은 그러한 범죄에 대해 기꺼이 알리지만 일반적으로 그 범죄가 발생해서 여러 해가 지난 후에야 알리게 된다.

4. 면식범에 의한 성폭력

52건 즉 20% 정도가 친구, 이웃, 직장 동료에 의해 성폭력이 일어난다. 이런 종류의 성폭력은 감정의 경제의 경계선에서 발생한다. 여자 아이를 강간한 자가 같은 또래의 남자 아이들인 경우가 많다. 예를 들어 같은 이웃 또는 같은 학교의 남자 아이들이다. 두 가지 사례에서 같은 학교에 다니는 여자 아이가 알고 있는 남자 아이에 의해 학교 근처에서 강간이 벌어졌다.

어린 여자 아이들에 대한 강간 중 매 7건에 대해 한건 정도가 집단강간이며, 강간을 범한 자들은 강간을 당한 희생자에게 어느 정도 익숙한 자들이다. 집단강간은 예상했던 것보다 더 자주 일어났다. 이러한 형태의 강간은 대개의 경우 성 경험을 가져 보지 못한 여자 아이들이 당했다. 집단강간은 정신적으로 충격이 매우 크며 피해자의 정서적 삶을 고립시키는 충격을 준다. 집단강간은 남자들의 사교 클럽을 포함하는 경우가 종종 있다(Martin & Hummer, 1993).

불행하게도 나이가 더 들고 친숙한 남자가 사춘기 소녀를 강간하는 사례가 종종 있다. 이러한 것은 그 여자 아이에게는 충격으로 나타나며 사람들에 대한 신뢰감을 상실하게 할 수도 있다. 보통의 여자 아이들이 가지고 있는 문화는 일반적으로 감정의 경제를 지원할 수 있도록 방향이 설정되어 있다. 즉, 여자 아이들은 그들의 문화(Näre & Lähteenmaa, 1992)에서 많은 정서적 기술을 습득하게 되며 타인을 신뢰하고 다치게 하지 않으려는 경향을 성인들이 악용하여 강간을 하게 된다.

얼굴을 알고 있는 사람들은 얼굴을 모르는 강간자와 마찬가지로 여자 아이가 술에 취해있거나 잠들어 있을 때 강간을 시도할 수 있다. 때때로 강간을 범하는 자는 (특히 모르는 자인 경우) 권총, 칼, 마약과 같은 무기를 이용한다. 강간을 범할 때 일반적인 한 가지 방법은 물리적 힘과 뒤에서 기습적으로 가하는 것이다. 이에는 강간대상자를 뒤에서 목을 조르거나 찌르거나 때로는 공갈로 협박을 하기도 한다.

5. 친숙해지는 단계에 발생하는 성폭력

32건 즉 12% 정도의 강간이 감정의 경제의 경계선에서 발생하고 있는데, 이는 핀란드 성문화에 있어서 아주 특수한 특성을 나타낸다. 이러한 유형의 강간은 처음 서로 사귀는 과정에서 발생하는 경우이다. 어린 여자 아이가 남자를 처음 만나는 날에 아니면 그날 저녁에 상대를 좀 더 알기 위해, 아니면 달리 갈 곳이 없기 때문에 함께 어울리게 되는데 대개의 경우 식당에서 식사를 하고 난 후에 상대방의 집에 간다. 그렇지 않으면 때로 거리나 다른 공공장소로부터 벗어나서 그와 함께 어울리게 된다. 이런 종류의 직접성(directness)은 모든 문화에서 전형적인 것은 아니다. 사실상 신뢰감에 기초를 둔다. 즉, 남성들의 성적 욕구를 통제할 수 있다고 믿는다. 첫날 저녁에 서로 알고 지낸다는 것은 그 사람을 알게 된다는 것을 의미하고 때로는 항상 그런 것은 아니지만 사랑을 하게 될 가능성을 의미한다. 그 남성과 교재를 하기에 앞서 여성은 그 상대방에게 섹스를 원하지 않는다고 말할 수도 있을 것이다. 그녀는 단지 상대 남자를 좀 더 알고자 하거나 밤새 함께 지내게 될 경우 아주 드물게 그 여자 아이는 비록 남자의 행동이 맘에 들지 않지만 섹스를 하도록 방향이 정해져 있다.

그러므로 이런 종류의 강간은 남자가 여자 아이로부터 사랑한다는 말을 듣지 못할 때 발생하게 된다. 그 남자는 여자의 말을 고려하지 않게 되고 강제로 섹스를 하게 된다. 대부분의 경우에 이것이 의미하는 것은 남자는 상대방에게 동의를 구하지 않는다는 점이다. 또는 어떤 경우에 있어서는 여자 아이가 동의에 대해 협의하거나 해결할 수 없는 결과에서 비롯되는 것이다. 이 경우 남자는 공격적으로 변하기 시작하며 그 여자 아이가 거절을 하게 되면 무력과 폭력을 사용하게 된다. "안 돼"라는 말은 결국 물리적 폭력으로 인해 "예"라는 대답으로 변하게 된다.

동의를 구하고 협상하는 것은 특히 성별에 대한 다른 체계를 가지고 있는 외국 남성과 관련하여 어려운 것 같다. 알기 시작하면서 발생하는 강간의 40%정도는 외국인에 의해 저질러진다. 이 중 대부분은 성차별 문화에서 나오는 것으로 주로 이슬람 문화에서 남성과 여성이 상호보완을 해 주는 관계에서 비롯된다. 상호 보완적인 성 문화에 있어서는 의도의 의미는 시간과 장소에 의해 아주 강하게 구조화되며, 남성들에게는 시간과 장소의 의미가 여성의 의사표시보다 더욱 중요한 의미를 가지게 되는 이유가 된다(Näre, 1995 참조). 그러나 필자의 자료에서 이러한 유형의 성폭력이 소위 강간자료에는 나와 있지 않다는 것은 흥미로운 일이다(Levy, 1999 참조).

6. 낯선 사람에 의한 성폭력

24% 모두 합쳐 64건의 성폭력이 감정의 경제의 범위 밖에서 발생한다. 이것이 의미하는 바는 모른 사람이 성폭력을 저지른다는 것을 의미한다. 정서의 유기적 구조 범위 밖에서 발생하는 성폭력은 나이든 여성의 경우 보다 사춘기나 어린 소녀의 경우 더욱 자주 발생한다(Honkatukia, 2000). 전형적으로 이러한 사례는 공적인 장소에서 일어나며 성폭력을 당하는 희생자는 뒤에서부터 공격을 받게 된다. 기습적 공격은 또한 식당, 공중전화 박스, 화장실과 같은 제한된 공간에서도 발생할 수 있다.

이런 종류의 성폭력, 강간, 언어폭력(언어폭력에 대해서는 필자의 자료에서는 실제로 언급하지 않았다. 그 이유는 너무나 자주 발생하는 일이기 때문이다)은 개인의 장소보다는 공공장소에서 보다 자주 발생한다. 소위 공포스런 지리적 상황에서는 여성은 어른이건 아이이건 간에 혼자 다니는 것을 피하도록 한다(Koskela & Tupminen, 1995). 공공장소는 숲, 공원, 길거리, 해수욕장은 물론 학교, 식당, 자동차, 선박 등도 해당될 수 있다. 자동차와 선박의 선실은 개인적인 공간이 될 수도 있다. 하지만 상대 여자 아이를 자동차나 선실 안으로 데려간다는 것은 강제적으로 데려가는 것이다. 즉, 공공의 장소에서 개인의 장소로 데려가는 것이다.

공격자가 알려지지 않는 절반정도는 물론 알기 시작하면서 공격이 일어나는 경우에는 경찰에 보고되어 왔다. 이런 종류의 사례는 가장 용이하게 범죄수사 체계에 의해 인지된다. 희생자에 대해 가장 위협적인 성폭력의 형태는 가족 내에서 벌어지는 성폭력이다. 그 이유는 그러한 성폭력이 정서구조에 있어서 가장 깊게 침투하기 때문이다. 강간에 대한 공식적인 해석은 일반적으로 낯선 자에 의한 정서구조의 외부에서 발생한다는 사실이다.

경찰과 사법당국에서는 의학적 검사를 통해 확보된 성폭력에 대한 증거가 있을 경우 그리고 상대방을 전에 알지 못했다면 희생자의 말을 더욱 믿게 된다. 따라서 성폭력을 당한 여성은 법적 판단을 받기위해 매우 강하고 이성적이어야 한다. 강간을 당한 후에 샤워를 해서는 안 된다(샤워하는 것은 일반적으로 가장 먼저 그리고 자동적으로 이루어지는 행위이다). 그리고 증거를 파기해서는 안 된다. 즉시 조사를 받기 위해 가야 한다. 그러나 에이즈나 성병의 위험이 있을 경우에 질 내부에 또는 피부에 액체를 주입하거나 또는 조사에 필요한 액체를 사용하게 되면 더 위험할 수도 있다. 조사 그 자체가 어떤 경우에는 점액에 해를 줄 수도 있다. 따라서 강간을 당한 여성이 강간에 대한 증거를 제시한다는 것이 어렵다. 많은 위험이 포함될 수 있기 때문이다.

❁ 강간을 당한 후에

강간을 당한 후에 일어나는 전형적인 공포는 성병에 걸릴 가능성에 대한 두려움이다. 실제로 강간을 당한 여성 중에는 그 상대로 인해 성병에 걸리기도 하였다. 성병검사 결과를 기다리는 시간은 자살 시도를 할 수 있는 가장 위험한 시기이다. 이 데이터를 보면 두 여성이 강간으로 인해 임신을 하기도 하였다.

근친강간인 경우에는 영구적인 정신 장애, 자살 시도, 알코올 중독, 마약복용이 다른 성폭력으로 인한 결과와 비교할 때 가장 많이 일어나는 결과이다. 스트레스로 인한 정신 장애, 수치심, 죄의식, 그리고 공포 등은 성폭력을 당한 어린 사춘기 소녀들에게 나타나는 영구적인 상처이다. 강간을 당하거나 성폭력 피해를 당하게 되면 학교수업에 집중하기가 매우 어려워지며, 성폭력이나 강간에 대한 경험을 잊으려고 해도 장차 남자 친구와 섹스를 하게 될 때 쉽게 그 생각이 떠오르게 된다. 강간으로 인해 애인과의 관계를 깨뜨릴 수 있다. 그 이유는 남자 친구가 그 여자 청소년의 정신적 충격을 다루는 방식에 대해 지지하지도 이해하지도 않기 때문이다.

성폭력을 당한 후에 가장 도움을 줄 수 있는 사람은 여자 청소년의 어머니인 것 같다. 구조 센터에 도움을 요청하는 대부분의 사람은 성폭력을 당한 어머니들이다. 그리고 그들 자신이 도움을 줄 수 있다. 딸이 당한 성폭력으로 인해 어머니 자신이 당한 성폭력을 일깨워 주게 되며, 같은 종류의 경험을 겪은 경우에는 자신의 딸을 돕기 위해 정신적 충격을 해결하려고 노력하게 된다. 그러므로 어머니는 이러한 종류의 정신적 충격을 해결할 수 있는 가장 중요한 역할을 하게 된다.

여자 청소년에게 가장 큰 해를 줄 수 있는 상황은 그 여자 청소년의 어머니(때로는 아버지도 마찬가지로)가 딸을 나무라고 믿으려고 하지 않는 경우이다. 특히 이러한 경우는 근친강간의 경우 그러하다. 어머니는 자신의 파트너에 의해 저질러진 성폭력에 대해 감추려고 한다. 딸이 어머니에게 의지하지 않으려고 한다면 자신의 경험에 대해 말하려고도 않을 것이며, 정신적 충격을 받고 있는 상태로 혼자 괴로워 할 것이다. 아마도 일생 동안 받은 상처를 일생 동안 지고 살아가야만 할 것이다. 심한 경우에는 병원 아니면 감옥에서 보내게 된다.

❁ 결론

감정의 경제와 관련된 여러 가지 성폭력에 대한 유형을 살펴보았다. 성폭력을 신고할 수 있는 가능성, 경찰과 사법당국에서 접수하고, 성폭력을 당한 후에 정신과적 치료를 위한 적절한 치료, 이 모든 것은 정서의 유기적 구조에 달려있다. 성폭력을 인지할 경우 성폭력을 당한 여성이 신고를 하고 처리해야 한다. 성과 관련된 시민권이 의미를 가질 수 있는 경우는 성폭력 가해자에 대한 요구를 주장할 수 있도록 지원하는 경우이다.

❁ 참고문헌

Antikainen, J. (1994), *Lasten seksuaalinen hyvaksikdytto: Ammatilliset haasteet ja työorientaatiot* (Sexual Abuse of Children: Professional Challenges and Work Orientations), STAKES research 46 (National Research and Development Centre for Welfare and Health), Helsinki.

Bateman, P. (1991), 'The Context of Date Rape', in B. Levy (ed), *Dating Violence, Young Women in Danger*, The Seal Press, Englewood.

Calam, R. and Franchi, C. (1989), 'Setting Basic Standards', in W. Stainton Rogers, D. Hevey and E. Ash (eds.), *Child Abuse and Neglect. Facing the Challenge*, The Open University Press, London.

Dutton, D. G. (1995), *The Domestic Assault of Women: Psychological Profile*, Basic Books, New York.

Heiskanen, M. and Piispa, M. (1998), *Usko, toivo, hakkaus: Kyselytutkimus miesten naisille tekemdstä väkivallasta* (Faith, Hope, Beating: Questionnaire about Men's Violence towards Women), Statistics Finland and Council for Equality, Helsinki.

Honkatukia, P. (2000), 'Tytot ja seksuaalisen väkivallan jatkumo' (Girls and Sexual Violence), in P. Honkatukia, J. Niemi-Kiesiläinen and S. Näre (2000), *Nuoriin tyttoihin kohdistuva seksuaalinen lahentely ja väkivalta* (Sexual Harassment and Violence towards Young Girls), The Finnish Youth Research Network, Helsinki.

Husso, M. (1994), 'Parisuhdeväkivalta ja pahoinpidelty ruumis' (Violence in Intimate Relationships and a Manhandled Body), in S. Heinamaa and S. Näre (eds.), *Pahan tyttaret: Sukupuolitettu pelko, viha ja yalta* (The Daughters of Evil: Gendered Fear, Anger and Power), Gaudeamus, Helsinki.

Kajamaa, R. (1994), '"Kaikesta hyvasta joutuu maksamaan:" lnsestin psykodynamiikkaa' ("You Have to Pay for Something Good:" The Psychodynamics of Incest), in S. Heinämaa and S. Näre (eds.), *Pahan tyttaret: Sukupuolitettu pelko, viha ja yalta* (The Daughters of Evil: Gendered Fear, Anger and Power), Gaudeamus, Helsinki. Kelly, L. (1988), Surviving Sexual Violence, Polity, London.

Koskela, H. and Tuominen, M. (1995), 'Yokaupunki—pelon kaupunki' (Nighttown—The Town of Fear), in J. Lähteenmaa and L. Mäkelä (eds.), *Helsingin yö* (Helsinki by Night), City of Helsinki Urban Facts, Helsinki.

Koss, M. P. and Cleveland, H. H. (1997), 'Stepping on Toes: Social Roots of Rape Lead to Intractability and Politicization', in M. D. Schwartz (ed.), *Researching Sexual Violence against Women: Methodological and Personal Perspectives*, Sage

Publications, London.

Lees, S. (1989), *Growing up Good: Policing the Behaviour of Girls in Europe*, Sage Publications, London.

Levy, B. (ed.) (1991), *Dating Violence, Young Women in Danger*, The Seal Press, Englewood.

Martin, P. Y. and Hummer, R. A. (1993), 'Fraternities and Rapes on Campus', in P. B. Bart and E. G. Moran (eds.), *Violence against Women: The Bloody Footprints*, Sage Publications, London.

Näre, S. (1994), 'Pakenevat prinssit: Naisvihaajan muotokuvia' (Escaping Princes: Portraits of a Womanhater), in S. Heinämaa and S. Nare (eds.), *Pahan tyttäret: Sukupuolitettu pelko, viha ja yalta* (The Daughters of Evil: Gendered Fear, Anger and Power), Gaudeamus, Helsinki.

Nare, S. (1995), *Etnopsykoanalyyttisia näkökulmia sukupuolikulttuuriin, Sosiologian laitoksen tutkimusraportteja 229* (Ethnopsychoanalytical Perspectives on Sex Culture, Research Reports of the Department of Sociology 229), Helsinki University Press, Helsinki.

Näre, 5. (1998), 'Seksuaalipoliittinen libertarianismi ja egalitarismi' (Sexual Political Libertarianism and Egalitarianism), in K. Ilmonen (ed), *Moderniteetti ja moraali* (Modernity and Moral), Gaudeamus, Helsinki.

Näre, S. and Lähteenmaa, J. (eds.) (1992), *Letit liehumaan! Tyttokulttuuri murroksessa* (Shake Your Hair! Girls' Culture in the Process of Change), Finnish Literature Society, Helsinki.

Saarikoski, H. (1998), 'Tyton maineen käsite ja huoraksi leimaamisen kansantapa' (The Concept of Girl's Reputation and a Folkhabit to Stigmatise Someone as a Whore), in T. Koskinen (ed.), *Kurtisaaneista kunnian naisiin* (From Courtesans to Women of Honour), Helsinki University Press, Helsinki.

Saarikoski, H. (1999), 'Tyton rakkaus ja hapea huoran maineen säatelemina' (Girl's Love and Shame Controlled by the Reputation of Whore), in S. Näre (ed.), *Tunteiden sosiologiaa I: Elämyksiaja laheisyytta* (The Sociology of Emotions I: Experiences and Intimacy), Finnish Literature Society, Helsinki.

Sariola, E. (1993), 'Seksuaalinen hyvaksikaytto ja väkivalta kodeissa' (Sexual Abuse and Violence at Home), in *Miten auttaa lasta: Lapsen fyysisen ja seksuaalisen pahoinpitelyn tutkirnus ja hoito* (How to Help a Child: The Research and Cure of Physical and Sexual Violence of Childen), Lastensuojelun keskusliiton julkaisuja 89 (Central Union for Child Welfare), Helsinki.

Stanko, E. (1990), *Everyday Violence: How Women and Men Experience Sexual and*

Physical Danger, HarperCollins, London.

Sundholm, S. (1989), *Insesti* (Incest), Gaudeamus, Helsinki.

Sundholm, S. (1993), 'Seksuaalisen hyvaksikayton kohtaaminen' (Facing Sexual Abuse), in *Miten auttaa lasta: Lapsen fyysisen ja seksuaalisen pahoinpitelyn tutkimus ja hoito* (How to Help a Child: The Research and Cure of Physical and Sexual Violence of Childen), Lastensuojelun keskusliiton julkaisuja 89 (Central Union for Child Welfare), Helsinki.

Varilo, E. and Linna, L. (1993), 'Lasten seksuaalinen vaärinkaytto' (Sexual Abuse of Children), in *Miten auttaa lasta: Lapsen fyysisen ja seksuaalisen pahoinpitelyn tutkimus ja hoito* (How to Help a Child: The Research and Cure of Physical and Sexual Violence of Childen), Lastensuojelun keskusliitonjulkaisuja 89 (Central Union for Child Welfare), Helsinki.

Viano, E. (ed.) (1995), *Intimate Violence: Interdisciplinary Perspectives*, Hemisphere, London.

Ward, A. (1989), 'Caring for Other People's Children', in W. Stainton Rogers, D. Hevey and E. Ash (eds.), *Child Abuse and Neglect: Facing the Challenge*, The Open University Press, London.

제 13 장

전략적 해석으로서 외국인: 이민자들에 대한 핀란드 청소년들의 태도

Leena Suurpää

모든 사람들이 피해자는 아니다(Modood, 1990, 95).

❁ 서론

이주의 경험이 별로 없는 국가인 핀란드에는 오랜 시간에 걸쳐 정립된 이민 정책이 없다; 또한 핀란드 사람들은 문화적으로 다른 사람들과 함께 사는 방법에 대해 명확하게 합치된 일반적인 합의를 가지고 있지도 않다. 이 국가는 다양한 정책 입장들과 그들과 연관된 축적된 이미지와 함께 외국 이주자들의 일상 속에서 다양한 삶의 이야기들이 거미줄과 같이 서로 얽혀져 있다. 1990년대에 이르러 핀란드는 국가 내에서의 이주자들의 위치와 더불어 이민 정책이 심각한 고려를 필요로 하는 상황에 직면하게 되었다. 이것은 이주자들이 직면하게 될 일상의 태도에 관한 것이다.

이러한 사회적이고 문화적이고 정치적으로 도전적인 화제를 개념화하기 위해 우리는 어떤 종류의 해석적인 관점을 사용할 수 있는가? 이민자들의 이미지가 어떻게 형성될 것인가? 이민자들에 대해 듣고 있는 이 모호하고 다양하고 혼동되고 확실치 않은 보고들에 대해 우리는 어떤 바람직한 해석을 할 수 있을 것인가? 이러한 질문들이 바로 내가 이 글에서 언급할 것들이다.

이 장이 근간으로 하는 경험적인 학술조사들은 헬싱키에 살고 있는 17세에서 19세 사이의 청소년들을 대상으로 1997년 겨울에 행한 인터뷰로 구성되어있다[1]. '이민자에 대한 청소년들의 진술'이라는 나의 특별한 흥미 때문에, 그리고 '조사 주제의 규범적인 본질'이라는 가치 때문에 나는 미리 정해진 구조화된 질문이 없는 열린 집단 토론 모델을 적용했다. 그렇다고 이 인터뷰들이 완전히 "즉흥적"이라는 말은 아니다; 나는 시작점을 제공하고 주요 질문들을 제시함으로써 토론에 영향을 주었다. 이러한 방식으로 나는 이민자들과 관련된 논쟁점들이 청소년들의 의견과 생각 그리고 경험들이 어떻게 형성되는지를 분석할 수 있었다. 이러한 개념들을 개별적으로나 집단으로 구분 지을 수는 없다: 그것은 내 관심의 중심에 있는 두 가지 견해 사이에서 나타나는 현상들과 같다. 그 해석 과정은 어떤 사회적 환경, 인터뷰에서의 구체적인 상호작용, 그리고 개인적인 삶의 세계 사이의 상호작용에서 발생한다.

이 장은 네 부분으로 나누어져 있다. 첫 번째 부분은 인터뷰한 청소년들에 의해 얻어진 이민자들에 대한 개념들을 조사하는 부분이다. 여기서 초점은 '이민자들에 대한 이해를 위하여 개념화된 하부구조에 그들이 어떻게 하여 끼워 넣어지는지'라는 만남의 과정(encounter process)에 있다. 두 번째 부분에서 나는 이민

---

1) 인터뷰에 응한 청소년들(소년 19명, 소녀 20명)은 헬싱키의 세 구역에 살고 있다. 그들은 지역적인 위치뿐 아니라 사회, 문화적인 구성을 이유로 선정되었다. 이 구역 모두에서 외국 거주자들의 비율은 헬싱키의 평균 수치보다 더 높았다. 인터뷰 응답자들은 모두 학술적인 배경에서부터 노동계층에 이르기까지 다양한 가족 환경을 가진 중등학교에 다니는 학생들이었다. 사회경제적인 배경과 문화적인 배경은 모두 경험적인 자료로서 엄격하게 적용시키지는 않았다.

자들에 대한 청소년들의 이야기를 사회적인 관여자로서 분석함으로써 사회적인 그리고 문화적인 영역에서 이 개념들의 적용을 조사한다.[2] 여기서의 강조할 점은 공공의 영역과 사적인 영역 사이의 활발한 상호작용에 있다: 이민자들에게 주어지는 다양한 삶의 공간과 사회적 지위를 의미 한다. 세 번째 부분에서는 사회적인, 문화적인 포용과 배제에 대한 청소년들의 생각들이 분석된다. 여기서의 중요성은 사회적인 표준을 세우기 위해 이민자들을 통합하는 과정 또는 그들에게 투영된 이미지에 대한 것이다. 네 번째 부분은 청소년 인터뷰 대상자들이 이민자들을 분류한 기능들에 근거한 결론적인 의견들을 포함한다. 이러한 방식으로 나는 여기서 논의된 중심 개념들이 어떻게 "일상의 삶에서 사용되는 의미(meaning-in-everyday-use)"를 얻는지를 명확히 하고자 한다(D'hondt, Blommaert & Verschueren, 1995, 105).

✿ 분류의 과정 – 이해과 통제를 위한 도구

외국인에 대해 이야기 하는 것은 분류를 세우는 것을 의미한다.[3] 분류를 세우는

2) 즉, 여기에서는 개개인의 공정함에 역점을 두었더라도 이러한 의견들은 개인적인 이야기 즉, 개인적인 태도나 설명에 의해서만 평가 될 수는 없다. 차라리 그것들은 끊임없는 경험과 영향 모두에서 더 보편적이고 총체적으로 공유된 사회현실의 개념이 결합된 다양한 차원의 지식요소로서 간주되어야 한다(Essed, 1991, 54-65). 몇몇 단어들은 이러한 가치와 표현들 사이에 충분한 연관성을 가지고 있다: 이러한 생각들 즉 가치는 현실의 평가와 기술을 지칭하는데 반하여 표현은 사회적인 현실에 대한 해석들을 이해하고 형성하는 특별한 과정이 강조된다(Bonneau, 1994; Hall, 1997; Moliner, 1996).

3) 인터뷰에 응한 청소년들은 이민자들이나 그들이 "핀란드 사람"의 일부로 생각하지 않는 사람들에 대하여 말할 때 "외국인"의 개념을 종종 사용한다. 이 모호한 단어는 이민의 문제가 1990년대 정치적으로 미묘한 이슈가 되기 이전부터 핀란드에서는 공식적으로 논의 되어 왔다. 오늘날에는 이민자, 피난민, 망명자, 소수민족, 이주민

것은 사람, 집단, 문화, 외관 그리고 꼬리표(label) 이면의 본질을 조절하는 수단이다. 게다가 분류는 누군가의 통합적인 본질을 형성하고 있는 카테고리와 관계를 지어 인식하는 특별한 방법이다. 특정한 특징들이 어떤 사람들의 집단과 연결되는 순간－그들이 흑인인지, 여성인지, 청소년인지, 또는 비 서양 사람인지와 같은 특징들에 기인해－분류를 하고 있는 사람들의 범주 역시 선택된다; 로버트 마일스(Robert Miles)가 지적했듯이 그 정의자들 자신 또한 특정한 방법으로 '묘사되고' 있는 것이다(Miles, 1989, 38).

또한 이러한 카테고리들은 이방인들을 보다 더 친근하게 만든다: 우리 모두는 비록 우리가 그들 이면의 그 민족을 알지 못할지라도 그 꼬리표(label)들을 인식하고 있다. 분류하는 과정들은 항상 역사적이고 문맥적이다－이민자들의 범주와 정의는 이민자들의 이미지가 상극일수록, 이러한 이미지들은 더욱 개념적인 조절을 필요로 하고, 그들은 더욱 사회적이고 일반적인 범용의 문화에 도전한다. 이것은 이민자들을 통제하고 동일시하도록 하는 필요성을 인식하여 변화하도록 이끈다(Tabboni, 1996, 247-250).

핀란드 사람들은 많은 유럽 국가들에 존재하고 있는 다양한 인종 사회들에 대해 잘 알고 있다. 그러나 핀란드에서, 특히 지방에서는, 이민자들이 하나의 가능성 있는 잠재적인 이웃 또는 행인으로 여전히 인식되고 있다; 이민자들과의 순수한 인간적인 접촉은 일상적인 체험이 아니다. 다닐로 마투첼리(Danilo Martucelli)가 이탈리아의 경우를 기술하는 과정에서 지적했듯이, 이방인들의 존재는 가끔은 생소함을 제공한다(Martucelli, 1994, 279). 그러나 헬싱키에서 온 청소년 중 인터뷰한 거의 모두가 비록 대개가 다소 단편적이었지만 이민자와 접촉해 본 적이 있었다. 이 인터뷰를 통해 이민자들에 대해 보다 경험을 바탕으로 한 이미지들이 세워져야 할 분명한 필요성이 나타났다. 적어도 실제와 상상속의 사

과 같이 보다 분명한 개념들이 공식적으로 사용되고 있다. 핀란드 단어 "외국인"인 "ulkomaalainen"의 어원은 일반적으로 사용되는 말이다. 그 단어는 글자 그대로 그 국가의 외부에 속한 사람을 의미한다; 그리고 그것은 독일어에서의 같은 의미인 "Auslander"와 비교될 수 있다(Rathzelv, 1994, 84 참조).

회 사이에서의 명확한 관계를 창조해야 한다거나, 또는 인터뷰에 응답한 청소년들은 이민자들이 논의될 때, 그들 자신을 자유롭고 어떠한 개별적인 이상을 요구하고 있음을 나타내려고 애썼다. 그들에 따르면 이민자들은 특별한 문화의 얼굴 없는 대표자라기보다는 개인으로서 다뤄져야만 한다; 그들의 혈통에 얽매이지 않은 개인으로. 그러나 구체적인 인터뷰 토의에서 이민자들은 종종 집단, 또는 더욱 난해한 생활방식을 지닌 특정집합으로서 그려진다. 게다가 그들은 종종 정치적이고 문화적인 전통들의 특정한 규범에 따라 가치가 지워진다. 이러한 암시적인 규범들은 중립성과 개별성을 추구하고자 하는 시작점의 역할을 하고 있다.

나는 다른 연구에서(Suurpää, 1998) 청소년들의 다양성 재현을 바탕으로 한 차이점의 분석적인 계층을 세운 적이 있었다. 여기서 나는 이 생각을 바탕으로 고심할 것이고 청소년들의 이민자에 대한 생각을 보다 세밀하게 적용할 것이다. 이 계층은 두 가지 축을 중심으로 형성된다. 첫 번째 축에서, 차이점은 개별 또는 사회적인 출처의 문제로서 재현된다. 하나의 끝에서 우리는 새로운 환경에 대처하기 위한 능력이 있는 근간을 형성하는 긍정적인 출처로 보이는 차이점을 알게 되었으며, 다른 끝에서 우리는 새로운 상황에 대처하기 위해 필요한 수단들의 부족과 결핍을 나타내는 편차로서의 차이점에 대한 생각을 본다. 다른 축은 두 통합된 영역들을 바탕으로 한다: 첫 번째로 친숙함의 정도에서(이민자들의 집단적인 이미지를 바탕으로) 그리고 두 번째로 이 이민자들의 사회적인 조절능력 정도를 바탕으로. 그것들이 상상에 의한 것이건 실제이건 간에. 이 축은 개념적으로 덜 친숙하고 사회적으로 조절할 수 없는 것에서부터 좀 더 친숙하고 조절 가능한 형태의 차이점까지를 아우르는 연속체를 나타낸다. 이 두 축이 결합했을 때, 그것들은 이민자들에 대한 네 가지 이미지 유형을 제시한다. 그것들은 우리로 하여금 이민자들에 대한 청소년들의 견해를 분석적인 방법으로 연구하도록 해 준다(그림 13.1 참조).[4)]

---

4) 이러한 분류들은 보편적이며 일반적으로 이해되어져야만 한다: 이민자들에 대한 대안적인 개념의 사용은 청소년들이 여러 관점에서 그 이슈를 조사하고 논의하도록 한다(Thamas, 1993).

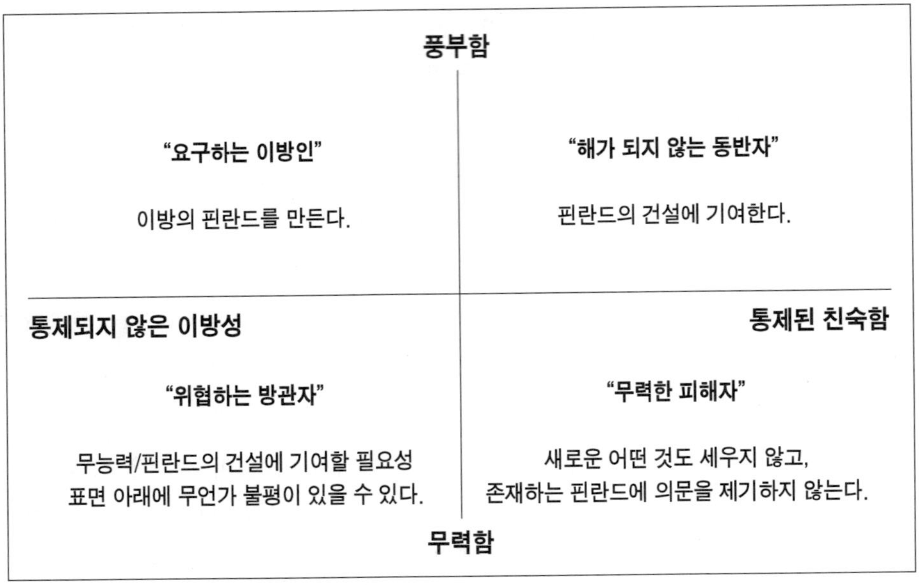

그림 13.1 차이점의 계층

비록 나는 이러한 이미지 유형을 따로 분석할 것이지만, 경험적인 데이터에서 그것들은 종종 겹치기도 한다는 점은 강조되어야 한다: 청소년들은 똑같은 사람이나 집단을 분석된 사람이 위치하는 상황에 따라서 다르게 묘사할지도 모른다. 청소년들이 이민자들에 대한 묘사에 다른 스타일을 동시적으로 사용하는 것은—문제의 특별한 상황이나 집단의 다양함에 따라 변하는—이러한 설명들의 전략적인 역할을 의미한다. 그들은 가정된 이민자들의 문화적이고 역사적인 배경과 그들에게 부여된 현재의 사회적인 위치 사이의 관계를 만들어내도록 촉진시켰다.

무력한 피해자(The Tame Victim)

이민자들에 대한 청소년들의 생각은 종종 망명자들을 주로 지칭하는 것으로 끝난다. 그렇지 않으면, 핀란드에 있는 그들의 실제 배경이나 위치에 상관없이 다른 방식으로 그들을 끼워 넣는다. 그들이 어두운 피부색을 지녔을 경우에는 더욱 더 이민자들을 비극적인 상황으로부터 탈출한 망명자로 여긴다. 그들은 게다가 유럽 바깥으로부터, 서양이 아닌 사회로부터, 그리고 개발도상국으로부터 온 것으로 묘사된다. 이것은 핀란드에 살고 있는 이민자들의 낮은 비율만이 그러함에도 불구하고 망명자들을 과대 강조하는, 이민자에 대한 핀란드의 공식적인 의견을 반영한다(Halonen, 1997, 93).

> 우리가 만나는 다른 문화에서 온 대부분의 외국인들은 망명자인경우가 많아요. 이주자는 이곳으로 잘 오지 않죠. 가끔 동쪽에서 오기도 하지만... 우리들이 외국인에게 가지고 있는 보편적인 이미지는, 망명자로 인식되며, 그렇다면 그들은 우리에게는 불필요한 사람들이죠(18세 소년).

청소년들은 대부분의 망명자들을 부족한 사람들로써 인식하고 있다. 청소년들에게 그들은 모두 경제적으로 가난하고 정치적으로, 사회적으로 무기력하다.[5)] 여기서 중요한 것은 망명자들이 가난한 사람들이라는 이미지뿐 아니라 인터뷰 대상자들이 그들을 어떻게 인식하고 있는가에 대한 문제이다. 가난은 현재 환경의 결과라기보다는 차라리; 특별한 이민자들의 구체적인 조건으로부터 분리된 집합적인 특징으로서 설명되고 있다. 그러므로 이 사람들의 가난은 불가피한 것으로 보인다: 그것은 그들이 망명자로 살아가는 구성요소로서 자연스러운 것이다. 그것은 동시에 역사와는 무관한 것이다. 망명자들이 가지고 있을 것이라고 믿어지는 가장 중요한 것은 그들의 문화적인 전통이다. 그러나 "인종적인 전제주의"의 형태에서 그들의 전통은 핀란드라는 새로운 사회적인 환경에서 그들의 삶을 용이하게 할 수 있는 능력 있는 자원이라기보다는 그 사회의 다른 사람들로부

---

5) 이러한 이미지는 최근에 만들어진 것이 아니다; 예를 들어 이것은 이미 Alfred Schutz의 이방인에 대한 정의(1976)에서 발견할 수 있다: 이방인이란 그/그녀의 사회적이고 문화적인 그리고 지역적인 본거지로부터, 태생으로부터 버려진, 그리고 새로운 사회문화적 환경에서 새로운 삶을 만들어내는데 어려움이 있는 자를 뜻한다.

터 이 민족을 고립시킬 수 있는 추가적인 요인으로써 간주된다. 이 상황에서 문화적으로 다르다는 것은 사회활동의 참여를 위해 적합한 자원을 약화시키는 정치적인 유약함을 의미한다(Gianni 1997).

> 만약 당신이 아프리카의 어딘가에서 왔다면—만약 당신이 다른 국가로 망명했다면—물론 당신은 머리를 숙이며 "내가 여기에 와서 미안합니다"라는 상태가 된다. 무엇보다 당신은 이 국가에서 압박을 받을 것이고 망명자라는 꼬리표를 갖게 될 것이다. 그것은 전적으로 당신이 외국으로 가기를 원했던 당신 자신의 결정과는 다른 것이다. 당신은 세계의 다른 편으로 던져진 것이고 당신은 그곳에서 새로운 삶을 시작해야만 한다(18세 소녀).

인터뷰를 한 청소년들은 다양한 방법으로 묘사되는 그들 자신의 총체적인 과거에 대해 반성적인 태도를 채택했다. 홍겨운 전통의 의해와 규범적인 구조에서부터 시간에 따라 변할 수 있다고 여기는 매일의 습관들에 이르기까지 다양했다. 하지만 망명자들에 대해 이야기 할 땐, 그들의 배경은 사건들의 고정된 상태로써 그려진다. 이러한 상황에서 일반적으로 소수의 집단에게 영향을 미치는 요소로써 묘사되는 "근원적 정책"의 생각은 다른 의미를 갖는다(Hewitt, 1996). 망명자들의 피할 수 없는 '짐'이라는 이 생각은 그들의 문화뿐 아니라 그들의 외양, 특히 그들의 어두운 피부색과 연관이 되어있다.

> 나는 몇몇 소말리아 사람들은 핀란드에 적응하기가 쉽지 않다고 생각해요. 예를 들어 당신이 길에서 그들을 본다면 그들은 남부럽잖은 시민이 될 수 있을 것처럼 보여요. 그러나 나는 그들이 아주 불쌍해 보여요. 왜냐하면 자신의 피부색은 어쩔 수가 없는 것이니까요(17세 소녀).

망명자들은 더 이상 하나의 단어에 그치지 않는다—그것은 궁핍의 개념이자 상징이 되었다. 망명자는 먼 곳에서 온 동정을 받게 될 사람이다, 그러나 꼭 대단한 공감이 필요하지는 않다.

> 나는 일단 우리가 그들을 이곳 핀란드에 받아주었다면 우리는 그들에 대해 일종의 보살핌을 제공해야 한다고 행각해요. 그것은 당신이 길을 잃은 개를 데려왔을 때와 같은 상황이에요; 분명히 당신은 그것을 돌보기 위해 모든 방법을 써야 해요. 그렇지 않으면 동물 보호인이 와서 당신의 목을 비틀 거예요(18세 소녀).

여기서의 동정은 누군가의 삶의 상황에 대한 동정적인 이해를 의미한다. 그것은 당신과 나 사이의 문화적이거나 개인적인 경계선을 어느 정도는 깨야 한다는 것을 필요로 한다: 다른 사람의 삶의 조건과 느낌에 대한 감정적인 통찰력, 또는 그/그녀의 삶에 대한 최소한의 존중이 요구된다. 반대로 누군가는 어떤 특정한 관계성이나 설정된 계급을 벗어나지 않은 상태에서 감정적이고 문화적인 의미에서 그들을 멀리서 동정할 수도 있다. 이러한 관점에서 우리는 무엇이 동정이냐고 물을 수 있다. 우리(다수의 권력을 지닌 대표자들)는 그들의 자원이 부족하기 때문에 도덕적으로 이 사람들을 동정하고 너그럽게 봐주어야 하는가? 그렇지 않으면 이러한 감정이 함축적으로 그 사람들을 망명자로 분류하는 것인가? 나중의 질문과 같은 맥락에서 동정심은 누가 약하고 누가 능력이 있는 지를 보여 줄 수 있는 수단이 될 수 있을 것처럼 보인다. 이것과 별개로, 그 질문은 과거와 현재 사이의 관계에 대한 있는 그대로의 일반화나 존재하는 힘의 계급을 강화시키지 않으면서 그/그녀의 태생만을 가지고 희생자로 보는 것이다.

요구하는 이방인(The Demanding Stranger)

앞에서 제시된 망명자의 이미지는 친숙한 개념이다; 비서구적인 배경에 대한 생각과 망명한 국가에서의 사회 정치적인 침묵은 간단하게 결합될 수 있다. 반대로 요구하는 이방인의 개념은 이 견고하게 세워진 특징들을 무시한다. 통제되지 않은 이방인에 대해 말하는 것은 힘이 없는 망명자들의 전통적인 이미지와 활동적인 사회 활동자 사이에서 형성된 모순을 지칭한다. 이 사람들은 무력한 피해자의 개념과는 다른 개념을 가지고 있다: 그들은 개념적인 통제의 틀 안에 존재하지 않는다. 인터뷰 응답자들은 '요구하는 이방인'들에 대해 일반적인 망명자들에 대한 그들의 규범적인 기대와 다르기 때문에 어려움을 느끼는 것처럼 보인다. 이 경우, 망명자의 개념과 연결되는 가난과 희생은 활발한 사회적인, 문화적인 참여라는 꽤 다른 특징들과 함께 공존하게 된다.

이 이미지와 연결되는 잠재적인 능력과 소외된 자로서의 이방이의 개념 사이의 긴장은 사회적인 그리고 규범적인 의미 모두에서, 그러한 이민자들에게 의혹을 갖게 만든다. 그들은 더 이상 개념적으로 그들의 새로운 사회적 삶에서 발생할 문제를 해결하는데 어려움이 있는 사람들이 아니다. 오히려 잠재적인 문제들을 발생시키는 사람들로 간주된다. 여기서 본질적인 질문은 이민자들이 개념화하기 어려운지, 그들의 전통과 습관이 특이한지에 대한 것뿐만 아니라 그들의 의도가 규범적인 관점에서 납득할만한 것인지, 또는 받아 들여질만한지, 그리고 그들이 더 사회적인 관점에서 동화될 수 있는지에 대한 것이다. 여전히 망명자로 보이는 이민자들은 그러므로 그/그녀가 개념적으로 속하지 않는 공공의 영역으로 편입하게 된다.

> 1. 몇몇 소수의 청소년 집단은 Kamppi(헬싱키 중심부의 쇼핑센터) 주변을 어슬렁거린다. 그것은 나에게 그들이 대체로 그 장소를 소유하고 행동하는 것처럼 보인다. 마치 "이봐, 네가 나에게 말을 걸고 싶으면 러시아 말을 배워야해"라는 태도로.
> 2. 그것은 그들이 어떤 특정한 지역에서 큰 집단을 이루고 있기 때문이야.
> 1. 맞아, 그들이 자신의 언어를 사용하면서 모일 수 있는 장소를 찾고 있는 것 같아(1: 17세 소년, 2: 18세 소년).

이민자들은 공공의 활동무대로 연결되자마자 박탈당한 망명자의 이미지에 어울리지 않는 다양한 의심들과 제약들이 그/그녀들에게 가해진다. "우리"와 "그들" 사이의 힘의 관계가 더 모호해질수록, 통제하는 그 개념이 더 난해해질수록, "그들"을 위한 사회적인 공간들은 더욱더 제한적으로 보인다. 적어도 사람들이 이방인들을 완벽히 자원이 없다고 보지 않는 경우이다: 한 쪽에는 잠재적인 능력이 있지만, 다른 쪽에는 그들의 배경과 연결된 고정관념 때문에 사회적으로 소외될 위험을 안고 있다.

핀란드의 미디어와 인터뷰에 응한 청소년들의 많은 주목을 받고 있는 그룹에 대해 묘사하기 위해서 소말리아 사람들의 예를 들어 보겠다.[6] 핀란드에 있는 대부분의 소말리아 사람들은 피난처를 찾는 사람들이었다. 그리고 그들은 인터뷰에서 망명자로 대부분 간주되었다. 핀란드에서 현재 그들의 표면적인 위치와 더불어 그들의 문화적이고 지리적인 배경 때문에 이 사람들은 개념적으로 모호한 상태이다. 그들은 가난한 이민자들—무력한 피해자의 고정관념에 잘 부합되지 않는다.

> ... 외국인처럼 보이고 그들의 이방성을 표현하거나 심지어 약간 건방지게 행동하는 사람들.—잘 모르겠지만 당신이 소말리아 사람이나 다른 검은 피부색을 지닌 사람들을 봤을 때 만일 그들이 정교한 순금 시계를 팔목에 차고 있거나 최신 디자이너의 옷을 입고 있다면 그건... 이상하다... 그들은 전혀 가난한 사람 같지 않다—나는 그들을 전쟁이 난 국가로부터나 개발도상국으로부터의 망명은 받아들일 준비가 되어있지만, 부유한 망명자 혹은 그런 종류의 사람들은 아니다(17세 소녀).

여기서 중요한 관습에 대한 도전은 소말리아 사람의 기원에 대한 이미지와 그들 중 몇몇의 사회적인 포부 사이의 관계와 연관이 있다. 성공적인 사회 참여에 대한 장애물로서의 그들의 배경에 대한 해석은 어떤 사회적인 지위를 얻으려는 그들의 구체적인 시도는 인터뷰 대상자들을 이해하기 어렵게 만든다. 일상의 수준에서 "부유한 망명자"의 경멸적인 개념으로 해석되는 정치적인 망명자들의 개념은 종종 그들의 활발한 사회적인 역할에 대한 무조건적인 불만과 함께 소말리

---

6) 1990년대에 핀란드는 비율적으로 많은 숫자의 소말리아 사람들을 받아들였다; 대부분은 30세 이하의 젊은 층이었고 헬싱키 지역에 거주하였다(Hautaniemi 1997, 18-19).

아 사람들에게 연결 된다: 그들은 사회적으로 활발한 모습 때문에 사회적 자원이 없는 망명자로서 쉽게 개념화될 수 없다[7]. 이 인지적인 문제를 해결하는 하나의 방법은 번성한 망명자의 잘 알려진 개념을 사용하여 그들을 그 방식으로 이해할 수 있게 만드는 것이다. 그들의 활동들은 소말리아라는 기원과 법적으로 완벽한 시민권을 가질 수 없다는 그들의 지위로 인해 애매하게 다루어지지만, 그들은 "사회적인 시민권"을 추구한다–핀란드의 사회 정치적인, 그리고 문화적인 삶에 참여할 권리를 위해 투쟁한다.

핀란드의 일상적인 부분으로 보여 질 수도 있는 이러한 종류의 부정적인 논쟁들은 그 인터뷰를 통해서는 잘 나타나지 않는다. 이번 장의 뒷부분에서 언급하겠지만, 청소년들이 그들에게 친숙하지 않은 그러한 이민자들을 통제할 필요성과 어떤 방법으로 그 이민자들에게 좀 더 공간을 줄 것인가 하는 소망 사이에는 모순이 있는 듯하다. 따라서 더욱 이질적인 핀란드의 문화적인 풍경이 만들어지고 그러한 풍경에 많은 청소년들은 "변화가 없다"고 생각한다.

위협하는 방관자(The Threatening Bystander)

청소년들의 논의의 관점에서는 위협하는 방관자의 이미지는 상당히 드물고 더욱 더 모순적이다. 이 개념이 어떤 사람에게 적용된다고 할 때 그들은 개념적이고 사회적인 조화의 유지에 있어서 잠재적인 골칫거리 또는 숨겨진 위험요소로 그려진다. 그러한 경우에 표면 아래에, 다수의 손이 미치지 않는–통제 밖의–어딘가에서 진행되는 무언가가 벌어지고 있음을 의미한다. 외관상으로 무력한 피해자들로 대표되는 어떤 집단은 더욱 비판적이거나 강요하게 되는 쪽으로 발전하여 위협할지도 모른다. 많은 의견에서 이것은 러시아 이민자들과 연관이 되었다. 러시아 어를 말하는 Ingrian "귀환자들"[8]과 함께. 이들의 숫자는 헬싱키 지역에

---

7) 소말리아 자치도시의 관리들은 1996년 자치 선거에서 처음으로 헬싱키 시 평의회에 선출되었다. 1999년 유로의회 선거에서 핀란드 후보자들에 소말리아 대표들을 포함시켰다.

서 1990년대에 눈에 띄게 증가했다. 반면에 귀환자들은 인종적인 뿌리가 핀란드인이라는 것 때문에 다소 우리와 같게 간주될 수 있었다. 그와 반면에 그들의 삶의 방식, 언어와 습관은 인터뷰에 응한 청소년들과 상이한 것을 알 수 있었다. 그들과의 접촉은 그러므로 피상적이고 그들을 사회적으로 고립시킨 것에 대하여 비판한다. 그러므로 그 개념적인 모호성은 이 범주를 억압적이고 통제 불능인 상태로 만든다.

해가 되지 않는 동반자(The Harmless Fellow)

해가 되지 않는 동반자는 어떻게 보면 개념화하기 가장 쉬운 범주의 사람들이다. 그들은 사회적이고 문화적인 의미에서 우리 사회의 한 부분이 되었다. 그들은 통제가 가능하고 위협하는 방관자들과 같이 무언가를 숨긴다고 여겨지지 않는다. 그들은 핀란드에서 받아들여지는 일반적인 생각과 행동을 습득한 것처럼 보인다. 그러나 이 범주는 심지어 "선한" 이민자들에게 사회적, 문화적인 공간이 어떻게 제약되는지를 보여 준다. 이민자들과 그들의 행동은 이해할 수 있고 심지어 환영되지만, 통제되고 예상 가능한 상황에서만 그렇다: 다양한 문화적인 사건들에서 그들의 인종적인 기원을 제시하는 사람으로서, 또는 레스토랑을 운영하는 전형적인 역할에서나, 케밥을 파는 사람 등등. 이 제약들은 특히 유럽이 아닌 사회로부터 온 덜 친숙한 사람들에게 해당된다. 이민자들의 실제 이방성과는 상관없이, 그들은 개념적으로 우리에게 소수민족 음악가로서 친숙하거나 시트콤 시리즈에서 유머가 있는 미디어 명사로서 친숙하다—또는 헬싱키 주변의 "동네의

---

8) Ingria는 현재 러시아 근처의 St. Petersburg에 붙여진 옛 이름이다. 이 주요 도시가 Baltic 해안에 세워지기 전에 이 지역은 핀란드 사람들과 연결된 가까운 민족에 의해 점유되어 있었다. 러시아의 Karelia에 살고 있는 "핀족"과 함께 이 사람들은 법적으로 핀란드로 "귀환"할 자격을 갖게 된다. 핀란드 이민법의 이 부분은 동유럽으로부터 온 "게르만족"을 받아들인 독일의 정책과 많은 부분에서 그 특징을 같이 한다.

유색인종"으로서다(Koskenniemi, 1997; Essed, 1991; Alund, 1997). 이민자들을 친숙하게 만드는 사회적인 역할의 민족성은 당연시 되지만 인터뷰 대상자들에 의해 비난받기도 한다. 특히 핀란드와 보다 전통적으로 가까운 소수민족 사람들에 대해서는 더욱 그렇다.

> 만일 우리가 Sami인(북유럽에 사는 Lapland 사람)들을 예로 든다면 우리는 헬싱키의 시장 광장에서 성대한 페스티발을 조직할 수도 있다—라플란드 주간처럼. 그러면 헬싱키에 사는 사람들은 그곳을 방문하고 이렇게 생각한다. "대단한데? 우리는 이 문화적인 유산을 보호해야만 해. 이것은 가치가 있어." 그러나 우리는 다시 일상생활로 돌아가고 이 일들은 그렇게 이루어지지 않는다(18세 소녀).

해가 되지 않는 동반자로 분류되는 두 번째 유형은 인터뷰를 한 청소년들이 쉽게 연관성을 찾을 수 있는 누군가이다—문화적, 세대적 또는 지역적으로. 다른 유럽 국가에서 온 사람들이거나 역사적, 문화적인 유사성을 가진 서구인으로 간주되는 사람들은 분명히 어느 정도 우리와 같다고 여겨진다. 그들의 경우에는 개념적인 문제가 발생하지 않는 것으로 보인다. 그들의 가능한 차이점들은 중요하지 않다; 심지어, 그들이 가져온 다양성은 사회적인 상호작용을 풍부하게 하는 요소로 여겨진다. 청소년들은 학교 학생이며 그들과 유사한 사회적인 위치를 가진 같은 또래의 일원이라는 점 때문에 꺼리낌 없이 쉽게 교환학생과 같은 사람들에 대해 이야기했다.

> 매우 자주(이민자들이) 꽤 괜찮아 보인다. 나는 그들 중 많은 숫자가 학생이나 뭐 그런 사람들일 것이라고 추측한다. 우리 학교에서 우리는 검은 피부의 소녀들이나 여성들이 그들의 얼굴에 베일을 쓰고 있는 것을 본다. 그들은 해가 되지 않을 것처럼 보인다; 그들은 당신에게 전혀 해가되지 않을 것이다(17세 소녀).

✿ 좋고 나쁜 이민자들 – 참여를 위한 투쟁

위에서 알 수 있듯이 계층의 차이점은 이민자들의 특징들을 묘사할 뿐 아니라 더 많은 구조적인—심지어 정치적인—영향력을 가지고 있다: 그것은 사회적인, 그리고 공간적인 의미에서 이민자들의 지위와 위치를 강조하고 통제한다. 여기서 중요한 이슈는 핀란드의 공적인 그리고 사적인 영역에서의 이민자들의 사회적이고 문화적인 공간이다. 즉, 변화하는 사회적 맥락에서 사회적으로 보이는 또는 보이지 않는 정도와 더불어 이민자들의 사회적 지위에 관한 것이다. 문화적이고 사회적인 요소로서 이민자들의 이러한 개념을 연구하기 위해서 나는 위에서 제시된 구성에 보충적으로 개념 하나를 더하고자 한다—좋은 이민자와 나쁜 이민자 즉, 좋고 나쁨의 구별은 여기서 특히 이민자에 대한 청소년들의 시각으로 사회적인 역할과 지위가 적당하게 받아들여질 만한 것과 의심스럽고 거부적인 것을 나타낸다.

무력한 피해자들은 좋은 이주자로 볼 수 있다. 그들은 핀란드의 정치적인 지속성이나 국가의 주도적인 문화 전통에 도전하지 않는다. 그들은 사회문화적이고 법적인 관점 모두에서 그들의 실제 위치가 무엇이든 간에 관찰자로서 남아있게 된다. 그들은 핀란드 사람이건 서양 사람이건 "보편적"이거나 "지배적인" 것으로 묘사되는 사회적 습관과 문화적 가치들을 향해 다소 외형적으로 요구되는 성실을 표하려는 최소한의 어떤 의향을 가지고 있으며, 정치적으로 침묵하고 있다.

언어에 대한 인터뷰 응답자들의 의견은 이 추리를 가능하게 한다. 무력한 피해자들은 핀란드어를 말할 수 있을 것이라고 기대되지 않기 때문에, 그/그녀는 핀란드의 사회문화적인 환경을 해석하는데 어려움을 가지고 있고, 결과적으로 그/그녀는 성공적으로 대중에 존재하기 위해 가장 주요한 도구들 중 하나를 가지고 있지 못하는 것이다. 언어 결핍이 기본적인 문제라는 가설은 거의 모든 인터뷰에서 제기되었고, 그것은 어떤 "핀란드적인 것"이 필요할 때 언어와 연관되는 중요성을 함축하고 있다. 대부분의 인터뷰에서 공통된 문화는 공통된 언어를 가지며, 가장 영향력 있는 정치적인 의견에 영향을 미치는 결정적 요소는 핀란드어를 능통하게 구사하는 것이다. 언어는 정치적 경계를 구분하는 동시에 문화적이고 정치적인 공동사회에 접근하기 위한 특별한 범주의 상징적인 경계를 구분한다고 볼 수 있다. 게다가, 그것은 핀란드 사회에서 영향력 있는 지위에 있는 이민자들의 낮은 비율과 높은 실업률 등을 정당화 시키는 역할을 한다(Dieckhoff, 1996; Essed, 1991; Hjerm, 1998).

만약 좋은 이민자들이 종종 보이지 않는 사회적이거나 문화적인 경계를 받아들인다면, 그들은 다소 조절된 공동체로서 받아들여진다, 심지어 그들의 생활 습관이나 문화적인 전통이 항상 이해되거나 반드시 존경받을 수 없는 것일지라도 말이다.

> 만약 그들(드럼 연주자들)이 핀란드에서 콘서트 투어[9]와 같은 종류의 방법으로 그들 문화를 나타낸다면, 그들은 기꺼이 받아들여질 것이다. 그러나 만약 그들이 Puistola(나쁜 평판을 받는 헬싱키 외곽의 거주지)의 어딘가에 거주하고 있다고 한다면...(18세 소년).

> 중심 지역의 어딘가에서 드럼을 두드리고 있는 집단을 본다면 아마 당신은 자동적으로 이렇게 생각할 것이다, "여기서 꺼져!" 그러나 당신이 그들을 시장 근처의 행사에서 본다면 멋지다고 생각할지도 모른다(18세 소녀).

이 논의에서 나타내듯이, 드럼 연주자들은 좋은 이민자들로 보여 질 수 있다. 그들은 해가 되지 않는 친구의 특징을 가지고 있다. 그들은 다채로운 핀란드를 만든다. 그러나 대부분 핀란드의 상황 하에서—제한된 공간에서, 친숙하고 예상

---

9) 이민자들에 대한 정보제공자들의 묘사가 완벽한가를 알아보기 위해 나는 조사자에 의해 제시된 다른 외국 집단들의 사진 인터뷰에 대한 인터뷰 응답자들의 대응과 결부하여 취재토론의 방법을 사용하였다. 이 논문에서 6장의 사진 중 4장을 사용하여 논의하였다: Sami사람들, 아프리카의 드럼 연주자들, 래스터패리언(Rastafarian: 에티오피아 황제 Haile Selassie(본명 Ras Tafari)를 신으로 신앙하는 자메이카 흑인들로 아프리카 복귀를 주창)집단, 그리고 아이가 있는 두 집시 여성들이다. 이 방법은 다른 곳에서도 논의되었고 평가되었다(Suurpää, 1999).

가능한 방법으로. 만약 그들이 이러한 공공의 역할을 피한다면, 그들을 대하는 태도 역시 변할 것이다. 그들은 "국내의 민족색"에 대한 생각을 충분히 받아들이지 않는 요구하는 이방인들처럼 나쁜 이민자들로 간주되게 될 것이다. 그것은 사적인, 그리고 공적인 영역 사이에서의 엄격한 경계의 유지를 함축하고 있다. 그러한 경우, 그들의 존재는 아마 핀란드의 문화적이거나 사회적인 주권을 위협하는 위치에 놓이게 될지도 모른다—인터뷰 대상자 자신에게조차 명확하지 않은 깊은 수준의 상징적인 상태(즉, 핀란드에 대한 상징성)를 말한다.

이민자들의 총체적인 정체성의 민족적이고 문화적인 측면들을 존중해야 할 필요성은 그것이 가지고 있는 정치적인 중요성을 나타낸다. 총체적인 정체성은 정말로 "힘의 행동"으로써 보여 질 수 있다(Laclau & Sac, 1994). 그것은 다양한 자원들과 능력들을 상징하고 있다. 이러한 종류의 힘과 구체적인 태도 표명으로서 활발한 공공의 지위를 성취하고자 하는 노력은 쉽게 정당화되지 않는다. 적어도 이민자들은 침묵한 채로 있거나, 위협적인 대립 문화를 가지고 있는 것으로 보여야 한다(Cahen, 1994).

위에서 언급된 바 있는 개념적으로 문제가 되는 소말리아 사람들의 경우는 이 상황에서 좋은 예가 될 수 있을 것이다. 핀란드의 전통적이며 친숙한 소수 집단에 대한 인터뷰 응답자들의 진술은 특히 집시들에 대한 것이었다. 또한 그들은 사회적인 참여 자격을 얻기 위해 그들의 특정한 문화적인 가치와 사회적인 습관들을 제한할 준비가 되어 있지 않은 사람들이 활발한 공공의 존재로 받아들여지는 것이 얼마나 어려운지를 보여 주고 있다. 그러므로 요구하는 이방인들은 그들이 법적인 이민자나 새로 온 사람이 아닌 핀란드 시민일지라도 그들은 종종 나쁜 외국인으로 그려진다. 이 모순은 어떻게 설명될 수 있을까? 집시들은 사회적인 참여를 위해 문화적인 동화를 전제로 한다고 생각 된다(Huttunen, 1997, 10-12 참고). 결론적으로 그들의 형식적 지위는 그들을 위해 정치적인 목소리를 보장해 주지 않는다. 반대로, 집시들이 선택할 수 있는 공공의 모습과 그들의 사회적이고 정치적인 권리 사이의 모호함은—형식적으로 모든 핀란드 시민의 권리와 동등한—인터뷰 응답자들은 집시들의 교양에 대하여 미심쩍어 한다. 다만 일부의 시민만이 그들은 쉽사리 인정한다.[10]

> 당신이 집시에 대해 생각할 때, 분명히 그들 중 몇몇은 개인적으로 그 문화에서 자유로울 수 있으며 어떤 방식으로는 그들 자신을 변화시킬 준비가 되어 있다. 나는 여섯 살 때까지 우리들의 모임을 통해 한 소녀를 알고 있었다. 그녀는 여타의 핀란드 아이와 같이 행동했다. 그러나 그녀가 완전히 바뀌고 난 후; 그녀의 엄마가 그녀를 완벽힌 집시 소녀로 바꾸고 난 후 그들과는 더 이상 어울릴 수 없었다. 이것이 모두 우리들 생각이지만... 만약 그 집단이 크다면 그들은 그들에게 필요한 모든 것을 그 집단에서 찾을 수 있을 것이다 (17세 소년).

최근의 핀란드 이민 정책에 따르면(Sisäasiainmisnisteriö, 1997; 493항/1999), 다수의 문화 속으로 통합되기 위해서는 대다수가 민족적인 그리고 문화적인 차이점에 대해 이해하고 인정할 때라고 하였다. 그러나 소수민족에 대해 막연하게 인식된 문화적인 권리와 실제로 인식되는 이 권리들이 일상생활에서 구체적으로 어떻게 이루어지는지에 대해서는 차이가 있어 보인다. 이것은 단지 핀란드에 국한된 현상이 아니다; 영국과 같이 이민자들의 역사가 훨씬 더 오래된 국가에서도 이러한 문제는 발생한다. Jone Solomos와 Les Back이 논의했듯이(1996, 215):

> 차별, 경제적 재구조화, 그리고 복지 상태의 쇠퇴 결과로써 표면적인 시민권과 소수민족의 경제적이고 사회적인 권리제약의 격차(gap)에 대한 인식이 점차 증가하고 있다.

그러나 이러한 소수민족들에 의해 받아들여진 사회적 지위와 그들에게 할당된 문화적 공간은 변할 수 없다는 것은 인터뷰로부터 알 수 있다. 같은 집단이지만 상황에 따라 착하거나 나쁜 이민자들로 그려질 수 있다. Rastafarian 집단에 대한 의견은 아마 여기서 실제 예의 역할을 할지도 모른다. 인터뷰 응답자들의 추리로

---

10) 집시들에 대한 모호한 지위는 핀란드에서만의 현상이 아니다; 핀란드에 살고 있는 집시들의 사회적 지위는 다른 유럽 국가에 비하여 비교적 좋은 편이다.

부터 우리는 만약 Rasta 이미지가 힘이 없음(특히 그들의 피부 색)을 나타내는 몇몇 요소를 보여 준다면 그들의 도시적인 외모－서양 전통과 관련지어－는 그들을 구별하여 다루기 쉬우며, 그들을 수용할만한 사회적이고 문화적인 공간을 보다 더 넓힐 수 있다고 판단할 수 있다. 이 집단은 현대 도시의 환경을 극복하기 위해 필요한 것으로 보이는 문화적이고 서양사회의 규칙들에 적응하여 살아남을 수 있을 것으로 보인다. 사실상 Rastafarians 사람들은 요즈음 체류자들의 어떤 신화를 대표하는 청소년들처럼 보인다; 그들의 외부 환경과는 상관없이 문화적이고 사회적인 고향이 그들과 함께 움직이는 유목민으로 여겨진다. 그들의 지위는 일종의 자유와 유연성을 상징한다. 게다가 Rastafarians 사람들은 청소년 문화와 매우 밀접하게 연결되어 있다－특히 레게 문화와 관련이 있는 스타일에 대해서－그것은 인터뷰에 응한 사람들의 마음에 그들의 차이점이 잘 드러나지 않도록 만든다. 그러므로 Rastatarians 사람들 역시 해가 되지 않는 동료의 범주로 속하게 되는 것이다.

반대로 보다 자주 시골 환경이 연상되는 아프리카 부족의 드럼 연주자들은 서양 사람이 아닌 것으로 보이고 그러므로 도시 또는 유럽의 환경에 적응하는데 어려움이 있을 것으로 믿어진다. 인터뷰 응답자들의 견해에 따르면, 이 사람들이 강력한 사회적 행위자들로서 인식되기 전에 두 가지 조건이, 적어도 상징적으로, 만나야 한다: 첫째, 그들은 전통적인 세계에서 현대의 세계로 그들의 길을 찾아야만 한다, 그리고 둘째로, 그들은 도시에 살 수 있게 되기 위해 시골의 생활을 포기해야만 한다(Lapeyronnie, 1996).

> 그러니까 그 Rasta 사람들은 본래 도시의 문화에서 태어났다... 이 사람들은 그들 자신들 만의 무엇인가를 가지고 있다. 그들은 우리가 이국정서라고 부르는 것을 가지고 있다; 그들은 다르게 생겼다(18세 소년).

> 이 사람들(Rastafarians)은 확실히 미국이나 캐나다에서 왔다... 그들은 산업사회의 흑인들 같다. 그리고 다른 사람들(드럼 연주자들)은 개도국에서 왔다－이 사람들(Rastafarians)은 확실히 태도적 측면에서 봤을 때 핀란드에

오기 더 수월하다—그들의 문화적인 차이는 확실히 더 적다(18세 소녀).

그들은(드럼 연주자들) 위협적인 이미지를 가지고 있지 않다—그들은 확실히 심한 모욕과 비슷한 것들을 경험한 사람들일 것이다. 그들은 위협적으로 보이지 않기 때문에 오히려 사람들이 그들에게 다가가 얼굴에 대고 무엇이든 말할 수 있을 정도로 용감하게 만드는 것이다(18세 소년).

그러므로 지역적이거나, 사회적 또는 문화적인 유산에 의존한 다양한 배경적인 요소들은 자원으로써 또는 불리한 조건으로 간주될 수 있다. 또한 라스타패리안 사람들(Rastafarians)의 경우에 의해 제시된 것과 같이, 두 측면 모두 같은 집단에서 연결될 수도 있다: 그들은 위에서 제시되었던 네 가지 카테고리 모두의 몇몇 요소들을 대표하면서 착한 그리고 나쁜 이민자들 둘 다로 간주될 수 있다. 즉, 이민자들의 어떤 집단도 사회문화적인 공간과 위치에서 명확한 기준을 가지고 있지 않다. 그들이 다소 힘이 있는 사회적인 활동자로서, 그리고 다소 받아들일 수 있는 문화적인 활동자로서 간주되며, 특정한 집단과 이 집단에서 허용되는 특정한 조건들에 영향을 받는다.

❁ 통합—포함과 배제 사이의 상호작용

앞부분에서의 초점은 핀란드 사회에서 이민자들이 사회적인 활동자로서 어떻게 인지되고 있는지에 관한 것이었다. 강조되었던 대로, 제시된 이민자들의 실제 지위는 재현의 과정을 통해 종종 사회적으로 그리고 문화적으로 재공식화된다. 경험적인 데이터를 연구할 때, 핀란드 사회에 포함되거나 배제된 사회적인 요소에 대한 흑백논리는 이민자에 대한 다양한 인식들을 단순화한다. 이 청소년들의 의견들이 말해 주는 대로 이민자들은 사회의 안쪽이나 바깥쪽 모두에 존재할 수 있다; 정치적이거나 적어도 지역적인 영역 내에서는 존재하나 때때로 상징적, 문화적인 경우에는 경계선 밖에 존재한다.

일찍이 지적한 바대로, 이 데이터들은 핀란드 역사에 있어서 흥미로운 시기에 수집되었다. 이민자들의 사회적이고 정치적인 영역에 대한 그 활발하고 공식적인 토의는 오히려 새로운 것이었다. 핀란드의 정치 · 문화적인 중심에서 이민자들의 현실적 존재감에도 불구하고 핀란드에서의 이민자들의 삶에 대한 논의는 정치적이고 문화적인 역동성을 고려하는데 유용한 틀이 된다. 이민자들을 통하여 특정한 핀란드의 고유한 이해를 촉진시키고 미래의 궤도를 향한 새로운 형태를 제시하는 중심적인 상징으로써 간주될 수 있다. 그들은 좀 더 현대적이고 세계적인 자신의 이미지를 향해 이동하는 문화적인 개혁을, 다른 한편으로는 좀 더 순응적인 이미지와 함께 전통적인 질서를 유지하도록 도울 것이다. 핀란드는 최근까지 공공의 동질성과 유럽 이주의 구체적인 조건 그리고 문화를 가로지르는 만남을 근간으로 나라의 정치적이고 상징적인 환경 사이에서 모순을 깨우쳐왔다 –핀란드는 더 이상 무시할 수 없는 발달. 결과적으로 제기된 질문은 이 새로운 환경에서 어떻게 이민자들이 헤쳐 나갈 수 있을 것인가 뿐만 아니라 특히 핀란드의, 그리고 핀란드 사람들의 정치적이고 문화적인 수용 기술을 어떻게 강화시킬 것인가이다.

그 질문은 참여의 개념과 이민자들을 통합하는 개념 사이의 긴장에 중점을 두고 있다. 인터뷰들은 여기서 통합의 생각을 기능적인 문제로 보고 있다는 것이다. 그것은 이민자가 적어도 일정한 기간 동안 새로운 국가에 머물고 난 후에, 시민권과 의무를 가지는 특별한 지위와 자격을 가질 수 있게 하는 거래이다.[11] 이것에 대한 대가로 이민자들은 주로 간접적이거나 사적인 영역에서 그들의 문화적인 전통을 지킬 것을 요구 받는다–또는 통제된 상황에서 그것들을 제시하도록 요구된다. 게다가 그들은 그들의 새로운 국가에서 문화적으로나 법적인 측면에서 존재하고 있는 규칙과 합의에 따라 행동하도록 요구받는다.

통합에 대한 이런 생각은 사회적인 생활과 몇몇 소수 문화 규범의 원칙들을 배우는 기술적인 과정을 예로 들었던, 사회화의 과정을 닮아있다. 이 문맥에서 이민자들은 특별한 종류의 학생으로 보인다(Lapeyronnie, 1996, 256). 이 이미지는

11) 핀란드에서는 5년 이상 핀란드에 머무른 뒤 핀란드 시민권을 가질 자격을 가진다.

종종 무력한 피해자와 함께 연결되고 이들은 핀란드에서 사는 방법을 배우는데 열심인 것으로 정의된다. 해가 되지 않는 동료와 연결될 때 이들은 이미 핀란드의 사회적이고 문화적인 환경으로 사회화가 되어있다고 정의된다. 게다가 역설적으로 청소년들은 여전히 핀란드의 문화적인 외양이 너무 "어둡고 지루하다"는 탄식을 한다: 그들은 "우리가 매일의 삶에서 진정한 문화의 다양성을 볼 수 있기까지는 단지 시간의 문제이다"라고 믿는다. 그리고 "핀란드의 문화는 다양한 영향 또는 동서양으로부터 압박의 혼합물이었으며, 따라서 이렇다 할 핀란드 문화가 없다."라는 것이다. 이 예시들은 실제 또는 가상의 사회적 변화에 부딪혔을 때, 핀란드의 보다 균일화된 문화 환경과 주체적이지 못한 문화의 재정립을 위한 필요성 사이의 긴장감을 분명하게 보여 주고 있다.

이 긴장은 다른 시각에서 분석될 수 있다. 통합의 기술적인 측면을 강조함에도 불구하고, 응답자들의 의견은 '통합은 사회적 생산에 대한 객관적인 기여로서 혼자서는 경험할 수 없다'라는 Alain Touraine에 의해 제시된 생각을 반영한다. 이 긴장은 또한 일반적인 사회, 정치, 문화적인 환경에 속하는 의식을 수반한다(Touraine 1992). 그러므로 통합의 개념을 기능적인 공존, 또는 이민자들의 침묵의 동화로 축소시키기 어렵다(Red 1995). 통합은 언제나 특정한 사회, 문화적인 환경에 적응하는 것도 포함하고 있다. 이것에 대한 대가로 이민자들은 간접적으로나마 그들의 문화적인 전통을 지킬 것을 요구받는다. 위에서 말한바와 같이 통합은 동일성에 대한 투자를 의미하는데, 참여자들의 생각과 동시에 정치적이며 개인적인, 도시적이며 문화적인 모든 것을 함축한다(Schnapper, 1998; Touraine, 1997).

이 긴장은 종종 종잡을 수 없는 어떤 순서에 의해 다뤄진다. 인터뷰에서 사회활동에 접근하지 않거나 제외된 이민자들보다는 사회로 통합할 수 없거나 그것을 원하지 않는 이민자들에 대한 생각이 강조되었다(Martiniello 1993, 128-131). 여기서 초점은 특히 "문제를 일으키는 이민자들"이다: 이는 요구하는 이방인 또는 위협하는 방관자를 뜻한다. 이것은 통합에 대한 청소년들의 생각이 문화나 사회적인 도가니(다양한 인종과 문화가 뒤섞여 있는 상태를 말하며, 흔히 미국사회를 일컬음)의 개념과 일치한다는 것은 아니다. 오히려 이것은 기능적이고 형식적인 통합을 지칭한다. 그러나 어떻게 통합이 실제로 적용될지에 대해서는 다음의 논의가 나타내듯이 명확한 생각은 없다:

> 1. 나는 누군가가 핀란드 사람이 되어야 하는 것이 끔찍하다고 생각한다. 만약 당신이 다른 국가에서 왔는데 그래야만 한다면...
>
> 2. 나는 그들이 원하는 것이 무엇이든지 그들은 핀란드의 특징들에 적응할 수 있다고 생각한다. 그러나 그들은 전체적으로 바뀌어서는 안 된다고 생각하며, 나는 그것이 불가능한 것이어서 다행이라고 생각한다.
>
> 3. 이러한 적응이 일어나는 미국과는 다른...
>
> 2. 그건 진정한 적응이 아니다. 그들은 엄청난 갈등을 겪고 있다; 서로 다른 사람들을 위해 서로 다른 지역이 있어야 하는 것처럼
>
> 3. 나는 다른 사람들을 공격하는 것은 매우 잘못된 것이라고 생각하는데 모든 사람들은 법의 제약 안에서 살아야만 한다. 당신이 핀란드에 있을 때 핀란드 사람들이 하는 대로 해야 하는 것과 같다. 그러나 만약 내가 다른 국가로 이주한다면 내가 여전히 독특한 어떤 것을 유지하려고 애쓰게 될 것도 사실이다... 나는 단지 그 군중 속에 섞여 적응하고 싶지 않을 뿐이다.
>
> 1. 나는 핀란드로 이주하는 것이 쉽다고 생각하지 않는다. 왜냐하면 핀란드 사람들이... 당신에게 손가락질을 하고 그리고...
>
> 2. 당신에게 꼬리표를 붙이고...
>
> 1. 맞아, 그런 거지.
>
> 2. 나는 우리가 그들에게 우리 고유의 문화적인 가치가 무엇인지를 보여 주지 않는 것이 문제라고 생각한다. 그들에게 차례차례 가르쳐 준다면... 또는 우리가 우리 고유의 전통 가치를 과소평가하고 있는 것 같다. 그러면서 우리는 이 사람들을 보고 생각할 것이다. 아, 그 사람은 외국에서 왔으니 그는 다

> 른 모두가 하는 그 방식대로 하지 않을 것이라고 생각한다(1: 18세 소녀, 2: 18세 소년, 3: 19세 소년).

여기서 이루어진 논의들의 서로 다른 단계들을 구분하는 것이 중요하다: 첫째, 개인적인 단계에서는 이민자들의 개별적인 능력들과 핀란드 사회의 일부가 되기를 원하는 것이 특히 강조된다. 둘째로, 더 구조적이고 집합적인 단계에서 우리는 다른 문화를 기꺼이 흡수하고자 하는 것 또는 흡수할 수 있는 능력과는 상관없이 정치적인 암시들과 수용(이민자들을) 국가의 사회적인 기질 역시 다루게 된다. 이것은 책임감의 문제와도 연결 된다: 그 이슈가 개별적인 문제로 기술되었을 때, 잘못된 개인의 선택으로 인해 일어날 수 있는 문제들과 실패들을 개인의 책임으로써 다루는 것은 쉽다. 그러나 반대로 여러 문화가 만나는 구조적인 요소를 강조할 때, 이민자들의 생활 상태에 대한 궁극적인 책임은 보다 총체적인 것이 된다.

의견(Reflections) — 차별의 기능적인 계층

이 논문이 보여 준 것처럼, 이러한 범주들은 상징적이고, 수단적이며 정치적인 기능들을 가지고 있다. 이민자들의 특성에 대한 이러한 범주화는 사회적이고 개념적인 중요성이 이민자들과 만나는 과정에서의 해석적인 절차로 볼 수 있다. 결과적으로 그것은 자신에 대해 숙고하는 틀을 제시한다. Benedict Anderson (1991)은 종종 "상상의 공동체" 개념을 사용했다. 이는 여기에 기술된 계층의 차이점에 대한 흥미로운 방법과 연관이 있다. Anderson에 따르면 그 상상의 공동체는 일반적으로 명확한 경계선을 가지고 있을 것으로 추정된다(정치적이든, 문화적이든, 상징적이든). 그 경계는 발생할 수 있는 내부의 이질성에 상관없이 일관적인 의미를 제시한다. 이민자들의 다양하고 유사성이 적은 집단들을 구별된 공동체로서 상상한다는 것은 다양성을 획득하는 방법이고 그것을 보다 잘 이해할 수 있게 하는 것이다. 특정한 역사적인 집단들의 특징은 대체로 변할 수 없는 운명처럼 보인다. 이런 의미에서 문화는 환경에 대해 계속적으로 변화하는 진행 중인 절차로서라기보다는, 이민자를 새로운 환경에서 돕거나 또는 방해하는 전통으로서 정의된다(Wetherell & Potter, 1992, 129).

우리가 논의를 시작했던 개념적인 표를 돌아보면 청소년들은 이민자들을 수평축의 왼쪽에 있는 범주에서 오른쪽의 범주로 이동하려고 애쓴다. 즉, 보다 친근하고 조절할 수 있는 영역으로 이동시키려는 것이다(그림 13.1 참조). 그 목적은 이민자들을 실제든 상상이든 이해할 수 없고 위협적인 특징들로부터 분리시켜야 한다는 것이다. 예를 들어 Rastafarian 사람들의 경우에서 나타나듯이 이민자들의 잘 알려진 특징들에 초점을 맞춤으로써 이루어진다: 그들은 청소년 문화의 개념적인 틀 안에서 해석되고 따라서 해가 되지 않는 동료의 친근한 범위로 이동한다. 그들의 이방성은 두렵다기보다는 감사한 것이 된다. 이러한 방식으로 그들의 차이점을 이해할 수 있고 다소 친근한 것으로 해석되고 따라서 Rastafarian 사람들의 특성이 이해된다. 그들은 보다 쉽게 사회기준에 맞는 범주, 또는 핀란드에서 환영받는 집단으로 속하게 된다.

이 예시에서 보면 이러한 범주들은 청소년들이 이해할 수 없는 상태로 남아있는 위협하는 이민자들에게 의도적으로 접촉하는 것을 돕는 도구로서의 기능도 한다. 아프리카의 드럼 연주자들에 대한 인터뷰 응답자들의 묘사를 보면, 감각적 측면에서 수용되는 면들과 사회적인 의미에서의 통제가 제시된다. 드럼 연주자들을 이해하기 위해서 그들을 흑인으로서, 비서양인으로 개념화하고 또한 종종 무력한 피해자의 범주에 포함되는 대부분의 난민(망명자)들로 간주한다. 그들은 만약 그들이 그들을 위해 구분된 우호적인 사회 공간 내에서 머문다면 사회적인 의미에서 해가 되지 않는 동료로 간주될 수 있다: 소수민족의 음악가나 음식점 소유자나 망명자와 같이[12]. 그러나 몇몇 경우에서 개념적인 이해와 사회적인 통제의 단계가 겹쳐지지 않았다. 이것을 아프리카 드럼 연주자와 같은 그룹을 예로

12) 민족적인 역할들과의 논쟁에서 이러한 역할들은 고정적이거나 피할 수 없는 것이 아니다. 올해 '세계여성의 날'에 한 소말리아 여성은 자신의 직업인 산파일로 인하여 핀란드에서 대중의 이름으로 상을 받았다.

들어 설명하면: 만약 그들이 공공의 영역 안에서의 적법한 사회 공간으로부터 벗어난다면, 그들은 사회적으로 통제불능이라고 인식될지도 모른다. 그러나 개념적인 의미에서 그것은 그들을 이해하려는 사회적인 통제의 범위를 벗어난 어두운 피부색의 외국 범죄자, 복지의 악용자, 폭력적인 도시 주변의 갱단이라는 잘 알려져 있는 사회적 통념으로 논의될 수 있다. 이 꼬리표들은 그래도 이해하기 쉬운 대중적인 습성의 한 부분이다.

결론적으로 이민자들에 대한 표현은 인터뷰에 응한 청소년들의 개인적인 개념들만으로는 분석할 수 없다. 그것은 전반적인 환경과, 그것의 문화적, 규범적, 그리고 설득력 있는 범위에서의 문답을 통해 만들어졌다. 그러므로 분석된 모든 범주는 핀란드 사회의 여러 영역에서 발견되는 이민자들의 집합적인 논의들과 특정한 관련을 가지고 있다. 마지막으로 몇 가지 예를 들면 무력한 피해자의 범주는 이민 정책 부문에서 발견할 수 있다. 핀란드 사회로 통합된 이민자들은 종종 정치적인 활동을 위한 목적으로 다루어진다. 그 목적 중 하나는 무력한 피해자들을 해가 되지 않는 동료로 변형시키려는 것으로 보인다. 이는 복지 정책에서 교육적인 준비 그리고 다른 정책 준비들에 이르기까지의 제도적인 조치들의 도움으로 행해진다. 요구하는 이방인과 위협하는 방관자는 종종 핀란드 미디어에 의해 그려진다. 미디어에 의해 확산된, 그리고 매일 습관적으로 재생산되곤 하는 정보들과 인터뷰에 응한 청소년들과의 관계는 다소 상반된 감정을 가진 것처럼 보인다. 앞서 말한 청소년들의 의견은 미디어에 대한 논의를 유지하기도 하고, 미디어에 대한 날카로운 비난을 포함하고 있기도 하다. 논의의 주제가 사람으로서 자신의 감각적인 부분은 드러내지 않고 상세히 조사할 수 없는 그 어떤 것일 때－그/그녀의 가치들, 태도들, 느낌들 그리고 두려움들－그 응답들의 양면성은 놀라운 것이 아니다. 그것은 오히려 당연한 것이다.

참고문헌

Act (493/1999), on the Integration of Immigrants and Reception of Asylum Seekers.

Alund, A. (1997), 'The Quest for Identity: Modern Strangers and New/Old Ethnicities in Europe', in H.-R. Wicker (ed.), *Rethinking Nationalism and Ethnicity: The Struggle for Meaning and Order in Europe*, Berg, Oxford, New York, pp. 91–109.

Anderson, B. (1991), *Imagined Communities. Reflections on the Origin and Spread of Nationalism*, 2nd Edition, Verso, London.

Bonneau, M. (1994), 'Jeux et enjeux identitaires autour des representations de Ia region', in K. Fall, D. Simeoni and G. Vignaux (eds.), *Mots, representations: Enjeux dans les contacts interethniques et interculturels*, Les Presses de J'Université, Ottawa, pp. 323–339.

Cahen, M. (1994), *Ethnicité politique: pour une lecture réaliste de 1 'identité*, L'Harmattan, Paris.

D'hondt, S., Blommaert, J. and Verschueren, J. (1995), 'Constructing Ethnicity in Discourse: A View from Below', in M. Martiniello (ed.), *Migration, Citizenship and Ethno-National Identities in the European Union: Research in Ethnic Relations Series*, Avebury, Aldershot, pp. 105–119.

Dieckhoff, A. (1996), 'La deconstruction d'une illusion: L'introucable opposition entre nationalisme politique et nationalisme culturel', *Année Sociologique Vol. 46, No. 1*, pp. 43–55.

Essed, P. (1991), *Understanding Everyday Racism: An Interdisciplinary Theory*, Sage Publications, London.

Gianni, M. (1997), 'Multiculturalism and Political Integration: The Need for a Differentiated Citizenship?', in H.-R. Wicker (ed), *Rethinking Nationalism and Ethnicity: The Struggle for Meaning and Order in Europe*, Berg, Oxford, New York, pp. 127–142.

Gilroy, P. (1987), *There Ain't No Black in the Union Jack*, Hutchinson, London.

Hall, S. (1997), 'The Work of Representation', in S. Hall (ed.), *Representation: Cultural Representation and Signifying Practices*, Sage Publications, London, Thousand Oaks, New Delhi.

Halonen, T. (1997), 'Suomen ulkopolitiikka ja ulkomaalaiskysymys' (Finnish Foreign Policy and the Debate of Foreigners), in *Muukalaiset: Juridiikasta ja asenteista kansojen kohdatessa* (Aliens: Jurisprudence and Attitudes in the Era of National Encounters), Edita, Helsinki, pp. 92–99.

Hautaniemi, P. (1997), 'Pääkaupunkiseurun nuorten somalialaispoikien aikuistuminen kahden kulttuurin välissa' (Somali Adolescents in the Helsinki Area: Growing Up between Two Cultures), *Nuorisotutkimus Vol. 15, No. 4* (The Finnish Journal of Youth Research), pp. 16–24.

Hewitt, R. (1996), 'Us and Them in the Late Space Age', *Young—Nordic Journal of Youth Research Vol. 3, No. 2*, pp. 23–33.

Hjerm, M. (1998), 'National Identities, National Pride and Xenophobia: A Comparison of Four Western Countries', *Acta Sociologica Vol. 41, No. 4*, pp. 335–347.

Huttunen, L. (1997), 'Romanit suomalaisina ja vähemmistöidentiteettinsa rakentajina' (Gypsies as Finnish Citizens and Builders of a Minority Identity), *Nuorisotutkimus Vol. 15, No. 4* (The Finnish Journal of Youth Research), pp. 4–15.

Koskenniemi, M. (1997), 'Muukalaisuus ja kansainvälinen järjestelmä' (Strangeness and an International Structure), in *Muukalaiset: Juridiikasta ja asenteista kansojen kohdatessa* (Aliens: Jurisprudence and Attitudes in the Era of National Encounters), Edita, Helsinki, pp. 99–198.

Laclau, E. and Zac, L. (1994), 'Minding the Map: The Subject of Politics', in E. Laclau (ed), *The Making of Political Identities*, Verso, London, New York.

Lapeyronnie, D. (1996), 'Les deux figures de l'immigre', in M. Wieviorka (ed.), *Une societe fragmentee? Le multiculturalisme en debat*, Editions La Decouverte, Paris, pp. 25 1–266.

Martiniello, M. (1993), 'Dynamique et pluralisme culturels dans l'ensemble bruxellois', in R. Gallissot (ed), *Pluralisme culturel en Europe: Culture(s) europeeenne(s) et culture(s) des diasporas*, Editions L'Harmattan, Paris, pp. 121–143.

Martucelli, D. (1994), 'L'expdrience italienne', in M. Wieviorka (ed), *Racisme et xenophobie en Europe: Une comparaison internationale*, Editions La Découverte, Paris, pp. 215–283.

Miles, R. (1989), *Racism*, Open University Press, London and New York.

Moliner, P. (1996), *Images et representations sociales: De la theorie des representations a i 'etude des images sociales*, Presses Universitaires de Grenoble, Grenoble.

Räthzel, N. (1994), 'Harmonious "Heimat" and Disturbing "Ausländer"', in K. K. Bhavnani and A. Phoenix (eds.), *Sl4ing Identities, Shfling Racisms*, Sage Publications, London, New Delhi, pp. 8 1–98.

Rea, A. (1995), 'Social Citizenship and Ethnic Minorities in the European Union', in M. Martinello (ed.), *Migration, Citizenship and Ethno-National Identities in the European Union. Research in Ethnic Relations Series*, Avebury, Aldershot, pp. 179–198.

Schnapper, D. (1998), *La relation a l'autre: Au cœur de la pensee sociologique*, Gallimard, Paris.

SchLitz, A. (1976), 'The Stranger: An Essay in Social Psychology', in A. Brodensen (ed), *Collected Papers II*, Martinus Nijhoff, The Hague, pp. 91–106.

Sisäasiainministerio (1997), *Hallittu maahanmuutto ja tehokas kotouttaminen: Ehdotus hallituksen maahanmuutto-ja pakolaispoliittiseksi ohjelmaksi: Maahanmuutto-ja pakolaispoliittisen toimikunnan mietintö* (Controlled Migration and Efficient Integration: A Proposal for a Governmental Programme for Migration and Refugee Policy: A Report of a Committee for Migration and Refugee Policy), Sisaasiainministerionjulkaisu (The Ministry of Interior), Helsinki.

Solomos, J. and Back, L. (1996), *Racism and Society*, Macmillan Press, London.

Suurpaa, L. (1998), *Politics of Diference and Finnish Young People*, An unpublished paper presented in the 'Nordic Youth Research Symposium', Reykjavik, Iceland, 5.6.1998.

Suurpaa, L. (1999), 'Kulttuurinen katse ulkomaalaisiin: kuvia, kertomuksia, kasityksia' (A Cultural View to Foreigners: Images, Narrations, Conceptions), in P. Houni and P. Paavolainen (eds.), *Taide, kertomus, identiteetti* (Art, Narration, Identity), Acta Scenica, Helsinki, pp. 70-99.

Tabboni, S. (1996), 'Le multiculturalisme et l'ambivalence de l'etranger', in M. Wieviorka (ed), *Une societefragmentee? Le multiculturalisme en debat*, Editions La Ddcouverte, Paris, pp. 227-250.

Thomas, J. (1993), *Doing Critical Ethnography*, Qualitative Research Methods Series 26, Sage Publications, Newbury Park, London, New Delhi.

Touraine, A. (1992), *Critique de la modern ite*, Fayard, Paris.

Touraine, A. (1997), *Pourrons-nous vivre ensemble? Egaux et dLfferents*, Fayard, Paris.

Wetherell, M. and Potter, J. (1992), *Mapping the Language of Racism: Discourse and the Legitimation of Exploitation*, Harvester Wheatsheaf, New York, London.

제 5 부

시민권, 가치 그리고 태도

제 14 장

청소년과 근대, 후기근대성에 검토

Gill Jones

우리는 새로운 세대가 옛것에 구속받지 않고 그들만의 방법으로 새로운 가치와 신념을 발전시키려는 도전을 기대한다. 실제로 우리 사회는 사회 변화를 위한 원동력으로써 새로운 세대로부터 나오는 새로운 사고의 출현에 의존한다(Mennheim, 1927). 그러나 동시에, 기존의 기성세대는 젊은 세대에 대한 두려움을 가지고 있다. 이것은 우리가 미디어에서 강조되고 리서치를 통해 알려진 청소년들과 어른들 간의 가치관의 차이, 즉 세대갈등이라는 개념을 가지고 있다는 것을 의미한다(Willkinson & Mulgan, 1995).

청소년의 가치는 변할 수 있고 그들이 성인으로 성장할수록 그 가치는 사회의 규범으로 되어간다. 결국 그들보다 더 새로운 또는 어린 세대에게 도전을 받을 수 있다는 것이다. 이것의 위험성은 청소년들 각자가 동질그룹의 일원으로 보여지는 것이고, 실제로 정치적 해설가들과 미디어와 연구자들이 말하는 "현상(phenomena)"에 의해서 연합되고 동일시되었다. 우리는 이것을 가리켜 "X 세대(Generation X)" 또는 "잃어버린 세대(Lost generation)"라고 말한다. Mannheim

에 의하면 세대는 세대-연합(generation-unite) 즉 사회의 위치를 공유하는 사람들로 이루어지는 것이다.

영국에서는 지난 몇 년 동안 규범적인 도덕적 가치관의 붕괴에 대한 염려가 증가하였다. 그리고 시민권과 관계된 가치들의 필요성에 대해 새롭게 강조되었다. 영국 시민권 개념의 발전은 복지국가의 부(富)를 지향한다(Jones & Wallace, 1992). 전후시대(제2차 세계대전 이후)에는 보편적인 복지국가와 함께 시민권은 무조건적으로 모두에게 제공되었다. 후퇴의 영향, 실업과 속국의 증가로 대처(Margaret Thacher) 수상의 복지 개혁은 복지가 갈수록 목표가 되면서 받을 만한 가치가 있는 사람과 가치가 없는 사람을 구분 짖는 논쟁을 끝냈다. 블레어 총리의 제3의 길 정책의 등장과 함께, 사회정의라는 정신 아래 대처 수상의 개혁은 계속되었다.

영국에서 시민권은 권리와 책임이 하나로 묶여있는 것처럼 인식되고 있다. 복지시민권은 선행의 규범적인 정의의 여하에 달려있다. 이것에 기여하지 않고 복지국가를 이루는 것은 무기력하고, 사회적으로 무책임하다는 기반위에 있다. 사회통제를 위한 이 간단한 시도는 명백하게 그때로 돌아가는 것을 나타낸다. 즉, 받을 가치가 있는 것과 받을 가치가 없는 가난한 그때로 명백하게 돌아간다. 이것은 오늘날 영국의 청소년들에 대한 정부정책에서 분명하게 확인할 수 있다.

점차적으로, 국가이익은 미국 노동제도 정책들과 동일하게 나타나고 있다. 이것은 착한 행동에 대한 약속으로 더욱 조건화 되어간다. 청소년들은 복지국가로 들어가려는 의지를 보여 주고 있어야 한다. 그렇지만, 청소년들이 세금납부, 투표 또는 그들의 집단을 위해 봉사할 기회가 없는 동안에는 착한시민들로서 자신들을 증명하기 힘들다.

영국은 규범적인 도덕적 가치관의 필요에 대해 재 주장을 고민하고 있다. 이 고민은 청소년들이 무책임하고, 도덕적 가치들이 붕괴하고 있다는 염려들을 반영한다. 이러한 청소년들의 행동과 가치에 대해 다시 주목하게 되었다.

우리는 영국의 학교에서 시민 교육이라는 새로운 포커스를 주목하고 있다. 아마도 사회적으로 그렇게 해야 되거나 사회적으로 그렇게 하게 되지 않는 이상 청소년들은 사회에 기여하지 않을 거라는 전제하에 있다. 또한 시민권 교육은 부모님으로부터 더 이상 준비되지 않고 착한시민이 되는 공교육은 중 · 고등학교에서 마련된다는 전제하에 있다. 정부의 시민 교육 개념은 사회적 · 도덕적 책임, 공동체참여와 정치적 교양에 집중된 방법들이 있었다. 영국의 교육부장관 David Blunkett가 교육의 목적을 다음과 같이 설명한다.

> "우리는 읽고 쓰는 능력과 수리적 사고뿐만 아니라 다른 사람들의 '행복(well-being)'에 적극적으로 기여하기를 원한다. 즉, 지역사회를 돌보는 것이 자연스럽게 나타나는 문화 사회를 원한다."

영국에서 청소년들의 가치와 행동은 중요한 논제이다. 그리고 지역사회에 참여하는 것과 속하는 것의 개념은 일반화되어 있다. 이혼 등으로 인해 집에서 사회적 보호가 잘 되지 않고 학교에서 친구들과의 관계를 통해 사회화과정이 이루어지고 있으므로 개혁이 이루어져야 한다. 90년대와 70년대의 세대갈등의 두려움은 연구를 통해 나타나고 있다. 이 연구는 청소년 문화가 부모님의 문화에 반대되기보다는 크게 반영되었다. 이것은 아이러니하다. 이 시대의 청소년 문화가 소비시장을 건설했다. 우리는 도덕적 가치를 잃어버렸다는 두려움이 다시 생겼다. 사회는 이혼의 증가로 가족생활의 정해진 틀이 붕괴되었다. 이것은 전통적인 가족의 가치로 돌아와야 된다는 필요성을 주장한다. 무엇이 되든지 지역사회 가치에 대한 새로운 강조점에 의해 새로운 노동이라는 이름으로 대체되고 있다.

청소년들의 가치와 행동이 그들 자신의 세대를 얼마나 반영하는가? 사회의 문화적 그룹의 가치와 행동인가? 아니면 그들은 노동과 소비시장의 세계적 영향의 반응인가? 성찰적 근대성(reflexive modernization) 이론(Giddens, 1991)은 조직과 기관 이 둘 사이의 상호작용이 이전보다 훨씬 더 많아질 것이라고 제안한다.

이 장에서는 지금의 유럽 청소년들이 가지고 있는 가치와 행동을 살펴본다. 우크라이나와 핀란드의 연구자들이 그들의 최근 연구를 소개한다. 전체 세 개의 장에서 청소년이 전혀 다른 사회적 집단을 구성할지 아닐지 그리고 자신의 또래집단과 다른 세대 집단을 구별할지 아닐지를 알아본다.

Helve는 더 넓은 사회적, 경제적 유행에 대한 결과로 핀란드의 청소년들의 가치가 신 유물론자(post-materialist)문화로 변화하였는지를 살펴보았다. 가설은 Karvonen과 Rahkonen이 했다. 이들은 새로운 가치 소개의 출처와 특성(종류, 성질)을 더 반영했다. Svynarenko는 자아정체성에 관한 정치력과 사회적 변화의 영향을 더 알아보기 위해 우크라이나에서 연구를 실시하였다. 그리고 시민권개념과 속성의 세대적 차이가 있는가에 대해 조사하였다.

Helve는 성찰적 근대성의 전망으로부터 나오는 가치를 예로 들었다. 그녀는 Inglehart의 가설을 연구했다. 이것은 경제, 문화 그리고 더욱 거대한 영향력과 함께 연합된 정치적 변화는 신 유물론(post-materialistic)에 대한 기본적 필요의 관련에서부터 멀리 사람들의 세계관이 변화하고 있다는 가설이다. 바꾸어 말하면, 더 높은 생활수준과 함께 사람들은 더욱 이타적인 존재가 되어갈 수 있다는 것이다.

이 설명은 동질성과 선형성[1] 모두를 포함한다. 나중에 성찰적 근대화(reflexive modernization) 이론들에서 중요한 성찰적 교훈과 대조를 이룬다. 그리고 Helve의 연구는 Inglehart의 가설들의 기각으로 결말을 맺는다.

Helve는 청소년의 세계관, 특히 교육, 성 그리고 가족 신뢰에 따라 변화하는 원인을 찾기 위해 노력한다. 청소년의 신념이 자연스럽게 그들의 세대에서 발생하던지 아니면 사회화의 결과이던지 간에 이것은 의문이다. 그녀의 연구에서 생활만족감은 주로 경제와 정치적 안전과 연계되어 있다는 것을 발견한다. 정치와 공동체 참여는 더 높은 교육수준과 연계되어 있다. 그리고 불리한 조건을 가진 집단의 태도는 경기불황의 영향과 연계되어 있는 것처럼 보인다. 그녀는 청소년들의 가치를 확인하고 상징(Typology)을 설명하고 변화를 지적한다. 즉, "인본주의자(Humanist)-평등주의자(Egalitarian)"은 페미니즘과 가깝게 연계되어 있고, 대조를 이루는 "전통주의자(Traditionalist)-보수주의(Conservative)"는 시골의 청소년들과 남자들에게 더욱 연계되어 있다. 또한 중학교 상급반 여학생들 가운데서 나타나는 기술과 경제 가치의 중요성과 대조를 이루는 "환경운동가(Environ-

---

1) 역주: 선형성(線型性)이란 어떤 한 양(量)의 변화가 다른 양의 변화에 비례적인 변화를 가져올 경우, 그 두 양 사이의 관계. 또는 그런 관계를 맺는 성질을 의미한다.

mentalist)-자연보호주의자(Green)"은 주로 남자들에 의해 고수되었다는 것을 발견한다. "냉소주의자(Cynics)-수동적(Passives)"은 주로 도시의 직업학교 여학생들이다. 마지막으로 인종차별 주의 관점을 가지는 것과 대조적인 "국제주의자(Internationalists)-세계주의자(Globalists)"는 주로 직업학교의 남자들이다. 청소년들의 가치는 성, 교육수준, 그리고 거주지에 따라 구별되는 것처럼 보인다. 또한 청소년들은 상황적이다. 다시 말하자면 다른 주의 환경이 다른 청소년들은 다른 가치와 사상들을 확인하는 것을 선택할지도 모른다는 것을 발견한다. 이것은 복합적인 가치 동일시의 관리와 보유(thus holding and managing multiple value identifications)이다. 이 발견과 함께, 중요한 발견은 청소년은 특별한 가치 구조를 가지고 있고 청소년의 가치에 대한 더 넓은 사회, 정치 그리고 경제적인 경향의 결과는 개인의 환경에 따라 변화하는 것은 선택 또는 기회가 아니라는 것을 제안한다.

신유물론자의 관점이 인본주의자(Humanists)와 환경운동가(Environmentalist) 그리고 국제주의자(Internationalists)에 집중되어 있다는 Helve의 주장에서 신물질주의는 중간 계층의 수준에서 교육받았다고 시사한다. 더 가난한 노동계층 청소년들은 덜 이타적이다. 경제 부족은 물질주의적 가치의 증가를 일으킨다. 또한 이것은 그 사회 안에서 혜택 받지 못하는 사람들의 경제적 상황이 향상되는 사회의 이타주의 수준이 증가하는 방법보다는 오히려 혜택을 받지 못하기 때문에 더욱 신유물론이기 위한 수단을 필요로 한다. 그러나 만약 그들이 할 수 있다면 그렇게 할 것인가? 영국의 교훈은 정부가 시민권의 가치를 장려하기위해 노력하는 것은 결국, 가난에 부딪치게 되는 것이라는 교훈이다. 혜택 받지 못하는 사람들의 그룹이 발전하고 영구적으로 스스로 생존할 수 있는 문화 또는 같은 그룹에 속해 있는 다른 사람들에 대한 이타주의를 이루기까지 얼마나 걸리겠는가?

Karvonen와 Rahkonen은 이것들을 선택했다. 그들은 더 큰 풍부함이 행동의 변화를 만들었다는 Inglehart의 주장을 지적하고 개인의 일대기가 주요한 의제가 된다는 자기실현의 정치에 의한 해방의 고도 근대화(High modernity)는 대체되고 있었다는 Giddens(1991) 제안을 인용한다. 이들의 연구에서 15세 청소년들의 가치관, 라이프스타일, 사회 계급과 성 등에서 Helve와 다소 대조적이다. 그들은 많은 가치들은 사회 계급, 성 그리고 라이프스타일에 의해 변화되기는커녕 오히려 세대그룹에 나누어져 있다는 것을 발견하였다. 그러나 노동관과 애국심, 다른 주류 가치 그리고 세대 간의 변화와 갈등보다는 오히려 세대 간의 연속성을 강하게 지원한다. 이것은 그들의 제안처럼, 만약 사회가 혁신과 부흥을 위해 더 젊은 세대들에게 의존한다는 것은 결코 좋은 일이 아니다. 실제로, Karvonen와 Rahkonen은 이것을 가치 침체라고 정의한다. 이 연구는 단지 Helve의 발견을 부분적으로 지원한다. 그리고 강조점은 아마도 세대 간의 차이점 보다는 세대 간의 유사점에 있다.

세대는 이처럼 분명히 가치에 영향을 준다. 성(sex)과 사회 계급 또한 전통적 성역할과 사회적 냉소주의(social cynicism)에 대해 영향을 주는 것처럼 보인다. Karvonen와 Rahkonen은 청소년 노동자 계급에서 더 많이 발생되고 더 많은 불평불만의 가치를 가지고 있는 것을 확인한다. 극소수의 남자 노동자 계급 가운데 성 평등과 자유주의의 규범적인 가치의 거부가 핀란드에서 발견되었다. 이 발견은 Mac an Ghaill(1994)이 설명한 도전적인 패권적 남성다움에 대해 동조한다.

이 장에서 지적한 것처럼 Wills(1977)에 의해 설명되었던 방법으로 그들의 남성스러움을 주장하는 기회라 할지라도 청소년 노동시장에서 제조업의 사라짐과 일자리의 감소와 함께 여전히 일부 노동 계급 남자들의 가치 이해와 관련되어 있다. 다른 연구자들이 주장했던 것처럼(Connell, 1987), 전통적 남성스러움의 권위를 지키려는 새로운 만화가 등장했고 패권적 남성다움−페미니즘과 동성애−에 도전하는 특징과 차이점 그리고 보수적인 성 차별 주의자와 인종차별 그룹에 마초를 제공한다.

반(反)학교 동료 문화(Willis, 1977)의 현재 유형은 음주와 공격성이 관련 있고(Canaan, 1996) 어쩌면 하위문화와도 여기에 관련이 있다(Macdonald, 1997). 청소년의 가치는 건강의 경우처럼 아마도 총체적으로 변하고 있고 더욱 양극화 되어가고 있다는 함축적인 의미이다.

구조적 제한 또는 선택의 결과로써 가치와 태도의 거리는 얼마나 되는가? 청소년들은 라이프스타일과 가치에 대한 평등한 선택의 기회를 가지고 있는가? 대부분은 그들의 교육 수준과 학력에 의존해야만 한다. 나의 관점에서 라이프스타일은 사회 계급이나 교육에 의해 구축될 것 같다. 그리고 그것 스스로 마치 독립적인 변수처럼 취급되지 않는다. 사회 계급은 아직도 더 높은 교육으로 진입하는데 영향을 준다.

Karvonen와 Rahkonen의 결론은 Giddens(1991)의 가설을 뒷받침하는 작은 증명이다. 이 가설은 더욱 자신에 대해 주의를 집중하는 것과 함께 생활 정치를 향하여 더욱 이타적인 해방의 정치로부터 멀어지는 이동이다. 하지만 생활수준은 더 높다 하더라도 그들은 일반적으로 더 높지는 않다. 영국의 경우, 우리는 어린 청소년 세대에서 조차 건강의 양극화 현상을 발견한다(Jones & Martin, 1999). 이것은 일부 청소년이 기회와 선택을 위해 새로운 구조의 틀 이전보다 더 낮은 접근이 있었다는 것을 의미한다. 그럼에도 불구하고, 선택에 관한 효과적인 수사법은 사회적 재생산의 메커니즘이 여전히 작용하고 있다는 사실을 Post-modernists는 전혀 보지 못하는 것처럼 보인다.

가난과 사회적 소외의 현실 세계에서 가난한 사람이 자신의 기본적인 필요에 몰두하는 것을 계속한다면, 그들이 도심부–대도시 중심부의 저소득층 주거지–안에 살면서 공동체 활동에 참여하지 않는다면, 정부에 불만이 많아 투표를 하지 않는다면, 이것은 놀라운 것이 아니다.

이 장에서는 그들의 가치와 청소년이 변화한다는 사회적 구조 속에서 그들의 위치에 대하여 설명한다. 그리고 우리는 그것에 대해 제한적인 방법으로 세대의 가치를 말할 수밖에 없다.

Svynarenko의 우크라이나의 사회 환경의 변화 연구에서는 최근의 사회, 정치 그리고 경제 변화의 드라마틱한 경험을 말하고 있다. 여기에서 우리는 총체적으로 사회, 경제 그리고 정치적 변화와 함께 개인의 가치 변화에 대한 가설을 검증할 수 있다. 이 장은 국가의 건설과 민족의 정체성에 관한 것이다.

공동체는 본질적으로 공간적, 사회적 그리고 상징적 경계들과 관련되어 있다(Cohen, 1985). 주요한 내부의 분쟁 원인 중 하나는 지방인들과 이주민들의 차별에 대한 민족성 때문이다(Crow & Allan, 1994). 이 insider/outsider 차별은 한 사회에 속해 있느냐 혹은 그 사회의 변두리에 존재하느냐와 관계된다. 기성세대와 청소년 세대에게 각각 적용시켜 볼 수 있다〔후자는 성인사회에 외부인(outsider)

로 존재한다〕.

실제로, 자신이 시민 혹은 특별한 사회적 그룹에 속해 있다고 말하는 어떤 사람은 그것처럼 그 밖의 것들에 의해 보이지 않을지도 모른다. 이것은 스코틀랜드에서 농촌에 속해 있다는 청소년의 인식에 관한 최근의 질적 연구를 통해 명백하게 나타났다(Jones, 1999).

Jenkins(1996, 20)에 의하면, 사회적 정체성은 내부적-외부적인 동일함의 논리의 결과이고 매개와 구조 사이의 관계의 중심부에 있다는 것을 주장한다. Giddens의 특수한 용어법 이후에, 어떻게 위협 없이 사람의 정체성을 성찰 할 수 있을까?

이 장에서 정체성은 사회-공간 정체성의 다른 수준처럼 경계선을 지나 outsider와의 관계 속에서 insider의 동일성에 의해 설명된다. 국가 정체성은 사회 그리고 정치적 변화의 관계 속에서 변화될 수 있다. 우크라이나의 경우에서처럼 변화는 빠르게 나타난다. 이는 국가적/민족적 정체성에 중요한 영향을 미친다. Svynarenko는 이러한 "시민권—자기 동일시 기초위에 지역에서부터 세계까지의 정렬—의 개념을 탐구한다.

이것은 옛 소련 사회 구조(USSR 또는 Russia 모든 연령대)의 동일성에 대한 강력한 저항이고 유럽 또는 세계의 시민권처럼 동일성 또한 모든 나이 그룹에서 약하다. 우크라이나 사람들의 정체성이 나이 많은 사람들 그룹 가운데 더 강하게 나타난 것을 통해서 볼 때, 민족의 정체성에 대한 감정은 가장 강력하게 나타났다.

Svynarenko은 다음과 같이 주장한다. 청소년은 나이 많은 사람보다 애국심에 대한 가치를 덜 가지고 있다. 이것은 세대 차이인지 단순한 나이 차이를 의미하는 것인지에 대하여 그는 합리적으로 질문한다. 그는 세대 간의 문화와 사상의 전달은 부차적인 것이고, cohort effect[2)]가 더욱 직접적이고 중요할 것이라고 설

2) 역자: 코호트 효과(cohort effect)는 출생 시점에 따라 역사적 사건이나 사회화 경험이 다르기 때문에 빚어지는 차이로 인해 각 세대가 겪는 독특한 사회적·문화적·역사적·정치적 경험에 기인한 특정 세대만이 가지는 독특한 성향을 의미한

명한다. 연구는 청소년들 간을 구별 짓지 않고 단지 그들과 다른 시대의 동일한 연령 집단을 설명한다. 이와 같이 우리는 그들의 사상(Idea)이 그들 자신의 세대 안에서 거칠게 수용하든 사회적 그룹에 의한 변화를 수용하든 말할 수 없다.

이 연구는 사람들이 지방거주민에 대한 관심과 더욱 안전한 지방거주민 정체성의 건설에 의해 소련 권력구조의 붕괴에 대한 반작용으로 민족성이 탄압을 받는 제국주의에 지배를 받는 사람들을 시사한다. 이것을 위한 필요는 동일한 연령 집단 내에서 본질적인 차이점을 감추고 있는지도 모른다.

이러한 연구들은 흥미롭다. 그러나 대답 없는 많은 질문들을 남긴다. 그리고 사회과학자들의 관심은 불평등의 구조 속에서 변화와 연속성에 대한 확인에 집중되어 있다. 청소년들의 생활은 정부와 부모 그리고 심지어 동료들과 개인적인 선택을 위한 여러 가지의 기회들에 의해 힘겨운 구조로 되어 있다. 구 물질주의(Pre-materialism)가 만일 사회적 불평등과 차이가 사회에서 고려되지 않는다면 신 물질주의(Post-materialism)에 대해 잘못 할 수 있다.

Karvonen과 Rahkonen은 Furling과 Cartmel(1997)을 인용한다. 이들은 일반적인 Post-modernist를 인식론적 오류(epistemological fallacy)로써 더 넓은 평등과 차별화의 환상이라고 부른다. 실제로 공동체는 청소년의 삶에 지속적으로 영향을 미친다. 재산과 같은 돈을 좋아하는 위험은 아마도 더욱 널리 퍼진다. 그러나 이것은 평등하게 나누어진다는 것을 의미하지 않는다. Bauman(1995)에 의하면, 최근 동향은 세계화의 방향으로 흘러가고, 지방민들에 대한 관심이 증가하고 있는 것이라고 지적했다. 그는 이것을 글로발리제이션(globalisation)[3]이라고 부른다. Giddens(1994)도 마찬가지로 고도 근대화 시대의 사람들은 점점 전통(tradition)에서부터 결론을 끌어낸다고 말한다. 이러한 대항의 경향(countervailing trend)은 다음 장의 조사결과에 나타난다.

다.

3) 역주: 중심 도시가 아닌 지방의 지역에서 세계적인 행사나 대회가 이루어지는 현상으로 '세계화(globalism)와 지방화(localism)가 동시에 진행되고 있다'는 뜻으로써 '글로발리제이션(globalisation)'이라고 한다. 적당한 우리말을 찾기가 쉽지 않다.

한편으로는 패권적 남성다움(hegemonic masculinity)과 민족 정체성으로의 회귀 그리고 평등주의, 환경 보호주의, 그리고 또 다른 국제주의는 점점 현대의 가치 지향을 보이고 있다. 겉으로는 모순된 경향이 동시에 존재하며 심지어 서로 의존할 수 있다. 일반 대중들 중에서의 가치 변화는 양쪽 끝에서 과격주의로의 이동을 동반할 것이다. 평행적인 풍조나 추세는 더욱 분명하고 연구하는데 더욱 다루기 쉬워질 때 사회적 재생산의 연속상태로 보여질 것이다. 상반되는 감정에 직면하는 것은, 또 다른 한 편 의 몰락을 위하여 울타리위에 앉아 있는 것을 중력으로 잡아당길 것이다. 결국, 설명은 연구자 자신의 가치에 의존한다.

나는 포스트모더니스트가 아니다. 설사 세계화 영향이 있다 할지라도, 영국 청소년 연구, 가부장제, 자본주의 그리고 제국주의의 구조들은 여전히 분명하게 진행 중이라는 것을 나는 안다. 그들의 가치들, 태도들 그리고 정체성들은 이 연속성의 대답으로서 최소한 일부분으로 변화한다.

❁ 참고문헌

Bauman, Z. (1995), *Life in Fragments. Essays in Postmodern Morality*, Blackwell Publishers, Oxford.

Canaan, J. E. (1996), 'One Thing Leads to Another: Drinking, Fighting and Working Class Masculinities', in M. Mac an Ghaill (ed), *Understanding Masculinities. Social Relations and Cultural Arenas*, Open University Press, Buckingham.

Cohen, A. (1985), *The Symbolic Construction of Community*, Tavistock, London. Connell, R. W. (1987), Gender and Power, Polity Press, Cambridge.

Crow, G. and Allan, G. (1994), *Community Life An Introduction to Community Relations*, Harvester Wheatsheaf, London.

Furlong, A. and Cartmel, F. (1997), *Young People and Social Change. Individualization and Risk in Late Modernity*, Open University Press, Guildford and King's Lynn.

Giddens, A. (1991), *Modernity and Self-Identity. Self and Society in the Late Modern Age*, Polity Press, Cambridge.

Giddens, A. (1994), 'Living in a Post-Traditional Society', in U. Beck, A. Giddens and S. Lash (eds.), *Reflexive Modernization: Politics, Tradition and Aesthetics in the Modern*

Social Order, Polity Press, Cambridge, pp. 56–109.

Inglehart, R. (1997), *Modernization and Postmodernization: Cultural, Economic and Political Change in 43 Societies*, Princeton University Press, Princeton, New Jersey.

Inglehart, R. (1998), *Clash of Civilizations or Global Cultural Modernization? Empirical Evidence from 61 Societies*, Unpublished paper presented at the 1998 meeting of the International Sociological Association, Montreal, August 27–31, 1998.

Jenkins, R. (1996), *Social Identity*, Routledge, London.

Jones, G. (1995), *Leaving Home*, Open University Press, Buckingham.

Jones, G. (1999), 'The Same People in the Same Places? Socio-spatial Identities and Migration in Youth', *Sociology, 33(1)*, pp. 1–22.

Jones, G. and Bell, R. (2000), *Balancing Acts? Youth, Parenting and Public Policy*, York Publishing, York.

Jones, G. and Martin, C. D. (1999), 'The "Young Consumer" at Home: Dependence, Resistance and Autonomy', in J. Hearn and S. Roseneil (eds.), *Consuming Cultures: Power and Resistance*, Macmillan, Basingstoke.

Jones, G. and Wallace, C. (1992), *Youth, Family and Citizenship*, Open University Press, Buckingham. Japanese edition (trans. M. Miyamoto), Shinhyouron, Tokyo.

Mac an Ghaill, M. (1994), *The Making of Men: Masculinities, Sexualities and Schooling*, Open University Press, Buckingham.

Macdonald, R. (ed.) (1997), *Youth, the "Underclass" and Exclusion*, Routledge, London.

Mannheim, K. (1927), 'The Problem of Generations', in P. Kecskemeti (ed./trans. 1952), *Essays on the Sociology of Knowledge*, Routledge and Kegan Paul, London.

Wilkinson, H. and Mulgan, G. (1995), *Freedom's Children*, Demos, London.

Willis, P. (1977), *Learning to Labour: How Working Class Kids Get Working Class Jobs*, Saxon House, Farnbourgh.

제 15 장

태도와 가치에 대한 변화와 성찰

Helena Helve

❁ 서론

Max Weber(1986)는 사회가 경제생활과 정치에 중요한 영향을 미치는 종교적인 특징이 주어진다고 주장했다. Ronald Inglehart(1997, 1998, 1)는 아프리카와 라틴 아메리카의 문화, 종교적 전통, 불교, 힌두교, 유교, 이슬람 국가와 유대교 국가 그리고 서구 기독교는 현대에도 여전히 영향력을 행사한다고 말하고 있다. 그는 그의 책 『Modernization and Post Modernization: Cultural, Economic, and Political Change in 43 Societies』에서 정치, 경제, 문화의 변화는 사람들의 가치와 세계관을 변화시키고 있다고 주장한다.[1] Inglehart(1997)에 의하면 경제발전은 행동과 가치의 변화를 위해 연결되어 있다는 경험적인 증거를 설명했다. 그는

---

1) Inglehart의 연구는 1981년에 시작된 WVS(World Values Surveys)의 시리즈 중 한 부분이다. 그리고 이 연구는 유럽연합의 유럽지표조사와 관련되어 있다.

대부분의 기본적인 변화는 세속적-이성적 세계관에 있다는 것을 발견했다. 신유물론적 가치를 가지고 있는 국가들 중에서 북유럽 국가들은 대부분 매우 높은 순위를 차지하고 있다고 그의 연구에서 나타냈다(Inglehart, 1997, 151).

사회학의 학문분야 안에서, Ulrich Beck, Anthony Giddens, Scott Lash는 우리가 성찰적 근대화(reflexive modernity)의 시간 속에서 살고 있다고 제안했다(Beck, Giddens & Lash, 1994). Giddens(1991, 2-3)는 이러한 근대성의 유형은 탈전통적 질서(post-traditional order)라고 묘사한다. 지금 우리는 그가 말하는 '높은' 또는 '늦은' 현대적 세상 속에서 살고 있다. 오늘날의 세계는 성찰적으로 건설되었다. 복잡한 선택과 불확실성의 세계 속에서 살고 있다. 우리의 미래는 전세계 경제 구조의 붕괴와 생태적 대재앙의 위험으로 그늘 지워져 있다(Beck, 1992). 이것은 1990년대 유럽의 청소년의 가치관을 통해 발견할 수 있다(Les Jeunes Europeans, 1991, 20).

이 연구의 가설은 늦은 근대화의 위험이다. 경제의 경기불황처럼, 1990년대 핀란드에서 일어났던 것처럼, 청소년의 태도, 가치 그리고 의식구조는 바뀌고 있다. 그러나 이러한 변화들은 또한 교육, 성 그리고 이데올로기/종교적 배경에 의존한다.

이 연구의 관심은 확실하다고 생각하는 질문과 일종의 다학문적 접근의 영감을 받은 것에 대한 호기심에서부터 시작한다. 그들은 사람들의 믿음, 세계관의 개념, 태도 그리고 가치를 어떻게 바라보고 있는가? 세대, 성 그리고 교육은 어떻게 세계관을 형성하는가? 우리는 같은 시대를 살고 있는 청소년의 세계관에서 어떠한 다른 영향력을 발견할 수 있는가?[2] 이 연구에서 나의 시작의 전제는 세계관

2) 내 박사학위 논문에서, 나는 아동기에서 성인기에 속한 청소년의 동일 집단의 세계관의 발달을 고찰하였다. 그 후, 나는 핀란드 연구자들과 함께 1989년과 1992년 사이의 Ostrobothnia(핀란드의 서쪽 해안 지방)에 있는 헬싱키 출신의 16~19세 청소년의 태도와 가치에 대한 비교를 지속적으로 연구하였다. 이것은 1992년, 1995년, 1996년 및 1997년에 수집된 경험적 연구 자료를 기초로 가치와 세계관은 물론 성(gender) 의식에 대한 연구에 참여한 핀란드 연구소의 프로젝트가 더욱 확대된 것이다.

은 그들의 어린 시절 동안에 그들 자신의 문화로 인하여 사람들 속으로 사회화되었다는 것이다. 나는 1975년에 세계관 조사 연구를 시작했었다. 이 연구는 핀란드의 도시외곽에 사는 아이들과 그들 부모의 제1세대로부터 얻은 질적인 자료를 수집했고 내 자신의 가정환경에 대한 현장조사 연구를 함께 실시했다(Helve, 1987, 1991, 1993a, 1995, 2000).

이 연구보고서는 1989년에 시작된 가치와 행동에 대한 비교 종단 연구에 기초를 두고 있다(Helve, 1993b, 1993c, 1994, 1996, 1997a, 1997b, 1999). 이 연구는 핀란드 수도 헬싱키와 서부지역의 지방도시 오스트로보시니아에 살고 있는 16~19세의 240명의 청소년들을 대상으로 연구했다(cf. Banks, et al., 1991).[3] 이 청소년들은 대부분이 중학교 상급반 또는 직업학교 학생이고 나머지는 직장에서 일을 하거나 일을 찾고 있는 청소년들이다. 1992년 청소년의 70%가 다음 종단 연구에 참여했다. 비교 자료는 1995~1996년 사이의 헬싱키와 오스트로보시니아에 살고 있는 중학교 상급반 진학, 직업학교, 전문대학으로 진학한 청소년들 중 457명의 청소년을 대상으로 수집되었다. 조사 방법은 Finnish Business and Policy 연구소에서 개발된 인터뷰, 설문지 기법, 심리 측정 그리고 행동 평가가 포함되었다(EVA, 1991). 출처 또한 국제적 비교 연구들이 포함된다(표 15.1 참조).

이 장에서는 첫째, 청소년의 태도와 가치에 대한 다른 유럽 국가의 청소년과의 비교이다. 둘째, 핀란드 청소년의 교육, 성 그리고 이데올로기/종교적 배경의 기본적인 틀이 경제 불황의 발생으로 인한 가치관의 변화에 대한 분석이다(cf. Jowell et al., 1996; Friesl et al., 1993; Young Europeans, 1993; The Young Europeans, 1997).[4]

---

3) Ostrobothnia는 강력한 정치적 · 종교적 운동이 항상 일어나는 지역이다.

4) 1989년 핀란드의 1인당 GNP는 일본, 스위스 다음으로 세계에서 세 번째로 높았다. 그러나 그 후, 핀란드는 경기침체와 실업률의 빠른 증가를 경험하게 되었다. GNP는 다시 수정되었고, 1997년도에 1989~90년대보다 더 높은 수치에 도달하였다. 그러나 실업은 10년 전보다 여전히 더 높게 나타났다. 취업은 1인당 GNP에 대한

표 15.1 연구 시기와 연구 방법

1989	**1단계** 16~19세 여자 123명, 남자 117명 (n = 240)	**연구 방법** • 질문지 • 언어 연상과 문맥 완성 테스트 • 개인 또는 그룹 인터뷰 • 태도 측정법
1992	**2단계** 추적 연구 19~22세 여자 93명, 남자 72명 (n = 165)	**연구 방법** • 질문지 • 언어 연상과 문맥 완성 테스트 • 태도 측정법
1995~1996	**3단계** 비교 연구 16~19세 여자 228명, 남자 229명 (n = 457)	**연구 방법** • 질문지 • 언어 연상과 문맥 완성 테스트 • 태도 측정법

❁ 생활에 대한 만족감

유럽 청소년의 생활 만족감 비교 연구는(Friesl, Richter & Zulehner, 1993) 그들의 경제적인 상황과 연결되어 있다. 이곳 아일랜드는 예외적으로 만족감의 수준이 높다. 서독은 1991년 그들의 1인당 GNP의 관점에서 두 배나 더 많은 부자였다(Inglehart, 1997, 62).[5] 그러나 종합적으로, 노르웨이, 네덜란드, 덴마크, 아이슬란드, 그리고 스웨덴의 경우처럼 안전한 사회의 부유한 청소년들은 경제와 정치적 생활이 위태로 왔던 서독, 헝가리, 리투아니아, 라트비아 그리고 에스토니아

비율에서 증가하지 않았다.

5) Inglehart는 개인의 행복은 경제적 수준의 증가와 함께 높아간다고 주장한다(1997, 62–63).

의 공산주의 국가들의 사회에서 사는 것보다 그들의 삶과 생활에 더욱 만족한다(표 15.2 참조).

그들에 대한 문제 가운데 청소년의 자유에 대한 주관적인 감정과 그들의 영향력 수준은 서로 관계가 있다.[6] 북유럽 청소년(미국인과 캐나다 사람들이 아주 닮은 것처럼)은 그들의 개인적인 자유에 대해 매우 만족해하는 것으로 조사되었다. 그들은 또한 사람들에 대한 강한 신뢰를 가지고 있다(표 15.2 참조).

주관적인 자유의 감정과 생활에 대한 만족은 경제적 그리고 정치적 상황이 불안한 생활을 하는 대부분의 청소년들 보다 선진 복지국가의 청소년이 더욱 높은 것처럼 보인다(또한 Inglehart, 1997, 62-63 참조).

❁ 시민으로서의 청소년

공동체 생활에 대한 유럽 청소년의 참여는 일반적으로 매우 낮게 조사되었다(표 15.3 참조; 이 책의 Spannring 등과 비교). 1997년 연구에 의하면 유럽 15개국으로부터 거의 모든 다른 응답자들은 모든 어떠한 종류의 조직이나 단체에 소속되어 있지 않다. 조직상의 선택 항목들을 제안했는데, 스포츠클럽들이 가장 대중적이었다(27.6%). 스포츠클럽은 스웨덴의 청소년들에게 가장 대중적인 인기가 있고(50.7%), 네덜란드(50.2%), 덴마크(44.4%) 그리고 룩셈부르크(40.0%) 순으로 나타났다. 두 번째 차지한 조직이나 단체는 종교적 조직(8.7%)이고, 스카우트와 같은 청소년 레크리에이션 조직(7.4%)이 그 다음 순으로 나타났다. 종교와 교회 조직은 이탈리아(18.3%)와 네덜란드(17.6%)의 청소년들 중에서 가장 선호하는 것으로 나타났고 참여의 유럽 비율이 두 번 이상의 평균이 양쪽 모두 같게 조사되었다.

단지 전체 응답자의 4.4%만 노동조합 또는 정치적 정당의 회원들이다. 이 분석

---

6) 1995~1996년의 내 연구에 의하면, 핀란드 청소년들은 자신의 가치의 계급 중에서 건강과 가까운 인간관계 다음으로 평화와 함께 개인의 자유가 세 번째였다.

표 15.2 전반적인 생활에 관한 만족과 주관적인 자유 감정: 청소년과 청년층 17~30세

삶에 대한 전체적인 만족감	평 균	자유에 대한 주관적인 감정	평 균
전 체	7.31	**전 체**	7.11
덴마크	8.29	핀란드	7.98
아이슬란드	7.99	미국	7.81
스웨덴	7.90	캐나다	7.72
네덜란드	7.86	스웨덴	7.69
노르웨이	7.85	노르웨이	7.69
오스트리아	7.84	북아일랜드	7.59
아일랜드	7.84	오스트리아	7.54
캐나다	7.76	아이슬란드	7.49
벨기에	7.73	아일랜드	7.34
핀란드	7.73	덴마크	7.34
미국	7.66	영국	7.19
북아일랜드	7.62	서독	7.18
서독	7.41	체코	7.17
영국	7.40	슬로바키아	7.17
이탈리아	7.37	이탈리아	7.05
스페인	7.19	리투아니아	7.00
포르투갈	7.13	포르투갈	6.71
체코	7.04	라트비아	6.69
슬로바키아	6.94	스페인	6.67
폴란드	6.93	슬로베니아	6.61
프랑스	6.79	헝가리	6.58
동독	6.76	에스토니아	6.53
슬로베니아	6.72	동독	6.53
헝가리	6.40	폴란드	6.42
에스토니아	6.31		
리투아니아	6.19		
라트비아	5.74		

1 = 전혀 행복하지 않다.
10 = 매우 행복하다(Friesl et al., 1993, 7 and 8)

표 15.3 유럽 청소년의 공동체 생활의 참여(%)

당신이 활동하거나 회원으로 속해 있는 단체 혹은 조직은 무엇입니까?

1. 사회복지 또는 자선사업 단체
2. 종교 또는 교구/교회 단체
3. 문화적 또는 예술적인 단체
4. 노동조합 또는 정치적 정당
5. 인권운동 또는 단체
6. 자연, 동물들, 자연환경의 보호를 위한 단체
7. 청소년 단체(스카우트, 청소년 클럽, 등)
8. 소비자 단체
9. 스포츠클럽 또는 단체
10. 취미 또는 특별한 흥미를 가지는 단체/조직(수집가, 팬클럽, 인터넷동호회 등)
11. 그 외 다른 클럽 또는 단체(자연 발생적인)
12. 클럽 또는 단체가 아닌 것(자연 발생적인)

국가	1	2	3	4	5	6	7	8	9	10	11	12
벨기에	4.0	2.3	6.1	6.3	2.2	3.7	12.9	0.1	23.5	4.1	3.1	52.9
덴마크	6.0	5.4	8.5	22.4	3.5	9.0	17.6	1.3	44.4	14.1	3.0	22.8
서독	2.2	7.9	4.2	4.6	2.5	6.7	6.5	1.0	38.8	9.6	6.8	38.2
독일	2.0	7.1	4.1	4.4	2.2	6.4	6.2	0.9	35.6	9.7	6.5	41.7
동독	1.0	3.8	3.8	3.5	1.0	5.1	4.8	0.5	22.6	10.3	5.0	56.4
그리스	3.5	2.4	5.5	1.5	0.7	4.4	2.9	0.8	15.5	1.8	4.1	64.4
스페인	3.3	6.4	5.4	2.2	1.0	3.0	8.3	0.2	11.8	2.1	6.1	62.3
프랑스	5.4	3.0	7.7	1.3	0.6	5.0	6.7	1.2	28.2	3.9	3.2	51.0
아일랜드	4.8	7.1	3.7	3.5	2.5	1.3	11.6	0.5	43.7	7.1	5.3	38.8
이탈리아	8.2	18.3	5.8	2.9	0.7	4.8	6.8	1.2	23.1	2.8	2.3	45.6
룩셈부르크	2.7	5.7	6.7	5.3	2.0	7.4	25.8	2.8	40.0	7.1	1.7	33.9
네덜란드	9.5	17.6	4.5	6.1	3.2	11.2	7.9	2.5	50.2	9.1	6.1	23.3
호주	4.9	12.1	4.6	5.7	2.7	12.0	9.1	2.9	27.0	7.5	2.4	39.8
포르투갈	2.5	8.1	4.9	4.0	0.7	2.5	5.4	0.3	21.1	2.5	1.7	59.6
핀란드	5.9	12.1	5.2	12.0	2.2	7.7	11.3	0.3	26.6	15.5	2.8	32.9
스웨덴	4.9	13.3	7.9	25.8	4.5	9.2	9.4	2.1	50.7	13.8	3.8	17.8
영국	3.6	7.4	2.1	5.9	2.1	5.6	7.8	0.4	28.0	10.7	1.7	50.1
EU 15	4.7	8.7	5.1	4.4	1.5	5.5	7.4	0.9	27.6	6.3	3.9	47.6

에서 청소년의 정치 활동이 대부분 북유럽 국가들에서 조사되었다. 스웨덴 청소년의 네 명 중 한 명(25.8%) 그리고 거의 대부분의 덴마크 청소년들(22.4%)은 노동조합 또는 정치적 정당의 회원이라고 응답했다. 핀란드 청소년들은 북유럽에서 예외이다. 단지, 12%만이 이와 같은 조직의 유형에 속해 있다고 응답했다. 유럽조사에서 유럽 국가들 중 청소년의 가장 낮은 평균의 참여율을 보이는 조직은 인권운동(1.5%)과 소비자 단체(0.9%)이다.

전체적으로 청소년들은 노동조합이나 정치적 정당과 같은 특정한 목적을 가지는 조직 보다는 오히려 일반적인 조직이나 단체와 자연스럽게 연결된다(scouts). 대체로 교육을 많이 받은 청소년들은 더욱 활동적이다. 그들은 조직이나 단체와 공동체 생활의 참여 속에서 더욱 활동적이다(The Young Europeans, 1997). 이것은 왜 북유럽 복지국가 청소년들이 공동체 생활 안에서 더욱 활동적으로 보여지는가를 설명한다(또한 Helve, 1997b, 228–233 참조).

경기불황의 충격

예를 들어 핀란드의 악화된 경제상황은 망명자들과 개발원조에 대해 본능적으로 청소년들의 더욱 강직된 태도를 초래했다. 반면에 경제호황 시기인 1989년에는 핀란드의 1인당 GNP는 세계에서 세 번째로 높았다. 그 밖의 모든 청소년과 다섯 명중 한 명의 여자 청소년은 도움이 필요했던 핀란드의 사람들만큼의 경제 원조가 증가하지 않았다고 생각했다. 3년 뒤 경제 불황 시기(1992)에 두 명 중 한 명의 여자 청소년(40%)과 대부분의 청소년들은(66%) 그렇게 생각했다. 노르웨이는 핀란드 경제가 회복되었던 것처럼 이러한 숫자들은 되돌아갔다. 1995~1996년에 남자 57%와 여자 41%는 핀란드에서 필요한 만큼의 경재원조 증가를 반대했다(표 15.4 참조).

1989년 청소년들은(남자 73%와 여자 84%) 핀란드에서의 생활수준이 충분히 높을 것이라고 생각했다. 국가는 실업자들과 핸디캡을 지닌 인구 그룹을 더 좋은 보호를 취할 여유가 있었다고 생각했다. 경기침체 동안에는 이것을 지탱하는 기반은 연약했지만, 남자의 59%와 여자의 78%의 절반 이상은 여전히 1992년과 같

표 15.4 "핀란드에 도움을 필요로 하는 사람들이 있는 동안에는 다른 나라에 대한 개발원조는 증가하지 않아야 한다." 1989, 1992, 1995~1996의 비교(단위: %)

년도			1989	1992	1995~1996
Total	동의한다.		35.2	51.2	48.5
	모르겠다.		16.7	15.4	19.0
	동의하지 않는다.		48.1	33.3	32.5
성별	동의한다.	남자	21.4	40.2	40.5
		여자	50.0	65.7	57.1
	모르겠다.	남자	15.7	17.4	16.4
		여자	17.9	12.9	21.7
	동의하지 않는다.	남자	62.9	42.4	43.1
		여자	32.1	21.4	21.2

은 생각했다.

이것은 생활수준의 감소가 청소년의 충격적인 행동으로 나타났다. 비록 1995~1996 대부분 국가의 청소년들은 핀란드의 생활수준이 실업자들과 핸디캡을 지닌 사람들을 더 좋은 보호를 취할 수 있는 충분한 여유가 있다고 생각했지만, 이것을 처음 지지했던 전체 숫자는 다시 하락했다(남자 51%와 여자 68%가 이러한 의견이었다. 표 15.5 참조).

1989년 대부분의 청소년들은(남자 77%와 여자 66%) 핀란드는 사회복지 시스템을 남용하는 사람들에 대해 배려가 매우 관대하다고 생각했다. 같은 생각의 여자들은 3년 후 핀란드가 가장 심각한 경기침체(70%)에 있을 때 더욱 단호하게 되어갔다(70%). 반면에 남자들은 동일함이 멈추었다(77%). 이 점에 있어서 가장 단호한 행동은 청소년 노동 인구 중에서 나타났다. 1995~1996년의 비교 연구에서 여자들은(69%) 1989년의 여자들의 응답보다 사회복지 남용에 대해 더욱 더 단호한 응답을 주었다. 대신에 남자들의 태도는 1995~1996년에 더욱 관대하게 나타났다(67%)(표 15.6 참조).

표 15.5 "우리들의 생활수준이 매우 높다. 이것은 병든 사람과 궁색하게 지내는 다른 사람을 보살필 의미를 가져야만 한다." 1989, 1992, 1995～1996의 비교(단위: %)

년도			1989	1992	1995～1996
Total	동의한다.		79.0	69.8	59.8
	모르겠다.		12.4	17.9	27.4
	동의하지 않는다.		8.6	12.3	12.8
성별	동의한다.	남자	84.3	78.3	67.5
		여자	73.2	58.5	51.4
	모르겠다.	남자	10.7	14.1	22.7
		여자	14.3	22.9	32.4
	동의하지 않는다.	남자	5.0	7.6	9.8
		여자	12.5	18.5	16.2

표 15.6 "사회복지사업의 부당이익을 얻은 사람들, 게으름뱅이들 그리고 식충이들은 매우 건강한 것과 멀리 여겨진다." 1989, 1992, 1995～1996의 비교(단위: %)

년도			1989	1992	1995～1996
Total	동의한다.		71.2	73.3	67.9
	모르겠다.		20.6	16.8	21.8
	동의하지 않는다.		8.2	9.9	10.3
성별	동의한다.	남자	66.1	70.4	69.2
		여자	76.8	77.2	66.5
	모르겠다.	남자	24.8	17.6	22.8
		여자	16.1	15.7	20.8
	동의하지 않는다.	남자	9.1	12.1	8.0
		여자	7.1	7.2	12.7

가치 구조, 성, 학교 가기와 지역차

1989~1992년의 자료에 의하면, 청소년들을 그들의 가치에 관해서 세 개의 다른 그룹 즉, "인본주의자들(Humanists)", "개인주의자들(Individualists)" 그리고 "전통주의자들(traditionalist)"로 나누었고(Helve 1993b; 1994),[7] 1995~1996년의 새로운 연구에서는 청소년들은 다섯 개의 가치 그룹 속으로 나누었다.[8]

"인본주의자들(Humanists)-평등주의자들(Egalitarians)"의 가치는 직장 생활 등에서의 성 평등을 강조한다. 그들은 여성 상관(woman boss)과 일하는 것에 대해 이의가 없고 직업에 있어서 남자와 마찬가지로 여자도 중요하고 남성과 여성 모두 돈벌이를 원하고 가족과 가정을 돌보기를 원한다고 나타났다. 또한 지도층과 다른 중요한 직장들에 더 많은 여성이 있을 것이고 양심에 의해 사는 것이 매우 중요하고 양심에 따라 사는 것이 매우 중요하다고 생각한다. 그들은 만약 자신들의 아이들이 다니는 학교가 학생들의 절반이 다른 인종의 아이들이 있다고 할지라도 신경 쓰지 않는다(표 15.7 참조).

"전통주의자들(Traditionalist)-보수주의자들(Conservatives)"은 '아이가 있는 부부는 이혼할 수 없다', '결혼은 종신(終身)이다' 그리고 '요즈음의 청소년은 전통적 가치를 존경하지 않는다.'와 같은 의견들을 지지한다. 이러한 청소년들은 '조국은 질서 회복과 훈련 그리고 올바른 가치에 대해 존경할 수 있는 강력한 지도자들을 원한다.'는 의견에 동의한다(표 15.8 참조).

"환경운동가들(Environmentalist)-자연보호자들(Greens)"은 경제적 복지 개발

---

7) 행동과 가치의 차이들은 요인분석을 사용하여 조사하였다. 19개의 변수들에서 요인분석은 이 연구의 두 가지 현상에서 세 가지 요인의 결과를 얻은 것으로서 태도, 주요한 구성요소를 측정하였다(Helve 1994, 84-90 참조)

8) 1995~1996년에 수집된 요인, 분산분석에서 나는 청소년의 가치 구조에 대하여 더 많은 정보를 얻기 위해 노력하였고, 이것의 분석에서 나는 처음 19~31개의 변수들로 구조를 확대하였다. 그리고 정치, 환경보호, 과학과 기술, 경제, 민족주의, 성 평등, 인권, 참여, 일 그리고 가족의 가치의 주요한 쟁점을 위한 연구의 이전 현상에서보다 더 많은 변수들을 사용했다(Helve 1999, 53-56 참조).

표 15.7 요인 1. 인본주의자들-평등주의자들

	F1	F2	F3	F4	F5
나는 여자가 나의 상관인 것을 않는다.	−.62				
남자보다 여자가 직장에 가는 것은 중요하지 않다.	−.60				
남자의 직업은 돈을 버는 것이고 여자의 직업은 집과 가정을 돌보는 것이다.	−5.8				
나의 양심(판단)에 따라 사는 것은 나에게 매우 중요하다.	.51				
사업과 산업에서 중요한 직업에는 여자 상관이 더욱 늘어나야만 한다.	.51				
나는 나의 아이가 아이들의 절반이 다른 인종인 학교에 다니는 것에 걱정하지 않는다.	.40				(.39)
성적 평등에 관하여 매우 많은 말을 한다.	−.40				
절약은 낡은 미덕이다.	−.39				
모든 사람들은 삶의 자유를 가져야 한다.	.37				
개인적인 사람들의 행동은 원래의 상태를 이야기하는 영향을 가지지 않는다.	.30				
나는 오염과 환경 보호문제들의 감소를 위해 나의 생활기준을 낮출 예정이다.	.30		(.44)		
핀란드의 다섯 번째 원자력 에너지 건설은 지원되어야 한다.	−.30		(−.40)		
국가가 그것의 독립을 막을 때 군사행동이 허락된 상황이다.	.30				

표 15.8 요인 2. 전통주의자들-보수주의자들

	F1	**F2**	F3	F4	F5
아이들이 있는 커플은 이혼할 수 없다.		.61			
결혼은 인생을 위해서이다.		.55			
청소년들은 오늘날 전통적 가치를 충분히 존중하지 않는다.		.51			
이혼은 너무 쉽다.		.50			
우리의 국가는 질서와 규율을 재건하고 올바른 가치를 존중할 수 있는 강력한 리더들을 필요로 한다.		.44			

이 더 이상 취해지지 않았다고 강력하게 주장한다. 비록 삶의 수준이 감소하는 결과를 초래하더라도 원자력 에너지는 포기되어야 한다고 말한다. 그들은 경제적 안녕(economic well-being)의 지속적인 증가는 약간의 정신적 고통을 증가시키는 것으로 믿었다. 과학과 기술은 그들에게 제공하는 것 대신에 사람들을 통제하기 시작했다. 그들은 오염과 환경문제를 감소시키기 위해서 기꺼이 생활수준을 낮추었다. 또한 "심지어 청소년들도 평화활동에 참여하는 것만으로도 세계 평화를 증진시킬 수 있다."고 믿고 있다(표 15.9 참조).

"비평가들(Cynics)-정치적 냉소자들(Political Passives)"은 '시민 의견은 사회

표 15.9 요인 3. 환경운동가들-자연보호자들

	F1	F2	**F3**	F4	F5
경제적 복지의 발전 그 이상은 실현되지 않을 것이다.			.56		
생활수준이 감소되더라도 핵에너지는 버려야 한다.			.54		
경제적 행복의 지속적인 발달은 단지 정신적인 불행을 증가시킬 뿐이다.			.53		
과학과 기술은 사람들을 돕는 것 대신에 그들을 조정하기 시작한다.			.48		
나는 오염과 환경 보호문제들의 감소를 위해 나의 생활기준을 낮출 예정이다.	(.30)		.44		
청소년들도 평화활동의 참여로 세계평화를 증진시킬 수 있다.			.40		
핀란드의 다섯 번째 원자력에너지 건설은 지원되어야 한다.	(−.30)		−.40		
경제 성장은 지속적인 사회복지의 기초위에서만 가능하다.			−.39		
핀란드에 도움을 필요로 하는 사람들이 있는 한 외국의 원조는 증가하면 안 된다.			−.35		
우리는 양심적 병역거부자들의 신념을 더욱 존중해 주어야 한다.			.32		(.39)
우리는 실업자, 병든자, 장애자 그리고 형편이 어려운 사람들을 돌봐야 할 정도로 우리의 생활수준은 매우 높다.			.31		

표 15.10 비평가들–정치적 냉소자들

	F1	F2	F3	**F4**	F5
시민의 의견은 사회를 이루는 결정에 아무런 영향을 주지 않는다.				.65	
정치정당은 보통사람과 그들의 문제들을 멀리하게 되었다.				.59	
현재의 정치정당들 중 어느 하나를 지지하는 것은 나에게 중요하다.				.49	

결정에 많은 영향을 가지고 있지 않는다.', '정치 정당은 보통사람들과 그들의 문제들로부터 사이가 멀어지게 되었다.' 그리고 '현재의 정치정당 중 어느 하나도 나를 위해 중요한 변론이나 지지를 하는 것은 없다.'라는 주장에 동의한다(표 15.10 참조).

하나의 의미 있는 새로운 가치 그룹은 세계화(Global)이다(Watson 1997, "Generation Global" 참조). "국제주의자(Internationalists)–세계주의자(Globalists)들은 만약 더욱 많은 외국 사람들이 핀란드에 왔었다면, 이들과의 접촉은 서로 유익했을 것이라고 생각했다. 또한 핀란드인이라는 것은 특권이 아니며, 'East, West, home is best'라는 말은 쓸모없는 표현이라고 주장했다(표 15.11 참조).

분산분석(variance analysis)에서는 남자들과 여자들의 가치에서 의미 있는 차

표 15.11 국제주의자–세계주의자

	F1	F2	F3	F4	**F5**
더 많은 외국 사람들이 핀란드로 온다면, 우리는 활발한 국제적인 영향력을 얻게 되는 것이다.					.49
이것은 핀란드의 특권이다.					−.46
"동쪽, 서쪽, 집이 최고다"는 쓸모없는 말이다.					.44
나의 아이가 아이들의 절반이 다른 인종인 학교에 다니는 것에 걱정하지 않는다.	(.40)				.39
우리는 양심적 병역거부자들의 신념을 더욱 존중해 주어야 한다.			(.32)		.39

이를 발견했다. 여자들은 남자들보다 환경적 문제들에 대해 더 많은 가치를 가지고 있다(도시의 여자 중학생들의 대부분). 남자들은 여자들보다 기술과 과학에 더 많은 가치를 가지고 있다(특히, 도시의 중학교 남자 상급생들). 도시 직업학교 여학생들은 대부분이 정치에 무관심하고 비판적이다. 도시의 중학교 여자 상급생들이 정치에 있어서 가장 활동적이다. Business school 학생들은 가장 무겁게 기술과 경제복지를 평가하는 반면, 중학교 학생들은 가장 비판적이었다. Green(환경 보호자)의 가치는 기술과 경제 가치의 대안처럼 주어졌다. "국제주의자(Internationalists)-세계주의자(Globalists)"로부터 스펙트럼의 다른 끝은 "인종주의자들(Racists)"이다. 이들은 주로 남자들이고 Business school 또는 직업학교나 대학에서 공부했다. 대부분의 전통주의자들 보수적 가치는 남자 중학생들 중에서 발견했다. 그리고 대부분의 도시 여자들은 이러한 가치들에 대항하였다. 가장 인본주의적인 가치들은 중학교 여학생들 중에서 찾았다(cf. Brown 1996). 대부분의 시골 청소년들은 가족에 대한 가치를 도시 청소년들보다 높게 평가한다. 성 차이에 대하여 여자들은 기술과 경제 복지를 더욱 높게 평가하는 소년들보다 인간적이고 평등하다고 평가한다(이 책의 16장과 비교).

❁ 비평적 재검토

Inglehart의 의식비교 연구는 "유물론자(materialist)"와 "신유물론자들(post materialist)"의 절대적인 지시에 익숙한 현대 가치관의 변화를 설명한다(Inglehart, 1977, 27-28, 1990, 1997). 그는 사람들이 일반적으로 생각하는 어떠한 자원이 중요하므로 부족하다는 희소성의 가설을 설명한다. 사람들의 기본적인 필요와 가치는 사회에서 사회 · 경제적 환경을 반영한다(Inglehart, 1977, 1990, 1997). 그는 Post modern시대는 현대인과 유물론적 가치관을 비판하는 신유물론적 가치관과 관계가 있다고 주장한다. 나의 연구는 신유물론적 의식이 핀란드의 청소년들 가운데에서도 마찬가지로 발견되는 것을 지적한다. 그들은 "humanists" 중에서 성과 인종적 평등을 지지하고, 국제적 "globalists" 중에서는 세계주의적 가치관을 지지하는 독특한 점이 발견된다. "Green"은 유물론적 생활수준의 증가에 대한 비판으로 신유물론적 이상을 말하고 원자력을 제거하기위해 그들의 생활수준을 낮추는 의지를 가지고 있다(cf. Inglehart, 1997, 104).

하지만, Inglehart의 유형론(Typology)보다 사람들의 다양한 욕구와 행동과 가치를 제안한다. 사람은 약간의 유물론자와 약간의 신유물론자의 매우 다른 필요와 행동과 가치를 가지고 있을지도 모른다. 예를 들어 청소년의 의식구조에 대한 나의 추적 연구(사후검증)에서 최근의 경제 불황 기간 동안에 청소년들 가운데 신유물론적 가치가 쇠퇴한다고 조사되었다. 비록 청소년의 일부분이 인본주의자들처럼 설명될 수도 있지만, 가난한 사람들과 외국인들에 대한 태도는 경제 불황으로 인하여 마치 그들이 개인주의자들 가운데서 했던 것처럼 보여 졌다(Helve, 1993b). 경제 부족은 유물론적 가치의 증가로 보여 질 수 있다. 또한 물질적인 것 그 다음에 다른 것을 평가하지만, 청소년들의 대부분은 그들 자신의 생활수준을 지키고 환경운동과 불행한 사람들을 돕기 위한 타협을 준비한다(Helve, 1997a, 1999).

Inglehart(1977)에 의하면, 그들은 가난한 국가들을 경제적인 도움을 주기 위해 더욱 준비하고 여성의 권리에 대한 많은 관심이 있는 가치관을 가지고 있는 신유물론자들이며 청소년들의 가치관은 일반적으로 신유물론적이다. 그렇지만, 최근의 연구는 전통적인 태도들은 아직까지도 근대 사회에 넓게 흩어져 있다고 지적한다(Inglehart, 1990, 3; Vinken & Ester, 1992, 411). 유럽에서의 환경문제, 평화, 인간과 사람의 권리, 빈곤과의 전쟁 그리고 개발도상국과 남녀의 성에 대한 평등권의 증진 등의 새로운 국가정책운동들은 신자유주의적 가치관의 표현을 위해 반드시 할 필요가 없다.

Inglehart의 이론은 너무 단순하다. 내 연구의 관점에서, 청소년들의 언어는 그가 신자유주의적 가치관의 부분적인 범주처럼 설명한 것 보다 더 복잡한 것처럼 보인다.

❁ 논의

비교후속연구에서는 비록 다른 가치 구조들을 발견할 수 있지만, 단지 소수의 청소년들이 단 하나의 범주에 분명하게 속해 있다는 것을 보여 준다. 이것은 청소년들이 어떠한 이데올로기의 가치에 묶여있지 않기 때문이다. 또한 그들은 그들 자신을 발견하는 상황에 따라서 차별된 가치를 선택한다(cf. Bourdieu, 1987; Frazer & Nicholson, 1991; Lyotard, 1984, 1985). 이러한 동일의 청소년들은 아마도 몇몇 지역에서 개인주의자들이고, 다른 사람들에게는 인본주의자과 인종주의자로 보인다.

청소년들은 유동적인 가치관과 다양한 하위문화들을 가지고 있다. 우리가 늙은이들로 존재하는 것보다 '위험사회(risk-society)와 세계 변화의 불확실성에 순응하는 것이 더 좋을까?(Beck, 1992; Giddens, 1994, 1995 참조) 현대사회 불확실성의 응답은 이성적인가 성찰적인가? 우리는 역사적 전환점에 있다. 마르크스주의의 유물론적 페러다임의 붕괴와 사회주의 국가들의 중앙 집권적 경제계획은 근본적으로 변화했다. 그러나 강력한 유물론자는 Post-modernism에 반대하여 반발한다(Jencks, 1996, 477). 예를 들어 물리학자들은 불확정성원리[9], 카오스

---

9) 역주: 불확정성의 원리[不確定性原理, uncertainty principle]

불확정성의 원리는 양자역학(量子力學)에서 기본원리의 하나로써 하이젠베르크의 불확정성 원리라고도 한다.

고전역학에 의하면 전자의 위치와 운동량은 전자가 어떤 상태에 있든지 항상 동시 측정이 가능하다고 생각했다. 그 물리량의 측정값이 불확정하다는 것은 측정기술이 불충분하기 때문인 것으로 여겼다. 그러나 양자역학의 입장에서는 입자의 위치 x와 운동량 p는 동시에 확정된 값을 가질 수 없고, 쌍방의 불확정성 Δx와 Δp가 $\Delta x \Delta p \geq h/2\pi$(h는 플랑크상수)에 의해 서로 제약되어, 입자의 위치를 정하려고 하면 운동량이 확정되지 않고, 운동량을 정확히 측정하려 하면 위치가 불확정해진다. 이러한 견해는 1927년 하이젠베르크가 발견한 불확정성원리에 의해 정식화되었다. 이 원리의 기본 골격은 입자성을 특징짓는 위치의 확정성과 파동성을 특징짓는 파장의 확정성은 서로 제약을 받고 입자성과 파동성이 서로 공존한다는 것이다.

이론 그리고 다른 현대사상(post-modern thought)의 표시를 원하지 않는다.[10] 우리가 온실 효과와 같은 경제적인 사건들에 의해 영향을 받는 새로운 밀레니엄을 시작할 때 세계가 진정한 페더라임 변화에 직면하고 있다는 믿음으로 인도하는 현상들이다.

Post-modern world에 자리 잡고 있는 변화들의 요소 중 하나는 지식의 이해와 인식론의 변화이다(Jencks, 1996). 자연의 연속성과 개발적인 과학 본질의 중요성은 도래할 것이다. 이것은 회의론(무신론)과 모든 이야기와 믿음의 결말이 완성되었다는 의미가 아니다(cf. the concept of "metanarrative", Lyotard, 1996, 481-513), 그러나 관계적인 전제주의와 진실의 명제는 시간과 환경의 적절한 반응이라는 Idea를 의미한다. 이것은 진실로, 기본적인 사람들의 가치 변화를 초래하는 것이다.

양자역학에서는 한 현상을 설명하는 데는 어느 범위 내에서는 입자의 측면에서 보고, 다른 범위 내에서는 파동의 측면에서 본다. 여러 물리적 양을 측정한 결과가 반드시 확정된 값을 가지는 것이 아니며, 서로 다른 여러 값이 각각 정해진 확률을 가지고 얻어진다는 것이다. 따라서 미시적 세계에서 입자의 위치와 운동량은 동시에 확실하게 결정되지 않고, 위치의 불확정성과 운동량의 불확정성에는 불확정성 원리가 성립한다.

이 원리는 입자의 에너지 E와 그 에너지가 측정되는 상태의 계속시간 Δt에 관해서도 성립된다. 시간이 길어질수록 에너지를 정확하게 측정할 수 있지만 짧은 시간 동안만 존재하는 에너지를 측정하려고 하면 에너지의 불확정성 ΔE가 증가하여 $\Delta t \Delta E \geq h/2\pi$라는 관계가 성립된다. 이와 같이 서로 상대방의 측정값을 제약하는 물리량은 양자역학의 입장에서 볼 때 보편적인 것이다. 이런 의미에서 양자역학은 상보적으로 만들어진 이론이며, 고전역학과는 본질적으로 다른 상태개념의 규정과 시간적 변화의 법칙이라고 할 수 있다.

10) 유전자 복제를 참고하라.

❁ 참고문헌

Banks, M. et al. (1991), *Careers and Identities*, Open University Press, Taylor & Francis, Milton Keynes.

Beck, U. (1992), *Risk Society: Towards a New Modernity*, Sage Publications, London.

Beck, U., Giddens, A. and Lash, S. (1994), *Reflexive Modernization. Politics, Tradition and Aesthetics in the Modern Social Order*, Polity Press, Cambridge.

Bourdieu, P. (1987), *Outline of a Theory of Practise*, Cambridge University Press, Cambridge.

Brown, P. (1996), 'Cultural Capital and Social Exclusion: Some Observations on Recent Trends in Education, Employment and the Labour Market', in H. Helve and J. Bynner (eds.), *Youth and Life Management: Research Perspectives*, Helsinki University Press, Helsinki, pp. 17–43.

EVA (1991), *Suomi etsii itseään: Raportti suomalaisten asenteista 1991* (Finland Searching for Itself: Report about the Attitudes of Finnish People 1991), Elinkeinoelaman valtuuskunta (Centre for Finnish Business and Policy Studies), Helsinki.

Fraser, N. and Nicholson, L. (1991), 'Social Criticism without Philosophy', *Theory, Culture & Society, 5. (2–3)*, Sage Publications, London.

Friesl, C., Richter, M. and Zulehner, P. M. (1993), *Values and Lifestyles of Young People in Europe*, Report, Vienna.

Giddens, A. (1991), *Modernity and Self-Identity: Self and Society in the Late Modern Age*, Polity Press, Cambridge.

Giddens, A. (1994), 'Living in a Post-Traditional Society', in U. Beck, A. Giddens and S. Lash (eds.), *Reflexive Modernization: Politics, Tradition and Aesthetics in the Modern Social Order*, Polity Press, Cambridge, pp. 56–109.

Giddens, A. (1995), 'Elamaajälkitraditionaalisessa yhteiskunnassa', in U. Beck, A. Giddens and S. Lash (eds.), *Nykyajan jaljilla: Refleksiivinen modernisaatio*, Vastapaino, Tampere, pp. 83–152.

Helve, H. (1987), *Nuorten maailmankuva: Seurantatutkimus paakaupunkiseudun erään lähiön nuorista* (English summary: The World View of Young People: A Follow-Up Study among Finnish Youth Living in a Suburb of Metropolitan Helsinki), Doctoral dissertation, Helsinki University Press, Helsinki.

Helve, H. (1991), 'The Formation of Religious Attitudes and World Views: A Longitudinal Study of Young Finns', *Social Compass, International Review of*

Sociology and Religion, Vol. 38, No. 4, pp. 373-392.

Helve, H. (1 993a), *The World View of Young People: A Longitudinal Study of Finnish Youth Living in a Suburb of Metropolitan Helsinki*, Annales Academia Scientiarum Fennica, Gummerus, Jyvaskyla.

Helve, H. (1993b), *Nuoret humanistit, individualistit ja traditionalistit: Helsinkilüisten ja pohjalaisten nuorten arvomaailmat vertailussa* (Young Humanists, Individualists and Traditionalists: The Value Worlds of Young People in Helsinki and Ostrobothnia in Comparison. English summary: A Comparative Study of the Attitudes, Attitude Structures and Values of Young People), Finnish Youth Co-operation—Allianssi, The Finnish Youth Research Society, Helsinki.

Helve, H. (1993c), 'Socialisation of Attitudes and Values among Young People in Finland', *Young—Nordic Journal of Youth Research, Vol. 1, 3*, Swedish Science Press, Stockholm, pp. 27-39.

Helve, H. (1994), 'The Role of Religion in Postmodern Society: A Longitudinal Study of the Values of Contemporary Young Finns', *Temenos, 30*, Abo Akademi University Printing Press, Turku, pp. 81-93.

Helve, H. (1995), 'Religion, World Views and Gender Ideology', *Temenos, 31*, Abo Akademi University Printing Press, Turku, pp. 77-92.

Helve, H. (1996), 'Values, World Views and Gender Differences among Young People', in H. Helve and J. Bynner (eds.), *Youth and Life Management: Research Perspectives*, Helsinki University Press, Helsinki, pp. 171-187.

Helve, H. (1997a), *Arvot, rnaailmankuvat, sukupuoli* (Values, World Views, Gender), Helsinki University Press, Helsinki.

Helve, H. (l997b), 'Perspectives on Social Exclusion, Citizenship and Youth', in J. Bynner, L. Chisholm and A. Furlong (eds.), *Youth, Citizenship and Social Change in a European Context*, Ashgate Publishing Ltd., Aldershot, pp. 228-233.

Helve, H. (1999), 'What Happened to Young "Humanists", "Individualists", and "Traditionalists"?, A Comparative Study of Changing Value-worlds of Young People in the Framework of Postmodernity', in V. Puuronen (ed.), *Youth in Everyday Life Contexts, Psychological Reports, No. 20*, University of Joensuu, pp. 48-66.

Helve, H. (2000), 'The Formation of Gendered World Views and Gender Ideology', in A. Geertz and R. McCutcheon (eds.), *Perspectives on Method and Theory in the Study of Religion*, Brill, Leiden, Boston, Köln, pp. 245-259.

Inglehart, R. (1977), *The Silent Revolution: Changing Values and Political Styles among Western Publics*, Princeton University Press, Oxford.

Inglehart, R. (1990), *Culture Shift in Advanced Industrial Society*, Princeton University

Press, Oxford.

Inglehart, R. (1997), *Modernization and Postmodernization: Cultural, Economic and Political Change in 43 Societies*, Princeton University Press, Princeton, New Jersey.

Inglehart, R. (1998), *Clash of Civilizations or Global Cultural Modernization? Empirical Evidence from 61 Societies*, Unpublished paper presented at the 1998 meeting of the International Sociological Association, Montreal, August27–31, 1998.

Jencks, C. (1996), 'The Death of Modern Architecture: From What is Post-Modernism?', in L. Cahoone (ed), *From Modernism to Postmodernism: An Anthology*, Blackwell Publishers, Oxford, pp. 469–480.

Jowell, R., Curtice, A., Park, A., Brook, L. and Thomson, K. (eds.) (1996), *British Social Attitudes, The 13th Report, Social and Community Planning Research*, Dartmouth Publishing Company, England and USA.

Les Jeunes Européens en 1990: Eurobarometre 34.2 (1991), Commission des Communautés européennes, Bruxelles, Luxembourg.

Lyotard, J-F. (1984), *The Postmodern Condition: A Report on Knowledge*, Manchester University Press, Manchester.

Lyotard, J-F. (1985), *Tieto postmodernissa yhteiskunnassa*, Vastapaino, Tampere.

Lyotard, J-F. (1996), 'From the Postmodern Condition: A Report on Knowledge', in L. Cahoone (ed.), *From Modernism to Postmodernism: An Anthology*, Blackwell Publishers, Cambridge and Oxford, pp. 481–5 13.

The Young Europeans: Eurobarometer 47.2 (1997), European Commission, Brussels.

Vinken, H. and Ester, P. (1992), 'Modernisation and Value Shifts: A Cross Cultural and Longitudinal Analysis of Adolescents' Basic Values', in W. Meeus, M. De Goede, W. Kox and K. Hurrelman (eds.), *Adolescence, Careers and Cultures*, Walter de Gruyter, Berlin and New York, pp. 409–428.

Watson, R. (1997), 'Do it, Be it, Live it', *Newsweek, October 6*, 1997, pp. 28–35.

Weber, M. (1989), *Maailmanuskonnotja moderni länsimainen rationaalisuus: Kirjoituksia uskonnonsosiologiasta* (Original Print: Gesanimelte Aufsätze zur Religionssoziologie [1920]), Vastapaino, Tampere.

Young Europeans in 1990 (1993), Commission of the European Communities, Luxembourg.

제 16 장

청소년의 가치와 라이프스타일

Sakari Karvonen · Ossi Rahkonen

❀ 서론

최근에 현대 사회의 가치 변화에 관한 논쟁이 진행되고 있다. 대중 문학에서는 지난 10년 동안의 문학 구조와 정치적 개발은 "Homeless"라는 사람의 커다란 그룹으로 남겨 놓기 위해 제안했다(Blair, 1996). 사회학과 철학에서는 이것들의 변화와 차이를 분석 연구한다. 그리고 사회 변화에 대해 더욱 일반적인 기준의 틀에 의존하여 심지어 대조를 이루는 의견도 크게 취하고 있다(Lyotard, 1984; Featherstone, 1991).

Ronald Inglehart(1977; 1990)은 급진적인 분열과 고도 산업 사회에서 유물론자에서부터 신 유물론자까지의 가치 변화에 대한 논쟁을 설명한다. 그에 의하면, 유물론적 생활기준의 증가는 사람들이 새로운 환경에 대한 적응에 점점 더 강조한다는 것을 의미한다. 이 적응에서 중요한 가치는 자기실현, 삶의 질 그리고 기본적인 필요와 안전에 대한 걱정 대신에 물질적 풍요를 좋아한다는 것이다.

Anthony Giddens(1991)는 포스트모더니즘이론의 옹호자들이 주장한 급진적인 파괴 대신에 우리는 벌써 분명한 현대성의 더 이른 현상 동안에 사회 개발의 강화를 경험하고 있다고 주장한다. 이 기간은 "신 전통적 질서"(Post-traditional order)로 특징되었다. 그리고 억압이나 불평등에 대항하는 정치로 대표되는 "높고" 또는 "늦은" 현대성을 설립하였다.

또한 Giddens는 생활정치를 주장한다. 생활 정치란 "자기실현의 정치(politics of self-actualisation)"이다. 즉, 현대화의 중심적 구성 조직의 이행이다. 다시 말해서 개인적 라이프스타일의 수준에 대한 성찰이며 가치 인식이다. 그는 늘어나는 가치인식의 수준에서 성찰은 더욱 짜임새가 있고, 단단한 가치 패턴은 적고 사회적 변화 또는 현대성의 위험(risk)은 더욱 민감해진다는 것을 의미한다(Beck, 1992; Noro, 1991).

청소년은 그들의 가치 구조 속으로 새롭게 발달된 반응을 채택하는 특별한 경향을 예상할 수 있다. 청소년의 생활 상(相)의 변화는 부모님으로부터 독립하고 개인적인 가치 구조가 정체성의 작업을 통해서 형성되는 것들을 포함하고 있다(Ziehe, 1992).

이전에 핀란드 연구들은 사회 변화에 대한 반응을 다소 지지한다. Helena Helve(1998; 15장 참조)는 16세에서 19세 청소년들을 대상으로 진행된 연구에서 이들의 생존에 관계된 유물론적 사고는 1990년 초반 경기불황 동안 더욱 반향을 얻었다. 비슷하게 Tytti Solantaus(1991)는 청소년의 희망과 염려가 사회 속에서 분명히 나타난다고 말한다. 이것은 전쟁이나 에이즈에 관한 두려움 같은 것을 의미한다.

최근 청소년 지표는 사회에 대해 그들의 태도가 더욱 더 보수적으로 되어간다고 보고한다. 이 연구에 의하면, 경찰과 군대는 1990년 중반 보다 1990년대 말로 갈수록 더욱 더 신뢰되었다. 하지만, 이와 다른 연구에서는 청소년들이 갈수록 그들 중에서 지지를 극단적인 우익과 좌익 상태로 분열된다고 주장한다(Paakkunainen, 1998).

Helve는 청소년의 가치 상태에 따라 다섯 그룹 즉, 인본주의자, 전통주의자, 환경 보호주의자, 국제주의자 그리고 정치에 냉소적인 청소년들로 나누었다. 이 상태에서 발생한 두 개의 그룹은 최근에 그들의 과격한 행동으로 미디어를 통해 잘 나타난다. 동물인권운동가는 그들의 노력이 환경 보호적인 이념의 기초에 있다고 주장한다. 반면에 스킨헤드는 정치적으로 가장 냉소적인 이들 중에서 선발한다. 하지만, 청소년들은 그들이 특별한 가치를 강조하는 정도에 의해 분리될지라도, 더욱더 과격한 상태로 흡수되는 그룹의 크기는 잘 모른다. 나아가 같은 가치 상태의 특징 또한 잘 알려져 있지 않다.

Helve의 연구에서 청소년들의 가치는 성과 교육수준 모두와 연관되어 있다고 주장한다. 더 높은 교육을 받은 여자들은 휴머니스트와 환경 보호주의적 가치에 가장 높게 나타났다. 중학교 상급생 남자들은 제일 보수적으로 조사되었다. 그런데 정치적 냉소주의는 약간은 놀랍게도, 직업학교에서 배우는 도시 여학생들 중에서 가장 높았다. 전통의 완전한 무너짐은 패턴(pattern)이 없어지고 있다는 것을 의미한다. 이 성의 패턴(pattern)은 성역할의 많은 요인 중 하나이며 이것은 전통적인 사회를 나누는 요인 중 하나이다. 그러나 나중에 현대 이론가들은 성(sex)은 자기성찰의 유형과 현대 성찰의 핵심인 역량 강화의 형성을 결정짓는다고 강조한다. 성 뿐만 아니라, 사회적 계급 또한 삶의 스타일을 마치 중요한 의미를 가진 사람들과 사회적 구별의 생산자로서 라이프스타일을 바꾸기 위하여 제안한다(Giddens, 1991). 예를 들어 David Chaney(1996, 15)는 구별적인 소비자의 라이프스타일은 더욱더 우리 사회의 기본적인 문화적 가치를 나타낸다고 본다. Cokerham, Rutten 그리고 Abel(1997, 321)은 다음과 같이 제안한다.

> 20세기말에 일어난 커다란 사회적, 경제적, 기술적 그리고 정치적 변화는 라이프스타일이 개인적인 차별을 위한 중요함을 갖게 되었다. 그리고 동일함과 차별함의 전체적인 표현을 얻게 되었다.

라이프스타일과 관련된 미묘한 차이는 차별함의 1차적인 요소로 보인다. 이것은 현대 생활의 복잡함을 더욱 더 증폭시켰다고 여겨진다(Bourdieu, 1983; Furlong & Cartmel, 1997). Patrick West(1997)에 의하면, 이것은 학교가 효과적으로 모든 사회적 구별을 평등하게 함과 같이 청소년들에게 전형으로 나타난다.

개인적인 일대기가 첫 번째 영향이고 라이프스타일로 의해 가장 먼저 용이하게 되었다. 하지만 West는 중요한 건강 차이를 분석했다(Finland, Rahkonen & Lahelma, 1992 참조). 라이프스타일의 역할과 성(sex)에 대한 관계는 다른 삶의 구분에서는 더 가난하다고 말하고 있다.

이 연구의 목적은 15세 청소년들의 가치 상태와 라이프스타일의 관계, 사회 계급과 성의 관계를 알아내기 위한 연구이다. 이들 핀란드 청소년 그룹은 아직도 의무교육 제도를 실시하고 있다. 이러한 환경은 라이프스타일을 연구를 위해 가장 적합한 조건이므로 우리는 이들을 선택했다. 그들은 또한 그들의 동료들과 더욱더 많은 여가 시간을 함께 보내기 시작했다. 이것은 라이프스타일과 동료의 영향의 중요함을 나타낸다. 친구와 관계된 활동의 여가는 더 높은 혹은 낮은 전통적 가치를 만들어낸다고 가설된다. 이 가치는 그들의 가족들과 집은 더 "보수적"인 감각의 경향이 있다. 핀란드 사회의 경우에서처럼 분명한 문화적 가치와 일치한다(Suhonen, 1988 참조).

더욱 엄밀히 말하면, 이 연구는 세 가지 목적을 가지고 있다. 첫째, 우리는 극단적인 그룹의 분석에 의한 각각의 특별한 가치의 상대적인 크기를 발견하려 한다. 둘째, 우리는 라이프스타일(여가스타일을 의미)과 가치 사이의 관계를 분석한다. 그리고 마지막으로 확장된 사회 계급, 성 그리고 여가스타일을 분석에 의해 확립된 각각의 가치 상태를 밝히려 한다.

❁ 자료의 근원

연구를 위한 자료는 헬싱키(Helsinki)[1]와 글라스고우(Glasgow)[2]로부터 15세 청소년들의 비교 공동연구과제에서 가져 왔다. 우리는 종합중등학교의 마지막 학년에 있는 청소년들이 속한 지방학교의 75%, 35개교로부터 표본을 얻었다. 3곳

---

1) 역주: 핀란드의 수도.

2) 역주: 영국 스코틀랜드 스트래스클라이드주(州)에 있는 도시.

의 학교들은 이 연구의 참여에 거절했고 나머지 32곳의 학교들은 1998년 4월 마지막 2주간에 1～2교시 동안에 조사를 실시했다(n = 2392, response rate 77%).

조사는 건강, 행복(well-bing), 라이프스타일 그리고 청소년의 사회적 배경에 대한 질문이 포함되었다. 질문들은 그들이 노동시장이나 다른 성인 역할 속으로 포함되기 이전에 청소년의 환경과 경험의 조사를 허락하는 법에 의한 교육을 받는 마지막 학년에 대해 특별히 중점을 두었다.

조사에 사용된 32개의 문항들은 주요한 이전 연구들(Macintyre et al., 1989; Helv, 1993; Bynner et al., 1997)이 질문했던 것에서부터 비롯되었다. 이를테면, 환경 보호운동 그리고 성역할 또는 노동 정신과 관계된 가치들처럼, 확실하다고 생각하는 핵심의 “가치 치수(value dimension)”을 측정하도록 가설되었다. 일반적인 문화적 비교의 틀을 염려해 두고 문화적으로 민감한 항목들을 선택했다.

비직각회전방식(oblique)방식으로 요인분석을 한 Oblimin의 연구에서는 8개의 가치 요인들이 발견되었다. 하지만 그 중 2개는 제외시켰다. 완벽한 6개의 요인은 표 16.1에 나와 있다. 이 요인들의 기반으로 간단한 원래의 항목들의 점수 합은 기부(공헌)되고 그들의 신뢰도는 테스트 되었다. 이 분석은 더 나아가서 항목들의 숫자를 줄였다. 최종적인 치수는 아래와 같다.

1. 개신교 노동 정신(노동에 대한 책임과 신념에 대한 4개 항목의 설명이 포함, 신뢰도 점수의 Cronbach's alpha 값은 0.65)
2. 전통적 성역할(5개 항목은 나누어지는 국내의 일처럼, 전통적 성역할 또는 평등과 관련이 있다. alpha 값은 0.80)
3. 환경 보호운동(4개 항목은 환경오염, 반 물질주의 그리고 전통적 가치에 5번을 더하고 반 복지국가와 관련 있다. alpha 값은 0.65)
4. 애국심이 강한 개인주의(5개 항목, 노동을 갖는 것과 사람의 성공을 내보이는 것을 설명. 또한 2개 항목은 애국주의와 사회를 평가하는 3개 항목, 그리고 아마도 핀란드 사회를 조사하는 것 등을 나타내고 있다. alpha 값은 0.61)
5. 시민권(3개 항목 각각 공동체(사회, 가정) 소속감에 대한 조사이다. 가장 형

표 16.1 Oblimin의 15세 청소년들의 가치 치수에 대한 요인회전 후의 최종적인 요인행렬에 대한 설명(n = 1940)

	1	2	3	4	5	6
어떠한 일이라도 실업보다 좋습니다.	**0.62**			0.26		−0.19
만일, 내가 나의 일을 좋아하지 않는다면, 나는 짐을 꾸릴 것이다.	**−0.60**		0.19	0.14		−0.41
만일, 내가 나의 일을 좋아하지 않을지라도, 나는 최선을 다할 것이다.	**0.54**	0.20	0.15	0.27		
일단, 당신이 직업을 찾으면 그 일에 매달리라.	**0.51**	−0.30	0.11	−0.11		−0.29
당신은 사회의 구성원처럼 느껴지기 위해 직업을 갖는 것이 필요하다.	**0.44**			0.18	0.14	−0.18
당신은 직업이 없어도 삶의 만족을 느낄 수 있다.	**−0.38**	0.15	0.33	0.28		−0.26
어떤 평등은 좋습니다. 그러나 …		**−0.79**		0.20		
남자는 돈을 벌고, 여자는 아이들을 돌본다.		**−0.78**	0.13			−0.16
어떤 일들은 집 주위에 있다.		**0.70**		0.12		−0.27
여자는 친척들을 돌봐야 한다.		**−0.68**		0.12		−0.24
평등한 기회들		**0.63**		0.23	0.12	−0.16
만약, 당신이 부모님들과 함께 살고 있다면, 그들은 결정할 수 있다.	0.16	**−0.35**			0.11	
자동차들에 대한 제한			**0.77**			0.18
실제적인 삶의 수준에는 증가가 없다.		0.13	**0.64**	−0.12		−0.20
사람들은 더 낮은 수준을 인정해야 한다.			**0.63**	−0.10	0.24	0.12
청소년은 전통적 가치를 존경하지 않는다.	0.10	−0.25	**0.46**	0.23		
사람들은 복지국가에 대해 매우 많이 의존한다.			**0.45**	0.12	0.18	
커다란 집을 소유하는 것은 잘못된 것이 아니다.		0.14	−0.19	**0.66**		−0.21
만약, 당신이 충분히 노력했다면 당신은 직업을 찾을 것이다.			0.14	**0.61**		
나는 내가 핀란드인이라는 것이 자랑스럽다.	0.13	−0.11		**0.53**	0.17	0.15
사람들은 사회의 한 부분을 느낄 것이다.	0.15	0.19	0.11	**0.52**	0.20	
다른 곳에서 사는 것보다 여기서 사는 것이 더 낫다.		−0.18	−0.17	**0.47**	0.30	
정부는 국민을 도와야만 한다.					**0.68**	−0.16
사람들은 그들의 가족을 위해 충실하게 살아야 한다.				0.34	**0.54**	
경찰은 청소년들을 도우며 그들에게 친절하다.			0.14	0.14	**0.48**	
부자들이 세금을 내는 것은 가난한 사람을 돕기 위함이다.			0.38	−0.22	**0.44**	
파티가 열리는 것은 진실로 중요하지 않다.						**−0.64**
대중매체의 환경이 너무 많다.		−0.29	−0.33	0.11	0.13	**−0.54**
당신의 자동차 번호판은 개인의 주관을 나타내는 현명한 방법이다.	0.12	−0.32	−0.10			**−0.50**
대부분의 문제들은 배타적인 사람들에 근거한다.		0.13			0.25	**−0.47**
교회는 최고의 권위를 가지고 있다.		−0.39	0.18	−0.29		**−0.47**
사회가 나를 돌볼 의무가 있다는 것은 구시대적인 사고방식이다.		−0.16	0.14	0.33	−0.33	**−0.34**

편없는(poorest) 점수의 alpha값은 0.57) 그리고

6. 사회적 냉소주의(5개 항목, 정치적 냉소주의(정당, 미디어, 사회), 물질주의 그리고 교회의 보수적인 권위의 믿음; alpha 값은 0.63)

치수는 직접비교가 scale과 setting이 달라 어렵더라도 예전의 연구들로부터 약간의 지지를 발견한다. Bynner(1997)는 영국 청소년들의 표본에서 추출되었던 윤리와 성 평등의 치수가 우리의 개신교 노동 정신과 전통적인 성역할 치수와 일치한다. 흥미롭게도 Bynner의 연구에서는 전통적인 결혼가치의 지지를 측정하는 구별된 치수가 있다. 더욱이 Helve의 환경 보호운동주의자들과 정치적으로 냉소적인 청소년들은 비슷한 가치 상태를 나누는 것처럼 보인다. Oblimin의 요인회전은 서로의 상관관계 가치를 허락하기 위해 선출되었다. 치수가 왜 서로 연결되어 있지 않은지 이론적인 이유는 없다. 노동 의식은 모든 다른 가치 제안과 함께 긍정적으로 명확하게 서로 상관되어 있다. 이 치수는 청소년들 가운데 넓게 공유되어져 있다. 이것은 사회적 냉소주의(Pearson r = 0.39)와 개인주의(0.44) 모두 강력하게 연관되어 있다. 전통적 성역할은 부분적으로 사회적 냉소주의(0.48)와 부분적으로 연결되어 있다. 환경 보호운동은 시민권을 지향하는 경향이 있다(0.36).

그리고 여기에는 열다섯 가지의 질문이 있다. 어떤 여가 시간활동(leisure time activities)을 하는지에 대한 빈도분석을 나타낸다. 이 문항은 두 가지 치수가 있다. a) 기본적으로 수동적인 활동 예를 들어, 음악을 듣는 것, 그리고 더욱더 활동적인 것(기계 또는 악기를 다루는 것), b) 실내(읽기)와 야외의 활동(친구들과 함께 어울리는 것)에 관한 것이다. 요인분석은 성 구별에 관하여 연구되었고 여섯 가지 여가스타일이 확인되었다. 이 중 2개는 집에서 하는 것이다. 1) 책을 읽는 것과 2) computer 중심의 여가. 다른 스타일은 수동적인 야외활동이나 아니면 더욱더 활동적인 야외활동이다. 3) 길거리 지향적 여가 또는 더욱더 활동적인 야외 여가, 이를테면 4) 전통적 보수주의 취미들(스카우트나 교회 가기), 5) 음악(더욱더 남자들을 대표하는 연주나 듣기), 6) 상업적인 청소년 문화(이를테면, 더욱더 여자들을 대표하는 영화관람).

네 가지 변수들은 청소년들의 사회적 구별을 측정하기 위해 포함되었다. 이것들은 성(여자 48%, 남자 52%), 사회적 지위가 표시된다. 이 표시는 아버지(f)와 어머니(m)의 교육수준을 의미한다. 이 두 개는 4개로 나누어진다. 이것은 가장 높음(종합적인 정도에서 f 35%, m 35%)와 높음(대학입학시험 f 25%, m 16%) 그리고 낮음(의무교육+약간의 직업 연수 f 23%, m 30%)와 가장 낮음(단지, 기본적인 의무교육 f 18%, m 18%)로 구별된다. 마지막측정은 청소년의 가족유형을 묘사한다(일반적인 두 부모가정 72%, 의붓아버지/어머니가 있는 두 부모가정 9% 그리고 한 부모 또는 조금 다른 유형의 가정 19%). 특히 가치가 성의 역할과 연결되어 있을 때. 이 성의 역할은 가정 안에서 자기만의 경험에서부터 온다고 생각될 수 있다.

여가치수와 사회적 지위 사이의 관계는 서로와의 상관관계에 의해 처음으로 연구되었다. 그리고 회귀분석에 의한 마지막 단계에서는, 각각의 가치측정은 종속변수이고 성, 사회적 지위, 가족 유형 그리고 여가 시간은 독립적 변수들이다.

❁ 결과

가치 구조와 결부된 청소년 그룹의 크기 관계는 가치 "과격론자(extremists)"로 응답을 나누는 것에 의하여 평가되었다. 가치의 모든 항목들과 동의했거나 완전히 동의했던 사람들(또는 각각 일치하지 않거나 충분히 일치하는 않는)을 요약 했다. 그룹은 서로 배타적이지 않기 때문에 아마도 서로와 겹칠 것이다(표 16.2 참조).

핀란드 사회에서 전통적 가치의 핵심이 청소년들 가운데에도 역시 나타났다. 대략 10명 중 1명이 노동에 관하여 염려하는 문장에 동의했다. 그리고 4명 중 1명이 시민권에 동의했고, 5명 중 1명이 애국적인 개인주의에 동의했다. 또한 환경 보호적인 이슈는 청소년들의 꽤 커다란 그룹이 환경 보호적인 이슈에 크게 가치를 두었다. 20명 중 1명은 사회적 냉소주의 문장에 화를 냈고 제일 신경 쓰지 않는 것은 전통적인 성역할에 대한 문장이었다. 3중 1명이 다섯 가지 항목 전체에 동의하지 않았다.

표 16.2 "과격론자"에 대한 빈도분석

구분(명)	긍정적 응답[1], %	부정적 응답[2], %
1. 개신교 노동 정신(1700)	10.6	1.9
2. 전통적 성역할(1680)	0.8	33.8
3. 환경운동(1666)	6.5	1.5
4. 애국적인 개인주의(1693)	19.1	0.6
5. 시민권(1823)	25.2	1.3
6. 사회적 냉소주의(1642)	2.7	4.9

1. '그렇다'와 '매우 그렇다'를 포함하는 모든 응답.
2. '그렇지 않다'와 '매우 그렇지 않다'를 포함하는 모든 응답.

대부분의 가치 치수는 여가 스타일과 함께 비교적 높은 상관관계가 있음을 보여 준다(표 16.3 참조). 전통적인 성역할은 주로 컴퓨터를 수반한 여가 그리고 청소년의 소비경향에 의해 높이 평가되었다. 환경 보호운동은 전통적인 성역할에서는 없었고 그들의 여가 동안 음악과 함께 것에 의해 평가되었다. 노동 정신은 단지 소비적 여가 스타일과 관련 있었다. 대신에 사회적 냉소주의는 대부분의 여가 스타일과 관련이 있다. 이것은 소비자 성향, 컴퓨터 성향, 전통적인 보수주의 또는 길거리 성향 여가 스타일의 이 치수가 평가되었으며 대부분의 사람들이 읽

표 16.3 15세 청소년들의 여가 스타일과 가치치수 사이의 피어슨 상관관계(n = 1485)

구분	여가 유형					
	컴퓨터관련	독서	소비하기	전통놀이	길거리	음악 감상
개신교 노동 정신	−0.03	−0.01	<u>0.14</u>	0.02	0.07	−0.02
전통적 성역할	<u>0.12</u>	−0.08	<u>0.19</u>	0.01	0.06	<u>−0.13</u>
환경운동	−0.06	0.06	0.04	0.06	−0.02	<u>0.12</u>
애국적인 개인주의	0.04	0.06	0.09	−0.02	0.05	−0.02
시민권	0.03	0.04	0.07	−0.03	0.01	0.00
사회적 냉소주의	<u>0.10</u>	−0.09	<u>0.28</u>	<u>0.11</u>	<u>0.19</u>	−0.05

*밑줄(___)은 상관관계가 0.10보다 높게 나온 것이다.

었던 그들의 여가가 이러한 가치들을 향해 더욱더 비판적이었던 동안에 이 치수는 평가되었다. 시민권은 어떠한 특별한 여가 스타일과 관련이 없었다.

가치지수에 관련이 있는 요인들은 다변량 선형회귀 모형의 의미로 분석되었다. 대부분의 모형들은 청소년들의 가치에 단지 대수롭지 않은 편차(변화)의 몫을 계산하였다(표 16.4 참조). 반면에, 시민권, 노동 의식, 환경 운동적 또는 개인적인 가치는 청소년의 여가 스타일, 사회적 지위, 가족 유형 또는 성을 (기초로) 적당하게 설명할 수 없었다. 여전히, 여가 스타일은 각각의 모형과 의미 있게 관계되었다. 그러나 그들의 실제적인 영향은 여전히 작다.

그러나 2개의 가치지수는 이러한 요인들의 기반으로 설명되었다. 전통적 성역할과 사회적 냉소주의의 인식은 여자보다 남자에게서 그리고 더 높은 교육을 받은 부모보다 사회적 지위가 더 낮은 것으로부터 더 특징적으로 나타났다. 더욱이 전통적 성역할과 사회적 냉소주의의 평가는 길거리 여가 스타일과 소비자 성향 여가스타일과 관련이 있었다. 이러한 가치들은 읽기를 포함한 여가 활동들과 음악 등의 전통적 성역할에서 낮게 나타났다.

성(sex)은 단지 대부분의 가치지수들과 관련된 사회인 특징이다. 단지 시민권은 성 패턴이 나타나지 않는다. 또한 이것은 개신교 노동 정신, 전통적 성역할, 사회적인 냉소 그리고 개인적인 가치는 여자보다 남자에서 더욱더 평가되었다. 게다가 환경 보호주의자 가치를 더욱 선호하는 여자들은 Helve의 예전 연구(1998과 Helve in this volume)와 일치한다. 더욱이, 마지막 성 모형에서는 사회적 냉소주의, 개인주의 그리고 전통적 성역할 등의 3개의 가치 지향의 가장 강한 단일 결정(자)이었다.

❁ 논의

가치지수와 요인의 탐구는 그들과 관련 있는 것으로 나타났다. 가치의 그룹은 많은 청소년에 의해 나누어진다. 이 청소년들은 성과 사회적 지위 또는 라이프스타일이 단지 작은 범위의 가치들과 관련되어 있는 특성이 있다. 15세 청소년들의

표 16.4 사회적 환경과 생활 유형의 변인 측정

	개신교 노동 정신	전통적 성역할	환경운동	사회적 냉소주의	애국적 개인주의	시민권
	Stand, beta (t-test sig.)	Stand, beta (t-test sig.)	Stand, beta (t-test sig.)	Stand, beta (t-test sig.)	Stand, beta (t-test sig.)	Stand, beta (t-test sig.)
성 (⇒소녀)	−0.10 (<0.001)	−0.58 (<0.001)	0.07 (0.01)	−0.23 (<0.001)	−0.09 (<0.001)	−0.03 (<0.29)
어머니의 교육 정도 (⇒높음)	ns.	−0.05 (0.04)	ns.	ns.	ns.	ns.
아버지의 교육 정도 (⇒높음)	ns.	−0.06 (0.02)	0.08 (0.003)	−0.09 (<0.001)	ns.	ns.
컴퓨터 관련	−0.08 (0.004)	ns.	ns.	ns.	ns.	ns.
독서	ns.	−0.07 (0.001)	ns.	−0.13 (<0.001)	ns.	ns.
소비하기	0.13 (<0.001)	0.06 (0.02)	ns.	0.20 (<0.001)	0.09 (0.002)	0.09 (0.01)
전통놀이	ns.	ns.	ns.	ns.	−0.06 (0.05)	−0.07 (0.01)
길거리 관련	ns.	0.08 (<0.001)	ns.	0.14 (<0.001)	ns.	ns.
음악 감상	ns.	−0.05 (0.02)	0.11 (<0.001)	ns.	ns.	ns.
교정 R^2	0.029	0.362	0.022	0.161	0.024	0.008

성별과 길거리 관련의 여가 사이에서 성 역할의 관계는 개인적인 범위, 성별, 소비자 그리고 냉소적인 차원에서 성별과 길거리 관련의 여가는 중요해진다. 하지만 설명된 변수에 영향을 미치지 않는다.

대부분은 그들의 배경이나 여가 스타일이 노동, 개인주의의 강조, 애국심 그리고 시민권을 높게 평가하는 것에 관심이 없다. 이러한 모든 가치는 오늘날 핀란드 사회에 전통적으로 가지고 있다(Suhonen, 1988). 심지어 오늘날 청소년의 10명 중 1명은 우리와 같은 가치로서 노동에 관한 모든 말에 동의했다. 5명 중 1명은 개인적이고 애국적인 극단주의로 나타났고 4명 중 1명은 시민권의 항목에서 극단주의로 나타났다. 전통적인 가치에 대한 질문을 지지하는 그러한 극단주의자의 높은 빈도는 지난 현대사회에서 급격하게 가치의 관념이 변한다. 비록 가치동향의 역동성이 횡단연구(cross-sectional study)로 평가될 수 없을 지라도, 우리의 결과는 변화라기보다는 오히려 연속성임을 시사한다. 우리의 관점은 "정답"(true)을 예상하는 것이 아니다. 이러한 선입견의 유형은 여가, 지위 그리고 가치 지향성 사이의 관계의 분석을 왜곡하지 않는 것이다.

반면, 비평주의는 오염 쪽이고 일반적인 현대의 삶의 방법의 범위 또한 지난 현대의 성찰적인 표시로 생각할 수 있다. 이러한 관점에서, 이 가치들은 스스로 매우 "위험한 사회(risk society)"에 의해 창조된 민감한 사회적 문제들을 나타내는 것이다(Beck, 1992). 청소년의 세계관에서 생태학적 비판주의는 예전의 연구들과 일치한다. 환경 보호적 가치는 사회 지위 또는 라이프스타일에 대한 작은 정도(degree)에 의존하는 것이 사실이다. 그러나 환경 보호운동은 모든 청소년에게서 높게 평가되었다. 이러한 가치들은 나누어지지 않는다. 청소년들은 오직 원칙적으로 그들의 존재를 지지했다는 것을 의미한다. 그리고 그들은 정치적 또는 다른 행동의 형태로 어떤 특별한 결과를 생산하지 않는다. 대부분의 청소년을 위한 생태학적인 지지는 지향성과 일상적인 행동 사이의 모순이라는 Orvar Löfgrn(1985)의 개념의 설명을 적용하기 위하여 환경의 "일요일 문화"(sunday culture)를 구성할 것이다.

청소년의 가치에서 사회와 라이프스타일 구분의 부족은 필요하지 않다는 것을 나타낸다. 청소년들 가운데 차별이 없다는 것을 의미한다. 연구가 헬싱키에서 수행되었기 때문에 거주지 또는 학교와 관련된 차이점은 여전히 크게 중요하고 또한 종합중등학교제도의 평준화 추세의 논쟁을 지지한다(West, 1997).

그러나 2개의 가치치수는 성과 사회적 지위와 분명하게 관련되어 있다. 청소년의 여가스타일 또한 관련되었다. 그들은 응답자들 즉 전통적 성역할과 사회적 냉소주의에 의해 가장 싫어졌다. 다른 나라의 복지제도 비교 연구들에서, 핀란드 사회는 성 사이의 동등한 관계 중 하나로 특징지어졌다(Hernes, 1988; Esping-Andersen & Kolberg, 1992). 성 평등은 일반적이라고 생각했다. 예를 들어 연구에서 노동자조합(SAK)의 회원들 가운데 응답자의 5분의 1은 가장 중요한 3개의 가치 가운데 성 평등이 포함된다는 결과를 얻었다(Keälinna & Melin, 1985; Suhonen, 1988에서 인용함). 이러한 기준에서 재미있는 것은 완전히 다른 가치 지향으로 구성되어 있다는 것이다.

Susan Faludi(1991)는 1980년대 후반부터 성 평등의 "역차별(backlash)"이 있었다고 주장한다. 이것은 여성혐오의 증가와 전통적인 남성 우월의 갈망에 의해 특징지어졌다. "역차별"은 처음에는 대중문화 속에서 확인되었고 영화 "Top Gun"과 같은 문화적 생산물에 의해 나타나는 것을 볼 수 있다. 영국에서의 문화적 역차별은 "새로운 젊은이 The new lads"와 같은 남자 청소년의 행동 안에 퍼져 나가는 것을 곧 볼 수 있었다. 예를 들어 TV 시트콤 Men Behaving Badly (Thomas, 1977)에서도 묘사되었다. 이 청소년 그룹은 전통적인 성역할의 실제적인 지지자들로 구성되어 있다. 우리의 연구결과에 의하면, 욕구불만은 미디어와 정치적 정당 그리고 물질주의적 거만에 대한 불평과 종교 헌금에 대한 것이다. 전통적인 권위 또한 이 그룹에서 퍼져 나가고 있음을 발견한다.

또한 사회적 냉소주의와 전통적 성역할은 여가와 관련이 있다. 길거리에서 친구와 함께 노는 것과 같은 기본적으로 수동적이고 형식적이지 않는 여가가 포함된다. 이와 같이 구성은 아마도 도시 청소년의 일부분에서 가장 명백하다. 또한 이것은 여가 활용에 대한 가설들을 지지한다. 이 가설은 주로 동료들 가운데서 진행되는 문화적 규범으로 전환하는 가치 구조를 말한다. 그러나 앞으로의 연구들은 이러한 청소년의 가치가 그들의 구조적인 위치가 Paul Willis(1977)의 노동계급 남자들에 대한 이전 연구와 일치하는지를 더욱 자세하게 분석할 것이다. 냉소적이고 욕구불만의 청소년은 Kari Paakkunainen(1998)이 지지한 것처럼 투쟁적인 우파 그룹에 신병을 모집하는 것으로 그들의 한계 직책(marginal position)에 반응한다. 그러나 이 연구에 의하면, 이러한 가치는 극소수에 의해 주장된다.

동시에 그들은 대부분이 무응답자이다. 그래서 질문지에 의한 연구는 더욱 극단적인 가치 그룹의 크기를 평가할 때 최선의 방법론으로 구성하지 않는다.

이전 연구들에서 여자들의 특별한 여가는 더욱 실내 활동들로 제한되어 있는 동안, 야외활동에는 몹시 남성적인 실외활동들이 더욱더 많이 포함되어 있었다고 보고하였다. 그러나 여가활동의 범위는 모든 여가활동들과 그것들의 참여빈도를 고려해 보았을 때 여자보다 남자들에게 더욱 좁게 보여 졌다. 그리고 여자들의 전체 활동은 남자들보다 더욱 높았다(Furlong & Cartmel, 1997, 54-59).

우리의 결론은 청소년 문화에서 성의 구별 역시 여가에서부터 청소년의 가치에 이르기까지 뻗쳐 있다. 여성의 가치는 남자들이 힘든 일과 환경 보호 가치를 무시하는 경향이 있는 동안, 환경 보호주의, 성 평등, 낮은 노동 정신 그리고 사회적 냉소주의에 대한 작은 지원 등이 포함되었다. 특별히 전통적 성역할과 사회적 냉소주의는 남성의 가치 지향이다. 사회적 변화와 성역할의 변환에 반대하는 낮은 교육을 받은 남자들은 사회적으로 무시되는 것을 반영한다.

독서, 음악, 감상 또는 다른 문화적 취미들을 포함하는 여가는 덜 과격한 성 관련 가치와 사회활동 가입 지지는 관련이 있고 나중이라도 사회적 지위와 성이 제안 되었다. 밴드에서 연주하는 것 같은 취미와 관련된 활동은 신문이나 잡지를 읽는 것과 같이 정보를 습득하는 활동과 동시에 더욱 평등주의 가치가 진행되는 것으로 보인다. 독서는 더욱더 사회적으로 만족스러운 목표들에 대한 욕구불만의 경로로 나타난다.

독서 외에도, 대부분의 가정에서의 기본적인 여가유형에는 다른 것이 있다. 즉, 컴퓨터의 동반이다. 이것은 그것 스스로가 의미하는 것처럼 노동의 가치를 찬양하는 문화적 규범으로부터 구별된 노동 정신의 감소와 연관이 있다. 주로 동료들과 함께하는 여가를 보내는 청소년들에게서 나타나는 "비상식"의 가치는 우리의 가설과 대치된다. 가정에서의 컴퓨터는 특별한 정보를 제공하고 상호작용이 가능하며 동료 관계가 가족의 영향력으로부터 떨어져 컴퓨터에서 운동장으로 자신의 가치 지향성을 제공한다.

더욱 이론적인 메모에, 강력한 포스트모던 주제의 학위논문들은 개인주의적 생활로의 생활양식의 지배와 가치 구조의 근본적인 변화의 지지는 우리의 연구에 의해 거절되어야 한다. 비록 여가가 헬싱키 청소년들 가운데 가치 지향성 패턴이 분명하다고 할지라도 사회적 지위는 청소년의 가치에 영향을 미치는 것에 의미 있는 역할을 했다.

Andy Furlong 와 Fred Cartmel(1997)은 논쟁의 여지가 있는 관찰 증명을 개념화했다. 이들은 청소년의 생활 패턴을 지속하는 구조를 포함한 지난 현대화의 "인식론적 오류(epistemological fallacy)"의 탓으로 돌린다. 개신교 노동 정신과 함께 개인주의는 상당한 크기의 청소년 집단에 의해 지지되었던 핵심적인 가치들 가운데 포함되어 있다. 자신의 노력과 많은 일로 의미되는 성공에 대한 갈망은 사회학 연구에 의하면 핀란드 노동 정신의 핵심으로 남아있다(Kortterinen, 1992). 이것은 놀라운 것이 아니다. 개인주의는 청소년의 책임들에 애국심이 포함되어 있다. 그러나 사람들은 더욱더 신유물론적 가치의 상징을 기대한다. 특히 헬싱키 청소년은 대부분 포스트모던 청소년으로 이루어져 있다. 실제로 Helve (1994)는 헬싱키 청소년들이 덜 전통적이고 Ostrobothnia 도시의 청소년보다 더욱더 가치 다양성이 나타났음을 발견했다.

연구의 결론은 내부의 변화와 관련 있고 청소년 가치의 내용은 조심스럽게 만들어야 한다는 것을 보여 준다. 청소년은 생활 정치적 의제(동물 권리처럼)의 높은 주제에서 활동 하더라도 그것은 분명하게 해방의 정치를 위한 장소이다. 전통적인 해방의 주제는 성역할 또는 일자리로서 현재의 헬싱키 청소년의 가치 속에 여전히 잘 묘사되고 있다.

❁ 참고문헌

Beck, U. (1992), *Risk Society: Towards a New Modernity*, Sage Publications, London.

Blair, T. (1996), *New Britain: My Vision of a Young Country*, Fourth Estate, London.

Bourdieu, P. (1983), *Die feinen Unterschiede: Kritik der gesellschafihichen Urteilskrafi* (The Fine Differences: A Social Critique of the Judgement of Taste), 2nd edition, Suhrkamp, Frankfurt am Main.

Bynner, J., Fern, E. and Shephard, P. (1997), *Twenty-something in the 1990s*, Ashgate,

Gateshead, Tyne and Wear.

Chaney, D. (1996), *Lifestyle*, Routledge, St Ives.

Cockerham, W. C., Rütten, A. and Abel, T. (1997), 'Conceptualizing Contemporary Health Lifestyles: Moving beyond Weber', *Sociological Quarterly, 38(2)*, pp. 321-342.

Esping-Andersen, G. and Kolberg, J. E. (1992), 'Welfare States and Employment Regimes', in J. E. Kolberg (ed), *Between Work and Social Citizenship*, Sharpe, Armonk, NY.

Faludi, S. (1991), *Backlash: The Undeclared War against American Women*, Crown Publishers, New York.

Featherstone, M. (1991), *Consume Culture and Postmodernism*, Sage Publications, London. Furlong, A. and Cartmel, F. (1997), Young People and Social Change. Individualization and Risk in Late Modernity, Open University Press, Guildford and King's Lynn.

Giddens, A. (1991), *Modernity and Self-Identity: Self and Society in the Late Modern Age*, Polity Press, Cambridge.

Helve, H. (1993), *Nuoret humanistit, individualistit ja traditionalistit: Helsinkiläisten ja pohjalaisten nuorten arvomaailmat vertailussa* (Young Humanists, Individualists and Traditionalists: The Value Worlds of Young People in Helsinki and Ostrobothnia in Comparison. English summary: A Comparative Study of the Attitudes, Attitude Structures and Values of Young People), Finnish Youth Co-operation—Allianssi, The Finnish Youth Research Society, Helsinki.

Helve, H. (1994), 'The Role of Religion in Postmodern Society: A Longitudinal Study of the Values of Contemporary Young Finns', *Temenos, 30*, pp. 81-93.

Helve, H. (1998), *Reflexivity and Changes in Attitudes and Value Structures*, Paper presented at the conference 'Youth, Citizenship and Empowerment', Helsinki, December 7-8, 1998.

Hernes, H. (1988), 'The Welfare State Citizenship of Scandinavian Women', in K. B. Jones and A. G. Jonasdottir (eds.), *The Political Interests of Gender: Developing Theory and Research with a Feminist Face*, Sage Publications, London.

Jnglehart, R. (1977), *The Silent Revolution: Changing Values and Political Styles among Western Publics*, Princeton University Press, Princeton, N.J.

Inglehart, R. (1990), *Culture Shfl in Advanced Industrial Society*, Princeton University Press, Princeton, N.J.

Kehälinna, H. and Melin, H. (1985), *Työtä tyolle: Tutkimus SAK: n jäsenistön sosiaalisesta koostumuksesta ja suhteesta tyohon* (Work for Work: A Study on the Social Composition and Attitudes towards Work among the Members of SAK), SAK (Central

Organisation of Finnish Trade Unions), Helsinki.

Kontteinen, M. (1992), *Kunnian kenttä: Suomalainen palkkatyo kulttuurisena muotona* (The Field of Honour: Finnish Wage Labour as a Cultural Form), Hanki ja Jää, Helsinki.

Löfgren, O. (1985), 'Vardagsliv, Sondagstankar' (Everyday Life, Sunday Thoughts), in D. Gaunt and O. Löfgren (eds.), *Myter om svensken* (Myths of the Swedes), Liber Forlag, Stockholm.

Lyotard, J.-F. (1984), *The Postmodern Condition: A Report on Knowledge*, Manchester University Press, Manchester.

Macintyre, S., Annandale, E., et al. (1989), 'The West of Scotland Twenty-07 Study: Health in the Community', in C. Martin and D. McQueen (eds.), *Readings for a New Public Health*, Edinburgh University Press, Edinburgh.

Noro, A. (1991), *Muoto, modern iteetti ja "kolmas": Tutkielma Georg Simmelin sosiologiasta* (Form, Modernity and "the Third": A Thesis on Georg Simmel's Sociology), Tutkijaliitto (The Finnish Association for Academic Researchers), Helsinki.

Paakkunainen, K. (1998), 'Aariryhmat valmiita väkivaltaan' (Extreme Groups are Ready for Violence), *Helsingin Sanomat, Vieraskynä*, February 10, 1998.

Rahkonen, O. and Lahelma, E. (1992), 'Gender, Social Class and Illness among Young People', *Social Science & Medicine, 34*, pp. 649-656.

Solantaus, T., Rimpela, M. and Rimpela, A. (1991), *Finnish Young People's Hopes and Worries 1983-91*, Poster presented at the 9th Congress of the European Society of Child and Adolescent Psychiatry, London, September 1991.

Suhonen, P. (1988), *Suomalaisten arvotja politiikka* (The Values of Finns and Politics), WSOY, Juva.

Thomas, A. M. (1997), 'Men Behaving Badly? A Psychosocial Exploration of the Cultural Context of Sexual Harassment', in A. M. Thomas and C. Kitzinger (eds.), *Sexual Harassment: Contemporary Feminist Perspectives*, Open University Press, Guildford and King's Lynn.

West, P. (1997), 'Health Inequalities in the Early Years: Is There an Equalisation in Youth?', *Social Science & Medicine, 44*, pp. 833-85 8.

Willis, P. (1977), *Learning to Labour*, Saxon House, Fambourgh.

Ziehe, T. (1992), 'Nuoriso kulttuurisessa modernisaatiossa' (Youth in Cultural Modernisation), in T. Aittola and E. Sironen (eds.), *"Miksi piiriin?" Thomas Ziehe koulusta, nuorisosta ja itsestaänselvyyksien murenemisesta* ("A Circle—What for?" Thomas Ziehe on School, Youth and Breaking down of Self-Evidences), Publications of the Department of Education, University of Jyvaskyla, Jyväskyla.

제 17 장

청소년의 국가적, 정치적, 문화적 정체성: 소비에트 이후 우크라이나의 경향

Arseniy Svynarenko

서론

최근 10년 동안 우크라이나 사회는 정치, 경제, 사회적 변화를 경험하고 있다. 우크라이나의 정치적, 경제적 위기는 가치와 라이프스타일 그리고 다양한 사회적 집단의 성격에 크게 영향을 미쳤다. 오늘의 개혁의 영광을 받게 되는 것은 우크라이나의 청소년 세대들이다. 그래서 이 연구의 분석을 그들에게로 집중할 것이다.

이 연구의 주요 목적은 우크라이나 청소년들의 사회문화적 정체성에 대한 제한된 장치의 범위 내에서 중요한 경향을 보여 주는 것이다. 분석은 세대의 계승(succession of generations)[1]에 대한 생각들에 기초를 두게 될 것이다.

---

1) 역주: 세대의 계승이란 빠르게 변하고 있는 사회에서 세대와 문화적 연속성 사이의 연결을 나타낸다.

우크라이나 청소년에 대한 연구는 Odessa Mechnikov 대학의 사회학부의 자료를 통해 수행된 두 연구로부터 얻은 경험적인 데이터에 기초하고 있다. 첫 번째는 1996년 후반과 1997년 초에 Odessa의 Belgorod-Dnestrovsk, Izmail, Bolgrad, 그리고 마을 주변의 7개 도시들인 남부 우크라이나 도시들에서 수행되었다. 여기에는 575개의 표준 인터뷰의 결과가 수집되었다.[2)] 샘플은 기본적인 인구 통계학적 범주를 대표하고, 각각의 영역에 있는 인구의 성/나이/교육의 정도를 반영하였다. 응답자들은 18세 이상으로, 인종-문화적(ethno-cultural) 과정의 다양성을 드러내기 위한 목적으로 80개의 문항에 응답하였고, 두 번째 연구는 1997년에 남부 우크라이나에 있는 Odessa, Belgorod-Dne, strovsk, Izmail과 몇몇 다른 지방에 있는 학교들을 대상으로 수행되었다. 표준화된 인터뷰는 15~17세 사이의 학생들 400명으로부터 추출하였다.

❁ 배경

청소년들은 그들 자신의 독특한 가치를 가지고 있고, 또한 다른 세대와 이 집단들을 연결해 주는 몇 개의 공통된 가치들을 가지고 있다. 이 점에서, 사회적 정체성(social identities)은 성인 집단과 세대 간의 계승을 모두 가리킬 수 있다. 사회과학에서는 "정체성"이라는 용어에 대한 많은 정의가 있다. 이 경우 우리는 공동체에 속하는 느낌(feeling of belonging)으로 정의한다. 이 느낌은 공통의 역사적 과거와 현재(역사적 기억), 그리고 공통의 미래에 대한 전망에 의해 형성된다(Smith, 1991; Jadov, 1994). 일반적으로 이런 느낌에 대한 배경은 라이프스타일, 전통, 가치, 세계관등에 기초하며, 특정 시대에서 생성되며, 그 시간을 반영하는 "정신(spirit)"이다. 따라서 우리는 정체성을 Benedict Anderson(1983)의 연구에

---

2) 우크라이나 남부 지역에서 실시된 조사 결과와 우크라이나 국민 전반의 경향은 키예프와 하르코프에서 열린 우크라이나 사회학자들의 회의에서 정치와 민족문화의 변천이라는 주제 아래 여러 차례 논의되었다.

서 언급된 의미로 사용하고자 한다. 즉, 정체성이란 사회-인지적인 구조이며, 그 구조는 공간과 시간적인 측면을 동시에 포함하며, 그 구조는 더 넓은 사회적 힘(broader social forces)에 의해 가능해지고 형성된다. Anderson은 정체성 형성에 있어서 몇몇 중요한 순간(comments)이 있다고 제안했다. 중요한 순간이란 문화적 요소(언어, 가치 등)와 사회적 요소(자본주의, 사회주의, 국가 등)가 특별한 역사적 순간에 집중되고, 효과적으로 국민(notional) 자신의 집합적인 이미지를 재건하는 시간을 말한다.

Anthony Smith는 국가의 정체성에 대한 또 다른 접근법을 제시하였다. 그는 국가적 정체성을 "자연스러운 연속성(natural continuity)"과 "의도적인 조작(conscious maniplation)"의 산물로 정의했다. 자연스러운 연속성은 이미 존재하는 인종적 정체성과 공동체로부터 나타난다. 반면에 의도적인 조작이 기념에 의해 성취되는 동안, 정체성에 대한 협력으로서 "공동체를 위한 필요(need for community)"를 언급하고 있다(Smith, 1995). Smith의 관점에서는 이 두 부분의 결합은 국가 정체성의 기초적인 특징이고, 집단적 정체성의 가장 근본적이고 총체적인 유형을 만들고 있다. 이러한 접근은 과도기적인 사회에 대한 우리의 연구에서 잘 적용할 수 있다.

정체성은 "그들(외국인)"과 "우리"라는 집단을 비교하는 과정에서 형성된다. 한 사람의 정체성은 "다른 사람들"이 어떻게 인식하는가에 영향을 받는다. 인식의 순간에 정체성은 영향을 미치거나 변형될 수 있다. "우리"라는 정체성은 그 속성 중 일부분이 어떤 특정 시간과 특정 환경에서 집단 구성원들의 기대와 일치하지 않은 경우에 생길 수 있다. 그 결과 "우리" 정체성은 강화되거나, 약화될 수 있으며, 더 강한 정체성에 포함되거나, 혹은 새로운 정체성으로 변화될 수 있다. 정체성의 상실은 심리적인 문제와 가치의 감소를 야기하며, 오랫동안 지속되는 것을 막을 수 있다.

정체성의 변화하는 이 단계를 주변인(marginality)이라고 부른다. 우크라이나의 비정상적이고, 빠른 사회적 변화로 인해 청소년들을 부득이하게 정치, 경제, 사회 영역에서 불안하게 만들었다. 예를 들어 새로운 정체성들은 "독립 우크라이나의 시민"으로 나타났지만, 이 정체성의 의미들이 항상 맞는 것은 아니다. 우크라이나 국가는 새로운 구조이며, 과거에 20세기 초에 잠깐 존재했을 뿐이다. 그것은 새로운 국가에서의 삶을 이끌어내기 위한 전통적인 규범이 없다는 것을 의미한다. 역사적 기억도 없고, 현대 시스템에 적용할 수 있는 우크라이나 시민의 정치적 습관 같은 것도 없다.

이러한 관점에서 우크라이나 청소년들에게 주변인(marginality)은 다른 문화들 사이의 교류 증가의 결과로 볼 수 있다. 이러한 경우, 우리는 전통적인 소비에트 문화(예를 들어 이전 소비에트 우크라이나 공화국의 정치적 문화)와 새로운 정치 환경을 가지고 있는데, 그것은 현재 정치 문화에 대한 확실한 차이점을 나타낸다.

❁ 우크라이나 청소년들의 정치, 문화적 정체성

정치 · 사회 · 문화적 정체성을 분석하기 위해 사용된 설문지는 유럽 위원회(European Commission)의 유럽기준(Eurobarometer)에 의해 사용되는 것과는 다른, 특별한 단위(scale)를 사용하였다. 우리는 응답자들이 다양한 형태의 정체성들 사이에서 분명하고 명확한 선택을 하도록 제안하지 않았다. 단지 국민(National only), 국민에 더하여 유럽인(National plus European), 유럽인에 더하여 국민(European plus national), 단지 유럽인(Eurpean only)인 우리는 더 많은 선택의 자유를 기대하고 그들에게 제공했다. 우리는 특정한 개인의 정체성이 항상 확실하지는 않다고 가정한다. 학자들도 정체성이 무엇인가에 대해서는 다양한 견해를 가지고 있다. 유럽기준(Eurobarometer)에서 사용되는 정체성과 관련된 질문들을 비교해 보면, 우리의 질문들은 특정한 공동체(community)를 대표하는 의미에서 더 많은 정보를 우리에게 준다.

우리는 다음의 정체성들을 분석하였다.

1. 우크라이나 시민－국가 정체성.
2. 소비에트인, USSR 시민－이전의 국가 정체성(그것은 지금 단지 가설로 존

재).

3. 러시아 시민—소비에트 연방의 공식적 · 비공식적인 계승을 가진 이웃국가들과의 국가일체화(national identification).
4. 어떤 인종 집단의 구성원—지방의 이종, 주로 문화적 정체성.
5. 유럽 시민—세계주의, 전통적 정체성.
6. 세계 시민—세계주의 지구 정체성.

이 자료를 설명하기 전에 명확하게 해야 할 두 가지가 있다. 첫째, "시민(citizen)"이라는 용어는 주로 법적으로 구성된 시민의 형태라기보다는 사회적 공동체의 구성원을 의미하는 뜻에서 시민의 현상과 관련되어 있다는 것이다. 이러한 이유로 우리는 그것을 "사회적 시민권(social citizenship)"이라고 부를 것이다. 둘째, 정치적이고 문화적인 각각의 정체성 개념 간에 명확한 차이가 없을 때가 종종 있다는 것이다. 이것은 아마도 이런 종류의 연구에서는 중요한 문제이다. 왜냐하면 사람들이 알고자 하는 정체성에 대한 다양한 개념들 때문이다.

우크라이나 시민

이 정체성은 비공식적일 뿐만 아니라 형식적/합법적인 측면을 가진다. 우크라이나의 어떤 응답자들은 우크라이나의 시민이라는 것이 여권(passports)에 기록되어 있으며, 그것에 대해 어떠한 논쟁도 있을 수 없다고 말한다. 그럼에도 불구하고 "우크라이나인"은 또한 영토, 문화, 전통, 출생지 등을 동시에 의미한다. 우리가 아래에서 말하는 것은, 현대의 우크라이나인의 정체성에 대한 문화적 이해는 국가의 문화(national culture)에 대한 의미 또는 소비에트 문화(Soviet culture)에 대한 의미로 이해될 수 있다. 그것은 여전히 존재하지 않는 가상의 공간, 존재하지 않는 소비에트 우크라이나 공화국의 세계(Soviet Repulic of Ukraine)에 살고 있는 몇몇 사람들이 있다는 것을 의미한다.

소비에트 사람

이 정체성을 위한 배경은 소비에트 국가에 있다. USSR에서 많은 소비에트 학자들이 "소비에트 라이프스타일(Soviet lyfestyle)"과 "소비에트 가치(Soviet values)"에 대한 많은 책과 기사를 썼다. "소비에트〔혹은 소비에트 사람(Sovietness)〕"가 되는 것은 매우 복잡한 현상인데, 그것은 여러 해 동안 존재했고, 많은 국가적-민족적 집단뿐만 아니라 몇몇 세대와 수백만의 사람들을 포함하고 있다. 즉, 소비에트 국가는 경제, 행정, 사회적 정책의 결과물일 뿐 아니라 이념의 산물로 설명될 수 있다. 과거에 많은 사람들에게는 소비에트 정체성(Soviet identity)이 지역 민족 정체성으로 대신해 왔다.

러시아 시민

이 정체성의 구성은 "우크라이나인"의 정체성과 다소 비슷하다. 러시아 정체성과 우크라이나 정체성 사이에는 중요한 두 가지 차이점이 있다. 첫 번째 차이점은 공간적이다. 러시아는 자신만의 영토와 분리된 정치, 경제, 법적 제도를 가진 다른 나라(국가)이다. 두 번째 차이점은 의식하고 있거나 또는 잠재적으로 의식하고 있는 것이다. 사람들이 USSR의 후계자로 러시아를 받아들이는 것이다. 그것은 어떤 사람들의 그룹에게 러시아가 소비에트 연방과 결합되어 있는 이유이다.

인종적 정체성

이것 또한 중요한 문화적 현상이다. 우리의 특수한 상황에서 그것은 명확한 의미를 가지며 특정한 민족 공동체, 인종적 기원, 전통, 언어와 관련되어 있다. 문제는 시간이 지나면서 현대의 문화가 민족적 계승에서 전통적인 아버지(patronymic)의 의미를 제거한 이후, 점점 더 많은 민족 내부 간의 결혼이 나타났다는 것이다. 그러므로 인종적 정체성은 명확한 의미를 가지고 있지만, 실제로 그것은 오히려 불명확한 개념이다.

변화의 시기에 우크라이나와 러시아 국가 정체성의 힘은 아마도 경제적 상황과 복지제도와 연관되어 있을 것이다. 경제적이고 행정적인 환경과 관련된 매일의 삶에서 성공적인 조직은 사람들에게 이러한 장점들을 제공해 주는 공동체와 일치되는 더 많은 이유를 제공한다. 몇몇 다른 국가들 안에 많은 역사적 사례들이 있었고, 국가 정체성의 성장에 따라 경제 문화적 문제들의 시기가 있었다고 주장한다. 이것을 설명하기 위해 예를 들면, 우리는 각각의 특수한 상황과 특별한 문맥에서 국가-인종 정체성의 내용을 찾을 수 있다. 이 정체성들 속에 중요한 개념이 무엇인가? 무엇이 강조되었는가? 몇몇 사례에서, 우리는 매우 강한 인종적 정체성에 직면하게 된다. 이것의 주요 원인은 이방인이나 그들 그룹과 명확하게 반대될 것이다. 반면에 이런 이방인들은 경제적 그리고 다른 문제들로 인해 비난 받을 것이다〔이것에 대한 전통적인 예는 여러 해 동안 유대 사회가 많은 유럽 사회에서 이방인(alien) 그룹과 같이 취급을 받았다는 것이다〕. 그러나 다른 사례에서, 이방인 그룹은 우리 정체성의 생성에서 명확한 요인이 되지 않는다.

우리는 여기에서 현대적인 정체성을 다룰 수 있을 것이다. 현대적인 정체성의 구성은 과거의 생각, 현재의 생각, 또는 미래의 생각에 영향을 받는다. 과거로 거슬러 올라가는 사고는 우선, 공동체 안의 사람들의 역사적 기억에 근거한다. 이것은 우크라이나 교육체제에서는 주요 요인이 되고 있는데, "우크라이나 역사" 과목이 국가적으로 중요하게 되었다. 오늘날의 사고는 국가에서 경제사회적인 안정을 요구한다. 그래서 이 정체성은 강조되지 않거나 사람들의 행동에 결정적인 영향을 미치지 않는다. 과거와 미래의 전망적 정체성과 비교해 봤을 때, 오늘날의 방법은 사회, 경제, 정치 환경을 향한 태도에 비교적 작은 영향을 미친다.

미래 정체성은 기대와 판단 그리고 이러한 커뮤니티의 미래에 대한 가정 등에 대해 가설적으로 존재하는 사회적 실재에 기초하고 있다. 이러한 정체성은 이 정부에서 그들 자신의 미래에 대한 사람들의 기대와 생각을 매일의 삶이 강하게 투쟁하지 않는다면 파괴되거나 약해질 것이다. 그 시나리오는 전적으로 위기의 상황에서 미래에 예견되는 정체성의 발전을 위해 완전히 달라질 수 있다. 특정한 국가 안에 있는 민족-인종 집단들은 이 공동체의 영토에 영향을 미치는 경제적 그리고 또 다른 문제들을 해결하기 위한 방법으로 민족-인종 통합의 존재를 믿을 것이다.

유럽 시민/세계 시민

이 정체성 유형에 대한 우리의 이론적 고찰은 러시아 사회학자 Jadov(1994)에 의해 정체성이라는 용어의 정의로부터 기원을 둔다. 정체성에 대한 각각의 유형들이 우리의 연구에서 중요한 역할을 수행하고, 변화하는 사회에서 다른 세대들의 정체성 구조를 명확히 언급하는 것은 매우 중요하다. 어느 유형이 가장 각 세대 안에서 강조되고 있느냐를 보는 것도 중요하다.

현대 국가와 사회에서, 매일의 삶에 대한 문화적 단일화는 급속도로 증가하고 있다. 민족-인종적 전통의 계승에 대한 생각은 문화의 도시-실용주의적 개념에 의해 크게 대체되었다. 민족정신의 관점에서 가장 강한 문화적 차이는 세계적인 사업 철학의 힘으로부터 점점 증가하는 압력으로부터 된 것으로 보인다(Weber, 1978). 변화하는 나라들에 사는 청소년들의 정체성을 해석하기 위해 아주 흥미있는 것 중 하나는, 그들이 여전히 전통적인 것과 새로운 정체성 사이에서 다양한 선택권을 가지고 있다는 점이다; 몇몇 다른 유럽 국가의 청소년들에게는 중요하지 않을 수도 있고, 다른 것이 더 중요할 수도 있다. 청소년 정체성은 또한 사회학적 관심의 대상이다. 왜냐하면 이것이 문화적, 정치적 정체성이 생성되는 과정 속에 있을 때 인간다운 삶의 단계이기 때문이다. 그것은 성인의 시기에 정체성이 안정된다고 말하는 것이 아니라 청소년기 이후의 정체성 확립을 위한 배경이 형성되는 시기라는 것이다.

위에서 언급한 이유들 때문에, 지역적이고 전 세계적 정체성은 많은 현대 사회의 중요한 특징이다. 세계주의 정체성(cosmopolitan identity)은 특히 오늘날의 우크라이나 청소년들에게 매우 중요하다. 이들은 세계적 의사소통과 세계적 문화에 접근할 수 있는 세대이다. 세계시민이 되는 것은 민족 문화를 넘어서 더 넓은 질서에 참여하는 것이다; 그것은 세계적 인간, 유럽 문화나 서구의 시민의식에 참여해야 한다(Delanty, 1995). 세계시민 정체성은 주로 현대 문화에서 몇몇 국제적인 경향에 기초한다. 세계화 과정에 대한 Habermas(1996)의 이론을 적용하면, 법과 질서의 세계적 담화의 출현은 시민권의 새로운 정의를 위한 중심지를 승인함으로써 점점 더 증가되는 민주주의를 가져올 제도적 공간과 함께 급진적인 민주주의를 제공한다고 주장한다.

여기에 필수적인 것이 집단적 참여자의 관념이다. Soysal(1994)은 또한 세계적 수준에서 새로운 형태의 시민권의 출현에 주의를 집중시켰는데, 어떤 점에서 인권에 대한 담화는 국가의 시민권에 대한 권리를 침해한다는 것이다. Gerald Delanty(1998)는 사해동포주의(cosmopolitanism)가 사람들의 복잡한 충성심과 정체성 속에 나타난 세계의 진정한 힘으로 보일 수 있다고 주장했다.

우크라이나 사회에서 청소년 정체성의 주요 경향

이 연구에서 우리는 위에서 언급한 각각의 정체성의 형태를 위한 9단계(nine-degree) 기준을 사용했다. 응답자들은 자신의 정체성의 강함/약함을 평가하기 위한 답을 하였다. "USSR의 축소 이후 나는 나 자신이 무엇이라고 느끼는가?.. 〈카테고리의 제목〉..." '9'는 응답자들이 매우 강하게 우크라이나의 시민이라는 것을 의미하고, '1'은 응답자들이 커뮤니티의 이러한 형성에 대해 느끼지 않거나 거의 동의하지 않는다는 것을 의미한다.

편의상 다음의 자료 분석에서 정체성의 통합된 지표가 사용되었다. 지표 (i)는 -1에서 $+1$까지의 값을 가지며 $(-1 \leq I \leq +1)$ 그 식은 다음과 같다.

$$I = (\Sigma A - \Sigma B)/\Sigma C$$

ΣA = 7, 8, 9를 선택한 응답자들의 합.
ΣB = 1, 2, 3을 선택한 응답자들의 합.
ΣC = 전체 응답자들의 합.

전체적인 우크라이나 사회에서 정체성의 가장 강한 형태는 인종(ethnic)이 되는 것으로 나타났다. 일반적인 규칙에 따르면 인종 정체성의 중요성은 나이에 따

표 17.1 다양한 연령 집단의 거시-사회적 정체성

나는 나 자신을 ...로 느낀다	나 이					
	15~17세	18~22세	23~30세	31~45세	46~55세	56세 이상
1. 우크라이나 시민	0.094	0.14	0.23	0.26	0.25	0.49
2. 소비에트 사람, USSR 시민	−0.34	−0.34	−0.27	−0.27	−0.24	−0.11
3. 러시아 시민	−0.51	−0.70	−0.72	−0.72	−0.70	−0.71
4. 나의 인종 집단 구성원	0.29	0.46	0.56	0.47	0.55	0.57
5. 유럽시민	0.11	–	–	–	–	–
6. 세계시민	0.16	0.12	−0.27	−0.35	−0.16	0.05

라 증가되는 것으로 보인다. 15~17세 응답자들에게는 지표(index)가 +0.29이다. 18~22세부터 23~30세까지는 각각 +0.46과 +0.56이다. 여기서 예외적으로 31~45세 집단의 지표값이 18~22세에 비해 인종 정체성에서 상대적으로 감소하는 것을 보여 준다는 것이다(i = +0.47). 그러나 46~55세 응답자들은 다시 인종 정체성이 강해지는 것을 볼 수 있다. 거의 23~30세 응답자들과(i = +0.55) 거의 동일하다. 이것은 세대 사이의 계승이 몇 가지 특징을 가지고 있음을 나타낸다. 이 나이 집단들은 "부모"와 "자녀"의 세대로 해석될 수 있다. 역사 속에서 특정한 시기나 과거에 주어진 사건들에 대해 적당하게 이 세대들의 이름을 붙이는 것이 시도되고 있다. 그러나 이 조사에서 우리는 이러한 시도들을 하지 않을 것이다. 그것은 삶의 과정과 세대의 깊은 문화적 특수성에 대한 더 광범위한 논쟁 속에 우리를 구속하기 때문이다. 23~30세 응답자 집단(i = +0.56)은 지표(index)가 거의 i = +0.55인 46세 이상의 집단에 있는 사람들의 자녀들로 평가될 수 있는데, 마찬가지로 아래의 각각의 연령별 집단은 계승하는 세대를 대표한다고 생각할 수 있다: 18~22세의 자녀(i = +0.46)와 31~45세의 "부모"(i = +0.47)(표 17.1 참조).

청소년들에게는 나이 많은 세대들과의 교류가 소비에트 연방과 소비에트 시스

템에 대한 정보의 주요 근원이다. 이러한 교류는 가족 내에서의 직접적인 대화와 경험을 나누는 것에 제한되지 않고, 교육과 사회화의 광범위한 효과에 영향을 미친다. 그런 정보의 주요한 근원은 매스미디어와 학교의 교사이다(그들 중 대부분이 30세 이상이다). 다른 소수의 출처에 의해 수반된 이런 정보들은 각각의 청소년들이 자신의 위치와 "소비에트 국민"의 커뮤니티에 대한 태도를 명확하게 하는 배경이 되기에 충분하다. 15~17세와 18~22세 청소년들은 지표(index) 값이 −0.34이다. 소비에트 정체성(Soviet identity)의 허용 수준이 응답자들의 나이에 비례하여 증가한다는 것은 놀랄 만한 것이 아니다(예를 들어 46~55세는 i = −0.24, 56세 이상은 i = −0.11).

15~17세의 응답자들에게, 러시아 시민 정체성의 값은 −0.51이다; 18~22세와 46~55세는 i = −0.70이다. 23~30세와 31~45세는 −0.72이다. 가장 나이 많은 연령군은 러시아 정체성에 대해 매우 부정적이었다(i = −0.71).

세계시민 정체성(cosmopolitan identity)은 다양한 연령 군에서 다소 모순되어 나타난다. 청소년들에게(15~17세) 세계 시민권(world citizenship)은 +0.16으로 조사되다. 18~22세 집단의 청소년들에겐 여전히 더 약하게 나타났다(i = +0.12). 23~30세와 31~45세 연령군은 가장 부정적으로 나타났다. 각각 I의 값은 −0.27과 −0.35로 나타났다. 15~17세의 청소년들 사이에서 유럽 정체성(i = +0.11)이 우크라이나 정체성(i = +0.094)보다 더 강하게 나타났다. 이것은 십대들의 현대 유럽의 상황에서 자아실현(self-realisation)을 찾아가는 경향이 증가하는 것을 말한다. 유럽 정체성(European identity)은 다소 관심을 끈다. 그러나 이것은 우크라이나 정체성이 버려졌음을 의미하지는 않는다. 우크라이나 정체성(Ukranian identity)과 우크라이나 사회의 시민권(Ukrainian social citizenship)에 대한 우리의 연구에서 마이너스 지표값(index)은 어디에도 없다. 오늘날, 우크라이나 시민권(Ukrainian citizenship)은 유럽 논문(European discourse)에서 다른 유럽공동체(European society)와 동일한 것으로 나타났다.

표 17.2 정체성 간의 상관관계 행렬

나는 나 자신을 …로 느낀다	1	2	3	4	5	6	7
1. 우크라이나 시민	1						
2. 소비에트 사람, USSR 시민	−0.066	1					
3. 러시아 시민	−0.356**	0.444**	1				
4. 나의 인종 집단 구성원	0.329**	−0.039	−0.105	1			
5. 어떤 인종적이나 민족적 집단을 떠난, 나의 지역 공동체의 구성원	0.048	0.059	−0.071	−0.155**	1		
6. 유럽 시민	0.154**	−0.032	−0.018	0.160**	0.061	1	
7. 세계 시민	0.092	−0.058	−0.046	0.095	0.057	0.611**	1

❁ 사회적 정체성의 내부 구조

위에서 언급한 대로, 우리가 정체성에 대해 상대적인 강/약을 측정할 수 있는 반면에 이 측정값은 이런 정체성의 의미와 내용 면에서는 다소 추상적일 수 있다. 정체성의 "의미"를 발견하고 명확히 하는 가장 좋은 방법은 질적인 인터뷰를 통한 것이다. 만약 우리가 규격화된 인터뷰를 통한 질적인 조사를 사용한다면, 필요한 정보를 얻기 위한 방법으로써 두 가지 주요 대안이 있다: 첫째, 진보적인 통계 분석〔상관관계 분석(correlation analysis), 요인과 집단 분석(factor and cluster analysis)〕에 적합한 정체성에 대해 질문을 하는 것이고, 두 번째로, 간접적이고 깊이 있는 질문들(그러나 여전히 그것은 복잡한 수학적 분석에 아주 적합한 응답들을 산출해야만 한다)을 하는 것이다. 이 연구의 길이에 대한 제한 때문에,

지금 우리는 첫 번째 방법론의 결과만을 제시한다. 표 17.2는 측정된 정체성들의 상관관계를 나타냈다. “우크라이나인(Ukrainian)”과 “인종(ethnic identities)” 사이 상관관계가 가장 높다(r = 0.329). 한편, 많은 인종 집단(ethnic groups)들의 인종적 정체성(ethnic identities)과 관련되어 있으며, 이것은 원래부터 문화적 현상이었다. 반면에, 우크라이나인 정체성은 사회적 시민권에 대한 생각에 주로 관련되어 있는데, 그것은 사회-정치적 현상이다. 이 두 정체성 사이에 보이는 높은 상관관계는, 우리의 가정은 우크라이나에 있는 인종집단(ethnic groups)들이 우크라이나 국가와 사회에 반대하지 않는다는 것인데, 그들은 평등하게 인식되고 취급되기 때문이다. 이것은 더 관대한 인종적 관계의 발전을 촉진한다. 다른 말로 하면, 이 상관관계 계수는 우크라이나에 있는 대부분의 인종집단에게 국가가 다인종 공동체로써 받아들여진다는 것을 의미하는데, 그것은 인종적 소수에게보다 인종적 다수에게 우선권을 주지 않는다는 것이다: 더 강한 인종적 정체성, 더 강한 우크라이나 국가 정체성. 우크라이나 국가는 많은 인종 집단 사회라는 것이 일반적으로 받아들여진다.

다른 높은 상관관계가 우크라이나 국가 정체성과 러시아 정체성 사이에서 존재한다(r = −0.356). 이 두 정체성(identities)은 대부분의 사람들에게 서로 용납되지 않는다. “러시아”와 “소비에트” 정체성 간의 상관계수(r = 0.444)는 우리에게 “소비에트” 국가와 사회의 관점에서 러시아 국가와 사회, 러시아 정체성의 인식을 향한 경향이 있음을 말할 수 있는 이유가 된다. 그래서 러시아는 정치적, 문화적 관점에서 소비에트 연방의 후계자라고 기대된다.

국가와 유럽 정체성 간의 상관계수(r = 0.154)는 유럽 정체성은 우크라이나 정체성의 구성 과정 속에 포함된다. 사람들은 현재의 유럽의 발전들, 유럽공동체, 유럽 문화에 대한 내용 속에서 우크라이나 정체성을 재고한다.

동시에 인종적 정체성은 국가 정체성과 유럽 정체성 모두와 관련이 있다(r = 0.160). 이것은 특별한 인종 집단이 그들 자신을 유럽과 동일시하는 (주로 문화적인) 공간의 범위 안에서 그들 자신을 인식하고 있다는 것을 의미한다. 이것은 또한 유럽 시민권이 그 중요한 개념으로써 인종적이고 민족적인 정체성을 포함하고 있다는 것을 의미한다. 이 점에서 지역으로써 유럽의 개념은 확실해진다.

주요 경향은 그들의 통합과 균질화가 아니라 각각의 민족-문화적 집단의 유일함을 형성하는 것이다. 그동안 유럽 정체성은 세계 시민 정체성-세계 시민권(r = 0.611)과 밀접하게 연관되어 있었다.

우리는 사회적 정체성이 특별한 정체성의 주요 목표에 대한 주관적인 지식에 달려 있다는 생각에 기초한다. 이것은 또한 그 커뮤니티 내에서 사회적 관계의 구성에서 참여한다는 것을 포함한다.

15~17세와 18~22세 집단의 국가 정체성의 계수는 각각 0.094와 0.14이다. 나이에 따른 증가는 우크라이나 국가 제도에 의해 대표되는 사회적 관계의 더 넓은 시스템으로 개인을 포함하여 점점 더 증가하는 것과 같이 일어난다. 이것은 개인의 인생행로의 역사적 통합에 대한 체제의 "인생행로(life-course)"와 함께 개인의 인생행로의 역사적 통합에 대한 느낌과 연관되어 있다. 각 사례에서 국가 정체성은 생성된 사회 구조의 주요 특성에 대해 응답한다. 구세대의 국가 정체성은 소비에트 국가가 안정했던 시기에 세워졌기 때문이다. 오늘날 이 세대들은 그 정체성을 우크라이나로 옮긴다. 결국 이 세대의 우크라이나 시민권은 소비에트 시민권과 관계 있는 것이다.

청소년의 사회적 변경

위에서 설명된 자료는 또한 어떤 계수를 우리에게 주는데, 그것은 "내가 아닌(not-me)" 계획에 의해 만들어진 청소년들의 정체성이 "내가" 확신하는 정체성보다 더 확실하고 뚜렷하다는 것이다. 예를 들어 러시아 정체성은 우크라이나 정체성과 뚜렷한 차이가 있지만, 청소년들은 그들이 온전한 우크라이나인이라는 것보다 러시아인이 아니라는 것에 대해 더 많이 확신하고 있다.

청소년은 우크라이나인들의 사회적 정체성은 매우 중요하고 최근에 발전된 몇몇 특징들을 가지고 있다. 이 경향을 설명하기 위하여 우리는 "긍정적"이거나 "부정적"인 것으로서 (또는 "건설적" 대 "파괴적"인) 정체성들을 인용해야만 한다. 이 범주화는 오히려 단순화되지만, 더 좋은 설명을 위해 그것은 중요하다.

표 17.3 유형 1. "나는...이다."

정체성	지표
... 나의 인종집단의 구성원	0.29
... 세계 시민	0.16
... 유럽 시민	0.11
... 우크라이나 시민	0.094

표 17.4 유형 2. "나는...(그들 중의 하나)...가 아니다."

정체성	지표
... 소비에트 사람, USSR 시민	−0.34
... 러시아 시민	−0.51

우리가 적용한 모형은 정체성 구조의 두 가지 유형을 포함한다.

유형 1. 정체성 구조의 설계는 "우리" 집단의 승인을 만들어낸다: "나는... 이다"

유형 2. 거부 집단의 설계: "나는...(그들 중의 하나가)... 아니다"

가장 어린 연령 집단, 15~17세인 10대들의 정체성을 분석해 보면, 이 집단의 긍정적인 정체성은 표 17.3, 부정적인 것은 표 17.4에서와 같다.

부정적인 정체성의 지표값은 긍정적인 정체성의 지표값보다 훨씬 크다. 이 사실은 특정한 사회 구조로부터 특히 우크라이나 청소년들에게 중요하다는 것에서 멀어질 수 있다는 주장을 뒷받침한다. 우리는 긍정적인 정체성의 구조가 현대의 사회, 정치, 경제적 환경의 역행에 기초한다는 것을 주장할 것이다. 부정적인 정체성은 주로 역사적 경험과 구세대에서 신세대로의 문화적 계승에 기초한다. 청소년에게 현대의 사회적 체제는 잘 알려져 있지 않고, 특별히 매력적이지도 않다. 나이든 사람들에 비해 청소년은 현재의 정치적, 사회-경제적 체제의 기능에 완전히 포함되지 않는다. 그들은 강한 인종적 정체성을 가지고 있는데, 그것은 어떤 점에서 개인의 선택에 있어 덜 의존적인, "이미 존재하는" 것으로 볼 수 있다. 그 상황의 불확실함은 일시적인 특징으로 청소년들에게 받아들여진다. 더 넓은 커뮤니티들의 기능과 사회적 시민(노화작용의 일부로써)이라는 점에서 사회적 네트워크 안으로 청소년들이 포함되는 것은 정치적 · 경제적 · 문화적 구조 내에서 스스로 자각하는 신호를 증가하는 자극제가 될 수 있다. 그래서 우리는 공동체에 따른 정체성이 시간을 가지고 점점 더 증가할 것이라고 추측할 수 있다.

우리는 변화하는 현재의 시기 동안, 새 정치 · 사회 체제가 잘 알려지지 않았고, 심지어 더 나이든 연령대에게는 확실하게 이해되지도 않았다는 것과, 어린 연령대에게는 어떤 말도 하지 않았다는 가정을 고려해야 한다. 구세대의 주요 특색은 정체성 구성의 과정에 있는데, 그들은 이전의 국가 사회에서 그들의 삶으로부터 얻은 그들 자신만의 경험과 지식을 사용한다는 것이다. 그들은 새로운 체제에 따른 사회적 관계를 구성하고 조절하기 위해 그들 자신의 태도, 가치 체제와 개념들을 적용한다. 이것은 실체의 재구성이지만 또한 새로운 실체의 창조이다. 문제는 이전의 그들의 경험이 새로운 환경에 완전히 적합하지 않다는 것에 있다. 게다가 구세대는 마치 그것이 그 전임자들의 특징이었던 것처럼 새로운 구조를 다루기 쉬운 경향을 가지고 있다.

✿ 결론

변화하는 사회에서 청소년들은 두 가지 문화적 체제의 경계선에 있다(정치, 경제, 전통적 체제의 광범위한 관점에서의 문화). 이 문화적 체제는 다음과 같다.

- 이전의 소비에트 국가
- 새로운 우크라이나 국가

청소년들은 양 체제 속에 있는 사회적 참여에 포함된다. 이것은 우크라이나 청소년들 가운데 확실한 주변인을 불러온다. 우크라이나 사회의 전체적 변화가 계속되는 동안, 문화적 주변인의 현상(marginality)은 계속 있어 왔으며, 부정적인 사회적 정체성은 긍정적인 것에 비해 더 우위에 있다.

Anthony D. Smith는 글로벌 문화를 무기억과 신면의 결핍이 있는 것이라고 주장했다. 그에 의하면, 현대의 집합적 정체성을 형성하는 주요 에너지는 인종적 연대와 인종의 역사이다(Smith, 1991). 조사한 자료의 분석은 국가와 인종 정체성의 내부적 경향을 드러낸다. 인종적 정체성(ethnic identity)은 여기 나타난 집단 정체성의 틀 속에서 가장 강한 정체성이다. 인종적 정체성을 분석하면서, 우리는 인종적 정체성의 구성을 위한 좋은 방법들이 있는데, 그 중의 하나는 "집산주의자(collectivist)"의 가치관과 방침에 의해 지배된 것이다. 예를 들어, 1990년대 중반에 청소년이었던 응답자들, 다른 하나는 "개인주의자"에 의해 좌우된다. (가장 젊은 세대) 더 나아가 우리는 세대 사이의 차이가 어떤 이의 인종적 정체성(ethnic identity)의 형성을 준다고 제안한다. 통계적인 분석에 있어 다른 방법들은 적어도 우크라이나 시민들 속의 4개의 다른 세대가 있음을 보여 준다.

만약 우리가 우크라이나인의 애국심의 표시로 우크라이나 국가 정체성을 선택한다면, 1990년대 말에 가장 애국적인 집단은 56세 이상의 사람들이 될 것이다. 이 점에서, 청소년들이 "애국심"이 훨씬 적다. 이것이 사실일까? 우리가 미래에 우크라이나 사회에 일어나길 바라는 것은 무엇인가? 청소년들은 아직 완전하게 공적이고 정치적인 체제에 포함되지 못했고, 그것은 정치적이고 국가적인 자기 정체성이 그들에겐 그렇게 중요하지 않다는 것이다. 나이든 사람들이 이전의 USSR의 상황에서 현대의 우크라이나 국가를 바라보는 것은 확실한 경향이다. 그들에게 우크라이나는 여전히 주로 "소비에트 우크라이나 공화국"이다. 청소년들은 우크라이나 국가와 시민권에 대해 매우 다른 생각들을 가지고 있다. 그들은 유럽의 문화적이고 정치적인 상황 속에서 그것을 본다. 그러므로 청소년들의 국가 정체성은 변화 시기의 경제적이고 사회적 문제에 의해 약화된다.

과도기적인 사회에서 구세대에서 젊은 세대로의 가치, 개념, 태도의 상호세대적인 계승은 간접적이고, 중간적인 본질을 가지고 있다. 청소년들이 형성되고 있는 그들 자신의 태도, 기준, 가치와 개념의 문제와 직면할 때, 그들은 구세대의 유산을 직접적으로 적용할 수 없다. 그것은 사회에서 일어나고 있는 변화들과 관련이 없는 것이다. 이것은 청소년들을 더 독립적이고 자기만족적으로 만드는데 영향을 줄 수 있다. 그러나 사실 그 현상은 강한 사회적 변화의 조건 아래 있는 청소년들의 세계관의 형성에 큰 영향을 미치는 어버이의 중재가 계속되는 한 보다 더 복잡하게 될 것이다.

❁ 참고문헌

Anderson, B. (1983), *Imaginary Communities: Reflections on the Origin and Spread of Nationalism*, Verso, London.

Delanty, G. (1995), *Inventing Europe: Idea, Identity, Reality*, Macmillan, London.

Delanty, G. and Cutler, R. (1998), *Nations without Nationalism. Concepts of Cosmopolitanism*, Paper presented to the Tampere Peace Research Institute, University of Tampere, Finland.

Habermas, J. (1996), *Between Facts and Norms: Contributions to a Discursive Theory of Law and Democracy*, Polity Press, Cambridge.

Jadov, V. (1994), 'Sotsialnie Identificatsii Lichnosti v Usloviah Bystryh Sotsialnyh Peremen' (Social Identities of Personality in the Conditions of Rapid Social Changes), in V. Jadov (ed.), *Sotsialnaya Identflcatsia Lichnosti* (Social Identity of Personality), Institute of Sociology Press, Moscow.

Smith A. (1991), *National Identity*, Penguin Books, London.

Smith, A. (1995), *Nations and Nationalism in the Global Era*, Polity Press, Cambridge.

Soysal, Y. (1994), *The Limits of Citizenship: Migrants and Post-National Membership in Europe*, Chicago University Press, Chicago.

Weber, M. (1978), *The Protestant Ethic and the Spirit of Capitalism*, 2nd ed., George Allen and Unwin, London.

제 6 부

새로운 행위자, 네트워크 그리고 임파워먼트

제 18 장

세계화와 임파워먼트

Pat Allatt

> 세계 교육계의 정상들은 지구상에서 가장 가난한 사람들을 위한 교육비를 향후 15년간 누가 어느 시점부터 지원할 것인지에 대해 정부와 강력한 연합체인 비정부기구(NGO)와 협상을 하고 있다. (2000.4.26, The Guardian, J. Vidal)

이 장은 공공전망 내 세 집단의 관계자들을 중심으로 청소년의 임파워먼트에 대한 논점을 다루고 있기 때문에 매우 정치적이다.

첫 번째 집단의 관계자들은 사회적으로 착취, 무시당하고 있는 개발도상국의 아동 · 청소년 및 정치적 변화를 겪고 있는 사회에서 적극적으로 정치적 활동을 펼치는 청소년들이다. 두 번째 집단의 관계자들은 청소년들의 사회적 역할 및 입지에 대한 인식, 청소년들에게 허락되거나 기대되는 역할 및 사회적 보호의 정도가 그 사회의 엘리트들에게 있는 사회의 구성원으로서의 청소년들이다. 세 번째 집단의 관계자들은 청소년들의 다양한 변화를 유도하고, 청소년의 성장발달을 사회 안팎에서 지원하며 활동하고 있는 비정부기구이다. 비정부기구는 지역중심의 활동에서 국가 및 국제적 토론과 정책으로 활동무대를 확장하고 있으며, 특히 청소년의 지위 박탈에 직면하고 있는 청소년들의 욕구를 수용하고 지원하기 위해 정부 및 국제기구에 목소리를 높이고 있다. 다카(Dakar)에서 개최된 세계 교육 포럼(World Education Forum) 개회사에서 UN 사무총장 Kofi Annan은 “아동 · 청소년들의 인권을 묵살하는 정치가들을 비난한다.”(2000. 4. 17, The Guardian, J. Vidal)고 목소리를 드높였으며, 이로 인한 변화와 효과는 가시적으로 나타나고 있다.

본서(本書)의 장(章)들은 각 사회의 정치 · 문화 및 경제의 차이에 따라 청소년들이 처한 사회적 상황을 고려하고 있으므로 매우 다양한 접근방식이 될 것이다. 특히 아동 · 청소년의 연령은 5살 난 어린이부터 남아프리카의 청소년 연령인 35살에 이르기까지 적용 범위가 매우 광범위하다.

Rahman은 남반구 개발도상국에서 생존을 위해 길거리에서 헤매는 아동들 및 청소년 노동자들의 상황을 다루고 있다. 남반구 개발도상국의 아동 · 청소년들은 자국의 경제 정책과 사회 정책의 유리로 인해 자신들의 정부나 사회를 향해 목소리를 내지도 못할 뿐만 아니라 제도적 후원도 제대로 받지 못하고 있다. 청소년 비정부 조직에 초점을 맞추는 Everatt는 1990년대 운동의 소요 및 반인종차별정책의 출현, 과도기 사회에서의 과도기적 경제 정책에 따른 소비자 중심의 삶의 양식을 지니고 있는 시민들에 의해 억압받고 있는 청소년들의 정치적 활동에서부터 도시 청소년, 흑인 청소년, 남아프리카 청소년들의 정치적 역할을 추적한다. Macháček은 1993년부터 중앙 집권 정부 및 지배 경제에서 변화, 탈공산주의 사회에서 시민 참여 및 공공 참여, 민주주의를 양성하는 비정부기구의 역할과 더불어 1989년 슬로바키아 청소년들의 정치적 동원을 분석한다.

이런 분명한 변화는 몇 가지 요소의 합류점으로 귀결된다. 즉, 청소년 임파워먼트, 사회적 연계망, 청소년 비정부 조직의 급진적 변화 및 역할로 응집된다. 그리고 아동 · 청소년의 정의, 청소년들의 권리 및 청소년의 변환기로 인한 범주로서의 청소년에 대한 앞서의 논점을 개념적으로 도입하고 있다. 사실상 청소년의 정치적 연계 방법 등이 모호하여 이견이 있지만 가장 중요한 것은 연계 형식 및 연계의 분명한 부재는 인간의 삶 자체인 환경 및 변화와 연결되어 있다는 것이다. 그러므로 연구자들이 제기하는 담론과 문제는 특정 사회 및 본서에서 고려한 청소년들의 범위를 넘는 논쟁과 공명한다.

Rahman은 국제 문제로서 제3세계 아동 및 청소년들의 착취와 사회적 억압은 동일하다고 여긴다. 권력이 개인화된 사회에서 시장 자유화, 성 상품 등은 아동 · 청소년 노동자들의 착취 상황을 더욱 악화시키고 있다. 따라서 개발도상국과 연관된 비정부기구들은 정보기술의 변화로 인한 관계 및 투명성, 정보의 유용성과 양적 증가, 네트워크 기회를 더욱 넓히고 공고히 하고자 한다. 비정부기구들은 착취당하는 아동 · 청소년들에게 초점을 맞추는 광범위한 네트워크를 구축, 1999년 12월에 개최된 세계무역기구 회의 기간 동안 시애틀 거리에서 공개항의를 진행하기도 하였다.

아동 및 청소년 인권에 대한 쟁점과 논의는 매우 활발하게 논의되고 있다. Brannen과 O'Brian(1999,4)은 청소년들이 가지고 있는 보호권은 한편으로는 자기 결정권과 충돌할 수 있다는 아동 및 청소년 인권의 이중성에 대해 논의하고 있다. 즉, 성인들의 개별 언어와 문화는 아동 · 청소년의 욕구와 아동 · 청소년들이 성인에게 기대하는 요구를 둔화시킨다고 주장한다. Rahman은 교육, 보건(특히 HIV/AIDS와 관련된) 등 청소년의 보호권에 초점을 맞추고 기본적 권리로 규정해야 하며, 또한 착취당하고 사회적으로 무시당하는 청소년들이 성인들을 불신하고 사회적 반항을 가져올 경우 사회의 안정을 위협하기 때문에 그러한 사회적 보호가 국가의 관심과 정책으로 추진되어야 한다고 본다. 그러나 보호권에 대한 개념은 일상 및 관습을 형성하는 지역 경제와 문화제도에 대한 이해에 따라 조율되어야 한다. 예컨대 칙령에 의한 아동 · 청소년 고용 금지는 지역에 따라 빈곤과 가난을 더욱 악화시킬 수도 있다.

슬로바키아는 외부의 영향으로 사회를 개방하고 세계화로 인해 정치 및 경제 변화를 꾀하고자 하였다. Macháček은 50년 전 C. Wright Mills(1956)처럼 개인의 관심을 유발하는 조직화 및 집단화의 복합체인 시민 사회의 민주적 중요성을 지적한다. 그러나 그는 이데올로기 및 관습을 소중하게 다루고 있는 탈공산주의 사회에서 공공적 삶의 요소로 비정부기구의 연합 설립 및 합법화에 어려움이 있음에 주목한다. 시민 사회에서 중재연합은 각 개인들의 권력을 억제하는 기제들을 구성 · 양성 하지만 한편으로 중재연합은 허약함과 권력을 특징으로 한다.

문제는 이런 변화의 중심에 청소년의 역할이 놓여 있다는 것이다. 남반구에서는 청소년들의 문제에 대해 청소년들이 의견을 개진하는 공개 토론의 기회가 증대되는 동안 공산주의의 실패는 슬로바키아 청소년들을 공개 토론의 장 밖으로 밀어내는 결과를 가져 왔다. 슬로바키아 청소년들은 전 시대의 왕국에서 정치적 행위자로서의 자신들의 제도적 역할 뿐만 아니라 이러한 역할에 따르는 기관의 부재 및 권리를 상실하였다. 더구나 슬로바키아 청소년들은 실업 증가 및 고용 불안정의 희생자이자 스스로 자신들의 진보적 행동에 책임을 져야 했다. 시민 활동에서 청소년 통합에 대한 관심은 단지 정치 및 사회 운동의 측면에서만의 통합이 아니라는 것을 인지하게 된다. 환경 단체 등 비정부기구들은 국경을 초월하여 점점 활동의 범위를 넓혀가고 있으며, 청소년들이 정치적으로 활동하지 않는 것은 정치적으로 자각하고 있는 것임을 제시한다. 그러나 Macháček이 주목했다시피 시민 사회는 순수하게 시민적이라고 의미되는 활동만을 포함하는 것은 아니다. 즉, 시민의 의무 및 권리와 직접 관련된 시민 사회는 "시민 공동체"(The Pocket Oxford dictionary) 구성원을 포함하는 경계를 가로지르며 사소한 공공영역에서 조차도 연합 그 자체의 관습에 박힌 메커니즘이 아닌 긍정적인 연합체 활동을 구축한다.

이 장에서 줄곧 의미 있게 다루어지는 주제는 "세대"이다. 즉, 청소년과 사회의 역동적인 상호작용과 역사와 시대를 가로지르는 강력한 움직임에 주목하고자 한다. 세대에서 청소년의 역할은 미래의 짐꾼이다. 슬로바키아 청소년들은 시민 사회로의 통합에 근거한 민주화 사회의 잠재적 짐꾼이라는 것이다.

청소년들의 정치 활동은 격려되어야 하며 긍정적으로 여겨지고 있다. 그러나 Everatt는 정치적 행동주의가 무의식적으로 어떻게 사회적 억압으로 이르는지를 보여 준다. Everatt는 1976년부터 1990년까지 남아프리카를 진동시켰던 항의에서 흑인 청소년 및 도시 청소년의 관계가 어떻게 와해되고 어떻게 폭력적 삶의 양식으로 이어지는지, 어떻게 교육적 근거의 희생으로 연결되는지에 주목한다. 인종차별의 전복을 유도한 사회 변화의 혼란은 국제 비정부기구의 활동을 자극하는 동시에 정치적 논쟁을 부채질하고 있다. 그러나 지역중심의 활동에 초점을 두었던 비정부기구들은 성공한 반면 국가 차원에서 활동을 전개했던 비정부기구들은 실패하였다.

비정부기구들은 청소년들의 정치 활동의 공헌에도 불구하고 신질서 내에서 청소년들을 위한 발전적인 역할을 찾는 데 실패했으며 자신들의 정치적 지지자로서의 청소년들(인구의 1/4를 구성하는 16세에서 30세에 이르는 사람들)을 돌보는 데 실패하였다. 비정부기구들은 청소년들에게 영향을 끼치는 사회적 상황 및 조직 운영의 측면에서 청소년들을 연관시키는 활동을 추진하였으나, 여러 가지 면에서 청소년 조직과 느슨한 관계망을 유지하고 있는 것으로 평가되고 있다. 남아프리카에서 청소년 조직은 청소년들로만 조직되고(비록 남아프리카에서 청소년을 30대 중반까지 확대하여 공식적으로 정의하고 있지만) 운영된다. 그러나 Everatt는 청소년들이 사회적 지위 또는 요구에 부응할 만한 전문적 기술 및 경험의 적절한 수준을 갖추고 있는지에 대해서는 의문을 제기한다.

이러한 역사적 · 정치적 배경에 반하여 현대 남아프리카 청소년들은 Everatt가 불평등한 낡은 가치를 재생산했던 사회 중의 하나로 간주한 사회 속에서 성장했기 때문에 오늘날 남아프리카 부유 계층의 소비 가치를 공유하고 있다고 본다. 청소년들은 자신들이 성장한 사회 속에서 이전 세대와 같은 의식과 가치관을 소유하고 남아프리카 미래에 대한 정치적인 자각과 낙관적 자세를 보여 준다.

어떤 사회에서도 청소년들이 사회 정책의 중추이며 미래의 희망이라는 것을 인식하지 못한다. 청소년들의 권리 및 임파워먼트는 권력 집단이나 권력 정부의 제도적 요구나 방향에 따라 성쇠하거나 여전히 보이지 않게 된다. 본 삼장(三章)에서는 청소년들에 대한 관심이 사회 안팎에서 다양한 형태로 자국 정부가 아니라 비정부기구에 의해 촉진되고 있음을 총괄적으로 시사한다. 이런 점에서 세계화는 냉혹하게 값싼 노동자를 찾고 정치 엘리트들이 마음대로 청소년들을 고용하거나 해고하는 황폐화된 효과를 가져 오고 있다. 그러나 정보통신의 기술과 경제 활성화로 인한 인간소외 현상은 비정부기구의 정치적 역할을 더욱 강화하는 기회를 제공한다. 이러한 세계에서 행위자들은 접근 가능한 정보의 문화적 자본 및 세계의 광범위한 네트워크의 사회 자본을 잠식하는 권력의 새 형태를 확실하게 끌어내고자 한다.

❁ 참고문헌

Brannen, J. and O'Brien, M. (1996), *Children in Families: Research and Policy*, The Falmer Press, London.

Mills, C. W. (1956), *The Power Elite*, Oxford University Press, London.

Vidal, J. (2000a), '"Girls Will not be Forgotten, Annan Pledges", Aid Agencies Furious as World Leaders Shun Launch of Education Summit', *The Guardian, 17 April, 2000*, p. 15.

Vidal, J. (2000b), 'World Summit Clash on Education of Poor, Read the World: The Right to Education', *The Guardian, 26 April, 2000*, p. 2.

제 19 장

아동 및 청소년의 세계화: 남아프리카의 거리 아동 및 청소년 노동자 보호를 위한 새 행위자 및 네트워크

Mojibur Rahman

❁ 배경

남아프리카 정부와 평화, 평등, 정의를 위해 고군분투하는 국제 공동체는 생존을 위해 거리에서 배회하는 아동 및 청소년 노동자 보호 문제로 심각한 도전을 받고 있다. 개발도상국의 5~14세 아동 · 청소년 노동자의 수는 1억 2,000만 명이며, 그 중 1억 2,000만 명은 하루 종일 노동에 종사하고 있다. 아동 · 청소년 노동자의 약 6%는 아시아, 32%는 아프리카, 7%는 남아메리카인이다.[1)] 수백만 명의 남아프리카 아동 및 청소년들은 교육 및 보건과 위생이 부재한 비참한 상황에 처해 있다. 남아프리카의 경제 및 사회 정책의 괴리는 특히 하층민 가정의 청소년과 거리를 배회하는 아동들의 억압 및 착취를 양산하고 있다. 이러한 사회적 상황

---

1) ILO(1997), 「팔려가는 아시아 아동들을 막을 수 있는 신무기」, *World of Work*, No. 19, 1997년 3월.

속에서 청소년들은 가난과 고립, 신체적 장애, 무력감, 착취의 덫을 없애는 방법을 스스로 강구한다. 따라서 거리에서 배회하는 아동 및 청소년 노동자가 본인들의 생존을 위한 것이라는 문제를 안고 있음에도 자국 정부는 사회의 제도적 지원 및 지지의 부재로 인한 책임을 져야만 한다. 현대의 아동 및 청소년들은 미래 세계의 시민들이다. 아동 및 청소년들이 보호받지 못하고 권한을 부여받지 못한다면 그 사회는 높은 범죄율, 청소년 비행, 폭력, 기타 사회적 병리에 직면할 것이다. 즉, 세계는 사회적으로 억압, 착취, 무시당하는 아동 및 청소년들을 보호하기 위한 제도적 장치나 지원체계를 모색하지 않는다면 21세기 밀레니엄 시대에 우리는 군사보호보다 사회경제적 보호의 부족에 직면할 것이다.

비정부기구들은 정부 및 시장경제의 실패, 세계 연합 혁명 등으로 사회적으로 혜택을 받지 못하고 있는 남아프리카 아동 및 청소년을 보호하기 위한 중재자 역할을 하였다. 비정부기구들은 사회적으로 혜택을 받지 못하는 아동 및 청소년들을 위한 다양한 서비스를 제공하고 있으며, 변호 및 사회 동기화 작업을 담당하고 있다. 북반구 비정부기구들은 제3세계 발전을 위해 남반구 비정부기구들과 연합을 추진 중이다. 남반구 비정부기구들은 북반구 비정부기구들과 협력하여 아동 · 청소년 노동자 문제에 대한 혁신적인 해결책을 찾고 있다. 북반구 비정부기구들은 지역 문제에 대한 지역적 해결책을 제공할 제도적 능력을 강화하면서 남반구 비정부기구에 조력하고 있다. 이 두 상호 국제기관들은 비정부기구 간 네트워크의 중요성을 이해하여 서로의 지지를 증대하고 있다.

빈곤 축소 정책은 아동 및 청소년들의 생존, 복지, 임파워먼트에 대한 인지를 포함한다(Fowler, 1997, 4). 비정부기구들은 공격받기 쉬운 전 세계 아동 · 청소년을 보호 · 지원하고 이러한 현재의 논점을 자각하고 있는 세계적 아젠다 및 국제 공동체의 인식을 일깨우는데 기여하고 있다. 1987년 UNICEF는 개발도상국의 중요한 지침으로서 청소년 노동자의 비율과 거리를 배회하는 아동들의 숫자를 정리한 『Adjustment with a Human Face』라는 책을 출판하여(Jolly, 1987, 261–262) 이들을 위한 공동체적 조력자들을 확보하고자 하였다. 후원자들은 남아프리카 아동 · 청소년 노동자의 문제를 중요하게 인지, 지원하고 있으나, 극히 미미한 원조가 사회적 혜택을 받지 못하는 청소년들을 지원하는 우선순위로 사용된다. UNDP에 따르면 원조의 15%만이 교육 및 보건 비용으로 쓰이고 있다(Smillie, 1995, 19).

이 장에서는 남아프리카의 거리 배회 아동 및 청소년 노동자의 문제점을 논의할 것이며 세계 비정부기구 네트워크가 이 문제를 해결하기 위한 노력을 고찰하고자 한다. 개발 협력은 세계 시민으로서 아동 및 청소년들의 권리에 대한 국제적 관심과 촉진의 통로로서 논의된다.

❁ 남아프리카 아동 및 청소년들이 공격받기 쉬운 원인

정부는 약하고 사회는 강력한 남아프리카는 지속적인 변화를 겪고 있다. 정부는 정치적 생존을 위해 지역 엘리트들에게 의존해야만 한다. 개발도상국에서 정부와 사회 간 관계는 안전, 발전, 참여를 포함하기 때문에 "3차원적"이다(Samudavanija, 1991, 18–19). 안전과 발전 및 참여의 상대적 중요성은 국가 정치체재의 목적을 결정한다. 정치 · 경제 · 사회 발전은 민주주의 및 민주적 제도의 효과적인 기능에 의존하기 때문이다. 그러나 제3세계에서 권력은 현실적으로 제도화되기보다 개인화되어 있는 상황이다. 중앙 및 지방 정부 기관은 실질적인 정책 추진과정과 조정 등의 추진이 어려워 정부 계획과 프로그램의 실행이 지연되고 있으며, 지역의 정치는 부정과 부패로 얼룩진 포화 상태이다. 이는 남아프리카 빈민들이 끊임없이 무시당하고 사회적으로 배제되고 있는 중요한 이유의 하나이며, 빈민을 위한 사회 자본이 부족하기 때문에 빈곤 지역에서는 더욱 더 사회 응집력이 위협받고 있다.

또 다른 문제점은 남아프리카의 교육제도가 빈곤 가정의 청소년들이 본인이나 가족의 생존을 위해 일터로 나가는 대신 교육을 받을 수 있을 만큼 충분하게 개방되어 있지 않다는 것이다. 교육은 아동 · 청소년의 긍정적인 자아상을 구축할 수 있으며 긍정적인 자아상은 아동 · 청소년의 자기 발전을 가져 온다. 또한 지식 및 기술의 사회적 순환을 결정한다. 남반구 국가들이 보편적인 초등 교육을 제공하지만 기초 교육에는 턱없이 미치지 못하며 교육 제도 근처에도 가보지 못한 아동·청소년들도 많을 뿐만 아니라 교육이 쓸모없다고 생각하는 청소년도 많다. 개발도상국의 학교는 암기에 능숙하며 공무원 및 돈, 권력, 사회적 특권과 연관된 전문가를 양산해내고 있다(Rahman, 1998). 따라서 정규 공교육은 학생들의 요구에 부합하는 교육과는 거리가 있으며 기초 교육에 대한 대규모 투자는 거리를 배회하는 아동 및 청소년 노동자들을 제도권으로 통합하는 데 실패하였다. 국가가 청소년들의 교육을 지원할 사회적 자본이 전혀 없다면 청소년들은 노상이나 빈민가에서 삶의 길을 찾을 수 있는 도회지로 나가야만 하며 그곳에서 비정규 분야나 정규 분야에서 일해야만 한다. 그러나 나중에 논의되겠지만 거리 배회 아동 및 청소년 노동자들의 요구에 적합한 비정규 교육을 제공하는 비정부기구들도 있다.

북반구 국가들은 시민권 및 정치권보다 인권의 관점에서 더 목소리를 높이고 있으나 사회적·문화적·경제적·군사적 권리를 전혀 인권으로 간주하지 않는다. 모든 국가가 사회적·문화적·경제적·군사적 권리를 실현한다면 사회 내 인권 전체를 강화시킬 수 있을 것이다. 국가는 청소년들에게 투자하는 것이 비참한 상황에 처해 있는 미래의 성인들을 구할 수 있는 최상의 길이기 때문에 아동 및 청소년의 권리는 따라서 매우 중요하다.

남아프리카 아동 및 청소년들이 처한 현실은 국제 문제의 일부가 된다. 시장의 자유화는 남아프리카 청소년 노동자들을 포함하여 공격받기 쉬운 약소 시민들의 어려움을 가중시키고 있다. 이로 인하여 삶의 조건 및 사회 응집력의 약화로 인해 갈등과 불법행위가 증가하고 있으며, 시민 전쟁이나 침략전쟁은 유럽의 정치적 논쟁의 큰 화두인 피난민과 이민자의 문제를 유발한다. 또한 약물 의존 및 HIV/AIDS의 확산은 남아프리카 아동·청소년 뿐만 아니라 사회 전체에 부정적인 영향을 끼치고 있다.

❁ 남아프리카의 거리 아동 및 일하는 청소년의 상황

생존을 위해 거리를 배회하는 아동 및 일하는 청소년들의 문제는 빈곤, 사회적 배제, 불평등, 불공평에 있다. 일하는 청소년들의 다수의 문제는 청소년들이 사회적으로 가장 배제되고 착취당하는 집단인 이민자 및 피난민, 국내 난민, 소수인종, 극빈자 출신의 청소년이라는 것이다. 이러한 청소년에게는 인권 존중, 비전, 현재의 여건을 벗어날 수 있는 대안의 가능성 부재 등 환경적으로 많은 기회가 제한되어 있다.

아동 및 청소년들은 진보의 원천이며 가장 중요한 혁신의 동력체이다. 청소년들의 상상력, 이상, 역동적인 에너지는 국가의 미래를 위한 창조적 동력의 원천이다. 이들을 사회적으로 무시하고 착취하는 것은 현재 및 미래 국가 발전의 가장 큰 걸림돌이 될 것이며 청소년이 노동자가 될 수밖에 없는 환경적 원인은 다음과 같다:

- 빈곤
- 사회문화적 요인
- 교육의 질 저하 및 부적절한 교육
- 교육의 제한된 접근 및 불충분한 교육기반
- 정치 환경의 불충분 및 비협조
- 제도적 복수주의의 결핍
- 법과 제도적 실행에 따른 문제

청소년들은 의복공장, 담배공장, 카펫공장 등의 정규직 영역과 야채 채집 등 대규모 협동농장, 채석장, 노상 장사, 넝마 줍기 및 운반 등의 광범위한 비정규직 영역, 호텔이나 레스토랑, 피혁공장, 구멍가게, 하인 등의 영역에서 부채로 담보된 노동자 및 매춘부로 일한다. 북반구 청소년들은 대규모 수출 산업에 고용되어 있다는 연구도 있으나, 세계 수출 산업에 고용된 청소년들은 세계 청소년 노동자 문제의 극히 일부분(5% 미만)[2]으로 추정된다. 소녀들은 대개 하녀나 매춘부에

2) 아동 노동자에 대한 오슬로 국제회의에서 ILO와 UNICEF가 제출한 서류, 1997년 10월 27일~30일.

종사한다. 연소한 청소년들을 적은 급료로 장시간 노동시키는 행위는 매우 위험한 일이자 인권 착취다. 이들에게는 교육의 기회나 여가의 시간은 전혀 주어지지 않는다. 청소년들이 하는 대부분의 일들은 보건 및 안전의 위험에 노출되어 있으며 일부 청소년들은 노예와 흡사한 처지에 놓여 있다. 남아시아 아동 · 청소년 노동자의 연령은 5세부터 14세에 이른다. SAARC 국가의 취학 연령 아동 1억 2,500만 명은 초등교육이나 중등교육을 받지 못하고 있다(Wignaraja & Srinivardana, 1998, 16).[3] 1991년 세계 교육 보고(World Education Report)에 따르면 6세부터 11세 아동 · 청소년 중 중학교에 다니지 않는 아동은 1억 3,000만 명이며, 12세부터 17세에 이르는 청소년 집단의 수는 2억 2,900만 명에 이르고 있다(외무성, 1994, 50).

거리의 아동 · 청소년들

생존을 위해 거리를 누비는 아동 · 청소년들의 수는 특히 아시아, 아프리카, 남아메리카에서 증가 추세에 있다. 거리의 아동 · 청소년들은 가족 없이 도시 거리나 빈민가에서 은신하며 비정규직 영역에서 일하고 있다. 이들은 소매치기, 가게 털기, 마약 매매, 매춘 같은 반사회적인 활동으로 생존을 하고 있다. 1985년 반(反)노예사회(Anti-Slavery Society)에서 실시한 통계에 따르면 전 세계 거리의 아동 · 청소년들은 약 3,100만 명 정도로 추정되며 이들 중 71%는 가족과 함께 살지 않고 있으며, 23%는 가족들과 가끔 접촉, 8%는 가족과 완전히 헤어진 아동 · 청소년들이다(Black, 1995, 9). 1991년 방글라데시의 경우 거리 청소년들의 수는 1,800만 명으로 집계된다(Cederroth, 1997, 13). 케냐의 비정부기구는 거리의 소녀들은 노상의 폭력으로부터 애정과 보호막을 찾고 한편으로는 돈을 벌기 위해 매춘을 한다고 보고하고 있다. 거리의 아동 · 청소년들은 다양한 종류의 폭력, 착취, 공격의 희생물이 되기 쉽고 특히 개발도상국에서 이들의 수적 증가는 마약

3) 방글라데시, 부탄, 인도, 말리, 네팔, 파키스탄, 스리랑카 7개국을 포함한 지역 협력을 위한 남아시아 연합(SAARC)

및 AIDS, 십대 임신 및 자살로 이어지고 있으며, 점점 증가하고 있다.

청소년 성 착취

아동 · 청소년의 성을 상업적으로 착취하는 경향이 세계적으로 증가하고 있다. 남아프리카 대부분의 지역에서 가난한 소녀들은 매춘부로 팔려 나가고 있으며, 성의 노예로서 노동을 강요당하고 있다. 이들 소녀들은 강간, 신체적 · 심리적 폭행에 노출되어 있으며 사실상 탈출이 불가능한 상태에 놓여 있다. 특히 재정적 어려움에 처한 가정의 아동 및 청소년이 매춘 같은 위험한 직업에 빠져들고 있다. 필리핀, 인도, 태국에서 아동 · 청소년 매춘의 수는 각각 6만 명, 40만 명, 80만 명으로 추정된다.[4] 스리랑카, 필리핀, 태국에서는 성 관련 관광 지도가 버젓이 있을 정도이다. 마닐라 매춘의 절반은 아직 어린 소년들이며 이들은 6세 이전에 매춘을 시작하였다. 매춘을 하는 스리랑카 청소년들은 2천 명으로 추정된다(Fyfe, 1988, 77). 태국에서는 매년 성 관련 산업으로 3백억 바트를 벌어들이고 있지만 그 통계가 성인 매춘인지 아동 매춘인지는 분명하지 않다(Arcahvanitkul & Havanon, 1990). 개발도상국으로 유입되는 섹스관광객들은 주로 경제적으로 발전한 국가인 서유럽, 북유럽, 북미, 오스트리아, 걸프 국가 출신들이다. 네팔, 방글라데시, 미얀마는 인도, 파키스탄, 태국, 홍콩, 중동 심지어 유럽에까지 팔리는 매춘 소녀들 때문에 심각한 문제를 안고 있다. 평균 10세~14세 네팔 소녀 약 4,000명에서 5,000명 정도는 매년 인도로 팔려 나간다(Crawford, 1994, 4). 아시아 인권감시기구(Human Rights Watch/Asia) 보고에 따르면 봄베이에 있는 네팔 출신의 매음굴 인구는 10만 명 중 20%가 18세 이하 소녀들이며 이들 중 절반 이상이 HIV에 감염되어 있다고 한다(Human Rights Watch/Asia, 1995, 14) 방글라데시 여성 및 소년 20만 명은 파키스탄으로 팔려 나갔다(UBINIG, 1997, 3-9)].

---

4) Sachs, A. (1994), '최후의 상품: 개발도상국 아동 매춘', *World Watch 7 (4).*

노예노동 및 노예제도

이 용어는 아동 · 청소년들이 가족의 부채를 갚기 위해 노예 같은 조건에서 노동을 하고 있는 상황을 의미한다. 많은 네팔의 아동 · 청소년들은 노예처럼 일하며, 주인의 재산으로 간주된다. 국제반노예운동(Anti-Slavery International)에 따르면 네팔 아동 · 청소년들을 포함한 노예노동자가 20만 명 이상으로 추정되며, 남아시아 출신 아동 1만 9천 명 정도는 귀족 스포츠인 낙타 경주 기수로 일하기 위해 끔찍한 형태로 아랍 에미레이트 연합에 팔렸다(UBINIG, 1997, 4).

남의 집 살이

빈곤 가정 출신의 남아시아 아동 · 청소년들은 남의 집 살이를 하며 주로 하인이나 요리사로 일하고 있다. 소녀들이 주로 이런 일에 종사한다. 이들은 고정된 역할이 없이 모든 일을 감당해야 하기 때문에 공부하거나 놀 시간이 전혀 없다. 고용주나 가족들은 이들을 신체적 · 성적으로 학대하는 경우가 많다. 이들을 학대하거나 죽이는 것은 처벌 받지 않으며 방글라데시 인권위원회 보고[5]에 따르면 하인의 86%가 학대를 받고 있으며, 주인이 외출할 때는 집 안에 감금당하고 있다.

위험한 직업

남아시아 아동 · 청소년들은 여전히 도회지의 위험한 산업이나 노동에 종사하며 화학 약품 및 생물학적 중독에 노출되고 있다. 아동 · 청소년들은 유리 공장, 벽돌 공장, 피혁 공장, 기계부품 가게, 슬레이트 공장, 카펫 공장 등 다양한 형태의 공장에서 일한다. 방글라데시 ILO는 아동 · 청소년들이 행하는 40종 이상의 경제활동이 위험한 일이라고 보고하였다.[6] Terese Blanchet 팀의 최근 조사는 담배

5) 방글라데시 인권위원회 조사 보고, 1993년 10월 14일.

6) ILO (1997), 아시아 아동 노동자.

공장에서 일하는 방글라데시 아동 · 청소년 노동자 및 여성은 27만 명이며 노동자 중 8%는 15세 이하로 보고하고 있다.[7] CWIN 조사에 따르면 네팔에서 운송 조수의 65%는 14세 미만이며 나머지 35%는 14~18세 사이의 청소년이다. 대체로 아동 · 청소년 노동자 중 855명은 눈병으로 고생하고 있으며 82%는 두통 및 구토에 시달리고 있다. 그리고 이들 중 상당수가 알코올 및 담배에 중독되어 있다(CWIN, 1998, 38). 아시아, 아프리카, 남아메리카 내란 지역에 있는 아동 · 청소년들은 강제적으로 군복무를 하고 있어 종종 잔인한 죽음에 노출되기도 한다.

❁ 아동 · 청소년 보호를 위한 새 행위자 및 네트워크

비정부기구들은 전 세계 아동 · 청소년 인권을 보호하는 데 주도적인 역할을 해왔다. 비정부기구들이 수행하는 일들은 점점 중요해지고 있다. 비정부기구들은 북반구 및 남반구의 기구 간 새로운 유대 및 관계를 통해 급속히 성장하고 있으며, 종종 정부를 무시하고 있다. 비정부기구들은 아동 · 청소년 보호라는 공동 목표로 연합하거나 네트워크를 형성한다. 비정부기구라는 용어는 박애주의를 목표로 하는 시민들의 사적 단체에 의해 설립되고 운영되는 조직 및 개인의 자발적 공헌에 의해 지지되는 조직을 의미한다. 또한 이 용어는 서비스 조항이나 제3세계 발전 옹호로 개발 업무를 담당하고 있는 북반구 및 남반구에 근거를 두면서 비영리 조직 및 비정부조직과 네트워크의 광범위한 스펙트럼을 포함한다. 그러나 영리를 추구하는 풀뿌리 조직이나 조합은 여기에 포함되지 않는다. 비정부기구는 국가 또는 국제적으로 기반을 두거나 공동체 사회에 기반을 둘 수 있다. 오늘날 증가 추세인 국제 정부의 원조는 대부분 비정부기구를 통해 이루어진다.

비정부기구의 운동은 변형과 진화의 과정을 겪었다. David Korten은 비정부기구의 세대별 이상에 대해 다음과 같이 묘사하였다(Korten, 1990, 115-125). 제1

---

7) Solidarite Mondialed 및 Radda Barnen 연구서, The Daily Star, 1998년 11월 16일, 방글라데시.

세대는 구제 및 복지에, 제2세대는 공동체에 기반을 두고 있으며, 제3세대는 지속가능한 제도 구축에 근거를 두고 있다. 현재의 비정부기구 세대는 세계 주변에서 국제 공동체가 추구하는 지역 문제 해결에 초점을 두며 주도적 역할을 담당하고 있다. 비정부기구는 대부분 순수한 서비스 전달에서 건물 및 로비 등 수용 가능한 지역으로 이동하고 있는 중이다. 이들은 아동 · 청소년 인권을 조성하기 위해 각기 다른 사회의 행동자들 간 협력의 가능성 및 잠재력을 탐사하고 있다. 이것은 제3세계 발전에 있어 비정부기구들의 최근 전망에 대한 일반적인 지침이다. 비정부기구들의 일반적 기능 수행은 다음과 같다.

- 세력 있는 풀뿌리 조직과 유대
- 혁신 및 적응에 기반을 둔 분야
- 발전 접근에 기인한 절차
- 지속 가능한 장기적 실행
- 비용 효과

(J. Clark as quoted in c. Malena 1995, 15)

세계은행(World Bank), 다국적 조직, 양국의 기증자들은 세계 발전에 있어 비정부기구의 중요한 역할을 인식하고 그들을 통해 전해진 원조가 기증 국가의 발전과 협력을 위한 중요한 요소가 된다는 것을 인식하고 있다. 최근, 비정부기구의 노력은 남아시아의 아동 · 청소년 노동자 문제를 공개 토론회로 발전시키는 등 세계 대부분의 정부들이 아동인권 협의회(CRC)에 서명하는데 기여를 하였다. 비정부기구의 노력과 공헌은 세계가 남반구 및 북반구 아동 · 청소년 노동자 문제를 우려하는 계기로 작용하였다. 일례로 아동의 인권을 보호해야 할 방글라데시를 원조하기 위해 UNICEF, UNDP, UNFDA를 포함한 다국적 기증자들뿐만 아니라 양국 기증자들이 관련된 세계은행 주도 컨소시엄은 비정규 교육(NFE) 프로그램을 통합하면서 기초교육을 강화할 일반 교육 프로젝트에 3억 1,000만 달러를 5년간(1996~2000) 지원하고 있다. 이 프로젝트는 UNICEF 국제위원회의 지지를 받고 있으며, 기초교육에 대한 풀뿌리 단계의 다양한 경험을 갖고 있는 선택된 비정부기구들을 끌어 모으고 있다(UNICEF, 1995, 78). 1996년 UNICEF는 UN 아동인권위원회가 이끄는 아동의 인권 보호를 포함하기 위해 자체 임무에 대한 성명을 바꾸었다.

그러나 국제 원조는 종종 의도하지 않은 결과도 초래하게 된다. 일례로 미국의 압력 때문에 방글라데시 정부는 의복 공장에서 일하는 아동 · 청소년 10만 명을 해고하였다. 그 결과 아동 · 청소년들은 더 비참한 상황에 처하게 되었다. 해고된 아동 · 청소년 노동자 대부분이 소녀들이며 이들은 생존을 위해 어쩔 수 없이 매춘에 의존해야만 했다. 이 상황을 막기 위해 UNICEF, ILO, 방글라데시 의류 제조업 및 수출연합(BGMEA)은 해고된 아동 · 청소년들을 위해 NFE 프로그램을 시작하였다. 방글라데시 농촌 발전 위원회(BRAC) 및 Gonoshahajjo Sangstha(GSS) 두 비정부기구는 아동 · 청소년들을 위한 교육 프로그램을 운영할 책임을 떠맡게 되었다. BRAC는 다카, 치타공, 나지푸르, 나야란간지의 아동 · 청소년 노동자들을 위한 학교 256곳을 운영하고 있으며[8] GSS는 방글라데시 농촌 지역에서 학교 750곳을 운영하고 있다. 청소년 배움 센터 3곳에서는 아동 30만 명을 위한 교육을 지원하고 있다.

1995년 초반에 BRAC는 비정규 교육과정으로 초등학교 3만 5,000곳을 운영하고 있다. 정부가 운영하는 정규교육의 학교 학생 탈락률은 80%인데 비해 이 학교 학생 탈락률은 5%이다(Smillie, 1995, 63). BRAC 교육에서 주목할 만한 점은 입학생 중 75%가 소녀라는 것이며, 중퇴자 및 출발 실패자(non-starter)들을 최소화 하려는 노력을 하고 있다. 수업 시간표는 가족의 요구에 맞추어 수립되며 교과 과정은 아동 · 청소년의 필요한 기능에 기반을 둔다. BRAC 비정규 교육 3년 과정을 마친 후에 아동 · 청소년들은 성공적으로 공교육에 통합된다. 즉, BRAC는 의도하지 않은 결과를 유발할 수 있는 직접적 지원보다는 비정부기구를 통해 지역적 독창력을 지지하는 효과적인 방법에 대한 사례를 보여 주고 있다.

아동 · 청소년을 위한 비정규교육에서 BRAC의 성공은 방글라데시 정부 교육 프로젝트를 지원하는 양국 기증자 기관 및 다국적 기증자 기관의 관심을 끌었다.

---

8) BRAC의 NFE 프로그램에서 보낸 정보, 1998년 3월 29일, 방글라데시 다카.

방글라데시 비정부기구인 UBINIG는 외국에 팔려간 아동 · 청소년들을 위해 남아시아의 타 비정부기구들과 협력하고 있다. 이 기구들은 '저항'이라는 남아시아 비정부기구 네트워크를 형성하였다. 노르웨이 아동 구호는 1989년 「개발도상국 아동들의 성 착취」라는 획기적인 보고서를 출간하였다. 또한 이 기구는 Den Norske Reisebranjeforeningen과 협력하여 AIDS 및 아동 매춘을 반대하는 배포용 소책자를 제작하였다. 스웨덴 아동 구호는 방글라데시 아동 인권과 관련된 국제 아동 구호 동맹, 경찰, 경찰학교 트레이너를 위한 사무국 직원 교육과정을 제공하고 있다(Radda Barnen, 1996, 3). 이 북부 비정부기구는 방글라데시 Shinsu Adhikar Forum(BASF) 및 장애자들과 함께 하는 조직인 국제 포럼(National Forum of Organisations Working with the Disabled, NFOWD) 등 지역 비정부기구들을 지원하고 있다.

네팔 정부는 아동 · 청소년 노동을 근절하기 위해 국가계획위원회에 특별 전담반(Task Force)을 설치하였다. 특별 전담반은 UNICEF와 협력하여 아동 · 청소년 매춘 및 노예 노동에 대해 긴급한 조치가 필요한 지역으로 동일시함으로써 네팔 비정부기구들은 팔려간 소녀들뿐만 아니라 아동 · 청소년 노동자 문제에 대한 대중의 관심을 끌어내는데 공헌하였다. 네팔에서 아동 · 청소년 인권 옹호는 150만 회원을 가진 비정부기구 네트워크가 구성되어 있으며, 어느 정도 성공을 거두었다. 네팔 아동 · 청소년 착취 금지 프로젝트는 지역 비정부기구와 국제 비정부기구에 의해 운영된다. 지역 비정부기구인 CWIN과 네팔 아동 조직(NCO)은 그런 활동의 중심에 있다. 노르웨이 아동 구제, 호주 국제 발전 기관은 아동 · 청소년 구제를 위해 영국, 핀란드, 독일, 네덜란드 UNICEF 국제 위원회와 이 프로젝트를 지지하고 있다. ILO 국제 아동 · 청소년 노동 근절 프로그램(IPEC)은 개발도상국에서 지역 비정부기구들과 협력하여 운영 중에 있다. 1997년 3월 현재 이 프로그램의 운영 국가는 방글라데시, 브라질, 인도, 인도네시아, 케냐, 네팔, 파키스탄을 포함한 11개국이다.

아동 · 청소년 복지 완성 협회(Pelastakaa Lapset ry)는 개발도상국의 아동 · 청소년 보호를 위한 프로그램을 운영하고 있다. SASK는 파키스탄 아동 · 청소년 노동과 관련된 프로그램을 운영하고 있다.[9] 아동 인권 정보 네트워크(영국), 국제 아동 인권 감시 위원회, 아동 조사 네트워크(노르웨이), UNICEF, UNESCO는 「유럽 조사 및 분류 기관 주소록(Directory of European Research and Documentation Institution」을 공동 출간하였다. 태국의 비정부기구는 아시아 관광에서 아동 · 청소년 매춘 종결(ECPAT)을 위해 1990년부터 전 세계 섹스 관련 산업에서 아동 · 청소년의 성 착취에 대항하여 국내 비정부기구 및 국제 비정부기구와 공동 투쟁하고 있다. ECPAT의 노력 덕분에 아동 · 청소년의 성을 상업적으로 착취하는 것에 대해 반대하는 제1차 세계회의가 1996년 스톡홀름에서 개최되었다. Taksvarkki 및 아동 복지를 위한 마너하임 동맹 등 비정부기구들이 ECPAT와 연합하고 있다. 떼르 드 옴므(Terre des Hommes)는 1981년 스리랑카 소아 성애 병자(아동 매춘 관광)에 대한 연구로 세계의 이목을 집중시켰으며, CWIN는 관광객들의 경각심을 일깨우는 "아동과 관광객"이라는 소책자를 출간하였다. 최근에 독일, 오스트리아, 프랑스, 호주, 미국, 벨기에, 뉴질랜드 등 다수 국가가 아동 · 청소년의 성을 매개로 한 상업적 섹스관광을 제도적으로 막을 수 있는 법안을 통과시켰다.

케냐 Undugu 사회는 거리 아동 · 청소년 보호에 있어 "아동 · 청소년 대 아동 · 청소년"의 지도 및 접근방법을 운영하고 있다. 비정부기구들은 거리의 아동 · 청소년들을 사회에 복귀시키기 위해 또래 아동 · 청소년들을 교육시켜 상담 및 지지자의 역할을 담당하게 하고 있다. 또래 아동 · 청소년들은 동료들과 거리 아이들, 자아 존중감이 결여되어 있거나 거리 생활을 탈피하지 못하고 사회로 복귀하지 못한 아동 · 청소년들에 대해 의논한다. 이들은 보건, 가족계획, 피임법에 대해서도 논의한다. 이런 접근은 특히 소녀들이 서로의 이야기에 귀 기울이며 서로 신뢰하고 그 또래의 문제에 관해 자유롭게 대화할 수 있기 때문에 매우 효과적인 방법임이 검증되었다.

남아시아 아동 · 청소년 인권 보호를 위한 정부의 정책 결정이 있은 후에 SAARC 포럼으로 아동 · 청소년 착취를 근절시키려는 지역적 활동이 시작되었다.[10] 제5차 SAARC 정상회의가 1990년 말리에서 개최되어 1990년을 "SAARC 소

---

9) SASK는 핀란드 무역 자유 노조이다.

녀 아동의 해"로 선포하였으며 1990년대를 남아시아 소녀들이 직면한 다각적 문제 및 차별을 조명하는 "소녀 아동의 10년"이라고 선언하였다. 1993년 정상회의에서는 정부 장관들이 1992년의 콜롬보 아동 · 청소년 결의를 승인하여 아동 · 청소년 노동 근절을 위한 진보적 목표를 추구하였다. 1997년 제9차 정상회의에서 포럼은 고아, 장애 아동 · 청소년, 착취당하는 소녀들을 포함한 특별 재난 환경의 소녀들(GCEDC)의 상황을 경감시키기 위해 긴급조치령을 재차 단행하였다. 남아시아 인권의 조장 및 필요성을 이해하고 있는 세계의 정상들은 2001년부터 2010년까지 "SAARC 아동 · 청소년 인권의 10년" 추진을 제안하였다.

❁ 결론

개발도상국 아동 · 청소년 착취와 사회적 배제를 국제 문제로 다룰 필요가 있다는 것은 분명한 사실이다. 현재 거리에서 생활하면서 성 관련 산업에서 착취당하고 있는 수백만 명의 아동 · 청소년들은 세계 경제 발전의 산물이다. 그 반향은 북반구 선진국가들 및 남반구 후진국가들 모두에게 국제적 관심을 불러일으키고 있다. 동시에 아동 및 청소년 인권에 대한 자각은 다국적 협력 및 국제기구를 만들어내고 있으며 이런 측면에서 시민의식은 점점 국제적인 힘이 되어 간다.

이에 힘입어 국제 비정부기구 및 북부 국가 출신의 비정부기구들은 협력하여 일을 추진할 수 있는 광범위한 비정부 네트워크를 구축하고 있다. 이 비정부기구들은 정부를 무시하고 아동 및 청소년 문제를 직접 다룰 수도 있다. 국제 원조를 받는 형태로 비정부기구들이 점점 증가하고 있으며 이 기구들은 구호 및 서비스를 직접 전해 주는 역할에서부터 지역 공동체 및 수혜 대상들과 협력하여 지속가능한 해결책을 지지하고 조성하고 개발하는 역할까지 매우 다양한 역할들을 수행한다. 수혜 대상의 임파워먼트는 이런 전략에서 중요한 부분을 차지하게 되었다.

---

10) 지역 협력을 위한 남아시아 연합.

그러나 선진국들이 남반구의 개발도상국 아동 · 청소년의 인권을 위해 직접적인 행동을 취할 수 없다는 자각이 점점 늘어가면서 지역 기구들의 노력을 후원하는 역할로 전향하였다. 따라서 지역 원조에 대한 전략은 아동 · 청소년 인권 논쟁을 발전시키고 협력할 수 있는 주류 영역 및 솔선적 지지로 편입시켜야만 한다. 무방비나 착취로부터 아동 · 청소년을 보호할 모든 정책과 프로그램은 그들의 관심을 최우선으로 고려해야만 한다. 즉, "아동 · 청소년의 요구"가 각장 중요한 것이다. 쌩떽쥐베리의 『어린 왕자』는 "어른들은 아무것도 이해하지 못해요. 그래서 어른들에게 무언가를 항상 설명해야 한다는 것은 아이들에겐 피곤한 일이에요." 라는 구절이 있다. 이 구절처럼 권한이 있는 아동 및 청소년들은 본 장에서 다루었던 문제들을 개선할 수 있는 방법을 지적한다. 남반구와 북반구 간 아동 대 아동, 청소년 대 아동, 청소년 대 청소년의 접촉은 세계 아동 및 청소년들을 더 잘 이해하고 문화적 이해를 자극할 수 있도록, 미래 세대를 위해 더 안전한 장소인 지구촌을 형성하는데 기여하고 있다.

참고문헌

Arcahvanitkul, K. and Havanon, N. (1990), *Situation, Opportunities and Problems Encountered by Young Girls in Thai Society*, Terre des Hommes, Bangkok.

Black, M. (1995), *In the Twilight Zone: Child Workers in the Hotel, Tourism and Catering Industry*, ILO, Geneva.

Cederroth, S. (1997), *Basket Case or Poverty Alleviation: Bangladesh Approaches the Twenty-First Century*, Nordic Institute of Asian Studies, Copenhagen.

Crawford, S. (1994), *Child Labour in South Asia: A Review of the Literature*, UNICEF Regional Office for South Asia, Princeton.

CWIN (1998), *State of the Rights of the Child in Nepal: Country Report Released by CWIN*, Child Workers in Nepal (CWIN) Concerned Centre, Kathmandu.

Fowler, A. (1997), *Striking a Balance: A Guide to Enhancing the Effectiveness of NonGovernmental Organizations in International Development*, Earthscan, London.

Fyfe, A. (1988), *All Work and no Play: Child Labour Today*, Trade Union Congress/ UNICEF, London.

Human Rights Watch Asia (1995), *Rape for Profit: Trafficking of Nepali Girls and Women to India's Brothels*, Human Rights Watch, New York.

ILO (1997), 'New Weapons against Child Trafficking in Asia', *World of Work, No. 19, March 1997.*

Jolly, R. (1987), 'Education', in G. A. Cornia, R. Jolly and F. Stewart (eds.), *Adjustment with a Human Face: Volume 1, Protecting the Vulnerable and Promoting Growth*, Clarendon Press, Oxford.

Korten, D. (1990), *Getting to the 21st Century—Voluntary Action and Global Agenda*, Kumarian Press, West Hartford (CT).

Laakso, L. (1996), *Nordic Development Cooperation and the Promotion of Democracy: In Search for Strategies, Working Paper 7/96*, Institute of Development Studies, Helsinki.

Malena, C. (1995), *Working with NGOs: A Practical Guide to Operational Collaboration between the World Bank and Non-Governmental Organizations*, World Bank Operational Policy Department, Washington, DC.

Ministry of Foreign Affairs (1994), *First Steps. Policy Memorandum on Children in Developing Countries*, Development Cooperation Information Department, The Hague.

Rädda Barnen (1996), *Annual Report 1996*, Swedish Save the Children, Dhaka.

Rahman, M. (1998), *Globalisation, Development Cooperation and Human Rights of Children in Least Developed Countries: South Asia in Context*, Paper presented in the Annual Conference of the Norwegian Association for Development Research—NFU, University of Oslo, June 5-6, 1998.

Sachs, A. (1994), 'The Last Commodity: Child Prostitution in the Developing World', *World Watch, 7(4).*

Samudavanija, C. (1991), 'The Three Dimensional State', in J. Manor (ed.), *Rethinking Third World Politics*, Longman, London.

Smillie, I. (1995), *The Alms Bazaar: Altruism under Fire—Non-Profit Organizations and International Development*, IT Publications, London.

UBINIG (1997), *Resistance against Trafficking in Women and Children in South Asia*, Policy Research for Development Alternative, Dhaka.

UNICEF (1995), *Protecting Children, Protecting the Future: The Story of UNICEF in Bangladesh*, UNICEF, Dhaka.

Wignaraja, P. and Srinivardana, S. (1998), *Readings on Pro-Poor Planning through Social Mobilisation in South Asia, Vol. 1*, Vikas Publishing (Pvt.) Ltd., New Delhi.

제 20 장

슬로바키아의 청소년과 시민 사회 창조

Ladislav Macháček

❀ 소개

슬로바키아 독재수상인 Vladimir Meciar는 슬로바키아를 국제적으로 고립시켰을 뿐만 아니라 슬로바키아가 이웃 국가(체코, 폴란드, 헝가리)를 따라서 "유럽 확장"을 시작한 최초의 국가는 아니라고 호언장담했던 장본인이다. Vladimir Meciar 수상은 1998년 9월 투표로 수상 직에서 추방당하였다.

정권교체를 해야 한다는 운동은 시민 사회, 특히 청소년들 사이에서 확산되었다. 청소년들은 민주화 및 탈공산주의 유럽을 통한 사회 변화를 지속적으로 강력하게 지지하였다. 그래서 행동하는 시민 및 변화 동인으로서의 청소년 참여는 공산주의 이후 사회의 형성에 매우 중요하다. 권한을 부여 받은 청소년들은 사회와 국가에 중요한 영향을 끼칠 수 있다. 본 장에서는 슬로바키아 시민 사회의 창설 및 그 안에서 청소년의 역할을 연구한 슬로바키아 과학아카데미 사회학회의 조사 결과를 중심으로 논의하고자 한다.

❁ 시민 사회 건설

체코슬로바키아 '벨벳'혁명은 1993년 연방 공화국을 두 개의 독립국으로 분리한 이래 수세기의 투쟁을 거쳐 독립 민주주의 국가인 슬로바키아 공화국을 건설하였다. 공산주의 붕괴 후 국가가 새로 만들어진 상황에서 시민 사회 건설에 대한 욕구는 중요한 변화였다. 그러나 과도기 내내 슬로바키아는 옛날의 현실과 오늘날의 현실, 미래 세계와 과거 세계의 단편들이 역동적으로 혼재하게 되었다. 이것은 본질적으로 모순이 있으며, 슬로바키아 사회가 지향해야 할 방향에 대해 Vladimir Meciar 수상 및 Michal Kovac 대통령과 이들 각 추종자들 간 1994년과 1998년 사이에 있었던 갈등은 이런 경향을 보여 주는 대표적인 사건이다.[1)] Kovac 대통령이 시민 사회 혁신의 필요성을 계속 강조한 반면 Meciar 수상은 중앙정부 및 지방 정부의 권력을 이용해 제3영역의 시민 사회를 억압하거나 조절하고자 하였다.

이전 공산주의 제도는 '시민 사회'는 '부르주아' 사회여서 결과적으로 '자본주의'에 대한 마르크스 및 엥겔스의 사상을 추종하였다(Marx & Engels, 1997, 123-124). 이 이데올로기 때문에 시민 사회 건설은 목표 자체를 세울 수 없었다. 공산주의는 시민 사회를 뿌리째 뽑고자 하였다. 시민 사회 근절은 시민 사회의 경제적 기초 및 법적 기반인 사유재산제도의 파괴를 의미한다. 시민이라는 개념은 비위에 거슬리는 단어로 여겨 교통위반자의 의미로만 사용되었으며 대부분의 사람들은 이 단어 대신에 '노동자' 및 '대중'이라는 꼬리표가 붙여졌다. 시민이라는 개념은 사회주의에 필적할 만한 자유 및 민주주의에 대한 개인적 표명을 구체화한다. 그러므로 1989년 이후 시민이라는 개념을 개조할 필요가 대두되었다.

그러나 공산주의 붕괴 이후 시민 사회 재건은 그리 간단한 문제는 아니었다. 시민 사회 재건이라는 의미는 경제 분야(사유화, 자유 경제 조항 간 계약 관계 제도로의 복귀 등) 및 정치 분야(국가 권위에 대한 시민의 원천, 정치 다원주의, 법

---

1) 각자 이름은 시민 사회의 단칼 및 풀무로서 자신들의 다른 위치를 상징한다. Meciar는 문자 그대로 도공(刀工)을 의미하는 반면 Kovac은 대장장이를 의미한다.

에 의한 통치 등)에 모두 영향을 끼친다. 그러나 경제적 기반 및 법적 기반을 통한 시민 사회 재건은 불충분하다. Rosko은 시민 사회는 시민 스스로의 주관적 생각 및 느낌과 연합 형태에 의해서 세워져야만 한다고 본다. 이런 점에서 시민 또는 시민 사회에 대한 진보적 개념과 과거 지향적 개념 간에 항상 갈등이 있어 왔다. 자의식 있는 시민을 만들고자 하는 욕구가 있는가 하면 자의식 있는 시민과 동떨어진 수동적 복종을 향한 욕구도 있었다(Rosko, 1996a).

그래서 우리는 T. H. Marshall(1950)이 국가에 의해 부여된 정치적 권리, 재판권, 복지권리로서 논의했던 시민의 개념에 대해 좀 더 적극적인 정의를 내릴 수 있다. 또한 사유재산제도에 의존하지 않는 시민에 대한 경제적 이외의 의미를 정의할 수 있다. Jan Stena는 시민 사회 요소로서의 시민을 다음과 같이 간주한다. "특별한 관심 주변에 있는 사람들의 집단, 조직의 수평적 절차, 각 개인의 자유의지를 구체화하는 협력 활동에 기반을 둔 자율 조직, 사회발전에 영향을 끼치는 자기 조절 메커니즘을 발생시키는 사회적 삶에 대한 자급자족 계층으로 이해되어야만 한다"(Stena et al., 1990, 1).

슬로바키아 사회 발전의 비극 중 하나는 연합적 삶, 합당, 회원제 조직, 이익 집단, 사회 협력, 시민 솔선, 여타 다른 운동들의 끊임없는 재생이 일반적인 시민 사회 발전의 중요한 요소보다 부르주아적 삶의 양식과 연결되어 있는데서 비롯된다. 시민 사회의 메커니즘과 수단은 일상의 다양한 영역에서 발생하는 사회 문제를 중앙정부의 권력으로도 불가능한 방법으로 착수 및 해결 가능하게 한다.

슬로바키아 사회의 시민 발전에 대해 좀 더 심도 있는 분석을 하기 위해 우리는 민주주의 개념에 따라 "시민(citizenry)"에 대한 개념을 발전시켰다. 이 개념은 행동주의자의 혁명적 봉기, 1998년 대선에서 반대 정당과 적극적으로 연합했던 시민 사회 내 무소속 정당 시민 계층을 반영한다. 이렇게 광범위한 시민 사회 운동을 개조하는 이유는 다음 장에서 자세히 살펴본다.

❁ 시민 사회 및 제3영역의 성장

시민 사회는 시민들의 편협한 관심, 주로 비정치적 관심, 자기 조직 및 자기조절의 영역에 기반을 둔 사람들의 자발적인 연합 영역을 대표한다. 이런 영역에서 다양한 관심을 연합하는 것은 자율 조직, 연합, 운동, 사회 조직화를 통해서 가능해진다(Macháček, 1996). 정부는 이런 영역에 간섭하지 않으며 존재 자체를 위한 호의적인 환경을 조성할 수 있을 뿐이다. 이 영역에서는 행위자들의 서로 다른 관심으로 인한 갈등도 평화적으로 해결된다. 그러므로 사회 변형의 근거는 사유재산 회복을 통한 시장경제를 소개하는 것뿐만 아니라 이전 정부에 의해 주도되었던 다양한 활동을 시민 사회로 전환하는 데 있다. 이것은 자율 조직이나 비정부기구에게 업무 및 역할을 넘겨주는 일방적 절차가 아니라 분권화, 지역화, 지역 자치의 절차와 연관된다. 시민 사회는 정부 간섭으로부터 자유로워야 하며 법에 의한 보호를 받아야만 한다. 즉, 명백하게 금지된 것을 제외하고는 시민에게 무엇이든 할 수 있도록 허가해야 하며 정부는 법에 의해 허용된 것만을 허가해야 한다는 것을 의미한다. 그래서 정부는 시민 사회에서 독재 정부에 의해 불법으로 침해되었던 정부 활동의 본질적인 부분을 넘겨받은 책임감 있는 시민 사회를 창설하기 위해서 법에 의해 자체 권력을 제한한다.

시민 사회 및 시민의 발전은 4단계로 나뉠 수 있다. 제1단계에서는 공산주의 하의 독재 정부를 반대하는 시민 사회가 있었지만 억압되었다. 제2단계는 1989년부터 1994년 동안 제1단계 출신의 반체제주의자들 및 국제기구 출신의 조력자들과 다양한 종류의 후원을 통해 점진적인 시민 사회 재건이 있었다. 제3단계는 1994년부터 1998년 동안 Meciar 수상 지배 하에서 새 시민 사회 건설에 적극적으로 활동했던 지식인들 및 행동주의자들이 정부를 버리고(혹은 차서 버렸다) 제3영역으로 이동했다. 이 기간 동안 체제는 시민 사회를 은밀히 억압하고 정부 지배체제를 회복하였다. Meciar 수상이 쫓겨난 1998년 이후 단계에서는 지식인들 및 행동주의자들은 제3영역에서 일반 국민의 삶으로 좀 더 가까이 이동하였다.

시민 사회 설립은 공산주의 지배 하에서도 찾을 수 있다. Les가 지적했듯이 1989년 중유럽 및 동유럽의 자율 영역은 타개의 산물만은 아니다. 설립 및 연합은 이 지역에서 오랜 역사를 간직하고 있다(Les, 1994). 더구나 1970년대와 1980년대 공산주의 침체 및 도덕적 위기로 인해 "대안", "병렬", "제 2의" 사회 창설을 위한 움직임이 활발하였다. "자유의 소순환"에 대한 일례로는 "Bratislava-nahlas(nahlas라고 크게 외쳐라)"로 알려진 생태 운동이 있었으며 이 생태 운동은 1989년 이전의 반공산주의 운동에 매우 중요한 역할을 하였다.

슬로바키아 공화국의 공식적 시민 사회 설립은 1989년 이후까지 기다려야만 했으나 이후 급속도로 확산되었다. SAIA-SCTS(제3영역을 위한 슬로바키아 정보기관-서비스 센터 아카데미)의 1995년 5월 자료에 따르면 슬로바키아에는 9,800개의 비정부기구들이 있다. 이 기구들 중 481개는 재단법인이며, 1,084개는 시민연합이며, 제3영역 메일링 목록에 이름이 등록된 3,543명의 전문가 및 380,386명의 자원봉사자 연합들이 있다.[2] 1994년 12월에 Focus Agency가 실시한 조사에 따르면 시민들 중 약 15%가 다양한 연합 및 클럽의 회원들이었다. 1995년 여름 슬로바키아 과학아카데미 사회학회의 경험 조사는 시민들 중 12.6%가 다양한 조합 및 연합에 참여하고 있으며 2.5%는 시민운동에 자발적으로 참여하고 있음을 확인하였다(Macháček, 1996). 슬로바키아에서는 회원들이 취미 모임 및 정당, 직종별 노동조합, 지방의회, 소비 및 생산 조합 등 다양한 형태의 시민연합 간에 중첩되어 있는 것이 흔하다. 1996년 즈음 비영리 연합들이 설립되었으며 비교 자료는 슬로바키아 국민들이 타 국가 국민들보다 더 활동적인 시민임을 보여 준다. 따라서 슬로바키아 인구 9.7%는 시민 및 인권 분야에서 활발하게 일하고 있는 반면 유럽 인구 중 6.1%, 세계 인구 중 3.1%만 이 경우에 해당된다(Wolekova & Salamon, 2000). 주목할 만한 시민운동은 1990년대 정치 상황의 극적 변화 및 권

---

2) Treti sektor a obcianska spolocnost(제3영역 및 시민 사회) in Sociologia 1996, No. 3. 잡지 Sociologia 편집위원 원탁회의 토론은 1996년 3월 26일 SAS 사회학 학회에서 열렸다. 철학 학회(F. Novosad), 역사학회(E. Mannova), 정부 및 법학 학회(Z. Magurova), 사회학회(R. Rosko) 학자들이 참여하였다. 제3영역의 Gremium에 발표한 P. Demes는 초빙 인사였다. 토론 사회는 잡지 Sociologia 편집장인 L. Macháček이 맡았다.

력 투쟁으로 설명될 수 있다.

1994년 이후 앞서 언급한 제3단계 기간 동안 제3영역의 변화 상황에 대한 주요 원인은 슬로바키아 정치 상황이 양극화의 상황이었다. M. Butora는 이 기간 동안 정부 연합의 위치가 어떻게 강화되었으며 점점 거대해지는 사회적 삶의 지배를 어떻게 넘겨받기 시작하였는지를 보여 준다(1997, 18-19). 이것은 정부 지배에 종속된 제3영역 이전의 시간에 대한 질문일 뿐이다. 이것이 가능한 이유 중 하나에 대해서 다음을 주장했던 Z. Fialova가 설명하였다. "(1989년 이후) 많은 운동(개혁) 지식인들과 지도자들은 자신의 조직 활동을 떠났으며 국내에서(1989년부터 1994년 동안) 기초 민주주의를 건설할 수 있는 정당 및 정부에게 위탁하였다. 이는 신흥 제3영역의 잠재력을 약화시켰다. 그러나 1992년 대선 이후 1993년에 선거 실패 및 실망의 결과로 정치 엘리트들이 '아래'로부터의 민주주의를 건설하는 데 있어 본인들의 능력을 사용할 수 있었던 비정부기구 영역으로 물러났다."(Butora & Fialova, 1995, 33)

제3영역을 위협한 이유가 1994년 이후 제3영역 지도자들이 제2단계의 과도기 기간 동안 정치 활동을 하고 M. Butora, P. Demes, H. Wolekova처럼 Meciar 지배 연합에 대항하여 투쟁했던 사람들이 있었기 때문이라고 본다. 1994년 이후 우리는 제3영역을 손상시키고 조절하려는 지배 연합의 시도들을 관찰할 수 있다. 일례로 슬로바키아 국민당(SNS) 당원들은 George Soros(독재주의 체제 반대 투쟁을 맹세하였다)의 개방 사회 기금을 반대하였다. 다른 사례로는 슬로바키아 민주화 운동 의회 의원들(MfDS/HZDS)이 의회에서 비정부기구에 대한 논쟁을 토론할 때이다. 이 토론으로 인해 정부 내각(교육부 장관)의 중앙 기관은 제3영역을 위해 서비스 및 자문을 제공했던 SAIA(슬로바키아 아카데미 정보기관) 설립에 대한 거짓 계약을 취소하게 되었다. 그때부터 재단에 대한 경제적 규제가 강화되었으며 재단 예산에 대한 정부의 감독도 시작되었다. 나는 M. Butora(1997, 22)가 설명한 것처럼 이것을 설명하지 못한다: "일부 자율 조직들이 자신들의 성향으로 인해 정부 팀(환경 운동가의 경우처럼)들과 갈등하기 시작하는 것을 주목해야만 한다." 사실 정부와 시민운동 간 직접적인 갈등은 없었지만 반대 세력이 제3영역으로 이적되는 경우는 있었다. 이것은 정부 지배 체제에 대항하는 정치

반대 투쟁 때문이며 지배 연합이 신흥 제3영역을 너무 통렬하게 진압하기 때문이다.

M. Butora는 본인의 논문에서 다음과 같이 결론을 내린다; "슬로바키아에서 제3영역이 당면 기간 동안 심하게 시험을 당하리라는 것은 틀림없는 일이다. 최후까지 버티는 제3영역들은 본인들의 '시민적 건강'을 강화할 것이다. 이것은 자신들의 목적에 이바지하는 것이 아니라 삶의 질 개선을 향한 격렬한 방법으로 사회 전체에 이바지할 것임을 의미한다"(Butora, 1997, 23). 문제는 자발적 업무를 통해 동료 시민들을 도와주길 원하는 슬로바키아인들의 고양된 도덕적 · 잠재력 및 시민 잠재력이 외부 압력이 아니라 그런 솔선을 격려해 줄 사회적 분위기를 요구하는 현실에 있다. 이것은 우리의 상황이 자원봉사가 일종의 취미이며 효과적으로 시간을 보내는 방법인 서양의 상황과 다르기 때문이다. 자발적 봉사는 슬로바키아에서 사회적으로 높게 평가받지 못한다. 이는 재정적으로 오랜 기간 동안 정부 보조금에 의존할 것이며 그래서 정부 연합의 일꾼이 될 것이다. 일반 국민의 다양한 삶의 영역에 시민이 참여하는 것은 얼마 동안 똑같은 조건을 유지할 것이다. 정부 부서, 조사 및 연구 기관, 외교, 대중 매체에서 반대 대표자들을 추출하는 것은 Z. Fialova가 언급했던 것처럼 반 시민 사회 건설을 도와주는 결과를 낳을 뿐이다. 또한 이것은 1994년 이전 체제의 선거 참패 후의 경우에서도 보인다. 이 경우에는 경험 있는 정치가 및 조직가들이 반대 양상으로 시민 사회 및 제3영역으로 이동하였다. 이것은 제3영역이 정부와 시장 간 중간지역에 위치하여 입법 개혁 투쟁에 활발한 역할을 담당했던 1994년부터 1998년까지의 실제 상황이었다.

비영리 조직의 법적 지위는 여전히 모호하다. 1994년과 1998년 간 입법부는 과세 및 기타 분야에서 시민 연합의 많은 이득을 철회하였으며 자율 영역 전체는 개인 기관과 유사한 상황에 처하게 되었다. 이 같은 상황에도 불구하고 인터뷰의 결과는 자발적 봉사가 고용 노동자들에 의해 충족될 수도 대체될 수도 없는 질적 및 장점을 갖고 있다는 시민들의 태도를 확인시켜 준다(Butora & Fialova, 1995, 72-72). 그러므로 입법적으로 제3영역이 속해야만 하는 법적 위치가 필요하다.

❀ 시민으로서의 청소년들: 변화의 촉진자, 그리고 희생자

변화의 촉진자: 청소년

1998년 부쿠레슈티에서 열린 제5차 유럽 각료 청소년 책임 회의에서 유럽의 민주주의는 청소년들의 참여에 의존한다고 강조하였다. 그러나 우리는 반문할 수 있다: 청년들이 정말 변화의 최전선에 있는가?

청소년들은 민주적 변화 및 시장 변화에 대해 시종일관 강력한 지지자였다. 여기서 우리는 1994년, 1996년, 1998년에 슬로바키아에서 국경을 초월하여 실시한 조사결과인 새 민주주의 지표(NDB)를 끌어올 수 있다. 이 연구는 청소년들은 보통 정치 변화 및 경제 변화(Haerpfer forthcoming)를 가장 선호한다는 것을 보여주었다. 슬로바키아의 경우도 마찬가지다. 그러나 슬로바키아의 경우 청소년들이 시간이 지남에 따라 더 민주적이 되어 가는 경향을 볼 수 있다. C. haerpfer에 의해 개발된 다양한 변수의 범위를 포함하는 민주주의 지지를 측정하는 민주주의화 지표를 사용하여 1994년과 1998년 사이 청소년들 사이에 민주주의의 발전이 있었음을 볼 수 있다. 1994년 청소년들은 구세대보다 민주적이지 못한 데 반해 1998년에 이르자 일단의 구세대보다 9%가 더 민주적이 되었다(표 20.1 참조) NDB 연구의 결과는 고등교육을 받은 사람일수록, 도시 시민일수록 더욱 민주주의를 지지하고 있음을 보여 준다(표 20.2 및 표 20.3 참조). 그러므로 우리는 청소년들, 도시민들, 고등교육을 받은 사람들이 변화의 최전선에 있다고 말할 수 있다(Haerpfer forthcoming에서 뽑은 표, 4장 참조).

이런 경향은 또한 투표 결과에서도 확인될 수 있다. 첫 번째 투표자들은 1998

표 20.1 연령별 민주주의 지표 1994~1998

연 령	1994	1996	1998
18~29세	56	53	55
30~59세	53	53	57
60세 이상	60	52	46

표 20.2 학력별 민주주의 지표 1994~1998

학력별	1994	1996	1998
초등학교	46	42	48
중등학교	59	53	55
중등학교 이후	58	72	72

표 20.3 거주지별 민주주의 지표 1994~1998

거주지별	1994	1996	1998
6,000명 이하 촌락	42	50	49
7,000~100,000명 중소도시	64	53	55
100,000명 이상 대도시	74	68	73

년 및 1994년 의회 선거에서 유권자 중 약 10%를 구성하였다. 체제 반대에도 불구하고 청소년 선거 참여율은 매우 낮은 현상을 가져 왔으며, HZDS/MfDS가 승리한 1994년에 참여율은 24%였다.

그러나 1998년 선거 운동은 청소년 유권자, 도시민 유권자, 교양 있는 유권자들을 결집하는 데 초점을 두었으며 그 결과 대체 연합이 승리한 1998년 선거 참여율은 매우 높았다(80%). 더구나(표 20.4 참조) 1998년 첫 번째 투표자들 중 2/3(69%)가 야당을 지지했으며(Dzurinda, Migas, Schuster, Bugar) 23%만이 슬로바키아 민주운동당(Meciar) 및 슬로바키아 국민당(Slota)에 투표했다(1998 Focus Agency Report 참조). MfDS의 주요 지지자들은 55세 이상의 사람들이었다. Vladimir Meciar 독재 체제가 참패한 선거 결과는 유권자로서 시민을 더 적극적으로 동원한 OK '98 운동의 결과로도 볼 수 있다.

1998년 여름 동안 자율적 시민 영역을 정부 통제 하에 두려는 모든 시도들은 자명하게 실패로 끝났다. 슬로바키아에서는 다양한 형태의 투표참여 촉구 활동을 벌였다. 청소년회의는 청소년들의 투표 참여 촉구를 위해 "나의 미래" 라는 25만 장의 엽서를 배포하였으며, 타 단체들도 시위운동, 회의를 용이하게 소집하기

표 20.4 사회 인구학적 정당지지도

FOCUS, September 25th–26th, 1998[3)]

정당 지지 투표 여론 조사	나 이					
	출구 조사	18~24세	25~34세	35~44세	45~54세	55세 이상
HZDS(Meciar)	23	12	14	23	28	37
SDK(Dzurinda)	28	32	34	28	27	23
SDL(Migas)	15	18	17	16	17	11
SMK(Bugar)	9	8	8	8	9	12
SNS(Slota)	9	11	11	9	7	7
SOP(Schuster)	8	13	11	9	7	4
기타 정당	6	5	5	6	6	6
무응답	1	0	1	0	0	1

HZDS—슬로바키아 민주노동당(Movement for Democratic Slovakia); SDK-슬로바키아 민주연합(Slovak Democracy Coalition); SDL—민주진보당(Party of Democratic Left); SMK—마자르 연합정당(Magyar Coalition Party); SNS—슬로바키아 국민당(Slovak National Party); SOP—시민의 정당(Party for Citizens Understanding).

위한 티셔츠, 스티커, 이동 전화기 등을 배포하였다. 이러한 활동은 빠르고 효과적으로 분산시키는 조직화의 한 방법이어서 체제를 통제하는 데 쉬운 것은 아니었다. "민주주의"가 "시민(citizenracy)"으로 변하는 필연성에 대한 사회학적 가설은 시민의 수동성, 냉담과 무관심으로 더 이상 바람직한 사회 변화를 이끌지 못

3) 이 조사는 슬로바키아 의회 선거 기간(1998년 9월 25일~26일) 동안 국제 공화정에 대해 FOCUS 기관이 실시한 선거 조사이다. 자료는 슬로바키아 총 선거인 수에서 가능한 방법을 선정한 99곳의 선거구에서 수집된 것이다. 투표 여론 조사를 위해 응답자에게 접근하여 익명의 질문지를 작성하게 하였다. 응답자들은 추출 가능한 방법으로 선정하였다. 표본은 응답자 4,516명으로 구성되었다〔응답자 수: 4,516; 표본: 유권자(연령층: 18~24세 16%, 25~34세 19%, 35~44세 22.2%, 45~54세 17.5%, 55세 이상 16.7%, 무응답자 8.6%)〕. 최종 보고: IRI 선거 투표: 1998 슬로바키아 의회 선거, FOCUS, Bratislava, 65pp.

할 때까지 전 국가 차원의 시민운동에서 구체화되었다.[4)]

시민 사회에서 이런 폭발적인 운동을 유지하는 중요한 요인은 슬로바키아 공화국과 유럽연합 및 유럽의회 회원들과의 우호에 있었다. 청소년들에게 이것은 청소년 연합, 특히 슬로바키아 청소년의회의 활동들이 신 유럽에 슬로바키아를 통합시키는 관점에서 상당히 중요하다는 것을 의미하며 그만큼 이 과정을 고무하는 많은 솔선수범이 신흥 유럽 청소년 정책 및 시민 교육 강조의 도움을 통해 정확하게 실현되었다는 것을 의미한다. 슬로바키아 시민 사회의 발전은 청소년 포럼, 청소년 시민 연합 및 운동, 특히 국민 의회 및 국제 청소년 조직의 결합으로 많은 영향을 받았다.

그것은 청소년 운동에서뿐만 아니라 청소년 지지자들의 중요한 영역인 사회운동—생태, 평화, 인권 및 시민의 권리, 여성의 권리 등—에서도 존재한다. 혹자는 선진국의 현대사회가 "운동 사회"로 이행하는 경향이 있다고 말했다. 이런 상황

---

4) 슬로바키아 공화국에서 시민 사회 및 시민의 부흥. SGA-사회 과학 2000-2002. 수석 연구원: Ladislav m achacek 교수, 학문 동료: M. Cambalikova 박사, R. Rosko 박사. 사회학 학회, Klemensova 19, Sk-813 64 Bratislava. E-mail: Macháček@klemens.savba.sk 또는 surosko@klemens.savba.sk 통합과 인류정보 기술 과정(2000-2002)이라는 유럽 상황 하 슬로바키아의 대규모 프로젝트인 시민 사회 및 시민 부흥 운동에서 연구는 슬로바키아 11월 후 시민 사회 부흥에 관한 분석이 미비했던 개념적 측면에 초점을 맞출 것이며 1998년 혁명적인 의회 선거로 인한 새로운 현상 및 경향을 반영하는 데 중점을 둘 것이다. 우리는 세계화의 틀 안에서뿐만 아니라 통합된 유럽 국경 내 고전적 독립국 안에서도 서로 모순된 시민 사회 발전에 대한 깊은 통찰력을 얻는 게 가능할 것이다. 특히 우리는 현대적 의미에서 통신의 가능성을 자극하는 데 주력할 것이다. 심도 있는 조사는 사회 및 국가의 방언, 연합 기관의 중재 기능, "시민"이라는 개념에 대한 잠재적 발견에 초점이 맞추어질 것이다. 이 비전통적 개념은 우리 마음에 수단으로 상징되던 민주주의라는 개념에 따라 시민 사회 발전의 양상을 더 정확하게 보여 주는 데 공헌했다. 우리의 분석은 정치적 저항, 선거 후 자기 재생산의 방향으로 선거 전 협력을 성공시켰던 슬로바키아 시민 사회에서 비정당 활동을 하는 시민 계층 증가라는 획기적인 사실을 반영할 것이다.

에서 출현하는 청소년 운동은 일반 대중의 보호 활동을 통해 사회 변화지지 및 유지를 목표로 하는 개인, 집단, 조직의 조직화되고 지속적인 노력의 총체적 형식을 띠는 경향이 있다. 그러므로 시민 및 현대인 각자의 개성을 발굴하기 위해 물질에 근거한 풍족한 상태를 만드는 것만으로는 충분치 않다. 청소년들은 조직화된 노력이나 자신들의 권리 내에서의 사회 변화 성취에 참여하기를 강요하는 동등한 신분 및 동일한 관심을 가진 사람들을 통해 시민으로 성장한다. 그래서 우리는 유럽연합과의 연계 및 NATO를 통한 대서양과의 연계 속에서 슬로바키아를 개혁하고 유럽에 통합시키기 위해 "슬로바키아"라는 길을 포장하는 청소년 특유의 역할을 지적할 수 있었다.

변화의 희생자: 청소년

청소년들은 탈공산주의 사회의 변화에 따른 가장 큰 희생자가 되었다. 이전 체제하에서 청소년들은 자신들이 속해 있던 다양한 조직들을 통해 사회 집단으로 제도화되었으며 "새 공산주의의 밝은 미래"의 짐꾼으로 간주되었다. 그러나 지금은 청소년에 대한 이러한 강한 인식은 사라지고 없다(Wallace & Kovatcheva, 1998). 동시에 청소년들에게 무료로 혹은 상당한 보조금으로 제공되었던 스포츠센터, 여름 캠프, 스키 합숙소, 공산권 내 여행 기회를 포함한 편의시설 또한 사라졌다. 이는 중앙 유럽의 탈공산주의 국가들이 탈청소년(post-youth) 사회로 간주될 수도 있음을 암시하고 있다. 청소년들, 특히 학생들을 단기간 정치적으로 동원한 이후에는 정치적 장에서뿐만 아니라 공개 토론의 장에서도 사라졌다. 슬로바키아 국민들은 청소년 문제 및 아동 인권에 대해 말하는 것이 아니라 이전 세대로서의 청소년 운동의 재산을 민영화하는 법에 관해 더 많이 이야기한다. 1989년 이후 청소년 그 자체는 해체주의 선상에 있다.

청소년들은 또한 증가하는 실업의 주된 희생자였다. 1995년 슬로바키아 과학아카데미사회학회에서 실시한 조사에 따르면 44세 이상 집단 중 13%가, 33세에서 40세 사이 집단 중 25%가, 25세에서 29세 사이 집단 중 35%가, 18세에서 24세 사이 집단 중 44%가 최소 2개월 동안 실업 상태에 있었다고 한다(Mechacek,

1999).

따라서 시민으로서의 청소년들은 사회 변화의 동인이자 희생자였다고 결론지을 수 있다. 탈공산주의 슬로바키아에서 청소년들이 처한 상황은 양면성을 가지고 있다. 청소년들은 개혁을 가장 지지하는 사람들이며 개인주의 및 기업주의를 통해 시장 경제에 가장 잘 적응할 수 있는 사람들이다. 반면에 청소년들은 탈공산주의의 과도기 과정에서 자질을 발현할 수 있는 기회의 상실과 상대적으로 구직을 할 수 있는 사회적 기회를 가장 많이 박탈당한 집단인 것이다.

시민에 대한 새로운 개념은 자신 및 국가에 대한 시민 각자의 책임감뿐만 아니라 자국의 대륙 내에 있는 타인에 대한 책임감까지 포함한다. 이것은 새로운 형태의 연대 구축을 통해 적절하게 발생할 수 있다는 것이 필자의 견해이다. 연대는 시민 각자의 다양한 요구에 따라 환경, 주택, 가정, 자녀 양육, 교육 접근, 직업의 관점에서 중요한 자원 및 기회의 재분배에 대한 준비로 이해된다. 이러한 연대의 과업을 시민 각자의 책임하에 넘겨준 동유럽 및 서유럽에서는 다양한 연대 구축의 기회를 놓치고 있다.

유럽의 청소년에게는 전형적인 개인주의 경향이 있다. 이것은 이기주의로 성장하거나 집단으로서 협력을 꺼려한다는 것을 의미하는 것은 아니다(Macháček, 1998). 그것은 슬로바키아의 사례처럼 엄격한 정부 계획 하에 사적 대상에 대한 신입교육과는 다소 동떨어진 운동이다. 청소년들은 자아 발전 및 자아실현에 더 집중해야만 하며 자신들의 결정에 따른 잠재적 실패에 대한 책임감을 길러야만 한다. 이것은 상대방에 대한 자신의 선택만큼 자신들의 전문적 예비교육에 적합하다. 이 과정은 청소년들이 부모, 친척, 정부 당국이나 시당국의 보호에 전적으로 의존하는 과도기 사회에서는 발전되지 못하지만 우리는 1993년 이래로 이러한 운동을 뚜렷하게 인식할 수 있었다. 예컨대 청소년들은 치열한 경쟁, 더 많은 소비자의 선택, 정부의 비교적 적은 보호를 포함하여 시장 경제로의 변형에서 가장 중요한 가치들을 더욱 지지한 바 있다(Wallace, 1997). 그러므로 1989년 이전의 청소년들은 "재미있는 직업"을 갖는 것을 가장 중요하게 여겼지만 지금은 "만족할 만한 수입의 안정된 직업"을 갖는 것에 더 가치를 둔다. 신뢰 받는 직장인이 되는 것, 전문가로서의 사회적 신분을 획득하는 것, 전문적인 교육을 받는 것, 자격증을 획득하는 것 등 청소년들의 가치 구조 속에서 지속적으로 발견되는 가치들은 모두 시장 경제 발전과 밀접한 관련이 있는 가치들이다.

사회를 위협하는 실업은 청소년들 사이에서 개인주의 요소로 흡수되었다. 1993년과 1995년 비교 조사를 살펴보면 실업의 최초 충격은 극복되었으나 청소년들은 사업 활동을 맡고 좀 더 단호한 방법으로 고용을 하고자 준비하고 있다. 슬로바키아 청소년들에게 있어 수동적 환경은 우선 생존 전략으로서 정부의 보호가 기업 활동 및 자기 고용을 향한 예비교육으로 인해 그 근거를 상실하고 있다(Macháček, 1999).

시민이라는 단어는 많은 의미를 담고 있다. 비록 청소년들이 "나는 책임감 있는 시민이 되고 싶다"라고 시민 참여 관련 준비를 하고 있을지라도 이것이 반드시 "나는 공공 업무에 참여하고자 한다"를 의미하는 것이 아니라는 점을 명심해야만 한다. "시민 잠재력"을 갖고 있는 청소년에 대한 분석은 매체 안에서 사회 현상을 관찰하는 "방관자"와 사회 활동에 참여하는 "행동주의자" 간에 차이가 있음을 보여 준다.

사회 복지, 입법, 사회 정책들은 최근에 청소년들을 직접 시민권 소유자라고 부르기 시작하였다. 이런 점진적인 변화는 청소년들이 국가 공동체의 일원으로 점점 통합되고 있으며 사회적 참여 및 정치적 참여에 대해 책임을 가지고 있음을 시사한다. 청소년들은 비록 시민적 권리, 정치적 권리, 사회적 권리에 대한 접근이 유럽 국가들과 아직 일치하고 있진 않지만 시민, 더 정확히 표현하자면 주요 시민으로서 개인의 권리를 소유하고 있음을 알 수 있다.

슬로바키아는 오랫동안 정치적 통제 및 가부장적인 정부의 보호에 종속되어 있었던 사람들을 적극적인 시민으로 만드는 것이 얼마나 어려웠는지 통감한다. 청소년들은 정치적 권력의 새로운 개념에 대해 다음과 같은 질문을 제기한다.

개인이 정부, 사회, 지역 공동체에게 무엇을 주는가?

적극적 시민이라는 것은 청소년들이 자신 및 가족들의 복지에 대한 책임을 떠맡는 것만을 의미하는 것인가?

훌륭한 시민이 된다는 것은 유럽 통합 과정에서 자국의 미래 발전을 위해 정치적 책임을 갖는다는 것을 의미하는가?

슬로바키아 청소년들이 의견을 제안하고 투표에 참여 하는 것은 자신들이 자유롭고 창조적인 시민이 되는 것에 열중하고 있음을 단적으로 보여 주고 있다. 청소년들은 이것이 개인을 위한 전략만이 아니라 타인과의 연대를 통해 격려하고 지지하는 방법 속에서 발현될 수 있는 사회구조 및 기회를 적극적으로 만들어 나가고 있다는 것이다.

❁ 결론

슬로바키아의 현대화는 정치 및 경제 개혁의 과정에 의존하는 만큼 적극적인 시민 사회 창조에 의존할 것이다. 즉, 적극적으로 자각하는 시민 양성에 의존할 것이다(Rosko, 1996b). 최근에 우리는 제3영역의 다양한 조직의 관계망을 통해 시민 사회의 놀랄 만한 조직화 및 형성을 보았다. 이것은 PHARE 프로그램과 유럽연합의 대규모 재정 지원 및 민주주의 네트워크 프로그램을 통한 미국의 대규모 재정 지원을 받았다. 그 지지는 유럽 탈공산주의 국가에서 변형의 과정을 강화할 급박한 필요로 설명될 수 있으며 유럽연합 및 NATO와 연합한 유럽 민주주의 공동체로 통합시키기 위한 전제인 다원적 민주주의를 지지하는 것이다. 우리는 시민 사회가 아직 성립되지 않았고 시민 참여가 저조한 과도기 상황에서 정부 후원은 여전히 중요한 역할을 한다는 것을 명심해야만 한다.

시민 사회에서 자원봉사 및 비정부 영역과 1993년부터 1998년 사이 시민 사회의 발전은 슬로바키아 공화국의 변화 및 현대화의 중요한 요소로 간주되었다. 슬로바키아 비정부기구들은 "…..현재는 고립된 이상주의자들의 섬과 흡사하거나 1980년대 후반 슬로바키아 사회학자들이 독립적 시민 활동으로 지칭했던 긍정적 비상식의 섬과 흡사하다. 이들은 희망 및 긍정적인 행동의 군도인 약동적이며 활발하며 효과적인 '시민 군도'를 창조했다"(Butora, 1997). 그러나 시민 사회의 유지 및 증진은 비정부기구의 많은 지도자들이 정부로 흡수되었거나 국가를 떠난 상황에서 아직은 남아 있는 비정부기구의 활발한 존속에 의존할 것이다.

일례로 슬로바키아 청소년의회는 17세부터 18세까지의 청소년이 시민으로 완전하게 접근하지 못한다면 시민의 중요한 정치적 권리를 바꾸기 위한 아이디어 및 논쟁을 제공하고 모든 연령의 집단에게 경각심을 일깨워주는 중요한 역할을 한다. 문제는 정부의 상당한 후원에도 불구하고 정부가 간섭하지 않는 구조를 설립하는 방법과 정치체제가 시민 사회 형태에 영향을 끼치지 않을 영역 중 하나로 설정하는 것이다. 유권자 및 행위자로서 권한을 부여받은 청소년들은 1998년 선거에서 보았듯이 정치적 변화에 중요한 영향을 끼칠 수 있다. 미래에 대한 도전은 청소년들이 적극적인 역할을 하며 새 정부에서 시장 경제 발전 및 민주주의를 향한 진보를 지탱하게 해 줄 수 있는 시민 사회를 건설하고 자극하는 것이다.

❁ 참고문헌

Bútora, M. (1997), 'Slovakia's NGOs: A Civic Archipelago of Hope and Action', *NGOs News 7, 10.*

Bütora, M. and Fialová, Z. (1995), *Neziskový sektor a dobrovol'nictvo na Slovensku* (NonProfit Sector and Voluntarism), Focus, SAIA, Bratislava.

Čambáliková, M. (1998), 'Slovak Social Partners in the Transformation and Integration Processes', *Sociológia-Slovak Sociological Review, 6*, pp. 623-631.

Chisholm, L. and Trnka, S. (1995), 'Growing up in Europe: Childhood and Youth Research Perspectives in 1 990s Europe', in Circle for Youth Research Cooperation in Europe (ed.), *The Puzzle of Integration, European Yearbook on Youth Policy and Research, Vol. 1/1995*, Walter de Gruyter, Berlin-New York, pp. 29 1-293.

FOCUS Agency (1998), *Final Report: Election Poll for the IRI: 1998 Slovak Parliamentary Elections*, FOCUS, Bratislava.

Haerpfer, C. (forthcoming), *Postcommunism and Democracy*, Harwood Academic Press, London.

Les, E. (1994), *The Voluntary Sector in Post-Communist East Central Europe*, CIVICUS —World Alliance for Citizen Participation, Washington, DC, USA.

Macháček, L. (1996), 'Asociativnost' a občianska participácia' (Citizens' Participation and Associative Life), *Sociológia 28, No. 2.*

Machãček, L. (1998), 'Citizenship Potential of Unemployed and Self-Employed Youth in East-Central Europe', *Sociológia-Slovak Sociological Review, 3*, pp. 283-296.

Macháček, L. (1999), 'Youth in the Processes of Transition and Modernisation in the Slovak Republic', *Czech Sociological Review, Vol. 6, No. 1*, pp. 103–115.

Marshall, T. H. (1950), *Citizenship and Social Class and Other Essays*, Cambridge University Press, Cambridge.

Marx, K. and Engels, F. (1977), 'Nemecká ideológia' (German ideology), in *Antológia z dielfilozofov: Marxisticko-leninskáfilozofia*, Pravda, Bratislava.

Roško, R. (1996a), 'Postkomunistické Slovensko a obnova občianstva' (Post-Communist Slovakia and Revitalisation of Citizenship), *Sociológia 28, No. 1.*

Roško, R. (1996b), 'The Transformation-Modernisation Potential of Slovak Actors', *Sociológia-Slovak Sociological Review, Fall (2)*, pp. 146–158.

Stena, J., et aI. (1990), *The Project of the Research Task: Civil Society Forming in Slovakia in the Nineties*, The Institute of Sociology, Slovak Academy of Sciences, Bratislava.

Wallace, C. (1997), *Institute for Advanced Studies: Who is for Capitalism, Who is for Communism? Attitudes to Economic Change in 10 Post-Communist Countries*, Institute for Advanced Studies, 1997, No. 44, Vienna, Austria.

Wallace, C. and Kovatcheva, S. (1998), *Youth in Society: The Construction and Deconstruction of Youth in East and West Europe*, Macmillan, London.

Wolekova, H. and Salamon, L. M. (2000), *Neziskový sektor na Slovensku-ekonomická analýza* (Non-Profit Sector in Slovakia—Economical Analysis), SPACE, Bratislava.

제 21 장

도시의 전사에서 시장으로? 남아프리카 청소년 1990~2000

David Everatt[1)]

✿ 서론

청소년들이 1976년부터 1990년 협상을 개시하기까지 남아프리카를 뒤흔들었던 폭동을 주도했었다. 이들은 역사상 최대의 인원으로 치안 부대에 대항하여 남아프리카를 통제 불능의 상태로 만들었다. 1980년대 말까지 청소년(적어도 도시의 흑인 남자라면)은 인종차별을 무산시키고 있는 대규모의 사회 운동을 상징하게 되었다. 경찰과 군대를 깨어진 벽돌과 화염병으로 대항하는 모습이 거듭 각인되면서 청소년은 폭력과 잔인함을 규범으로 삼는 "상실 세대(lost generation)"으로 쉽게 표현되었는데, 이로 인해 그들의 소양과 장래가 파멸로 치닫게 되었다. 반면 이들 "상실 세대"라는 명칭이 주는 이미지에 반하여 다른 표현이 생겨났는데

1) 빈틈없는 지적과 매우 유익한 의견을 제공해 준 Penny Foley와 Cathi Albertyn에게 말로 표현할 수 없는 고마움을 전한다.

즉 "젊은 사자들(Young Lions)" 또는 해방 운동의 "동지들"이라는 표현이었다. 이들 명칭은 그들을 정치적으로 세련되고, 해방을 위해 싸우며, 두려움을 모르는 전사라는 이미지를 드러낸다. 실제 청소년들의 성향은 이들 두 표현 사이 어디엔가 위치에 있었다.

이후 1990년 2월 해방 운동이 합법화되고 정치범이 풀려난다는 사실이 공표되면서 전체 남아프리카의 상황이 극적으로 바뀌었다. 거의 즉각적으로 청소년 비정부조직(Non-Governmental Organizations: NGOs)들이 흑인 청소년을 "상실세대"라고 함부로 표현하는 매스컴과 대학과 다른 집단들을 활발하게 공격하기 시작했다. 공동부유프로젝트(Joint Enrichment Project: JEP)는 이슈의 주변에 있는 청소년들을 조직하기 위한 전략을 세우고 교회와 중요한 사회사업의 후원자를 동원하고 매스컴을 이용하는데 있어서 선두 주자였다.

남아프리카가 대결 구도에서 협상 구도로 전환함에 따라, 여론은 표면화된 이미지 이면의 청소년들에 대해 보다 동정적이 되었다. 기부자들은 국가청소년발달포럼(National Youth Development Forum: NYDF)을 후원하였고, 다양한 정치를 경험한 청소년들은 NYDF에서 그들 자신이 발전시킨 발의의 핵심을 피력해야 했다. 청소년 내각은 두 개의 별개 협상 과정들(만약 서로 관련되어 있다면)로부터 기대하는 최소한의 것이다. 아프리카민족회의(African National Congress: ANC)의 영역[2] 안에 그 협상 과정 중 하나가 있고, 다른 것은 반대에 놓여 있었다.

그 10년 기간의 끝에 이르러 청소년들은 가장 흔하게 범죄, HIV(AIDS 바이러스) 유행, 낮은 성적과 관련하여 보도되고 있으며 정치와 사회에 대해서는 무관심하다고 한다. 청소년에 초점이 맞추어진 NGOs는 한계에 다다랐다. 동맹 아프리카 민족 회의는 재건 및 발달프로그램(Reconstruction and Development Programme: RDP)(African National Congress)과 공적인 일들과 같은 프로그램에

---

2) 3자 동맹은 ANC와 남아프리카지역 정당(SACP), 그리고 남아프리카 무역연합회의(COSATU)로 이루어진다. 뿐만 아니라 아프리카 민족시민조직 역시 이 동맹의 일부분이다.

신참자로 어울리는 청소년들에 대해 다른 많은 곳에서 2페이지에도 못 미치게 할애하였다. NYDF는 사람과 돈과 정치를 잘못 운영하여 붕괴되었다. 국가청소년위원회(NYC)는 조직이 그 존재의 이유를 전달하는데 실패한 이래로 끊임없이 비판받고 있다. 청소년에 대한 호의는 완전히 사라져버렸다.

매스컴의 화제와 매일 행해지는 연설에서 "상실 세대"가 돌아왔다. 또한 청소년들은 남아프리카의 열정적인 자본가들의 설득에 노출되든지 차단되든지 해야 한다. 심리사회적인 능력이나 무능함을 요인으로 이해할 필요성에 대해 논쟁하거나, 현재의 가능성을 드러내기 위해 과거의 상처를 다루거나, 이것들을 포함하여 통합된 청소년 개발 프로그램 속에서 대책을 열거하는 것은 일반적으로 무의미하게 감정을 건드리는 것으로서 무시된다. 일과 보상의 치료 효과에 대한 맹목적인 믿음이 청소년 개발 계획을 위한 기준이다. 매스컴에서뿐만 아니라 전자의 활동 중에 가장 많이 질문되는 것은 "그 청소년에게 무엇이 잘못되어 있는가?"이다.

새천년이 비즈니스의 시대에 광고자를 위한 가장 뜨거운 각축장으로 여겨지는 흑인 청소년과 함께 시작되었다.[3] 크게 성공한 Y-fm 라디오국 연출자는 다음과 같이 언급하였다. "흑인 청소년들은 정치와 관계가 없고 극도로 물질적이다. 완전히 바뀌었다. 혁명의 보병들은 새로운 소비를 부추기는 자본가들의 남아프리카라는 틀 속에 자신을 집어넣고 적응시켜버렸다. 그들은 잃어버린 폭력적인 세대의 상태로 돌아갔는지 모른다. 하지만 엄밀하게 말해서 그들은 소비한다. 그들은 오직 현대적이고 대형 메이커의 값비싼 상표만을 소비한다.

하지만 우리는 정말로 완전히 이해한 것인가? 아니면 단지 민주적인 남아프리카를 위해 투쟁했던 이후 세대의 청소년(군사요원이 아니라 그저 십대인)을 이해하지 못하고 있는 것인가? 1990년대에 청소년들에게 무슨 일이 일어난 것인가? 지금 경제적으로, 교육적으로, 사회적으로 그들의 위치는 어디인가? 십대에 초점을 맞춘 모든 기관들—국가청소년위원회(National Youth Commission), 지방청소년위원회(Provincial Youth Commissions), 남아프리카청소년의회(South

---

3) *Business Day*, 2000년 1월 26일.

African Youth Council) 등—은 무엇을 하는 기관들인가?

1990년 이래로 모든 주요 청소년 중심의 발의들은 실패하였다. 무언가가 명백히 잘못되었다. 이후 10년은 HIV/AIDS에서부터 세계화에 이르기까지 그 모든 위협에 직면한 청소년들에게 더 나은 것을 제공하기를 희망하면서 지난 10년에 대해 비판적이고 주의 깊게 평가할 때이다. 이 논설에서 우리는 청소년 분야에서 아주 긍정적으로 시작하여 매우 헛되이 끝나버린 지난 10년을 되돌아 볼 것이다. 우리는 또한 지난 10년을 마감하는 청소년들의 가치 기반은 물론, 사회 경제학적인 측면도 간단히 분석해 보고 청소년 주변화(marginalizaion)에 관해 주목할 것이다.

1990~2000년대 개관

1990년대 청소년 발달 운동 시기를 구분하면 어떻게 현재 상황에 이르게 되었으며, 역할에 있어서 정치적 역동성과 기회를 잃어버리게 되었는지 보다 더 명백히 이해하게 될 것이다.

대략적으로 시대를 구분하면 1990년대를 세 시기로 나눈다(1980년대에 대한 유용한 분석을 위해서는 1993년 조사를 참조하라).

- 1990~1993: 낙관주의, 조직화
- 1994~1996: 환멸과 놓친 기회들
- 1997년 이후: 제도화, 정책 체계화, 표류

아마도 네 번째 시기로서 좀 더 낙관적인 단계가 시작되고, 통합된 발전에 다시 초점이 맞추어지고 청소년 봉사와 HIV/AIDS와 확산과 싸우게 되었다. 아래를 다시 보자.

❁ 1990~1993: 낙관주의, 조직화

전체적으로 청소년 분야는 이 10년의 기간 중 초기에 정점에 이른다. 이것은 정치적 조직화와 청소년 발달에 관련된 조직에 대한 훨씬 더 광범위한 정렬에 적용된다. 부분적으로 그것들은 1980년대 후반의 집단의 동원을 가능하게 하였다. 뿐만 아니라 협상과 정치적 폭력의 단계 상승이 중심적인 활동 무대를 차지하였다. 자위대(Self Defence Unit)가 조직되었을 때 진행되는 상황 때문에 지속적으로 경계를 늦추지 않게 되었다. 그러나 이보다 더 광범위한 의제도 발생하고 있었다. 그것은 청소년들을 정당에 의해 협의 되는 새로운 남아프리카를 이용하기 위해 먼 거리를 여행해야만 하는 상황을 바라보고 더 넓은 정책과 프로그램 개시를 포함할 뿐만 아니라 청소년에 대한 기본적인 서비스의 준비에 대해 염려하였다.

청소년을 동원하는 일은 1980년대에 전역에서 일어났다. 10년 기간의 말기까지 남아프리카청소년의회(South African Youth Congress; SAYCO)가 백만 명의 청소년 회원이 있다고 주장하면서 선두에 섰다. SAYCO는 거듭 TV에 출연하여 "농부를 죽여라, Boer[4)]를 죽여라"를 노래한 대담한 Peter Mokaba가 이끌었다. 그의 노래는 SAYCO와 "동지들"의 대항 정책을 반영하고 북돋았다.

그러나 이 초기 몇 년 동안에 되돌아오거나 풀려난 ANC 지도자들과 청소년들 사이에 긴장이 존재하였다. Mandela의 "학교로 돌아가라"라는 외침은 마치 "이제 늙은이는 집에서 집안일이나 해라"라고 말하는 것처럼 들린다. 그리고 그 반응은 뒤죽박죽이다. 비록 정치적 조직들이 여전히 중요하다 할지라도 그들의 영향력은 협상 구도와 대결 구도를 대신하자마자 감소되었다.

Gill Straker'의 말에 의하면 1980년대는 "도취와 테러의 시간"이었다. 청소년들은 자신들이 기성 세대를 자유로 이끌고 있다고 생각했다(Straker, 1992, 19). 그들은 봉기의 선봉에 서 있었고 또한 그것을 의식하고 있었다. 그러나 누가 "청소년"인가? Seeking은 "청소년"(본질적으로 1980년대에 생겨난 정치적 개념)이라

---

4) 역주: 보어 사람(남아프리카에 사는 네덜란드 이주민의 자손을 말하며, 지금은 보통 Afrikaner라고 한다).

는 개념이 시간이 지남에 따라 변화되었다고 주장하고 있다. 1970년대 후반에 잘 교육받은 비교적 작은 그룹의 학생들은 1980년대 중반까지 나이나 정치적 궤변보다는, 직접적인 행동에 참여할 각오로 평가받으며 훨씬 더 크고 광범위하게 성장하고 있다(Seeking, 1993).

이전의 범죄자들(tsotsis)은 투쟁하고 직접적으로 행동할 기회를 얻기 위해 청소년 조직에 가입하였는데 이는 그들이 범죄 행위들은 덮을 수 있어서이기도 하며, 정치적 신념 때문이기도 했다. Straker가 언급한 것처럼 많은 다른 이들이 레지스탕스에 자극받아 가입하기도 했다. 그들에게 토이 토이 춤, 노래, 투석, 경찰을 모욕하는 것은 정치적 이데올로기 때문이라기보다는 오히려 주로 참여하기 위해서이다(Straker, 1992). 1990년대 리프(Reef)에 대한 옳지 못한 싸움과 1980년대의 일반 대중의 항거의 부재와 민주화운동(Mass Demoncratic Movement)의 일반적인 동원해제는 청소년 조직 안에 보다 폭력적인 개인들을 위한 공간을 남겨주고 그들에게 그들 개인의 행동에 대한 장기간의 합법성을 제공한다. Straker는 "Len"에 관하여 다음과 같이 썼다.

> "Len"은 투쟁에 참여함으로써 선동되어, 분출하는 분노와 좌절을 느낄 뿐만 아니라 그의 좌절을 직접적으로 다른 이들에게 표현할 수 있다는 사실을 배우게 되었다. 그는 레지스탕스 집단에 참여함으로써 그룹의 힘에 대해 배웠고 그래서 그는 그 후 그의 개인적 이익을 위해 이 힘을 이용하였다. 그는 대중의 폭력에 연루되면서 폭력이 열망하는 목적을 이루기 위한 도구로써 가치 있다는 생각을 가짐으로 자신의 행동을 정당화하게 되었다. 그는 원래 동지들에 의해 사용된 폭력을 정치적으로 정당화시키는데 매달렸다. —중략— 자기 자신의 계속되는 반사회적 행동들을 정당화시키려했다. 비록 큰 공동체가 이러한 정당화에 정당성을 부여하지는 않았다 하더라도 말이다 (Straker, 1992, 105).

"Len"은 전혀 특별한 사람이 아니다. 그와 같은 청소년에 대해, 그들의 가치, 그리고 1980년대 말에 꾸준히 성장하여 1990년 초에 정점을 이루었던 나머지 사회에 대한 그들의 영향뿐만 아니라 주류 사회로부터 받은 그들에 대한 과소평가에 대해 관심을 갖길 바란다. 이것은 필연적인 일이다. 청소년 동원의 결과는 해방을 가져다주기도 했지만 동시에 무서운 것이기도 하다. 투쟁에의 참여는 많은 청소년들(그리고 기성 세대들도)이 그들의 삶을 통제하는데 전문가가 되게 하고 인종차별 세력에 대해 자유의 비전을 주장하게 하였다. 만약 Len이 자신의 행동을 그럴듯하게 정당화시키지 않았다면 다른 많은 사람들은 투쟁에의 참여를 통해 그들의 도덕적 정체성을 강화시키고 국제적으로도 꼭 그대로 인식되었을 것이다. Sitas는 1980년대의 청소년들이 사람으로 묘사되는 일이 거의 없었다고 주장하였다. "젊은 사람들, 배고픈 사람들, 수백의 얼굴과 빨간 눈을 가진, 가부장적 정치가 붕괴되고 세대 간의 관계가 흐트러진 원시 아프리카의 신화에 나오는 것과 같은 새로운 야만인의 모습으로 묘사되었다"(Sitas, 1991, 6). "남아프리카의 백인" 만이 이런 식으로 청소년을 본다는 견해는 사실이 아니다.

"동지들"을 두렵게 하고 청소년들이 살았던 공동체에서 그들의 부모, 종교 지도자들, 그리고 다른 이들에게서 받은, 많은 경우에 정치적 지도자들에게 취한 그들에 대한 영향력을 약화시키는 청소년 주변화에 대해 걱정하라(cf. the stories of youth making it: 사례 1, 사례 2, 사례 3 참조)

1980년대에 수천 명의 어린이들과 10대들이 학교를 보이코트하는 물결에 참여하였고 이미 깊이 상처 난 교육을 손상시켰다. 많은 이들이 폭력과 고문에 노출되었다. 연속되는 비상사태 아래 구를 장악하였던 남아프리카방위군(South African Defence Force)과 남아프리카경찰(South African Police)처럼 깊이 상처를 남기는 사건들이 그들의 가정에서 발생하였다. HIV/AIDS는 1980년에야 언급되었지만 이미 성적으로 전염되는 질병의 전염성에 힘입어 이미 널리 퍼졌다. 십대 임신이 생식 건강 관련 목록에 더해졌다. 깊어진 경제적 위기로 인해 공식적인 경제에서 일자리가 점점 더 줄어들고 있다. 비록 청소년들이 빈번히 깊은 정신적 상처를 대면하여 원기를 회복한다 해도 치러야 할 대가는 커지기만 한다.

두 주요 교회 조직체〔Souther African Catholic Bishops' Conference(SACBC)와 South African Council of Church(SACC)〕의 활동에 떠맡겨지는 청소년 주변화에 관심을 가져라.

두 교회는 청소년에 초점을 둔 연합조직인 아프리카교회회의(African Council of Churches, SACC)를 조직하였다. 1980년대 반란의 최고점에서 JEP는 Soweto에 근거지를 둔 청소년들과 함께 극장 프로젝트를 시작하였다. 그러나 1990년 그것은 기구를 정비하고 1991년에 주변화된 청소년에 대한 첫 번째 국가 회담을 주최하였다. 그 회담에는 각계각층의 정치가. 도시 시민, 문화계 인사, 학생들, 다른 조직체들이 함께 모여 상담과 연구 과정에 동의하였다. 이어지는 몇 년 동안 JEP는 Sheila Sisulu의 지도 아래 청소년 개발 과정의 심장에 서 있었다.

"여드름과 폭력"

JPE는 전국적인 회담과 주변화된 청소년과 청소년 개발에 초점을 맞춘 지방적인 상담에 성공하였다. 이들은 1993년 새로운 조직인 청소년발달포럼(National Youth Development Forum)의 출범과 함께 정점에 이르렀다. 이때쯤 청소년에 대한 첫 번째 전국적 규모의 조사가 실시되었는데 두 명 중 한명의 청소년(52%)이 실업 상태인 것으로 나타났다. 이런 실업률은 다른 그룹보다 아프리카인에게 더 높이 나타났고 청소년 흑인 여자들(청소년 흑인 남성보다 14%높음)이 가장 높은 실업률을 보였다. 아기를 가진 청소년 여자 열 명 중의 한 명(43%)이 학교에 다니는 동안 임신하였다.

사례 1. 청소년의 말: "난 엄마와 아빠처럼 끝나고 싶지 않아요."

F는 인상적인 청소년이었다. 6피트의 키에 근육질의 몸을 가지고 있었다. 인터뷰를 하기 위해 그가 들어 왔을 때 모두 그를 향하였다. F의 어린 시절에 그는 그에 대해 기묘한 일들을 거듭 경험하였다. 그의 부모님은 술을 너무 많이 마셨는데 여섯 아이들 중 맏이였던 F가 아직 학교에 다닐 때 몇 개월 사이에 두 분이 모두 돌아가셨다. 부모가 죽은 후 그는 부모님의 Soweto 집에서 계속 살아갔다. 그는 그

의 어린 동생들과 함께 비스킷을 팔면서 생계를 이어 갔다. 13살 때 의류를 판매하였는데 성공적이었다.

이후 그는 체육관에 들어가 일하였고 한편으로는 그의 분노도 함께 작용하였다. F는 말했다. "어느 날 나는 울음을 멈출 수가 없었습니다. 엄청난 고통이 머리를 파고들었기 때문입니다. 하지만 이때도 그가 10대였을 때에 비하면 나은 편이었다. 그는 그때 한 소년을 심하게 때렸다. "나는 정말로 나 자신이 무서웠습니다." 치료? 값비싸고 불편한 간섭에 불과하다. F의 분노는 여전히 계속되긴 했지만 시간이 지남에 따라 사그러지고 있었다. 그러나 얼마나 많은 청소년들이 치료받지 못한 분노와 고통과 혼란의 응어리를 지닌 채 살아가고 있는가?

F는 여전히 충실한 PAC(Pan Africanist Congress: 1959년에 출범한 범아프리카의회)의 지지자이다. 그러나 10대들이 1980년 폭동이 일어난 Soweto에서 경찰을 피해 다닐 때에 그는 '장례식 T-셔츠를 입는 것으로는 충분치 않다.'라는 사실을 깨달았다. 더 이상의 것을 행하고자 하는 그의 욕구는 어디에서 온 것인가? F는 오랫동안 열심히 생각했지만 답을 찾을 수는 없었다. "그냥 그게 나라는 사람이니까요." 왜 우리는 그러한 욕구를 불러일으키고 성장하게 하는 조건에 대해서 거의 아는바가 없는가?

십대였을 때 F는 마을에서 TV광고가 촬영될 때 백인 연출가의 후원자와 함께 거리를 배회하다 이상한 일이 일어났다. 그는 더욱 규칙적으로 일하기 시작했고 손으로 연기를 해 보였다. 그는 유럽의 영화 학교에 가려고 장학금을 신청하였다. 결국 경험도 없고 예상치도 못했는데도 이 모든 놀라운 일들을 이루어냈다. F 주변의 남아프리카는 변화하고 있다. 그리고 갑작스러운 기회를 실력으로 붙잡을 수 있는 사회가 되었다. F는 나에게 남아프리카에 존재하는 문제점은 "흑인이라는 긍지가 없다는 것"이라고 말했다. 그 때 눈에 뛰게 백인 취향의 소비를 하고 있는 흑인들이 밀려드는 것이 보였다. 그는 흑인 남자를 협박하여 데이트를 할 수 없었던 한 외로운 전문직 여자에 대해 이야기했다. 그는 심한 물질주의와 남자들이 여성에게 디자이너 수준의 상품을 주어야 한다고 느끼게 하는 엄청난 압박감에 대해 이야기했다. 그는 아직 마을에 남아있는 사람들에 대해 말했는데 그들은 도시 근교로 이사 간 흑인들 때문에 "뒤에 남겨진 실패자들"이라고 느끼고 있다고 했다. 그는 죽거나 감옥에 갇힌 친구에 대해서도 말해 주었다. 무엇이 그로 하여금 분노를 활동으로 발산하도록 만들었을까? 마을은 아이들에게 도덕적이고 원칙적인 역할 모델을 제시하던 이전의 지도자에 의해 매우 빈궁한 처지였다. 그들이 떠난 자리를 상업주의와 소비라는 새로운 신들이 차지하였다. 영화 제작자로서 순회하는 삶(카메라는 그의 생계 수단이다)을 살고 있음에도 불구하고 F는 Soweto에 집을 샀다. 게다가 그를 야망과 지위가 부족하다고 여기는 이들의 격앙에도 불구하고.. "마을은 곧 나 자신입니다."라고 F는 간단히 말했다. 그는 도시 근교의 수레에 몸을 싣지 않을 것이다. F의 말에 의하면 그가 도착하는 것을 본 여성들이 만약 그가 아직도 마을에 살고 있다는 것을 안다면 그를 무시할 것이라고 했다. 구조적인 상황으로 말하자면 F는 감옥에 있거나 죽은 사람이어야 한다. 그는 "잃어버린 세대"의 멤버의 기준에 꼭 맞는다. 알코올 중독자의 아들로 어려움을 겪었으며, 그의 부모는 일찍 죽어 고아가 되었고 자라서는 위험을 감수하는 공격적인 PAC 활동가가 되었다. 그러나 그는 성공하고 있다. 경제적으로는 아니지만 전문직에 종사하면서 그가 하고 싶어 하는 일을 하고 있으며 그의 뿌리와 정치관을 고수하고 있다. 그가 자리를 뜨려고 일어났을 때 사람들은 숨을 멈추고 그를 바라보았다. 무엇이 그의 많은 친구들의 말로와 그의 성공이라는 차이를 만들어냈는가? 어떻게 F는 방향전환을 하게 되었는가? F가 말하는 의욕과 야망은 "나는 엄마와 아빠처럼 끝나고 싶지 않았어요."이다. 그러나 우리는 현재의 아이들의 세대에게서 심리학적 사회학적 요인을 간파하고 그들을 후원하는 방법을 알고 있는가? 우리는 그들이 행한 투쟁에 대해 맹렬한 공격을 받고 있는 세대로부터 어떤 교훈을 얻을 수 있을까?

청소년의 3/4(73%)이 HIV/AIDS의 위험에 대하여 자신을 신뢰하지 않는다. 응답자 중의1/4이 성폭행 당한 친구를 알고 있다고 말했고 같은 숫자의 응답자가 육체적 학대를 겪는 친구를 알고 있다고 응답했다. 그럼에도 다수자인 59%는 인간으로서 그들의 가능성을 성취할 수 있다고 믿는다고 했다(Everatt & Orkin,

1993).

한 포커스그룹은 Chatsworth(이전에는 Indian township outside Uurban)가 1992년에 개최되었을 때 한 청소년 그룹이 무엇이 가장 걱정되느냐라는 질문을 받았다. 한 청소년이 대답하였다. "여드름과 폭력이에요." 그의 말은 1990년대 초기의 많은 젊은 흑인 남아프리카의 상태를 요약한다. 한편으로 그들은 어린이로부터 성인이 되는 모든 고통스러운 자각을 경험하고 있는 청소년이다. 그러나 동시에 그들은 인종차별에서 민주주의로의 폭력적인 변화를 거치면서 살고 있는데, 그들 자신이 그런 변화를 가져오는데 주된 역할을 해 왔었다. 1990년대 청소년들은 다양한 역할을 한다. 그들은 투쟁의 떨림과 공포로부터 벗어나고 있었다. 그 자리에서 참여가 일반적이고 "참여하지 않는 것이 통례적이라기보다 오히려 예외적인 것"(Straker, 1992, 19)이었다. 그들은 또한 성인이라는 정체성을 형성하고 있는 중이며 성과 물질을 실험하고 있다. 투쟁을 거치면서 많은 이들이 경찰과 전쟁을 벌이는 흥분을 경험하였다. 또한 그 투쟁을 통해서 어른이 청소년 세대에게 행사한 전통적인 권위를 파괴하였다. 청소년은 빈번하게 어른들에 대해 투쟁 훈련을 강요하였다.

긍정적 측면에서 청소년들은 사회적으로 결속되어 있었다. 10명 중 한 명만이 교회의 예배에 참석하지 않고 있었으며, 두 명 중 한 명(56%)의 젊은 아프리카 여성들이 매주 또는 그 이상 교회에 출석했다(Everatt & Orkin의 1993년 통계). 이것은 청소년 특히 여성들에게 그들을 목표로 한 프로그램으로 접근할 수 있다는 것을 의미한다. 의미심장하게 1992년까지 정치적 조직의 청소년 회원 수는 12%이다. 이것은 민주화운동의 해산을 의미한다. SAYCO에서 ANC 청소년리그(Youth League)로의 길고 의기소침한 전환(Seekings, 1993)과 정당 시대의 비관적인 분위기가 협상에 유리하게 작용하고 정치적 폭력이 점점 더 많은 생명을 희생시켰다. 청소년들은 항상 이미 스포츠클럽이나 합창단과 같은 조직과 관련되어 있다. 그러나 청소년 정치 조직이 정치적 역할이 없는 자들을 곤혹스럽게 했다.

사회 경제적 상황에도 불구하고 청소년들은 그들 자신을 긍정적인 용어로 묘사하는 것 같았다. 청소년의 1/5(21%)이 자신을 야망이 있다고 묘사했고 행복하다(14%), 살만하다(6%), 자신만만하다(6%), 정직하다(6%)가 그 뒤를 이었다. 두 번째와 세 번째 형용사의 선택이 합쳤을 때 세 개의 선택 중 "행복하다"를 35%가 선택했고 "야망이 있다"를 30%가 선택했다. 물론 인종적인 차이는 있었다. 즉, 백인과 인디언 청소년을 함께 조사하면 1/5이 "행복하다"를 선택했다. 첫 번째의 "부정적"(또는 중립적)인 용어는 "혼란스럽다"를 4%가 선택한 1993/3의 청소년의 기초선 연구에서 자신을 묘사하는 형용사의 목록에 나온다. 그 조사에서 다른 부정적인 묘사들은 "보통이다"(3%), "좌절하다"(3%), "우울하다"(3%), "화가 난다"였는데 이들 단어는 인종차별에 의한 사회경제적 조건에 대한 중립적인(행복하지 않다와 다른) 응답을 반영하는 것인지도 모른다. 그리고 첫 번째는 2%, 두 번째와 세 번째 선택은 각각 1%였다. 첫 번째, 두 번째, 그리고 세 번째 선택과 엇갈리게, 부정적인 자기 묘사는 청소년 열 명 중에 한명도 못 미치게 선택했다(Everat & Orkin, 1993). 신호는 긍정적이다. 젊은 활력이 인종차별에 굴복하지 않고 버텨낸 것 같다.

주변화(Maginalisation)

비록 전국 회담이 청소년 "주변화"에 초점이 맞추어지게 되었기 때문에, 진보주의 진영이 "상실 세대"란 단어를 기피하였기 때문에 그 용어를 선택하기 했으나 그 개념은 선명치 않다. 주변화(marginalisation)는 소외, 외적인 방해, 낙천주의(청소년을 주변에서 중심으로 옮길 수 있는 방법은 무엇일까?), 청소년에 대한 진압과 저항의 수십 년간의 영향의 깊이 불확실성을 어느 정도씩 포함한다. 그것은 단지 다른 이들보다 접근하기가 힘든 것이지 아무도 "길을 잃지는" 않았다는 교회 공동체의 주장을 반영한다.

조사 과정을 수반한 것은 개념에 대해 관찰에 의한 내용을 부여하기 위해서이다. 주변화는 고용, 교육, 태도, 가치와 그 외 등등 열두 부문을 다루면서 주의 깊게 평가되었다. 이들이 주변화의 총체적 표준을 제공하기위해 결합되었을 때 그것은 남아프리카 청소년 1,100만 명 중의 20명 중의 하나(5%)가 청소년 프로그램이 그들에게 접근할 수 있는 유일한 길이 범죄자 재판 시스템을 통해서였다는 그들의 과거에 의해 매우 상처 입었다.[5)] 이 그룹은 고통 받았고, 폭력을 행사했으며 극단적인 정치적 사회적 견해를 고수했고 깊이 주변화되었고 주류 사회와 전혀 접촉이 불가능해 보였다. 어느 정도 물의를 일으키고 있듯이, 그들에게는 "상실"이라는 꼬리표가 붙어졌다(따옴표를 사용한 것은 그 용어와 함께한 교회의 불편함을 누그러뜨리기 위해서이다).

1/4이 넘는(27%)의 청소년들을 "주변화"에서 찾을 수 있다. 즉, 그들은 색인에 사용된 목록 중에서 높은 비율을 차지하지만 모두는 아니며 "상실" 카테고리로 떨어질 위험에 처해 있는 이들이다. "주변화는 청소년에게 접근하고 그들을 주류로 이끌어올 수 있는 능력과 연결된 상처의 정도와 특징을 표현하게 되었다. 이 그룹 "주변화 된 청소년"은 정부와 시민 사회의 중재의 중요한 청중으로 확인된다. 그들은 프로그램 디자인에서 역량 있는 주류의 개입과 비판적 요인이 결합될 필요가 있는 높은 수준을 보여 주었다. 그들 네 명 중 한 명(43%)의 청소년들이 "위험"에 속해 있다. 즉, 그들은 염려할 만한 신호를 보여 주고 있다. 반면 1/4 (25%)은 "정상"으로 사실상 전혀 걱정스러운 징후를 보이지 않는다. 상실 세대의 개념은 경험적이고 폭로적이다(그림 21.1 참조).

아프리카 청소년들은 "상실"과 "주변화"의 카테고리에서 우세하다. 남자 청소년이 "상실"이 우세한데 반해 여성 청소년들은 보다 더 "주변화 된" 것 같다. 이점을 반영하는 것은 젊은 정치 조직과 구성하고 범죄적 요소의 관련 그 이상이다. "상실"청소년은 다른 조직보다는 정치적 조직에서 훨씬 잘 찾을 수 있을 것 같았다. 투쟁에 참여한 것에 대한 대가는 상당하다.

이러한 이후의 발견은 많은 이들에게 더 쓴 약이었다. 변혁의 기간 동안 어느 정당도 그들의 책자에 범죄자 청소년을 받아들이기를 원하지 않았다. 더욱이 "상실 세대"라는 개념으로 분류되는 것은 투쟁에 관련되었다는 논쟁을 전제하게 되었다. 비록 그것이 보이코트나 시민 불복종, 또는 폭력의 형태를 취한다 할지라도 그것은 시민의 참여였다. 그러나 정치적 참여의 효과는 덜 긍정적이었다. 주변화 된 항목이 보여 주듯이 남아프리카가 청소년을 주류 사회 경제적 삶으로 끌

5) 연령에 대한 청소년(Youth)의 정의는 16~30세까지이다.

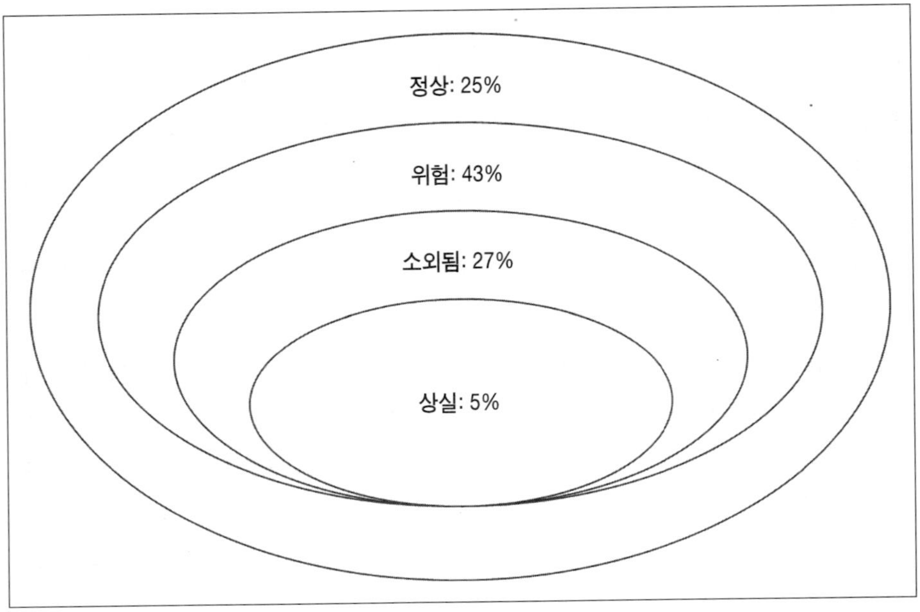

그림 21.1 남아프리카의 청소년 주변화, 1993[6)]

어들이려면 참으로 많은 일을 해야 한다.

청소년부의 조직

1990~1993년의 전국 협상은 청소년부를 스케치 하는 과정과 함께 선점한 주요 개발기구의 연설에 동의하였다. 이것은 포지션을 연습하고 느리고 긴 과정을 밟아 그의 부모들을 모방하는, 정치 운동의 젊은 날개들과 함께 하는, 길고 어렵고 오르락내리락하는, 협상을 필요로 하였다. Kempton Park에서 일어난 점차적으로 우호적이 되어가는 전국 협상에도 불구하고 청소년부—수천 km 떨어진 곳에서도 회의에 참석하였다—는 이전의 적대적 정당의 젊은 날개와 인종적 경멸과 나쁜 신념의 협상 등에 대한 비난이 뒤따르는 일 사이에 깊은 불신으로 특징지어

6) *Business Day*, 2000년 1월 26일.

졌다.

그럼에도 불구하고 공동부유프로젝트(JEP)는 청소년부의 필요—고용을 위한 훈련, 잃어버린 교육 기회 제공, 성과 생식 건강 교육, 서비스의 공급, HIV/AIDS 교육, 주변화와의 싸움 등—를 발전시키는데 대한 지지를 얻어내는데 성공하였다. 1993년 주변화 된 청소년에 대한 전국 회담의 시기 즈음에 청소년발달포럼(NYDF)이 청소년부에 종합적인 가이드를 제공하기 위해 세웠던 청소년발달조정위원회(National Youth Development Co-ordinating Committee; NYDCC)를 흡수하여 유용한 수행 조직체로서의 출범을 준비하고 있었다. NYDF는 청소년부문에서 중재하고 통합하는 일을 하게 될, 어느 당파에도 속하지 않은 조직체로 계획되어 가장 힘겨운 몇 년을 보냈으며 청소년 분야의 선두에 서서 강력한 위치를 차지하였다. 국제적 기부자가 통일된 남아프리카에 의해 처음으로 참여하게 되었다. 주류 매스컴은 청소년에 대한 이슈를 빈번하게 논의하고 "상실 세대"는 주변화 된 청소년에 의해 자리를 내어주는 듯 했고 강조점이 청소년들이 무엇을 하는가에서 그들을 위해서 무엇을 해야 하는가로 바뀌었다.

NYDF에게는 세 가지 주된 임무가 있었다. 그 임무는 국가청소년서비스발의(National Youth Service Initiative)등과 같은 혁신적인 계획을 설계하고, 정치적 목표보다는 발달 심리학 주변에 다루기 힘든 청소년부를 응집시키고 1990년 초기에 나타나기 시작했던 청소년에 대한 호의가 성장하도록 하는 것이다. 그러나 비극적이게도 이 모든 것이 실패하였다.

❁ 1994~1996: 환멸과 분열

1990년대 중반은 청소년부에 대한 환멸의 시기였다. 대중을 동원하는 것—청소년 동원을 포함하여—은 협상의 과정에서 요구되는 기행처럼 협상을 중단하고 재개하는 스위치로 취급되었다. 협상이 잘 진행될 때에는 정지해야 하고 협상이 장벽에 부딪칠 때는 대중의 활동이 요청되었다. 그러나 시간의 요구를 반영하여 광역적인 참여를 유지하기는 어려운 일이어서 대중은 청소년 활동을 잊었다. 청소년들은 그들의 특별한 정치적 기여와 투쟁 중의 보병으로서 표류하기 시작했고 점차적으로 불필요한 존재로 여겨졌다. 비판적으로 말해서 정치적 조직들은 정치적 공백 기간의 새로운 정책 속에서 청소년의 에너지와 헌신을 얻어내는 창조적인 방법을 개발하는 데에 실패하였다. 교회와 정당들은 청소년에게 접근하는 두 개의 주된 수단을 가지고 있었다. 그러나 두 가지 모두 청소년들이 건설적인 역할을 하도록 하는 주요한 사회 운동을 하는 데 실패하였다.

사례 2. 청소년의 말: 그래서 나는 잘못을 인정해야만 했습니다....

J는 청소년부에서 매우 재능 있는 연구자였다. 그녀는 꾸준히 자신의 상급 음악클래스(Master class)에서 탑을 달리며 대학 우등생 명단(Dean's list)에 기록되며 그녀의 CV(curriculum vitae)에서 성공의 끈을 잡고 있었다. 같은 CV는 그녀에게는 J가 어린 학생이었을 때 예상치 못하게 갖게 된 딸이 있다고 했다. 어린 독신의 흑인 엄마로서 J는 실패할 수밖에 없었다. 학교에서 퇴학당하고 가족과 친구들 사이에서 쏟아지는 비난으로 고통 받고, 일자리를 얻기 위해 분투하고, "불법 거주지"에서 살아갔다. 모든 통계에서 임신 충격은 젊은 여자들의 삶을 곤란하게 하고 그들이 뒤이어 짊어져야 할 짐을 보여 준다. 그리고 대개 독신으로 지낸다. 사회적 경제적으로 변두리의 삶은 사는 것은 "십대 임신"의 당연한 결과라는 말이 있다. 그리고 많은 여성들에게 그것은 현실이다. 그러나 이 "십대 임신"의 경험은 우리의 최근 조사 결과가 제시하는 것과는 미묘한 차이가 있다. J는 그녀와 같은 경험이 있는 다른 젊은 여성의 일반적인 경험에서 알 수 있는 사실을 자랑하고 문제 삼고 있지 않다. 아이를 가졌다는 사실은 그녀의 삶에 영향을 주었다. 그녀는 젊은 시절에 많은 것을 경험하였다. 거짓을 말해야 했으며 가까운 지역 주민들을 견뎌내야 했다. 그녀처럼 혼자 아이를 가진 친구가 거의 없었고 결혼한 친구들은 그녀를 멸시했다. 그래서 그녀는 그들은 무시했다. 그래서 그녀는 아이를 가지지 않은 연인이 전혀 없었다. "그들은 나의 딸을 보고 도망가버리지요."는 그녀의 왜곡된 관찰이었다.

그녀는 아이의 아버지와 결혼하지 않기로 했고 그는 아이의 인생에서 아무런 역할도 하지 않았다. 그녀는 J에게 전화번호를 찾아주면서 낙태를 권한 후 그녀 혼자서 모든 것을 하도록 내버려두었다. 그녀는 아무것도 하지 않았다. 우리는 십대 임신 경험에 대해 좀 더 많은 것을 배우려 했기 때문에 남자와 그들의 다양한 역할을 다루는 방법을 알아야 했다.

J가 처음으로 그의 가족들에게 말했을 때 그녀는 심한 반응을 두려워했었고 그녀의 아버지는 정말로 "심하게 화를 내셨다." 그러나 그녀는 그 문제를 그녀에게 더 나은 말을 해 줄 수 없는 그녀의 어머니에게 꺼내 놓았다. 처음에 화를 낸 후에 그녀의 가족들은 그 상황을 받아들이고 그들이 할 수 있는 한 J를 후원해 주었다. 이전까지 그녀는 그 지방의 역할 모델이었다. 시험성적이 좋고 교회에서 노래하며 순결을 지키고 있었다. 모범적이지 않은 소녀와 여자들에게는 무슨 일이 일어나고 있겠는가? 왜 어떤 가족들은 그 상황을 받아들이고 그들이 할 수 있는 최선을 다하는데 다른 이들은 그 어미와 갓 태어난 아이를 물리치는가? J의 교회—그녀는 그 곳에서 주중과 주말에 성가대에서 노래했다—는 "나를 내쫓았어요. 그들은 한동안 나를 밖으로 밀어냈지만 내가 여전히 통로에 있는 것을 보고 천천히 다시 안으로 들어가게 했지요." 교회의 유연한 도덕적 입장에도 불구하고 더 이상 그 교회에 출석하지 않았다. "난 그냥 혼자서 기도하고 있어요." J는 우리가 "십대 임신"에 뒤따르는 현상에 대해 얼마나 무지한지 일깨워 주고 있었다. 그녀는 틀에 박힌 상식 이상의 것을 보아야 한다고 강력하게 일깨워 주었다. "왜 당신은 매우 잘해 나가고 있는데 다른 이들은 그렇지 않을까요?" 내가 그녀에게 물었다. "나의 어머니는 매우 엄격한 도덕적 규칙을 가지고 있었어요." 그녀는 대답했다. "회색은 존재하지 않았어요. 옳거나 잘못이거나 둘 중 하나였죠. 그래서 나는 잘못을 인정하거나 영원히 숨어버리거나 할 수 밖에 없었어요." 우리의 연구가 "십대 임신"과 같은 구조적 요인 뒤에 있는 도덕적 정체성의 힘을 발견할 때 우리는 청소년에 대해 어떤 확신을 가지고 말을 할 수 있을 것이다.

청소년들은 정치적으로 해체되었지만 그들에게 표현이나 행동을 위한 대체 방안은 제공되지 않았다. 어떤 이들은 정치적 폭력에 대응하고 아프리카민족회의(ANC)/Inkatha투쟁을 날카롭게 하기 위해 세워진 자위대로 돌아갔다. Straker에 의하면, 다른 이들은 1980년대에 가지게 된 생활 방식을 유지하는 수단으로 범죄를 다시 저지르고 있다. 많은 이들이 단순히 정치에서 손을 뗐다.

너무 많은 싸움, 너무 적은 로비

그 10년의 초기가 "상실 세대"에 대한 비관론을 반격하는데 소비되었다. 새로운 세력이 나타났는데 이름 하여 통합된 청소년 개발이다. 이는 계획적인 "상실 세대"에 대한 대항 세력이다. 통합된 청소년 개발은 하나의 프로그램 안에서 청소년을 그들 자신의 상황에 들어가게 하고 다양한 필요(건강, 교육, 훈련하는 기술, 생활 기술)를 공급하기 위해 노력하는 프로그램을 계획할 필요가 있었다. 이것은 참여자의 다양한 필요를 무시하여 하나에 초점을 맞춘 많은 프로그램들보다 더욱 성공적일 것 같아보였다.

그러나 그 부서는 너무나 그것 자체에만 초점을 맞추었고 자원과 정치적 후원을 담아내려고 싸우는데 너무 많은 시간을 소비하였으며 틀림없이 분투하는 그들의 역할이 청소년들에게 ANC관리자들로부터의 특별한 관심을 "얻게"했을 것이라고 너무나 확신했을 것이다. 결국 여성 운동이 보여 주는 절박함에 대한 감각의 결핍으로, 예를 들면 청소년부는 협상 과정에 시사적으로 개입하는데 실패하였다.

그것의 일부는 통합된 개발 개념으로부터 흘러나왔다. 청소년부와 지도자들에게 "보상"으로 청소년국(Youth Ministry)이 협회의 토대와 함께 세워질 것이라고 기대되었다. 청소년부 내부에서 많은 이들이 그 생각에 반대하는 반면 어떤 이들은 그것을 지지하였다. 많은 시간과 노력이 그 문제를 놓고 싸우는데 허비되었는데 이는 청소년부가 청소년들의 문제들이 '슬럼화(ghettoised)' 되어버려서(Joint Enrichment Project, 1993) 재원이 없는 하급의 부서가 될 것을 두려워했기 때문이다. 더욱이 통합된 개발은 청소년만을 위한 하나의 이슈 프로그램들로 나누는 것이 아니라 청소년들의 필요를 그들의 프로그램 안에 세우는 모든 중요한 각료를 필요로 한다는 것이다. 그러나 청소년부는 논지의 양편에서 싸웠다. 청소년들이 그들끼리 싸우기 위해서 떠나고 정책 조직 과정이 그것들을 지나쳐 갔다는 사실은 그렇게 놀랄 만한 일이 아니다.

각료 대신에 데스크 직원이 주요 내각 내에 있을 것을 제안 받았다(Everatt, 1993;. Everatt & Orkin, 1993; Truscott & Milner, 1994). 그러나 여기에서 조차도 그 메커니즘과 조직의 연산 체계에 대하여 그들이 제안한 제도적 정돈과 정책 선택의 대부분이 잘 전달되지 않는다는 사실을 생각해야 할 것이다. 1990년 이후 대결에서 협상으로의 갑작스런 전환은 총체적으로 진보 진영에 대해서 커다란 지식의 변화를 요구하였다. 인종차별 정권의 본성과 그에 대한 저항은 진보 진영이 정부와 거의 관련이 없다는 것을 의미했다. 행동주의자들은 정부에서 어떤 결정을 내렸는지 거의 알지 못했다. 어렴풋하게 암시되거나 특유의 제안이 훨씬 더 있음직하다. 청소년부는 정부의 이슈에 대한 정보에 더 밝았을 것이다.

배신

재건 및 발달프로그램(RDP)이 첫 번째 민주 보통 선거가 다가오고 있을 때 크게 축배를 울리면서 출범하였다. RDP는 그 이름 속에 "통합되고 통일성 있는 사회 경제적 정책 구조라는 의미를 담고 있다. 그것은 모든 우리 배성과 모든 우리의 자원들이 최종적인 인종차별 근절과 민주적이고 인종차별이 없고 성차별이 없는 미래를 건설하는데 동원하려고 노력한다(African National Congress, 1994). RDP는 ANC연합에서 행했던 집중적인 고비와 홍정의 결과물이다. 부서들은 정책과 프로그램 형식을 개발하고 그리고 나서는 연합 내에서 돌아다니면서 논쟁하며 싸우는 RDP의 여섯 분견대를 통하여 그들에 대한 후원을 확보해야 한다. 청소년들은 단독으로 필요를 근거로 한 어떤 요구도 할 수 없다. 장애를 가진 여성들, 집 없는 사람들, 시골의 레지스탕스, 그리고 다른 많은 이들이 동등하게 또는 보다 더 강력하게 그러한 논거로 주장할 수 있다. 청소년부는 세부적인 기준 자료의 이점을 지니고 있고 정책 입장과 청소년발달포럼(NYDF)과 청소년발달조정위원회(NYDCC)의 조직의 기준에 동의한다. 중요한 책무를 보장하도록 잘

자리 잡은 것 같아 보였다. 그것이 최종적으로 드러났을 때, 재건 및 발달프로그램(RDP)는 147페이지의 분량이었고 교육에서부터 치안과 영양 공급에 이르기까지 어마어마한 종류의 주제를 다루고 있었다. '청소년 발달'은 인간자원발달부문에 나타난다. 그것은 스포츠와 레크리에이션 다음에 바로 나오는데 '예술과 문화'의 소주제로 언급되어 있다. 청소년은 친밀한 위치에서 아주 동떨어져 있다. '그들에게 운동장을 주어라. 그것이 그들을 행복하게 할 것이다.'

1993년에 청소년으로 정의되는 16세에서 30세 사이의 1,100만 명 정도의 청소년이 있었다. 그들은 대략 남아프리카 인구의 1/4를 구성하고 있었다. 이 거대한 수에도 불구하고 재건 및 발달프로그램(RDP)는 긍정적인 행동 프로그램들과 경제적 교육적 기회의 요구를 위한 가능한 타겟으로 그들을 열거하는 것(여성과 농부와 노인들과 함께) 외에는 청소년에 대해 거의 말하지 않았다. 정부 차원에서 재건 및 발달프로그램(RDP)는 단지 "적절한 정부 부처가 보다 설득력 있게 청소년들에게 관심사를 표현해야 한다"고만 말했다(African National Congress, 1994).

1994년에 남아프라카의 모습은 정책과 산업적 논쟁이라는 용어로 정리된다. 청소년은 제대로 대접받지 못 한다: 국가적 청소년 서비스 의안은 청소년 개발을 선전하기 위한 단하나의 기관이었던 재건 및 발달프로그램(RDP)의 유일한 정책 의안이었고 통합된 청소년 개발은 완전히 실종되었다. 창구 직원이나 청소년 각료도 제안되지 않았다.

청소년부는 전체적으로 좌절을 겪고 있었는데 이는 그들의 로비에도 불구하고 3자 연합한 청소년 조직과 그 지도자들이 중대한 현실 참여의 보장과 재건 및 발달프로그램(RDP)의 청소년 개발을 이해하는 데에 실패하였기 때문이다. 이것은 다음으로 시민 사회 뿐만 아니라 모든 정당의 대표들도 끊임없이 옹호하여 남아프리카의 미래가 정해지고 있었던 협상 홀로 가져 왔던 각부 단계의 요구들의 화합을 발전시키는 데 더 크게 실패할 것이라는 것을 의미하고 있었다.

전략의 실패

만약 재건 및 발달프로그램(RDP)이 삼자 연합에서 비교적 연약한 청소년부를 보여 주었다면 그 부서의 총체적 연약함은 1994년까지 정치적 무대를 지배한 복수 정당의 협상에 개입하는 것이 실패한 것에 반영되었다. 여성 운동과의 대비는 식견을 제공한다. 국가여성연합(National Women's Coalition)－NYDCC와 같은 다양한 분야를 가진 조직－은 모든 정치 정당을 포함하여 다양한 종류의 여성 조직을 함께 끌어 모으려고 노력하였다. 내부의 긴장에도 불구하고 연합은 여성 조직들이 함께 오도록 단상을 제공하여 정보를 교환하고 정치적 입장을 논의하였다. 이들 역시 내적으로 국가여성연합(NWC)와 제휴한 정치적 운동의 지지를 얻고 시민 사회 조직에 의해 복수 정당 협상으로 나아오게 되었다.

연합은 다양한 조직으로부터 온 여성들에 의해 지지받는 요구들을 위하여 폭넓은 지지를 얻을 수 있었다(Albertyn, 1994). 연합은 요구받았을 때 합법적 조직화나 정치적 선택권을 제공할 수 있었고 복수 정당 회의에서 로비하여 미래의 지도적 엘리트 사이에서 성별의 민감성을 깊게 할 뿐만 아니라 여성을 위하여 중대한 이익을 확보하였다. 똑같이 중요하게 성 중심 시민 사회기구들이 ANC 연합 내에서 그리고 복수 정당 회의에서 열심히 로비하였다.

한 연구에 따르면

> 저항에서 협상 정책으로의 변환은, 그들이 인종과 계급을 넘어서 세력을 통합하고 정치적으로 나뉘어 새로운 민주주의 안에 포함되고자 싸울 때 여성 통합을 정당 내에서 그리고 시민 사회에서 정치적 지지자로 보게 되었다. 이러한 운동은 80년대의 투쟁과 논쟁에 의해 길러진 강한 여성의 리더십에 의해 강화되었다. 그리고 그것은 1990년대 여성의 권익에 전략적으로 개입할 능력을 과시하였다(Albertyn, Goldblatt, Abatha & Meintjies, 1999, 11p).

그 전략은 국제적으로 성 감수성(gender sensitivity) 환경 때문에 효과가 있었다. 그것은 아직 망명 중에 있는 동안에 아프리카민족회의(ANC)에 충격을 주게 되었다. 여성부문에 근거를 둔 목소리를 내는 국가여성연합(NWC)의 능력(내부의 문제에도 불구하고): 반인종차별 투쟁기간을 포함하는, 여성 문제 주변 조직화의 역사, 전략으로서의 로비사용, 성-민감(gender-sensitive) 아젠다를 밀어붙일 수 있는 아프리카민족회의(ANC) 안의 선배 여성의 존재 등(Albertyn, Goldblatt, Hassim, Mbatha & Meintjie, 1999, 11). 하나의 중요한 결과는 재건 및 발달프로그램(RDP)가 일반적 성 민감성을 반영할 뿐만 아니라 전부는 아니지만 일부 부문에서 공평하고 일관성 있게 여성을 계속 추천하고 있다는 것이다. 정부의 정책 조직화에서 성의 민감성은 1994년부터 주목되었다.

청소년부 또한 그것이 정책 연설에 동의하고 추천하면서 청소년부의 편에선 아프리카민족회의(ANC) 선배 지도자와 함께 잘 자리 잡았다고 생각했다. 그러나 청소년부는 여성 운동을 모방하는데 실패했다. 그것은 국제 여성 운동과 성 의식의 성장이 국가여성연합(NWC)에 제공하는 상황의 이점이 없었지만 다른 것들을 누렸다. 그러나 청소년발달조정위원회(NYDCC)는 정치적 말다툼에 시달렸고 청소년 개발 기구를 지지하는 정당 정책을 특별한 기초에 근거하기보다 다른 것들을 요구하는 수준 이상으로 끌어올리는데 실패하였다. 결단이 점차 고통스럽게 정치 활동을 하는 특별석을 마주하고 보통 이루어진다. 청소년발달포럼(NYDF)은 청소년 개발 연설을 복수 정당 회담으로 가져가는 초월 정치 정략을 따르지 않았다. 특별한 부에 근거를 둔 요구를 밀어붙이든가 아니면 부적절한 제안에 대해 대항하거나 양자택일하기 위한 어떠한 로비 그룹도 없었다. 협상의 과정에서 결국 청소년을 위한 내용이 거의 없다는 것이 분명해졌다.

청소년발달포럼(NYDF)의 붕괴, 청소년부의 관의 마지막 못

만약 정책 차원의 실패와 협상 전략이 있었다면 청소년발달포럼(NYDF)은 성취 단계에서 부터 실패했을 것이다. 부분적으로 이것은 청소년발달포럼(NYDF)을 미혹하는 정치적 긴장을 겪었기 때문이다. 게다가 청소년들이 청소년발달포럼(NYDF)에서 사실상 모든 직책을 차지하고 있다. 개발의 수령자들은 그들 자신의 발전의 중심에 있어야 할 필요가 있는 발전 원리로 삼았다. 그것은 또한 비판적 영역의 경험—많은 자금과 지배적 고문—이 없다. 비록 청소년발달포럼(NYDF)이 사용할 수 있는 중요한 자원이 있다 해도 많은 수의 직원을 고용해야 했기 때문에 부패에 대한 탄원과 잘못된 관리, 정치적 족벌주의의 한가운데서 3년 후에 붕괴되었다. 오직 주제넘은 청소년만이 청소년을 다루는 협회 직원이 될 수 있다는 것에 대한 타당성이 아래에서 논의된다. 그러나 청소년발달포럼(NYDF)은 개발 프로그램을 전달하는데 경험이 매우 부족했고 그들이 하는 말에는 치명적 결함이 있었다("당신이 청소년 개발 프로그램을 관리할 수 있는가" pp. 312-313 참조).

청소년발달포럼(NYDF)은 많은 종류의 조직에 의해 세워졌는데 그 조직들 중 많은 수가 청소년 조직이었다. 그러나 청소년발달포럼(NYDF)에는 다양한 중요 주문에서 끌어들인 청소년답지 않은 조직들도 청소년발달포럼(NYDF)에서 활동적인 역할을 해내지 못했다.

기부자들이 그들의 기금을 줄여 동유럽으로 돈을 돌리고 청소년 개발이 덜 중요한 위치로 내려갔기 때문에 더 넓은 사정도 역시 어둡다. 청소년발달포럼(NYDF)의 부패가 폭로 된 후, 청소년에게 초점을 맞춘 NGOs에게 상황이 더욱 악화되어 그들 중 다수가 문을 닫거나 직원과 프로그램을 줄였다. 많은 다른 조직들은 새롭게 형성된 정부에 참모로 들어갔으므로 진행 중인 과정이 약해지지 않았다.

1990년대 중반까지 청소년부는 혼란 중에 있었다. 10년의 초기에 얻은 것을 모두 잃어버렸다. 청소년에 대한 중요한 정책 공약도 없었다. 비록 의회가 청소년의 관심사를 감독하겠다고 제안했으나 청소년 개발은 어떤 정부의 부서에도 뿌리내리지 못했다. 청소년발달포럼(NYDF)의 붕괴는 그들의 관심사를 청소년들의 능력에 대한 부정적인 견해가 강화되었을 뿐만 아니라 기부자들의 많은 신의를 잃어버렸다. 청소년들이 한 부서로 방문 받았을 때는 복잡함과 그 세대의 요구보다는 그들이 대표라는 것을 알고 있다고 으름장을 놓는 상황이 일반적으로 벌어졌다. 암살된 공산당의 리더 Chris Hani의 장례행렬 거리에서 경찰과 청소년 사이에 일어난 싸움을 보았다. 몇 주 안에 15개가 넘는 청소년단체를 조직하겠다는 제안을 여러 조직이 했는데 공동체 봉사 단체(미국 계열)의 강요된 육체적 행위에 대해 흑인 청소년을 위한, 바른 노동 캠프를 위한 공동체 봉사 조직들로 분류 되는 조직들이다. 그러나 많은 신문 칼럼에도 불구하고 구체적으로 아무것도 행해지지 않았다. 몇 주 후에 "청소년 폭력"으로부터 협상으로 전환된 국가의 초점이 맞추어지자 제안들은 사라지고 남아프리카의 청소년들은 그들이 머물렀던 이전의 상태로 돌아갔다.

❁ 1997년 이후: 제도화, 정책 체계화와 표류

이러한 전후 상황 하에서 국가청소년위원회(NYC)가 Soweto 폭동 기념일이며 청소년의 날인 1996년[7] 6월 16일에 개관하였다. 1996년부터 그 10년의 말까지의 기간은 국가청소년위원회(NYC)와 남아프리카 청소년 의회(SAYC)의 창단 처음으로 청소년의 목소리가 권력자의 귀에 들리게 하는 공식적인 장치가 마련된 것이 주된 사건들이다. 그 기간 역시 그들 협회가 큰 수를 이루고 있는 청소년들의 이익을 위한 프로그램 속에 그러한 계획을 프로그램 속에서 실행하는 것이 실패한 것으로 특징지어진다. 그 긍정적인 결과는 그 10년을 마감하면서, 분명하게 나타나는바, 청소년 NGOs가 다시 한 번(1990년대 초처럼) 혁신적인 프로그램을 계획하고 정부 부처와의 협력을 매개로 그들을 인도 하는 데에 중심적인 역할을 했다는 것이다.

공식 청소년 조직의 실패

국가청소년위원회(NYC)는 거의 최초부터 미디어 비판을 타겟으로 삼기 시작했는데 그 이유는 예를 들어 인권위원회(Human Rights Commission; HRC) 의장보다 상당히 높게 책정된 급료 때문이었다. 침묵의 대가로 부서를 팔아넘겼다는 생각이 널리 퍼졌다.

---

7) National Youth Commission Act(19 of 1996).

미디어 비판이 조직이 지불하는 모든 위원회의 봉급이 엄청나게 높은 것이지만 국가청소년위원회(NYC) 의장에 비하면 그렇지 않다는 것을 강조하지 않는다고 말해지고 있었다. 그 관계는 명백하였다. 그녀는 다른 위원회의 의장들이 일하는 것만큼의 일을 해야 하겠지만 그러나 그렇게 하면 그녀의 봉급은 적어질 것이다. 미디어는 어른의 편견을 기억하는 청소년들에 대해 묘사하였다. 청소년들은 그들의 위치를 알고 가만히 있어야 한다고.

국가청소년위원회(NYC)에 대해 국가청소년위원회법안(National Youth Commission Act)은 6월 16일 마감 시간에 성급하고 졸렬하게 설계되고 서투르게 개념화하였다고 보다 더 훌륭하게 비판하였다. 법령이 14세와 35세[8] 사이 연령 모두를 포함하여 청소년이라고 규정한 것은 심각한 실수이다. 남아프리카의 청소년은 1976년과 1990년 사이의 청소년과 학생들의 투쟁의 영향 때문에 항상 국제적 정의(일반적으로 16세에서 24세까지)보다 더 높게 범위가 정해진다. 그러나 이 그룹은 언제까지나 청소년으로 있는 것이 아니다. 아이에서 청소년이 되는 14세의 소년을 똑같은 특징으로 설명할 수 없다. 14세의 소년은 투표할 수 없고 합법적으로 성관계를 가질 수 없으며 생계를 위해 돈을 벌 수 없다. 그러나 억울하게도 청소년과 똑같이 14세의 소년은 강간에 대해 책임을 져야 하지만 그 이하의 나이의 소년은 그렇지 않다. ANC의 정책으로 14세까지는 의무적으로 학교에 다녀야 한다. 14세의 소년은 삶의 경험과 사정과 필요가 35세의 청소년과는 완전히 다르다. 성과 인종, 계급, 시골/도시 등 사는 곳, 그리고 남아프리카의 토대가 되는 다른 요인 등등의 복잡한 상황을 더하면 그 복잡성은 지금의 "청소년"이라는 모호한 개념 속에 담기가 불가능해진다. 실제로 그 정의는 평소 때보다는 법률 위반 시에 더 자주 관찰된다.[9]

국가청소년위원회(NYC)가 남아프리카의 다른 위원회와 공유하고 있는 또 하나의 약점은 위원들의 약속보다 앞서는 정치적 교환이다. 정치적 정당들은 모두

8) National Youth Commission Act(19 of 1996).

9) 예를 들어 남아프리카는 법적으로 정의된 청소년들을 통계적으로 산출하는데 실패했다.

대표한 것은 강요하기 때문에 그 결과로 부문에 대한 지식은 정당 가입과 관련해서 2차적인 일이 된다. 오직 청소년만이 청소년 위원과 국가청소년위원회(NYC) 직원이 될 수 있다고 계속 주장하는데 그것 자체가 수상스러운 제안이다. 시간이 지나면서 국가청소년위원회(NYC)에 대한 미디어 비판은 봉급 문제에서 일하지 않는다는 사실로 옮겨졌다. Mail & Guardian는 끊임없이 국가청소년위원회(NYC)가 정부의 협회 중에 가장 최악으로 실행하는 협회 중에 있다고 평가하면서 논증하였다.

> 1996년 축배를 울리면서 출범한—그리고 한 달에 R30000의 봉급과 의장 Mahlenge Bhengu의 수입에 대한 비판을 받은—그 위원회는 나라의 청소년 세대의 미래는 전면으로 나아올 것이라는 것과 관련하여 대중의 시야에서 사라지고 있다.[10)]

청소년의 발달은 청소년이 관리해야 하는가?

1990년 이래 청소년 개발의 성장과 쇠퇴를 분석하면서 어려운 질문이 생겨났다. 청소년이 청소년 발달을 다루는 협회의 직원을 거느리고 그 협회를 관리한다고 추정하는 것이 타당하냐 하는 것이다. 날짜를 따라가며 그러한 협회의 자취를 기록하는 것은 인상적이지 않다.

1990년 이래 청소년 운동은 그 기획의 혜택을 받을 자가 그들 자신의 개발의 중심에 있어야 한다는 선한 개발을 가리키는 문구에 기초해 있다. 이것은 슬로건이 되었다. 청소년은 청소년 발전을 위해 일하여야 한다. 청소년 NGOs의 레벨에서는 이것은 잘 되어 나갔다. 그러나 청소년 NGOs는 소규모이고 참여에 초점을 맞추고 번영하며 타겟이 되는 그룹을 위해 투쟁을 계속하는 경향이 있다. 비평적으로 말해 청소년 NGOs는 급속히 변화하는 청소년 문화와 계속 접촉하려고 하였고

10) *Mail & Guardian*, 1998년 12월 6일.

그들의 봉사 활동에의 성공은 종종 이러한 친밀감에 의한 것이었다. 직원들(그리고 NGOs의 직원들도)의 피로와 이동도 심했다. 전국 수준에서 문자 그대로 청소년발달포럼(NYDF)의 직원인 청소년들과 함께 청소년은 그들 자신의 개발을 촉구한다. 그 그룹은 국가와 지방의회(National and Provincial Commission), 청소년회의(Youth Council)와 그 외 등등이다. 각각의 이들 협회들은 실패한다 해도 기껏해야 기대한대로 살아가는데 실패하는 정도였고 나빠봤자 청소년발달포럼(NYDF)처럼 조직이 무너지는 정도였다.

나이 자체는 그리 대단한 변화를 주지 않는다. 적수만 있는 것이 아니라 높은 기술을 지닌 청소년들과 나이든 사람들도 있다. 그러나 나이는 마음을 먹는다면 경험과 지위와 정치 계급의 권력이 된다. 남아프리카가 안정된 정치 시스템을 발전시킴에 따라 이것은 점점 더 중요해진다. 정치와 경험을 무시하는 것은 전국적이거나 지방적 개발 프로그램이 개발되고 있을 때, 위험하다. 나이나 정치적 협력으로 "청소년"에게 접근하는 것은 점점 더 소용없어지고 있다. 계획과 원가 계산과 프로그램 운용과 그와 유사한 기술들이 점점 더 요구되고 있다. 자기 성취의 시대이다. 그들을 위해 계획되는 프로그램은 점점 줄어들고 정부에 의해서도 점점 덜 이용된다. 그러나 성인들처럼 그들은 4년마다 충성과 투표를 위한 부름을 받는다. Penny Foley는 지방 정치가가 공동부요프로젝트(JEP)를 방문했던 그 곳에서 주먹이 들어 올려지고 외치는 소리가 들린다. "울부짖으라, 젊은 사자여. 울부짖으라."라고 묘사한다. 프로젝트에 참여했던 청소년이 잠시 멈추어 서서 위를 올려다보고 무관심하게 자신의 일을 한다. 나중에 그들은 그들의 투표를 원하지만 아무것도 되돌려 주지 않는 정치가에게 넌더리가 났다고 설명한다(Foley forthcoming).

오직 청소년만이 이해할 수 있고 이런 수준에서 청소년 개발을 꾀하는 개념을 조심스럽게 시험해 볼 때이다. 청소년은 분명히 모든 레벨에서 과정상에 있다. 그러나 오직 특정한 나이 범위 안에 있는 사람만이 전국적, 지방적 청소년 정책을 관리할 수 있고 프로그램을 만들고 성취할 수 있다는 단선적인 주장은 청소년을 실질적으로 진보시키는 데 실패하였다.

기사에서 남아프리카대학졸업자발달협회(South African Graduates Development Association; SAGDA)의 지도자 Vukile Nkabinde의 말을 인용하였다.

> 그 위원들은 청소년과는 너무나 거리가 멉니다. 우리는 그들이 정말로 일하고 있는지, 또는 세금을 낭비하고 있는 것인지 확신할 수 없습니다. 그들은 좀 더 가까이 와서 투쟁에 참여하여 돌을 던졌던 청소년들과 똑같은 이 청소년들이 참정권을 가지고 있지 않다는 것을 알아야합니다. 그들은 웅변을 멈추어야 합니다. 우리가 필요로 하는 것은 행동입니다.[11]

1년 후 비평이 계속되었다. 청소년 면접자가 말했다.

> 청소년위원회(Youth Commission) 는 지적이기를 열망하거나 장래에 정치가가 되기를 원하는 사람들의 진지한 모임이다. 그들은 청소년들을 자기편으로 끌어들이고 우리가 직면한 사회 경제적 문제를 도우려고 생각하지 않는다.[12]

문제점은 국가청소년위원회(NYC)에게 특별한 것이 아니고 정당들 역시 그 문제를 바라보지 않는다. 아프리카민족회의청소년리그(ANCYL)의 부회장은 일찍이 그의 지지자들에 대해 다음과 같이 언급했다.

> 그들은 느린 변화를 견디지 못하고 속도를 높이기 위해 투쟁적인 행동을 하기를 원한다. 그러나 우리는 그들이 민주주의의 군인이 되어 그들의 호전성을 민주주의를 성장시키는데 이용하기를 원한다.[13]

---

11) *Mail & Guardian*, 1998년 12월 6일.

12) *Mail & Guardian*, 1998년 6월 18일.

13) *Mail & Guardian*, 1998년 3월 1일자에서 Bheki Nkosi가 인용함.

국가청소년위원회(NYC)위원들은 거듭하여 그들이 청소년부를 "이끈다"고 주장한다.[14] 그러나 여전히 위원회는 청소년의 마음을 얻는데 실패했다. 국가청소년위원회(NYC)는 공식적인 조직들과 함께 일한다. 그러나 아래에서 보는 바와 같이 다수의 청소년들은 청소년 조직에 속해 있지 않다. 접촉과 의견 교환은 주로 폐쇄된 청소년 활동가 서클에 한정된다. 그리고 그 서클 중 다수가 그 후 전국적 또는 지방적인 위원회로 제갈 길을 찾게 된다. 반면 다른 이들은 그들의 차례를 기다린다.

국가청소년위원회(NYC)의 의장 Mahlengi Bhengu는 "청소년 행동주의의 쇠퇴가 세계적인 추세이다. 그것은 우리가 일반적인 민주국이 되고 있다는 것을 보여 준다."[15]고 주장했다. 그녀는 계속해서 "우리는 그들의 전달 수단으로 그들과 관계해야 합니다"—국가청소년위원회(NYC)를 포함하여 어떤 모든 정치적 협회는 여전히 목적을 이루고 있습니다. 비록 재건 및 발달프로그램(RDP)이 전국 청소년 봉사(삼자 연합이 명백히 지지한 유일한 청소년 특유의 프로그램)에 대한 아이디어를 1994년에 건의하였지만 그 과정은 느렸다. 어느 백서(white paper)에서는 1999년 후반에 각료에게 굴복했고 2000년 예산안 연설은 그 발의에 대한 자금 지원을 공약하지 않았다. 국가청소년위원회(NYC)는 청소년 정책 문서 2000을 개발하였을 때 상당한 상담 훈련을 맡았다(National Youth Commission, 1997). 그 개발은 청소년 개발 강연을 넘겨받아서 정부 정책 문서에 넘기는 중요한 일이었다. 그러나 그것으로부터 아무런 취지도 끌어낼 수 없었고 Youth Policy 2000은 청소년부에 널리 배포되거나 이용되지 못했다.

어떤 국가청소년위원회(NYC)에 대한 비판은 그 위원회가 수행 기관이 아니고 일제히 판단받아서는 안 되기 때문에 정당하지 않다. 국가청소년위원회법안(NYCA)은 국가청소년위원회(NYC)에게 정책 강연 계발(Youth 2000)의 임무를 부여하고 그 일이 어떻게 되어가는 지를 감시했다. 국가청소년위원회(NYC)가 그 위탁을 완수하고 문을 닫게 될 것인가? 또는 그것이 청소년부의 진행에 대하

---

14) 참여 관찰.

15) *Mail & Guardian*, 1998년 6월 18일자에서 인용.

여 감시하는 역할을 맡는다면 이것이 인권위원회(HRC)의 내부로부터 행해질 것인가 하는 것이 맹렬히 논의 되었다. 국가청소년위원회법안(NYCA)은 또한 청소년의 관심사를 광범위한 기반을 가진 감시기관으로서 남아프리카청소년의회(SAYC)을 조직할 것을 요구하였다(청소년 의회에 공약을 반영시키자고 일찍이 RDP가 제안했었다). 국가청소년위원회(NYC)와 남아프리카청소년의회(SAYC) 두 경우 모두에서 조직들은 어떤 예산도 없이 조직이 세워졌다. 그들의 형성 단계는 회의, 거대한 계획들, 사무실을 갖추는 것, 불이행(부분적으로는 예산 부족에 기인한)에 근거한 부정적 평판을 과정을 거치는 경향이 있다. 그들 자신의 직무를 관리하는 청소년의 능력에 대한 편견은 그 10년 동안에 거듭하여 올바른 것임이 증명되었다. 그들의 일을 지지하는 국가청소년위원회(NYC)와 남아프리카청소년의회(SAYC)가 있음에도 불구하고 예를 들어 정부와 독립선거위원회(Independent Electoral Commission; IEC)는 1999년 두 번째 민주 보통 선거에서 청소년의 관심을 불러일으키는데 실패하였다. 남아프리카의 투표자 명부를 작성하려는 세 번의 시도 끝에 남아프리카인의 거의 80%를 기록하였지만 18세에서 20까지의 청소년 중 48%만이 기록되었다. 성년은 비판적이고 변하기 쉽다. Melissa Levin이 보여 주는 바와 같이 80세 이상의 97%가 투표하기 위해 등록하였다(Levin). 국가청소년위원회(NYC)도 관련된 독립선거위원회(IEC)에 의한 필사적 노력으로 청소년의 등록을 가까스로 전보다 높은 수치인 48%까지 끌어 올렸다. 등록할 시간에는 일반적으로 청소년부 전체에 "정치가들은 오직 선거전에만 모습을 나타낸다"라는 문구가 들린다(Mail & Guardian, 1999).

마찬가지로 거의 개발에 초점을 두지 않은 청소년 NGOs들은 국가청소년위원회(NYC)나 남아프리카청소년의회(SAYC)의 형성으로 인해 이익을 얻었다. 이 조직들은 정부와 청소년부간의 새로운 협력을 꾀할 수 없었다. 부분적으로 이것은 정부 부처의 청소년부에 대한 관심의 결여를 반영한다. 국가청소년위원회(NYC)와 남아프리카청소년의회(SAYC)의 많은 비판은 문제의 근원을 추적하는데 실패했다. 청소년의 규모와 필요를 이해하고 전체 정부가 그러한 것들을 정책개발의 중심에 확실히 들어가도록 하는 데 재건 및 발달프로그램(RDP)은 실패했다. 그 결과 국가청소년위원회(NYC)는 정부 부처에 청소년들을 진지하게 받아들이고 적절한 프로그램을 계획하라고 압력을 가하였지만 결정을 강요할 힘이 없었다. 그들의 위치—정부와 가깝지 않은—는 국가청소년위원회(NYC)를 어려운 지경에 내버려 두었다. 그들의 요구는 공식적으로 행해졌고 정책을 감시하였지만 이행하지는 않았다. 이러한 그들의 위치는 청소년 개발의 위치를 나타낸다. 청소년 개발에 대한 말은 많았지만 그 이상은 없었다. 자신이 위임받은 구역 내에서도 국가청소년위원회(NYC)는 힘이 없었다. RDP는 공식적이 정책일 수는 있었지만 그것은 전적으로 승인하는 내각과 자금과 이행에 달려있었다. 이런 약한 위치는 RDP로 거슬러 올라갈 수 있다. RDP는 청소년들의 관심사를 정책 설계의 중심에 놓는 것에 실패하였다. 그것은 단지 정부 부처가 "보다 더 설득력 있게 청소년들의 관심사들을 설명하도록" 권고하였을 뿐이다(African National Congress, 1994, 74). 그들은 그렇게 실패하였다.

사례 3. 청소년의 말: "... 그것이 일하지 않고도 무엇인가를 기대할 수 있다는 것을 의미하지는 않습니다."

S는 KwaZulu-Natal 왕족 혈통이다. 아직 20대 후반인 그는 정책을 담당하는 정부 장관들의 절친한 친구였다. 그리고 ANC와 Inkatha Freedom 정당(IFP) 지도자들에게 똑같이 환영받았다. S가 우리의 인터뷰 장소에 도착했을 때 사환들은 그의 나이에도 불구하고 즉시 그에게 경의를 표하고 면접하는 동안 내내 시중들고 있었다. 그는 그의 나이와 어룰리지 않는 품위가 있었고 가장 바람직한 방법으로 상류 계급의 냄새를 풍겼다.

앞서 이야기의 청소년들이 그랬던 것처럼 만약 연구 기관과 매스컴의 말을 따른다면 S도 역시 그가 현재 있는 곳에 없어야 했다. 그의 친지들은 복잡한 궁전의 정치 세계에서 일한다. 거기에서는 왕이나 장관 Buthelezi의 총애가 성공을 결정하는 열쇠였고 보통의 정당은 IFP를 선택했다. 다른 이들은 지역적, 인종적 배타주의에 빠졌다. 그러나 그는 연합민주전선(United Democratic Front; UDF) 정치에 관련한 이력을 가지고 있다. UDF를 그가 지지하게 된 것은 어떤 사람의 말

때문이다(UDF는 1980년대에 주요한 국내 저항 운동이었다). 그는 그의 왕족의 위치를 지켰지만 나로 하여금 왕족이라는 사실은 모든 것을 의미함과 동시에 또한 아무 것도 아니라는 것을 알게 해 주었다. "그것은 내가 누구인가를 의미하지만 그것 때문에 일하지 않고도 무엇인가를 기대할 수 있다는 것을 의미하지는 않습니다." 그는 다양한 정체성을 가지고 있고 그가 사업과 정치와 왕족의 세계와 더 이상 신생국이 아닌 남아프리카의 청소년이라는 사실 사이에서 행하는 것과 마찬가지로 그 두 가지 정체성 사이를 넘나들고 있다.

S는 누가 흑인인지 백인인지에 신경 쓰지 않는다고 말했다—Mbeki가 그랬듯이. 그는 판단에 근거하여 말할 필요가 있다고 강조하였다. 그리고 그는 말했다. "나는 백인이든 흑인이든 완벽하거나 결점이 없어 보이는 사람들을 싫어합니다." 남 신경 쓰지 않고 S는 계속해서 클래식이 흘러나오는 워크맨을 듣고 있었다. 청소년은 림보(지옥의 변방)에 있다. S는 그렇게 믿는다. 분투는 그들의 삶을 흥분과 그들의 환경을 통제할 기회로 가득 채울 것이다. S에 의하면 결정적으로, "그러한 분투는 고상한 목표를 가집니다. 그러나 지금은 그 일을 위해 모일 일이 없고 초점을 맞출 일도 없습니다. 다만 편협한 물질주의적 관심만이 있을 뿐입니다. 우리는 그 메시지를 미국 스타일의 대대적인 선전으로 '팔' 만한 큰 스케일의 무엇인가가 필요하다고 믿고 있습니다. 우리는 그런 큰 장사를 부끄럽게 여겨서는 안 됩니다." 그가 나에게 말했다.

S는 새로운 젊은 남아프리카인의 한 종류이다. 1980년대 그는 주로 시민 운동을 매개로 하여 UDF 저항 정치에 몰두하였다. 그는 왕족의 지위에도 불구하고, 경찰과 맞서고 빈곤, 인종차별, 폭력과 싸웠다. 그러나 그는 또한 매우 성공적으로 그의 큰 사업을 경영하는 한편 서너 개의 정부 부처의 고문이다. 그는 왕족의 일에 참여하고 더블린과 요하네스버그에 있는 가정을 지킨다. 그는 허세부리지 않았고 돈을 과시하지도 않았다. 그는 매달 해외로 나가 유럽 전역과 다른 곳에서 거래를 성사시키고 결제한다. 그는 세련되고 잘생겼으며, 그가 하는 일을 매우 잘 해 나간다.

왜 성공했는가? S는 그가 자라는 동안 연장자들과 많은 시간을 보냈고 그들은 그에게 무언가 매우 중요한 것, 즉 옳고 그른데 대한 지식, 자신의 삶을 보는 시각 등을 주었다. 그는 단지 회상하는 것이 아니라 그대로 펼쳐 놓았다. 성공한 청소년의 공통된 주제는 도덕적 정체성—무엇이 옳고 그른 것인가를 아는 것—과 성취에 대한 욕구이다. 이것이 청소년들의 삶에 있어서 중요한 장애물을 이겨낸다. 아마도 1990년대 초기의 일을 체계화하고 조사할 때에 우리가 놓친 것은 청소년이 성공하기 위해서 우리와 똑같이 하지 않아도 된다는 사실일 것이다. 그들은 이미 우리를 앞지르기 위해 기어를 넣고 있다.

새로운 시대

지난 10년은 청소년 프로그램의 새로운 강조점을 보여 준다. 대통령의 일자리 정산회담(Presidential Jobs Summit)은 정부, 노동, 사업이 젊은 사단에게 넘어가고 있다는 것을 알게 되었다. 공공사업부서(Department of Public Works)는 남아프리카에 Roosevelt의 미국민간자원보존단(Civilian Conservation Corps)에 상응하는 것을 만들고자 청소년 재건팀(Reconstruction Workforce)과 일하기 시작했다. 국가청소년위원회(NYC)는 국가청소년서비스(National Youth Service)를 제안하여 일을 추진했다. 국가청소년위원회(NYC)와 공공사업부서(DPW)의 협력체는 2000년의 청소년 봉사를 위한 시범 프로그램에 R50ms가 소비되는 것으로 보았다.

보다 더 간소하게 JEP와 다른 청소년 NGOs들은 다시 한 번 통합 청소년 개발 프로그램을 홍보하는 데에 중요한 역할을 하였다. 예를 들어 가텡(Gauteng)에서 청소년발달발의(Youth Development Initiative)로 청소년 벤처 사업을 육성하는 한편 생활 기술과 전문적인 훈련을 제공하고자 했다. 그 모델은 혁신적이었지만 아직도 시범 단계에 있었다(JEP에 대해 더 세부적인 것은 Folcy Forthcoming을 보라). 학교중도탈락자기회협회는 소규모로 청소년 사업 인구를 훈련하고 육성하는 데에 괄목할 만한 성공을 거두었다. 그 도전은 노동부(Department of

Labour)가 보아왔던 필요한 만큼의 충격을 줄만한 반향을 가져 왔다.

그러나 현재의, 낮은 수준의 청소년의 권익에 대한 부활은 범죄와 HIV/AIDS를 모두에 대한 매스컴의 보도에서 끊임없이 반복되는 청소년의 자세에 대한 잠재적 위협에 단기간의 임시적인 참여를 반영한다. 더욱이 단일한 문제 프로그램이 분리된 정부 부처들로부터 시작되는 한 청소년의 다양한 청소년의 필요를 인식하는 데에 실패하여 그 프로그램이 그들의 타겟을 만나는데 실패할 것이다.

1980년대에 청소년들은 자신들이 변화의 선봉에 있다고 느꼈다. 그 10년의 끝에 대통령의 대변인으로서 Parks Mankahlan는 관측하였다.

> 그 조직(ANC)의 리더십은 젊은 사자들에게서 나이든 보호자로 바뀌었다. 청소년들은 뒷자리를 차지했다. 오늘날 ANC의 전국적 지도자들은 그들의 전통과 관례가 뿌리 깊이 확립된 노인들로 특징지어진다.[16]

이들 "노인"들은 노력해서 청소년부를 이해해야 한다. 여기에 진정한 문제가 있다. 이것을 "청소년에게 무엇이 잘못되었는가? 질문이 시사한다. 청소년과 청소년 문화는 10년이라는 짧은 기간에 극적으로 변화하였다. 한 저널리스트는 청소년을 다음과 같이 묘사한다.

> 청소년들은 MTV의 식품, Aids 의식, 쇼핑 몰, 환경 의식, 관대한 허무주의를 섭취한다. 그것은 보다 더 정치적으로 진지했던 조상들의 이상주의가 결여된 태도를 토해내게 한다. 그것은 ≪Doom Generation and Kids≫ 같은 영화의 세대이다.[17]

청소년들이 그들 자신의 문화를 창조하거나 반(反)아파르트헤이트(반인종격리 정책) 투쟁에서 점점 더 멀어질수록 정치 지도자들과 행동주의자들은 더욱 자

---

16) *Mail & Guardian*, 1998년 3월 1일자에서 인용.

17) *Mail & Guardian*, 1998년 1월 10일자에서 인용.

주 질문한다: "청소년에게 무슨 일이 일어났는가? 마지막 과에서는 그 질문에 대해 답하려고 한다.

남아프리카 청소년 이해: 2000+

정책 입안자가 직면하는 주된 문제는 남아프리카와 그들이 창조했던 문화에 대한 무지이다. "청소년들에게 무슨 일이 일어났는가?"라는 질문은 사실은 "왜 그들은 나와 같지 않은가?"이다. 그러나 민주국가 남아프리카에서 투쟁은 소비로 대체되었다. 정부 부처와 정치적 운동이 HIV/AIDS, 고용, 범죄 주변에서 캠페인하고 있을 때, 이들은 약간은 낯선 영역으로 진출하는 경향이 있다. 기자가 한 실직한 10대를 인터뷰하였다. 그는 "국가청소년위원회(NYC)와 다른 단체들이 더 많은 청소년들을 그들 쪽으로 끌어당기는 아이디어가 부족하다....중략.. 대중문화는 그들을 불러들이는 방법일 수 있다"고 불평했다.[18)]

청소년 문화의 핵심은 음악과 패션, 위험을 무릅쓰는 행동, 사회 인식, 그리고 무엇보다도 소비의 혼합에 있다. 그러나 저항 운동에 여러 해를 소비한 많은 이들이 청소년들 사이의 유명 상표에 대한 충동에 혀를 찰 때, 그들은 그 청소년들이 어디서 왔는지－즉 그들 자신들로부터 왔다는 사실－를 인정하지 못한다.

자유헌장(Freedom Charter)에 근거한 국유화와 재분배에서 자본주의 자유 시장 체재로 바뀌는 것과 같은 ANC가 이끈 극적인 정책 변환은 잘 기록되었다(Marais, 1998; Saul, 1999, 49-67 참조). 1980년대에 Thabo Mbeki는 "ANC는 사회당이 아니다. 그것은 결코 하나인 것처럼 행동하지 않았고 하나가 되려고 노력하지도 않는다. 그것은 법령이나 "좌익" 비판을 만족시키는 것으로 하나가 될 수는 없을 것이다(Saul, 1999, 54). 그러나 투쟁하고 있는 많은 사람들은 그를 믿지 않거나 아니면 자유헌장(Freedom Charter) 안에서 본래의 좌익 사회 민주주의에 만족하든지 해야 한다.[19)]

---

18) *Mail & Guardian*, 1998년 6월 18일.

19) Freedom Charter는 연방동맹에 대한 원칙서로 1955년에 작성되었다.

1990년대 후반까지 ANC는 외국의 투자와 적자 감축, 유연한 노동시장을 강조하면서 성장, 고용과 분배(GEAR)의 거시적 경제 전략을 수행하고 있었다.

맹목적인 시장의 힘은 단순히 정책의 변화가 아니라 생활 방식의 선택이다. 새로이 지배하는 엘리트들은 많은 그들의 전임자들의 불미스러운 습관을 채택하였는데 그 중에서도 두드러지는 것은 소비였다. 권력 분산 정책은 그들의 백인 상대편처럼 사는 얇은 억만장자 층을 만들어내었다. 그들이 정부와 수입된 차, 부유한 교외의 집, 시가 흡연, 디자이너 수준의 의복을 넘겨받았을 때 어떤 "혁명적인 규율"도 ANC 간부에게 적용되지 않았으며 하원 의원의 봉급 수준에 대한 불평은 재빠르게 기준이 되었다. 그것은 청소년들에게 영향을 끼쳤다.

희망봉 본부에 살고 있는 Eunice는 안전 보장, 공무를 위한 행정회의의 멤버로 매우 독특한 사람이다. 그녀는 저소득자들이 거주하는 킴벌리 교외에 있는 고용인의 거주지에 살면서 "청소년들은 인생에서 정말로 중요한 가치들을 이해해야 한다. 그것은 돈이나 멋진 집과 차가 아니다."라고 주장한다.[20] 그의 목소리는 흑인들은 "매우 부유해"[21]져야 한다는 장관의 권고와 그것을 따르는 사람들의 목소리에 압도되어 들리지 않았다.

청소년들은 남아프리카 부유층의 소비주의를 공유하였지만 투쟁에의 참여의 역사와 현재의 소비가 이전 세대의 정치적 희생의 결과 내지는 보상이라는 것을 주장할 능력이 부족하다.

한 실직한 청소년이 그것을 다음과 같이 표현한다.

> 우리는 정치가의 집에 화염병을 던지던 1960년대의 혁명 청소년이 아닙니다. 우리는 재미있는 것들을 좋아하는 사람들이지만 그렇다고 우리가 모르고 있다는 뜻은 아닙니다. 우리는 콰이토(kwaito)를 듣고 최신 패션에 빠져 있고 술과 마약의 남용한 것에 대한 대가를 치르고 있습니다.[22]

---

20) *Mail & Guardian*, 1999년 3월 26일자에서 인용.

21) Then Deputy Minister Phumzile Mlambo-Nguka.

22) *Mail & Guardian*, 1999년 6월 18일자에서 인용.

청소년은 사기꾼이 자세히 기록하는 사회를 반영하는 렌즈라고 오랫동안 주장되어 오고 있다. 부정적인 시대 풍조는 확대된다. 긍정성이 그러하듯이. 부유라는 덫의 매력은 청소년에게만 한정된 것이 결코 아니다. 그것은 단지 남아프리카 성인의 그것이 강조된 형태로 반영된 것인지도 모른다.

❁ 남아프리카의 청소년 2000+ 개요

청소년 인구의 크기에 대한 신문 잡지의 주장은 모든 남아프리카 인구의 1/3이라는 주장에서부터 7/10이라는 주장까지 가지각색이다. 사실 14세에서 35세 사이의 청소년은 남아프리카 인구의 4/10(39.8%) 차지하며 그 수가 1,600만 명에 이른다. 이 중에서 52%가 여성이다.[23] 시골에는 어른보다 청소년이 더 많은 것 같다. 더 어린 청소년들이 나이든 친지들의 보살핌을 받고 학교에 다니도록 시골로 보내진다. 청소년들은 또한 비공식적인 거류지에서 더 많이 만나 볼 수 있다. 왜냐하면 주택 자본이 심각하게 부족한 부부들이 자신들의 가정을 세우려고 열망하기 때문이다.

대부분의 청소년 프로그램이 타겟으로 삼는 그룹은 직장도 없고 학교도 다니지 않는 청소년들이다. 그들은 청소년의 21%를 구성하고 있으며 총 350만 명(실업률이 50% 미만이기 때문에 이 수치는 틀린 것이 아니다)이다. 필요의 규모는 막대하다. 아프리카 청소년들은 총 310만 명을 포함하는 그룹을 지배한다. 여성들은 남자보다 더 많이 직장이나 학교를 다니지 않는 것 같다: 350만 명 중 60%. 최근의 전국 조사에서 단지 청소년(이 경우 18~35세)의 약 1/4(27%)만이 그들이 바랐던 대로 교육을 충분히 받고 있다고 말했으며, 18~35세의 나머지 3/4의 청소년들은 불충분한 교육을 받았다고 느끼고 있었다(Strategy & Tactics 1999의 자료).

남아프리카에서는 실업률의 두 가지 정의가 사용된다(그림 21.2 참조). 좁은

23) Cencus의 1996년 자료.

의미의 정의는 고용되지 못했지만 적극적으로 일자리를 찾는 단계(그 조사의 7일 전에)이다. 넓은 의미의 정의는 취업의 의사가 없는 실업자까지 포함한 것이다. 어떤 정의가 사용되는지 간에 청소년 실업은 28%(좁은 의미) 또는 29%(넓은 의미)로 매우 걱정되는 수준이다. 우리가 이미 살펴본 것처럼, 이것은 인종과 성별에 따라 달라진다. 청소년 흑인 여성은 훨씬 실업률이 높다. 일반적으로 나이가 어릴수록 고용률이 증가한다. 여성 중에서는 고용률의 증가가 남자들 중에서보다 훨씬 완만하다(Statistics South Africa, 1997의 자료).

1996년 조사 결과 남아프리카의 도시화가 크게 증가하여 54% 인구가 도시에 살고 있다. 청소년의 경우에는 약간 낮은 비율인 51%가 도시에 49%가 그 이외의 지역에 살고 있다. 어떤 무조직의 "청소년" 그룹 내에 존재하는 분열이 도시와 시골의 축을 이룬다.

19세 이하의 젊은 여성들은 세 명 중 한 명(35%)이 임신을 했다. 이러한 사실이 여성들에게 엄청나 짐을 지우는 한편 보다 더 염려스러운 것은 그 중 21%의

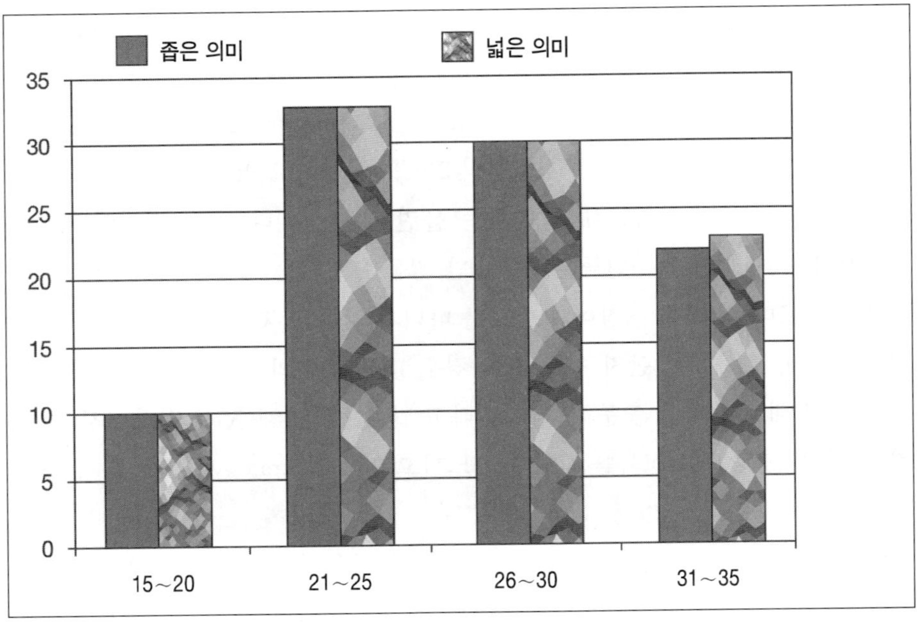

그림 21.2 청소년 실업률

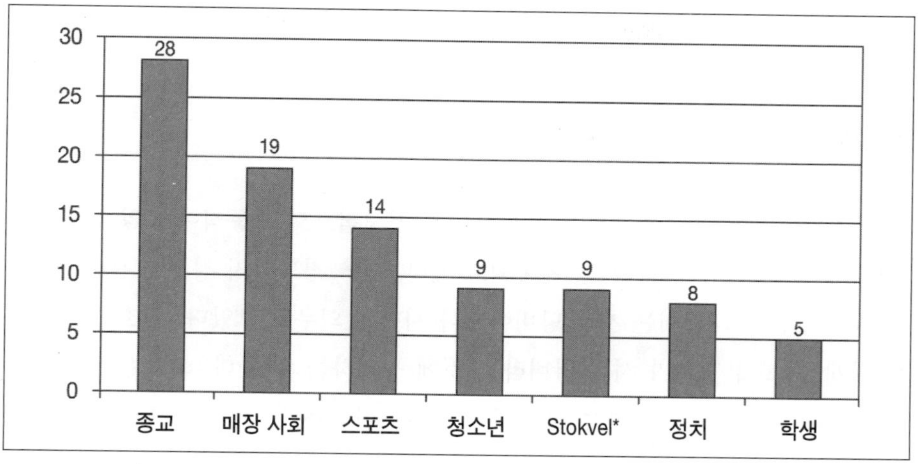

그림 21.3 남아프리카 청소년의 회원 가입(18~35세 주된 진술자)

* Stokvel: "절약 클럽"의 아프리카어

여성이 HIV양성 반응을 보이고 있다는 것이다(Department of Health, 1998a). 1998년의 수치는 전년도의 수치의 두 배(1997년도 수치는 12.7%)이다. HIV/AIDS 전염병이 이미 편만해졌다는 것이다. 현재 성관계를 갖는 동안 콘돔을 사용하는 청소년은 다섯 명 중의 한 명이다(Department of Health, 1998b). "잃어버린 세대"에 대한 통념은 청소년이 주류 사회의 발전 과정에서 벗어났으며 아노미 상태에 있거나 또는 오직 그들 자신의 하위문화에만 몰두한다고 한다. 그러나 열 명 중 4명의 청소년이 남아프리카 헌법을 읽어 보았고 이는 여느 다른 더 나이 많은 그룹보다 높은 수치이다. 반이 넘는 숫자(57%)가 권리 장전을 들어보았고 이 수치 역시 어떤 연장자 그룹보다 높다. 조직의 회원가입에 대해서는 청소년들은 영적, 사회적, 경제적 이슈에 관계하고 있는 것으로 나타나지만 정치적 조직은 그렇지 않다. 10년 동안의 가치와 태도의 극적인 전환을 배경으로 1/10도 못되는 청소년이 정치적 조직에 속해 있다. 특히 교회는 지난 10년을 지나오면서 청소년들의 삶 속에서 비판의 일을 계속 해나가고 있다. 청소년들을 위한 중요한 봉사 활동을 이루기 위한 프로그램에 대해서 교회는 비판적인 파트너이다(그림 21.3

참조).

가치와 낙관주의

비록 청소년들이 그들의 선배들 정도까지는 정치적으로 활동적이지 않을지 모르지만, 정치적 자각과의 관계는 지속되고 있다. 어느 정도까지 정치에 관여하느냐는 관한 질문에 대해서는 시간 낭비이거나 시민의 의무로 보았다. 청소년들은 가장 적게(10%)가 정치가 시간 낭비라는 것에 동의하는 것 같다. 그들은 대부분이 정치와 계속 접촉을 유지하는 것이 매우 중요하다는데 동의하는 듯하다. 세 가지 질문 모두에서 부정적인 대답을 한 그룹도 있었다. 그러나 실례에서는 36세보다 많거나 적거나 간에 같은 부정적 대답을 하였다. 예를 들면 정부의 어느 단계(전국적, 지방적)에서 가장 잘 수행하는가는 청소년의 15%가 "아무도 아니다"로 다로 모든 연령 그룹보다 낮았다. 같은 수(15%)의 청소년이 정부의 문제 해결의 능력에 대해 "신뢰하지 않는다"라고 말해 또 다시 모든 연령 그룹 중에서 가장 낮은 수치를 나타냈다.

우리가 일찍이 본 바와 같이 청소년은 정치적 시스템에 어른과 같은 정도로 관여하지 않는다. 반면 반인종차별 투쟁이 진행되는 동안 많은 이들이 어린이들이었고 헌법 제정 과정에 참여하지 않았다. 그리고 아마도 성인이 가지고 있는 것과 같은 주인 의식을 가지고 있지 않는 것 같다. 그러나 반면 그 데이터는 청소년들이 정치를 매우 진지하게 대한다는 것을 암시해 준다. 오직 7%의 청소년만이 투표는 시간 낭비라는 데에 동의하였는데 이는 60세 이상이 그 항목에 두 배 정도로 선택한 것과 비교된다. 주된 실패 요인은 청소년의 관심사를 겨냥하는데 실패하고 청소년들과 적절한 방법으로 의사소통하는 것에 실패한 정당들일 것이다. 아무도 대중문화를 사용하라는 젊은 응답자의 충고를 따르지 않았다. 이상야릇한 팝 스타나 축구 선수를 배치하는 것이 아니라 청소년과 의사소통하기 위해 청소년 문화를 꿰뚫어야 한다.

사회적 태도

관심을 가질 만한 몇몇 현상이 있다. 18세에서 35세 응답자의 1/3(32%)이 어떤 공동체가 특정한 정당을 지지한다면 다른 정당들은 그 구역에서 캠페인 하도록 해서는 안 된다는 생각에 강력히 동의하였다. 이것은 연장자 그룹이 보다 높게 나타났다. 그러나 지나치게 해석해선 안 된다. 청소년의 75%가 강한 야당은 좋은 정부에 치명적이다라는 것에 강하게 또는 매우 강하게 동의하였다. 또다시 모든 연령 그룹 중에서 가장 높다. 간단히 말해 정치에 대한 태도를 조사하여 "잃어버란 세대"의 증거를 찾는 것(그 세대에 내재하는 불만스러운 요소에 적대하면서)은 성과가 없는 것 같다.

정치와 별개로 청소년의 다섯 명 중 한 명(20%)이 사형에 반대하였고 연장자 응답자보다 훨씬 높게 나타났다. 청소년들은 낙태 대해 가장 적게 반대하는 것 같고 낙태가 여성의 권리이고 낙태를 허용해야 한다는 것에 가장 많이 동의하는 것 같다. 반 인종차별 투쟁을 "하지 않았음"에도 불구하고 많은 청소년들은 연장자들보다 현저하게 진보적인 사회적 견해를 가지고 있다.

남아프리카의 미래에 대한 질문에 대한 청소년의 응답에서 가장 인상적인 것은 엄청난 낙천주의였다. 인생의 질, 경제, 인종 관계, 교육, 범죄, 건강 관리 등에 관한 질문에서 18~35세 사이의 모든 응답자의 경우, 나이 든 응답자들보다 훨씬 더 많이 긍정적이었다. 그리고 향후 5년 안에 그 모든 영역에서 향상될 것이라고 기대한다.

인종 문제와 국가의 통일에 대한 주요 이슈에 대해 청소년들은 또 다시 연장자들보다 더 큰 낙천주의를 보여 주었다. 청소년의 2/3(67%)가 시간이 걸린다 해도 남아프리카가 통일된 국가가 될 것이라는데 동의하였다. 1/5만이(나이든 응답자의 1/4에서 1/3과 비교하면) 우리는 언제까지나 분열되어 있을 것이라고 생각했다. 더 많은 질문에 대해서—자신의 아이가 다른 인종 그룹 중 누군가와 결혼해도 괜찮으냐는—두 명 중 한 명(48%)의 응답자가 상관하지 않을 것이라고 했다. 60세 이상은 1/3보다 적은(29%) 사람만이 같은 대답을 했다.

이것은 분명 남아프리카의 청소년들이 보다 중요하지 않은 문제들만 직면하고 있다는 것을 의미하지는 않는다. 그러나 그것은 부주의한 논평이 대중과 정책입안자로 하여금 부주의한 판단을 하게 한다는 것을 의미한다("잃어버린 세대"처럼). 청소년들은 진정한 장애물을 직면하고 있다. 그들은 높은 실업률로 고통 받고 있으며, 매우 많은 이들이 그들의 교육이 불완전 하다고 믿고 있으며, HIV 전염성이 매우 높고 계속 커지고 있으며, 주택난을 심하게 겪고 있다. 무수한 청소년 문화는 하나의 속성을 공유한다. 그 속성은 성인과 그들의 규칙에 대한 적대 또는 기껏해야 성인이 행하는 방식에 대한 무관심이다. 남아프리카 청소년들은 이점에서 세계의 다른 여느 곳의 청소년들과 별반 다르지 않다. 그러나 남아프리카의 성인들은 "10대"란 말에 익숙지 않다. 그들은 정치적으로 관계 있는 "청소년"만을 알 뿐이다. 주요한 문제점은 나이 든 사람들이 청소년들의 행동을 해석하는 방식에 있다.

청소년들은 물론 많은 사회 문제를 일으킨다. 너무나 많은 젊은 남자들이 여자들에게 추파를 던지는 것을 좋아한다. 그들은 소녀들에게 말한다. "나는 너에게 타이타닉이라는 큰 배를 사 줄 거야. 그러니 날 믿어... 그러면 여자애들은 '이 남자는 정말 나를 사랑해.' 라고 확신하지. 그러나 사실은 난 거기 있지도 않았어. 난 그저 성관계를 가지면서 옮겨 다니고 싶을 뿐이야."[24)]

또한 교도소 인구 중에는 청소년 비율이 높다(국가청소년위원회에서 곧 나타낼 수치). 21살이나 그보다 어린 아동은 기록문서에 의해 범죄자로 규정된다. 아동은 총 교도소 인구의 15%를 구성한다. 통계남아프리카는 1995/96년 심각한 범죄에 대한 218,394건의 유죄 판결 중 8%가 7~17세 사이의 아동이라고 언급한다. 14% 또는 30,565건이 18~20세 사이의 청소년 성인이다. 서로 다른 세대 정의(definition) 때문에 정확한 그림을 얻기가 어렵다. 그러나 그 수치가 보여 주는 것은 청소년 교도소 인구가 제대로 나타나 있지 않다는 것이다. 즉, 실제보다 훨씬 적게 표시되었다. 그들은 전체 인구의 39%를 형성하지만 그들 중 22%가 심각한 범죄로 유죄 선고를 받았다. 남아프리카의 신문을 집어 들면 정반대의 인상을 받게 된다. 1992년에 이루어진 축소된 수치의 정확한 측정 없이는 직접 그 10년

---

24) *Mail & Guardian*, 1999년 6월 11일자에서 인용.

간의 문제를 다룰 때 청소년을 직접적으로 비교하는 것은 불가능하다. 그러나 지난날의 많은 청소년 문제들이 오늘날 어른들의 문제라는 것은 분명하다. 억압과 저항에서 파생하는 문제는 이제 성인에게만 존재하는 것이다. 새로운 세대의 청소년들이 이미 와서 그들 자신의 문화와 스타일을 창조하고 있고 그 자신 특유의 문제들을 발전시키고 있다. 그러나 그들은 주로 가난하고 과도기적인 사회에서 성장하고 있으며 HIV/AIDS의 실체와 함께 살아가고 있다. 어떤 것은 성인들과 공유하고 있고 어떤 것은 그렇지 않다.

❁ 결론

1990년대 청소년의 잃어버린 10년은 역사로 전해질 것이다. 남아프리카를 형성하는 중요한 시기는 왔다가 갔다. 그리고 매우 주의 깊게 분석되고 다루어진 1990년대 초기의 청소년 개발은 계획에서 자꾸만 멀리 미끄러져 가버렸다. 그러나 그것이 정말로 그렇게 끔찍한 일인가? 문제의 일부분은 청소년에 대한 기대를 엉뚱한 곳(그들이 여전히 정치적으로 활동적이며 훈련받으며 선을 강행할 것이라는)에 둔데 있다. 그들의 부모들은 확실히 주로 그러한 그룹이었다. 그러나 지나간 청소년들이 이상화되어서는 안 된다. 그들도 역시 폭력적이고 그들 중에도 평범하고 헌신적인 시민들과 함께 범죄자도 포함되어 있었다. 그렇다면 2000년대의 청소년은? 그들이 행한 가장 나쁜 일은 10대가 되어서 어른들에게는 모호한 규칙을 지닌 그들 자신의 문화 속으로 들어가서 남아메리카의 특징인 소비주의를 모방한 것이다.

청소년 개발의 필요는 명백하다. 실업률이 높아지고 있고, HIV 감염이 극도로 높으며 많은 사람들이 교육의 기회를 놓치고 있고 강간과 폭행이 만연해 있다. 그러나 그 프로그램들은, 우리가 그렇게 되어주기를 원하는, 또는 우리가 생각하기에 그들이 그러해야만 하는 이로서가 아니라, 그들 자체로서의 청소년 문화에 대한 건강한 이해에 기초해 있어야만 한다. NGOs와 조직들은 전체가 청소년에게 무슨 일이 일어났는가를 이해한 것에 따라 사회를 돕는데 있어서 그리고 청소년들을 끌어당기고 이롭게 하는 프로그램을 짜도록 돕는 데 있어서 비판적인 역할을 감당해 왔다. 정부는 청소년 개발이 광범위하고 복잡하며 그 직무를 위한 재원을 약속했다는 것을 알아야 한다.

1990년대는 상실 세대를 만들어내지는 않았지만 확실히 잃어버린 기회의 10년이었다. 우리는 그와 똑같은 10년을 두 번씩이나 되풀이할 수는 없다.

❁ 참고문헌

African National Congress (1994), *The Reconstruction and Development Programme*, Ravan Press, Braamfontein.

Albertyn, C. (1994), 'Women and the Transition to Democracy in South Africa', in *Gender and the New South African Legal Order*, Juta & Co., Braarnfontein.

Albertyn, C., Goldblatt, B., Hassim, S., Mbatha, L. and Meintjies, S. (1999), *Engendering the Political Agenda: A South African Case Study*, Centre for Applied Legal Studies, Johannesburg.

Department of Health (1998a), *9th National HIV Survey of Women Attending Antenatal Clinics of the Public Health Service* (unpublished).

Department of Health (1 998b), *South African Demographic and Health Survey* (unpublished).

Everatt, D. (1993), *Putting Youth on the National Agenda*, CASE, Braamfontein.

Everatt, D. (1994), *Creating a Future: Youth Policy for South Africa*, Ravan Press, Braamfontein.

Everatt, D. and Orkin, M. (1993), *Growing up Tough: A National Survey of South African Youth*, CASE, Braamfontein.

Foley, P. (2000), '10 Years of the JEP', in *Development Update*, Interfund, Johannesburg (forthcoming).

Joint Enrichment Project (1993), *National Youth Development Conference*, JEP, Braamfontein.

Levin, M. (2000), 'Youth and the Elections', in *Development Update*, Interfund, Johannesburg (forthcoming).

Marais, H. (1998), *South Africa: Limits to Change*, University of Cape Town Press and Zed Books, Cape Town.

National Youth Commission (1997), *Youth Policy 2000: National Youth Policy*, National Youth Commission, Pretoria.

National Youth Commission (2000), *White Paper on National Youth Service* (forthcoming).

Saul, J. (1999), 'Magical Market Realism and the South African Transition', *Transformation, Vol. 38*, pp. 49–67.

Seekings, J. (1993), *"Heroes or Villains?" Youth Politics in the 1980s*, Ravan Press, Braamfontein.

Sitas, A. (1991), 'The Comrades', *Reality, May 1991.*

Statistics South Africa (1997), *1997 October Household Survey* (unpublished).

Straker, G. (1992), *Faces in the Revolution: The Psychological Effects of Violence on Township Youth in South Africa*, David Philip, Cape Town.

Strategy & Tactics (1999), *Reality Check*, Strategy & Tactics, Johannesburg (unpublished).

Truscott, K. and Milner, S. (1994), 'Youth, Education and the World of Work', in D. Everatt (ed), *Creating a Future. Youth Policy for South Africa*, Ravan Press, Braamfontein, pp. 36–66.

역자 소개

강영배 kyb0904@shokei.ac.jp

일본 도호쿠(東北)대학(청소년지도학 전공, 교육학 박사)
극동대학교 청소년학과 교수
현, 일본 쇼케이(尙絅)학원대학 현대사회학과 교수
제1, 2, 3, 12장 담당

손의숙 essohn21@yahoo.co.kr

명지대학교(청소년지도학 전공, 교육학 박사)
현, 평택대학교 겸임교수
제18, 19, 20장 담당

전명호 myongho@netsgo.com

명지대학교(청소년지도학 전공, 교육학 박사)
현, 백석문화대학 교수
제11, 13장 담당

정재민 jj21c@hanmail.net

명지대학교 대학원 박사과정(청소년지도학 전공) 수료
현, 극동대학교 청소년학과 겸임교수
제9, 10, 14, 15, 16장 담당

유우경 wk5488@paran.com

명지대학교 대학원 박사과정(청소년지도학 전공) 수료
현, 명지대학교 학생생활연구소 전임연구원, 경동대학교 강사
제4, 5, 6, 7장 담당

김태균 youth1@paran.com

명지대학교 대학원 박사과정(청소년지도학 전공) 재학중
현, 명지대학교·백석문화대학 강사
제8, 17장 담당

김은경 aisru13@hanmail.net

명지대학교 대학원 박사과정(청소년지도학 전공) 재학중
제21장 담당

청소년과 사회 참여

인 쇄 일	2007년 8월 5일 초판 인쇄
발 행 일	2007년 8월 10일 초판 발행
편 저 자	Helena Helve·Claire Wallace 지음
역 자	강영배·손의숙·전명호·정재민·유우경·김태균·김은경 옮김
발 행 인	구본하
발 행 처	도서출판 박학사
주 소	서울시 마포구 서교동 476-53 세화회관
전 화	(02)3142-3765
팩 스	(02)3142-3766
E-mail	pakhaksa@kornet.net
웹사이트	www.pakhaksa.co.kr
등록번호	제10-2230호

정가 15,000원 ISBN 978-89-91633-39-1